AF617751

LA EMPRESA FAMILIAR Y SU PROTOCOLO EN EL TRÁFICO JURÍDICO EXTERNO

DAVID CARRIZO AGUADO

LA EMPRESA FAMILIAR Y SU PROTOCOLO EN EL TRÁFICO JURÍDICO EXTERNO

Prólogo
Andrés Rodríguez Benot

Editorial Aranzadi, S.A.U.
C/ Collado Mediano, 9
28231 Las Rozas (Madrid)
Tel: 91 602 01 82
e-mail: clienteslaley@aranzadilaley.es
https://www.aranzadilaley.es/aranzadi

Primera edición: 2024

Depósito Legal: M-13611-2024
ISBN versión impresa: 978-84-10295-35-3

Diseño, Preimpresión e Impresión: Editorial Aranzadi, S.A.U.
Printed in Spain

Trabajo realizado en el marco del Proyecto de I+D+i: «Retos de la regulación jurídico-patrimonial del matrimonio y de otras realidades (uniones de hecho) en los planos supraestatal y estatal (REJURPAT)», código PID2019-106496RB-I00, conforme a los Programas Estatales de Generación de Conocimiento y Fortalecimiento Científico y Tecnológico del Sistema de I+D+i cuyo IP es el Prof. Dr. D. Andrés RODRÍGUEZ BENOT. Igualmente, se encuadra como actividad del Grupo de Investigación ULE en la rama de Ciencias Sociales y Jurídicas «Derecho Europeo, Historia Jurídica y Organizaciones sociales "EUROHIST.org"» cuyo director es el autor de la presente monografía.

Además, el autor ha realizado las siguientes estancias de investigación bajo el «Programa Erasmus+ *Acción KA107* y *KA131* de Formación del PDI de la Universidad de León» en régimen de concurrencia competitiva a las instituciones que a continuación se señalan, cuyo fin ha sido ahondar en la línea de investigación abordada en el presente estudio. i. Instituto de Investigaciones Jurídicas de la Universidad Nacional Autónoma de México —IIJ UNAM— bajo la tutorización de la Dra. Nuria GONZÁLEZ MARTÍN; ii. Faculdade de Direito da Universidade do Porto cuya supervisión investigadora corrió a cargo de la Dra. Helena MOTA; iii. Faculdade de Direito da Universidade de Coimbra cuyo seguimiento fue llevado a término por el Dr. Rui DÍAS; iv. Faculdade de Direito da Universidade de Lisboa con las observaciones efectuadas por el Dr. Luís DE LIMA PINHEIRO.

MINISTERIO
DE CIENCIA, INNOVACIÓN
Y UNIVERSIDADES

A mi ángel del cielo, abuela Marina †

A mis ángeles en la tierra, Nieves y mamá

Mujeres valientes, pacientes y con noble corazón

Índice General

Página

PRÓLOGO 19

CAPÍTULO I

LA EXPANSIÓN DE LA EMPRESA FAMILIAR AL ÁMBITO INTERNACIONAL 23

1. Papel protagonista en el mercado 23

2. Retos y halo de esperanza 25

CAPÍTULO II

RASGOS DISTINTIVOS DE LAS CORPORACIONES EMPRESARIALES FAMILIARES 27

1. Consideraciones iniciales 27

2. El delicado equilibrio entre la saga familiar y el interés empresarial 28

2.1. Idea preliminar 28

2.2. Elementos diferenciadores 29

A. Caracteres determinantes 29

B. Interconexión en la empresa y la familia 29

2.3. Premisas lógicas 31

3. Enfoque pragmático 33

Página

CAPÍTULO III

EL PROTOCOLO FAMILIAR COMO INSTRUMENTO DE ESTABILIDAD Y PERDURABILIDAD 35

1. Componentes inherentes de las *family firms* 35

1.1. Parámetro inicial 35

1.2. El plan de permanencia 37

1.3. La falta de atención del legislador 38

A. Punto de partida 38

B. Exiguo reflejo en la regulación de otros Estados ... 38

C. Incardinación del legislador patrio 38

2. Aproximación conceptual 39

3. Implementación en el tráfico jurídico 41

3.1. Categorización 41

3.2. Apoyo en otros instrumentos normativos 42

4. Eficacia, contenido y naturaleza jurídica 43

4.1. Funcionalidad 43

4.2. Substancia 44

4.3. Estado de la cuestión 45

CAPÍTULO IV

LAS RELACIONES ECONÓMICAS ENTRE LOS CÓNYUGES EN EL MARCO DEL NEGOCIO FAMILIAR 49

1. Aspectos iniciales 49

2. Marco normativo 51

2.1. Consideraciones generales 51

2.2. Apunte aclaratorio respecto de los acuerdos antenupciales . 56

A. Acercamiento a la praxis 56

B. Situación en el panorama jurídico español 57

Página

C. Estado de la cuestión desde el prisma ius internacional privatista 59

D. Parámetros calificadores 60

3. Régimen jurídico de la competencia judicial internacional en el Reglamento (UE) 2016/1103 61

3.1. Aspectos generales: vinculación directa con la sucesión mortis causa y crisis matrimonial 61

A. Idea preliminar 61

B. The game´s rules 62

3.2. Autonomía de la voluntad «limitada» 63

A. Aspecto preliminar 63

B. Acuerdo de elección de foro y condiciones de validez del pacto 64

3.3. Prórroga tácita de competencia 65

3.4. Aspectos residuales del régimen de competencia judicial internacional 67

4. Régimen jurídico de derecho aplicable en el Reglamento (UE) 2016/1003 69

4.1. Aproximación inicial: primacía de la autonomía de la voluntad conflictual 69

4.2. Condiciones de aplicación 70

4.3. Restricciones conflictuales impuestas al pacto de ley 71

A. Puntos de conexión objeto de elección 71

B. Solemnidades garantistas de la legalidad del pacto . 75

C. Beneficios inherentes al pacto 76

D. Efectos erga omnes 76

4.4. Ley en defecto de elección expresa 78

5. Las capitulaciones matrimoniales. Institución idónea en las relaciones jurídicas empresariales 81

5.1. Parámetro inicial 81

5.2. Conceptualización y aspectos formales 82

A. Desafíos en la categorización 82

Página

B. Requisitos configurativos en su despliegue práctico 84
C. Exigencias de fondo 85
5.3. Contenido 86
6. Consideraciones finales 87

CAPÍTULO V

LOS PACTOS PARASOCIALES EN LA COMPLEJA ESTRUCTURA SOCIETARIA DE LAS ENTIDADES MERCANTILES FAMILIARES 91
1. Contextualización en la práctica societaria 91
2. Disparidad entre los estatutos sociales y el pacto parasocial 93
2.1. Idea preliminar 93
2.2. Apoyo jurisprudencial 94
A. El peso del acuerdo parasocial en el tráfico societario 94
B. Implementación en los entes mercantiles familiares 95
C. Cauce para alcanzar la seguridad jurídica 97
3. Régimen jurídico 98
3.1. Aproximación preliminar 98
3.2. Puntualización respecto a su naturaleza 100
3.3. Funcionalidad en las relaciones jurídicas de la sociedad familiar 101
A. Eficacia entre los suscriptores y frente a terceras personas 101
B. Repercusión práctica 102
4. Aspectos de Derecho Internacional Privado 104
4.1. Aclaración capital 104
4.2. Competencia judicial internacional 105
A. El foro —exclusivo— societario 105
a. Regulación y sustento jurisprudencial 105

Página

b. Causas de inaplicación del foro societario 107

B. El foro específico de la explotación de sucursal, agencia o cualquier otro establecimiento 110

a. Concepto y peculiaridades esenciales........ 110

b. Implementación en el tráfico jurídico externo . 112

C. El foro especial en materia delictual o quasi delictual 115

a. Ausencia legal de conceptualización......... 115

b. Puntualizaciones a la luz de la doctrina y jurisprudencia europea 116

D. El foro especial en materia contractual........... 118

a. Interpretación en el seno de la empresa...... 118

b. Delimitación en el espacio societario 119

4.3. *Ley aplicable* 120

A. Delimitación fundamental 120

B. Perspectiva societaria 121

a. En clave europea 121

b. En clave española........................ 124

C. Perspectiva contractual 127

a. Plano europeo 127

b. Plano interno 133

5. Consideraciones finales 135

CAPÍTULO VI

LA TRANSMISIÓN *MORTIS CAUSA* DE LA EMPRESA FAMILIAR 139

1. A modo de introducción 140

1.1. *Premisas iniciales* 140

1.2. *Contextualización en la family business* 141

2. Dificultades prácticas 143

2.1. *Desventajas objeto de consideración* 143

Página

2.2. La trazabilidad testamentaria 144

3. La sucesión por causa de muerte con presencia internacional: el Reglamento (UE) 650/2012 145

3.1. Aclaraciones iniciales 145

3.2. Caracteres esenciales 147

A. Uniformidad 147

B. Espectro geográfico 149

C. Conceptualización de «sucesión por causa de muerte» 149

3.3. Exclusión material: fuera de juego del Derecho societario . 150

A. Aclaraciones legales en atención al orden jurídico español en sede de Derecho de sociedades 150

B. Encaje de los negocios familiares en el Código civil español y su implementación en el Reglamento (UE) 650/2012 151

a. Particularidades en la partición de la empresa familiar en el orden común español 151

b. Regla especial de Derecho aplicable: situación de los bienes inmuebles 153

4. Régimen jurídico de las normas de competencia judicial internacional a la luz del Reglamento (UE) 650/2012 155

4.1. Idea preliminar: calificación jurídica de «tribunal» 155

4.2. Arbitrio de los foros 157

A. Orden de aplicación a tenor del espíritu del legislador 157

B. Foro de competencia en caso de elección de la ley . 157

C. Foro de carácter general 159

D. Competencia judicial subsidiaria y su interrelación con los negocios familiares 161

E. El foro de necesidad 164

5. Régimen jurídico de las normas de ley aplicable a la luz del Reglamento (UE) 650/2012 166

5.1. Aplicabilidad universal 166

Página

5.2. *Primacía de la autonomía de la voluntad conflictual: el resurgimiento de la conexión «nacionalidad»* 166
A. Parámetros de aplicación 166
B. Problemática de la nacionalidad múltiple 169
C. Condiciones de idoneidad 171
5.3. *Conexión supletoria: la residencia habitual del causante* .. 172
A. Articulación normativa 172
B. Case to case 174
5.4. *Los pactos sucesorios y su incidencia en la transmisión vía mortis causa de la empresa familiar* 174
A. Delimitación conceptual 174
B. Naturaleza jurídica 175
C. Repercusión en la family company 176
6. Consideraciones finales 180

BIBLIOGRAFÍA 185

Prólogo

Publicar una monografía requiere el máximo reconocimiento de la comunidad científica. En un entorno universitario en que hemos sucumbido —sin resistirnos— a la tiranía de la burocracia, del *pedagogismo* y de las plataformas, la aparición de una obra precisa del aplauso de la academia por el mérito *per se* y por la superación de ese entorno estéril y contrario a la investigación de calidad. Si, además, en la obra en cuestión confluyen el elemento personal (un profesor riguroso y apasionado con la universidad) y sustantivo (un tema valiente, por transversal y complejo), el éxito está garantizado. Tal es el caso de la monografía que me honro en prologar, que aborda un tema escasamente estudiado en la doctrina internacional privatista y que precisaba de un tratamiento con una visión global e integrada de una materia con tantas aristas.

A tenor de los datos ofrecidos por el prestigioso Instituto de la Empresa Familiar, los negocios familiares poseen una mayor solidez frente a las compañías no familiares gracias a la calidad de su gobernanza. Una de las claves de ello reside en la fortaleza de su gobierno corporativo, pues suelen contar con un accionariado con experiencia cuya vocación consiste en dotar de continuidad a la empresa por cuanto sus equipos directivos están comprometidos con la entidad y con el sector en el que desarrolla su correspondiente actividad.

El tejido empresarial de carácter familiar existente en el ámbito europeo es sólido. No obstante, los conflictos que surgen en los negocios familiares no siempre se resuelven fácilmente ya que los actores económicos junto con el elemento interpersonal pueden llegar a ser los detonantes de diversos desencuentros que conllevan el recurso a la vía judicial para llegar a una plausible solución. Aspectos como la economía matrimonial en el seno del matrimonio empresario, la suscripción de diversos pactos en el marco societario, así como el reparto del capital empresarial a causa del fallecimiento de alguno de los fundadores o socios mayoritarios, se convierten en auténticas dificultades que, en el plano transfronterizo, hacen sumamente necesario conocer y manejar su régimen jurídico tal y como realiza con éxito el doctor Carrizo Aguado en esta obra.

En este sentido, como deja latente el autor en el capítulo III cobrará especial relevancia la figura jurídica del protocolo familiar al constituir el acuerdo donde quedan reguladas las relaciones jurídicas, económicas y profesionales de sus miembros y de la propia compañía familiar. El sustento del mismo se fragua en garantizar su normal desarrollo y continuidad, en armonía con las aspiraciones normativas, económicas y personales de los componentes, habida cuenta de que la *family firm* podrá estar inmersa en procesos de transformación, disolución o extinción. No obstante, para alcanzar su máxima y deseada eficacia, el protocolo familiar debe adaptar su contenido a determinados documentos de carácter civil y societario en que, bajo la atinada consideración del autor, se hallan las capitulaciones matrimoniales, los estatutos sociales de la compañía y los complejos acuerdos parasociales, además de las estipulaciones testamentarias (plausiblemente abordados todos ellos desde la perspectiva internacional privatista en lo sistemático, en lo sustancial y lo funcional). De este modo, el protocolo familiar extenderá su fuerza vinculante no solo a los firmantes, sino también a cuantos se incorporen a la empresa. Sea como fuere, tal y como advierte el doctor Carrizo Aguado, la ausencia de planificación y previsión a través de sendos criterios pactados y razonados puede abocar a la indeseada fractura entre la familia y la empresa.

Así las cosas, el capítulo IV de la presente monografía (con la rúbrica *Las relaciones económicas entre los cónyuges en el marco del negocio familiar*) encara el arduo camino de explorar en el estatus jurídico de la economía en la que al menos uno de los miembros es titular de una empresa familiar, cuya máxima se asienta en preservar la compañía en el seno de la familia. A este respecto, el autor acertadamente aborda el estudio en profundidad del Reglamento (UE) 2016/1103 como eje gravitatorio de la autonomía privada en tanto en cuanto se ha convertido en el instrumento idóneo para adecuar de forma efectiva las estructuras del Derecho de familia a las necesidades, convicciones y objetivos de las parejas que organizan su vida en común en torno al matrimonio o institución paralela. Pero al mismo tiempo, también constituye un mecanismo que coadyuva de forma eficaz a dotar de previsibilidad y de certeza al marco regulatorio aplicable a las relaciones familiares, cuestión esta última de especial trascendencia en la empresa familiar. A este respecto, el doctor Carrizo Aguado nos ofrece un sesudo planteamiento acerca de los acuerdos prematrimoniales, además de estudiar el régimen de la competencia judicial internacional y del ordenamiento aplicable (no dejando pasar por alto la gran importancia que tienen en esta esfera las capitulaciones matrimoniales). Como colofón, el doctor Carrizo Aguado ofrece al lector unas profundas reflexiones focalizando la atención en la figura del notario como el experto que asesorará sobre el contenido y limitaciones de este tipo de transacciones en su calidad de rompeolas de la realidad jurídica internacional. Un elenco de determinados elementos —nacionalidad, residencia habitual, situación de los bienes…— permitirán al fedatario público hacer una composición de qué ordenamientos jurídicos podrían guardar relación con el acuerdo que los cónyuges desean materializar pues, como pertinentemente apunta el autor, si no se tuviese presente el sistema jurídico de los países en los que ese pacto podría llegar a tener relevancia, su plenitud decaería por momentos.

Como continuación a este minucioso estudio, en el capítulo V el autor afronta el reto que supone desarrollar los pactos parasociales y su interrelación con los estatutos de la sociedad familiar. La columna vertebral sobre la que se asienta esta parte de la monografía radica en la excelente fundamentación de la dificultosa naturaleza de los pactos parasociales. Así, para una correcta aplicación de las normas de Derecho internacional privado, el doctor Carrizo Aguado encara la cuestión sobre dos palmarias situaciones. En primer lugar, si se entiende que el pacto parasocial posee eficacia societaria, los socios deben asumir que el Derecho de sociedades será de aplicación ante eventuales los litigios. En segundo término, si se concibe que el pacto parasocial constituye un instrumento jurídico-privado que contiene una serie de normas reguladoras de la compañía familiar —en virtud del principio de la autonomía de la voluntad— al margen de su régimen estatutario, aquel debe quedar regido por el Derecho de contratos. De este modo, remarca acertadamente el autor que su categorización va a constituir un segmento crucial para delimitar el juez competente y, consiguientemente, la norma de conflicto. El cierre del mismo, con las consideraciones finales, merece todas las loas, dado que no es fácil encontrar una reflexión en esta doble dirección; ello, sin duda, motivará a su lectura en tanto que su interés práctico es innegable.

Como corolario de esta obra, el capítulo VI se erige sobre la realidad de la muerte y los consecuentes efectos jurídicos que conlleva la apertura de la sucesión en el marco de la empresa familiar. Como sostiene oportunamente su autor, es una fase delicada en la compañía en tanto que conlleva valorar, por un lado, el control de la empresa en el núcleo familiar y, por otro, la elección del sucesor o sucesores. En este contexto, el protocolo familiar de nuevo se erige en la herramienta idónea en la que se deben establecer las previsiones sucesorias de una manera ordenada con el fin de lograr una transmisión de la propiedad de manera pacífica y de evitar problemas. El autor afianza sus postulados en que la sucesión abintestato no sería la más conveniente para dotar de continuidad a la empresa y, por ende, apuesta por la vía testamentaria como la más idónea (a pesar de la rigidez del sistema de legítimas impuesto por nuestro Derecho común en tanto que dificulta una trasmisión unitaria del ente mercantil familiar con la salvedad prevista en el artículo 1056.2 del Código Civil). Conviene subrayar en relación a este último precepto, el excelente trabajo de análisis y razonamiento que el doctor Carrizo Aguado lleva a cabo con exhaustividad al hilo del artículo 30 del Reglamento (UE) 650/2012, sin obviar la compleja situación en la que se hallan los pactos sucesorios admitidos por el legislador de la UE (pero que, lamentablemente, el Derecho común español, a diferencia de los Derechos civiles propios de algunas Comunidades Autónomas, no respalda a pesar de cuán útiles resultan para la empresa familiar en el frágil proceso de la adjudicación de la herencia).

La presente monografía del doctor Carrizo Aguado presenta una enorme utilidad práctica en tanto que permite a los operadores jurídicos profundizar en el conocimiento, manejo y aplicación de los varios Reglamentos europeos (los ya citados o los 1215/2012 y 593/2008), así como de las normas internas objeto de estudio. El trabajo realizado por el autor supone un avance rotundo en la investigación de un tema tan relevante como complejo que, por su hilo conductor lógico, su técnica jurídica rigurosa, su acertada perspectiva internacional privatista, su redacción precisa y su aparato crítico la convierten en una obra imprescindible para el académico y para el práctico en Derecho.

Andrés Rodríguez Benot

Sevilla, a 10 de marzo de 2024

Capítulo I

La expansión de la empresa familiar al ámbito internacional

SUMARIO: 1. PAPEL PROTAGONISTA EN EL MERCADO. 2. RETOS Y HALO DE ESPERANZA.

1. PAPEL PROTAGONISTA EN EL MERCADO

Las compañías familiares son actores clave en la economía europea toda vez que representan un amplio y diverso colectivo en el Mercado único, pues generan actividad, riqueza y empleo[1]. Estas constituyen una parte sumamente importante del sector económico de los países desarrollados y continuarán siéndolo, por cuanto es propio de la libertad humana, el querer emprender y determinante de los padres de familia, preocuparse por la formación y seguridad económica de sus hijos[2].

A consecuencia de la importancia socioeconómica que, en la mayoría de las economías mundiales ostenta la empresa familiar, así como la particular incidencia que viene suscitando la progresiva internacionalización de la actividad

1. *VIII Barómetro Europeo de la Empresa Familiar* elaborado por KPMG, y las asociaciones territoriales vinculadas al Instituto de Empresa Familiar —IEF—, 2019, 40 pp. Incluso en el ámbito de la sostenibilidad, las empresas familiares tienen ante sí una oportunidad única en dicho entorno para dar ese paso adelante y ayudar a liderar las prácticas empresariales responsables. Esto es, pueden desempeñar una función crucial para facilitar el camino, ayudando a establecer estándares apropiados para la sociedad, garantizando que las normas no sean excesivamente complejas, y que las compañías familiares puedan actuar de forma independiente sin tener que recurrir a conocimientos potencialmente costosos y ajenos a sus negocios. Datos ofrecidos en por el informe de KPMG International Private Enterprise *Un paso por delante en el camino de la sostenibilidad. Cómo las empresas familiares pueden liderar la transformación sostenible*, mayo 2023, pp. 5-10.
2. La empresa, cuando está bien orientada, es un medio que la familia puede emplear eficazmente en la consecución de sus fines, *vid. in extenso*, GALLO LAGUNA DE RINS, M.A., «Tipologías de las empresas familiares», *Revista empresa y humanismo*, Vol. 7, núm. 2, 2004, p. 256.

empresarial[3] es lógico que cada vez se les preste una mayor atención desde el prisma jurídico[4]. De este modo, se puede aseverar que, las corporaciones empresariales no son ajenas al fenómeno de la globalización, es más, se ven afectadas de forma muy singular por él[5].

Ahora bien, el insuficiente nivel de internacionalización de las empresas familiares españolas se debe principalmente al retraso con el que el país llegó al proceso de construcción del Mercado único europeo[6]. La creciente presencia de multinacionales familiares en cada uno de los mercados extranjeros demuestra que, ni la cultura española ni la de las empresas familiares representan una barrera. Sí que lo ha sido, en cambio, la situación política e institucional que en el pasado mermaba sus posibilidades para competir en igualdad con las compañías de otros países[7].

3. En el ámbito de las corporaciones y otras organizaciones empresariales, el abrumador aumento de la globalización financiera ha acelerado la búsqueda del beneficio puramente monetario a corto plazo como único objetivo de las inversiones en empresas y ha provocado resultados negativos para la economía y las sociedades de diferentes países. Para alterar esta tendencia, las instituciones internacionales, nacionales y muchos Estados abogan por cambiar radicalmente la finalidad de las empresas y entidades económicas, haciéndoles obligatorio el cumplimiento de los principios ESG —Environmental, Social and Governance —, así queda latente por CORAPI, D., «Evolution of private law in the global market of the 21st century», *Rivista del diritto commerciale e del diritto generale delle obbligazioni*, núm. 3, 2022, pp. 339-366.
4. La presencia de un elemento internacional tiene que interpretarse en un aspecto amplio que posibilite englobar toda situación afectada por la confluencia de una pluralidad de ordenamientos dentro de un mismo país, *vid*. BELINTXON MARTÍN, U., *La transmisión de la empresa familiar. Cuestiones de Derecho Europeo e Internacional*, Thomson Reuters Aranzadi, Navarra, 2022, p. 31. No hay que olvidar que, entendido como sistema jurídico, el Derecho desempeña un papel esencial en la regulación de la actividad económica al establecer normas de comportamiento de los actores económicos. Desde esta perspectiva, el Derecho y la economía están en constante interacción. Interesante reflexión de la mano de FERNÁNDEZ ROZAS, J.C., *Sistema de Derecho Económico Internacional*, Civitas Thomson Reuters, Navarra, 2010, p. 23 y ss.
5. La globalización económica obliga a las empresas familiares a asumir la internacionalización de sus actividades si desean mantener la competitividad. En su desarrollo de la actividad internacional, las alianzas estratégicas constituyen la mejor alternativa para las empresas familiares al objeto de alcanzar una posición competitiva en el mercado de destino, *vid*. GARCÍA LUPIOLA, A., «La empresa familiar ante el proceso de internacionalización: retos, oportunidades y estrategias», *Actas del 12.º Congreso de Economía de Castilla y León*, Junta de Castilla y León, Consejería de Economía y Hacienda, 2011, p. 208.
6. Además, las trabas burocráticas y administrativas constituyen un efecto negativo que debía paliarse en los numerosos textos legislativos en esta materia y sacar adelante instrumentos jurídicos flexibles. En este sentido, la libertada de empresa debe fortalecerse bajo la concepción de que el Derecho es sólo un instrumento, no un fin. Posicionamiento de ZILLER, J., *La liberté d'entreprise, une perspective de droit comparé*, Service de recherche du Parlement Européen, Janvier 2024, pp. 104-105.
7. Según entienden los expertos en la gestión de la empresa familiar, cuando esta se plantea su internacionalización resulta vital que tenga en cuenta una serie de factores: su nivel de profesionalización, las capacidades de su equipo directivo y del Consejo de Administración,

2. RETOS Y HALO DE ESPERANZA

En este contexto, son cada vez más las empresas familiares que están siendo conscientes de que la universalización no debe ser concebida como una estrategia agresiva, costosa y plagada de riesgos, sino más bien al contrario, ya que los negocios familiares están entendiendo que aquella es una postura de supervivencia[8]. Evidentemente, el planteamiento de mundialización es el más complejo que puede abordar una empresa en tanto que, para competir con éxito en los mercados internacionales es preciso tener recursos estratégicos y, en particular, conocimientos valiosos que puedan proporcionar una ventaja competitiva en ellos[9]. Efectivamente, la característica común que define a las empresas internacionalizadas, al margen del grado, es que los mercados exteriores se convierten en un referente obligado en la toma de sus decisiones[10].

Hay que admitir, claramente, que la empresa familiar se enfrenta a una doble problemática: por un lado, crecer y expandir actividades más allá del territorio donde está domiciliada la empresa y. por otro, el mantenimiento del control empresarial en manos del grupo familiar propietario. En definitiva, se hallan dos fuerzas encontradas, estabilidad *vs*. expansión transfronteriza[11].

Con todo, los relevos generacionales facilitan, al menos teóricamente, la internacionalización, habida cuenta que, la nueva generación, normalmente,

la posible existencia de barreras de entrada, el «momento familiar», su estructura financiera, el marco fiscal y la implicación del conjunto de la familia. En general, aunque condicione la estrategia elegida, no es relevante la dimensión de la empresa, *vid.* QUINTANA NAVÍO, J., «La internacionalización de la empresa familiar española», *ICE: Revista De Economía*, núm. 839, 2007, p. 120.

8. Las empresas familiares, una vez transcurridas las fases de iniciación y de desarrollo, se ven afectadas por la llamada «triple coincidencia de situaciones adversas» que se derivan de la coincidencia en el tiempo de la maduración del negocio, del declive de las capacidades directivas del fundador de la organización y del cambio en las necesidades de seguridad y de «status» del fundador y su familia: *vid.* en este sentido, VÁZQUEZ LÉPINETTE, T., *Estrategia jurídica en los conflictos societarios*, Tirant lo Blanch, Valencia, 2017, pp. 28-29.
9. Para competir con éxito en los mercados internacionales es preciso tener recursos estratégicos y, en particular, conocimientos valiosos que puedan proporcionar una ventaja competitiva sobre las empresas locales, *vid.* GUISADO TATO, M., *Internacionalización de la empresa familiar. Estrategias de entrada en los mercados extranjeros*, Pirámide, Madrid, 2002, pp. 121-124; FERNÁNDEZ, Z. y NIETO, Mª. J., «La estrategia de internacionalización de la empresa familiar», en CASILLAS BUENO, J.C. (Coord.), *La internacionalización de la empresa familiar*, Cátedra de Empresa Familiar Universidad de Sevilla, Sevilla, 2008, p. 94.
10. Lógicamente, en función del grado de internacionalización que cada empresa pretenda, los mecanismos e instrumentos jurídicos serán también diferentes. *Vid.* en sentido amplio, PRATS JANÉ, S., *Obstáculos jurídicos a la internacionalización y movilidad transnacional de empresas en la Unión Europea. Análisis desde la perspectiva del Derecho de la Unión Europea y del Derecho Internacional Privado*, Bosch Editor, Barcelona, 2015, pp. 32-33.
11. CASILLAS, J.C., ACEDO, J.F. y MORENO, A. Mª., «La empresa familiar ante la globalización de los mercados», en CASILLAS BUENO, J.C. (Coord.), *La internacionalización de la empresa familiar*, Cátedra de Empresa Familiar Universidad de Sevilla, Sevilla, 2008, pp. 8-9.

posee más ambición, recursos y formación respecto de sus fundadores[12]. No obstante, hemos de considerar que, la autonomía en la forma de actuar considerada como otra ventaja de la empresa familiar, podría dificultar el proceso de internacionalización de estas compañías. Tal aspecto implica una escasa disposición a compartir la propiedad con terceros ajenos a la familia, toda vez que supondría una pérdida de control total sobre el capital y, por ende, sobre la toma de decisiones[13].

En definitiva, la presión que lleva a la corporación familiar a crecer y universalizarse debe ser matizada con una característica inherente a esta: su deseo de mantener el control en las manos de la familia propietaria[14]. Después de todo, un factor esencial a la hora de entender la internacionalización de la firma familiar es el estadio generacional, característica esencial y específica en este tipo de operadores empresariales[15].

12. Naturalmente, la llegada de nuevas generaciones a la dirección podría facilitar el acceso a nuevos recursos: *vid*. FERNÁNDEZ RODRÍGUEZ, M.Z. y NIETO SÁNCHEZ, M.J., «La estrategia de internacionalización de la pequeña empresa familiar», *Cuadernos de economía y dirección de la empresa*, núm. 22, 2005, p. 121; PUIG RAPOSO, N. y FERNÁNDEZ PÉREZ, P., «La internacionalización de la gran empresa familiar española. Una perspectiva histórica», *ICE: Revista de economía*, núm. 849, 2009, p. 30.
13. Todo ello originará un rechazo a la formación de alianzas estratégicas con otras empresas que impliquen compartir propiedad y toma de decisiones, pese a que estas alianzas pudiesen favorecer su expansión internacional. Planteamiento previsto por FUENTES LOMBARDO, G., VALLEJO MARTOS, M.C. y FERNÁNDEZ ORTIZ, R. «Aspectos determinantes en la internacionalización de la empresa familiar», *Revista de Estudios Empresariales. Segunda época*, núm. 1, 2007, p. 43.
14. Expertos en entidades empresariales familiares, entienden que estas no son muy proclives a crecer, y menos en los mercados internacionales. Los factores culturales relacionados con el negocio y la familia, principalmente la resistencia al cambio de los líderes familiares, son una de las razones destacadas, *vid*. en este sentido, SÁNCHEZ MARÍN, G. y MONREAL PÉREZ, J., «La internacionalización de la empresa familiar», en MONREAL MARTÍNEZ, J., SÁNCHEZ MARÍN, G., MEROÑO CERDÁN, A.L. y SABATER SÁNCHEZ, R. (Coords.), *La gestión de las empresas familiares: un análisis integral*, Thomson Reuters, Navarra, 2009, p. 200
15. Desde un prisma económico, resulta necesario diferenciar la empresa familiar de primera generación (fundador/es), y empresa familiar de segunda generación, pues este factor influye en su comportamiento internacional tal y como pone de manifiesto CASILLAS BUENO, J.C., «La estrategia de internacionalización de la empresa familiar», en AA.VV., *Transformarse o desaparecer. Estrategias de la empresa familiar para competir en el siglo XXI*, Ediciones Deusto, 2008, p. 91.

Capítulo II

Rasgos distintivos de las corporaciones empresariales familiares

SUMARIO: 1. CONSIDERACIONES INICIALES. 2. EL DELICADO EQUILIBRIO ENTRE LA SAGA FAMILIAR Y EL INTERÉS EMPRESARIAL. *2.1. Idea preliminar. 2.2. Elementos diferenciadores.* A. Caracteres determinantes. B. Interconexión en la empresa y la familia. *2.3. Premisas lógicas.* 3. ENFOQUE PRAGMÁTICO.

1. CONSIDERACIONES INICIALES

La empresa familiar constituye un tipo de organización caracterizado por sus particularidades en relación con sus estructuras de gobierno y dirección[16]. Partiendo de esta premisa, la empresa y la familia han de estar nítidamente inseparables[17], de modo que, a la dinámica que es inherente a toda explotación empresarial se une también una tendencia de otro signo, relacio-

16. GONZÁLEZ-CRUZ, T. y CRUZ-ROS, S., «El impacto de la implicación familiar sobre el valor de los recursos de los directivos. Un estudio sobre pymes familiares españolas», en CAMISÓN ZORNOZA, C. y VICIANO PASTOR, J. (Dirs.), *Dirección, organización del gobierno y propiedad de la empresa familiar. Un análisis comparado desde la economía y el derecho*, Tirant lo Blanch, Valencia, 2015, libro electrónico; CERDÁ GIMENO, J., «En torno a la estructura "no societaria" de la empresa familiar», en AA.VV., *Estudios jurídicos en homenaje a Vicente L. Montés Penadés*, Tirant lo Blanch, Valencia, 2011, pp. 541-571; GALLO LAGUNA DE RINS, M.A., «Arquitectura motivacional para hacer una empresa familiar multigeneracional», *Tribuna plural: la revista científica*, núm. 9, 2016, p. 300; DEHESA PÉREZ, M.J., «Los conflictos en la empresa familiar», en ORTEGA BURGOS, E. (Dir.), *Tratado de conflictos societarios*, Tirant lo Blanch, Valencia, 2019, p. 768.
17. Sobre este particular, *vid*. VÉLAZ NEGUERUELA, J.L., «Especial problemática de la empresa familiar», *Actualidad jurídica Aranzadi*, núm. 678, 2005, pp. 9-11; PINTO RODRÍGUEZ, L.C., «El conflicto societario en las sociedades de familia. Un matrimonio entre el derecho de la empresa y el derecho de familia», *Revista e-mercatoria*, Vol. 12, núm. 2, 2013, pp. 172-195; COBAS COBIELLA, Mª. E., «La empresa familiar en España y el trabajador por cuenta propia en Cuba. Aproximación a su estudio», en PLAZA PENADÉS, J. (Dir.), GUILLÉN CATALÁN, R. y VEGA CARDONA, R.J. (Coords.), *Cuestiones*

nada directamente con el devenir y las circunstancias del grupo familiar, en cuyo ámbito lo personal y afectivo vive una compleja relación con el fenómeno comercial[18].

Ahora bien, en la *family firm*, a pesar del adjetivo «family» con el que pretende ser diferenciada de otros modelos de *enterprises*, tiene lugar un interés de orden empresarial, que resulta ser primordial entre los titulares directos o indirectos de su propiedad o control[19]. Asimismo, las sociedades familiares, inicialmente, suelen poseer un carácter cerrado debido no solo a la condición de los socios —miembros de una familia— sino también, a su efectiva implicación o participación en la toma de decisiones que se realizan en el seno del grupo familiar[20].

2. EL DELICADO EQUILIBRIO ENTRE LA SAGA FAMILIAR Y EL INTERÉS EMPRESARIAL

2.1. IDEA PRELIMINAR

Deviene necesario apuntar que, en el momento en que se detecta que el negocio es de carácter familiar la cuestión nuclear pivota en examinar la com-

---

Jurídicas de la Empresa Familiar en España y en Cuba, 1ª ed., Thomson Reuters Aranzadi, Navarra, 2016, versión on line; CAMPUZANO, A.B., «Las sociedades familiares», en ORTEGA BURGOS, E. (Dir.), ALONSO ENCISO-MUÑUMER, Mª., ECHEVARRÍA DE RADA, Mª.T., CHARRO BAENA, Mª. P., y RABADÁN VILLANUEVA, J.P. (Coords.), *Tratado jurídico y fiscal de la Empresa Familiar*, Valencia, Tirant lo Blanch, 2021, p. 15.

18. En opinión de la consolidada doctrina mercantilista, interesa resaltar el papel preponderante y, cabría decir, «constitutivo» desempeñado por la familia a la hora de comprender y analizar, desde el punto de vista del Derecho, el significado de la empresa a ella vinculada y que, por tal razón, adquiere el calificativo de familiar: *Cfr.* EMBID IRUJO, J.M., «La organización jurídica de la empresa familiar: de la sociedad aislada al grupo de empresas familiar», *Cuadernos de derecho y comercio*, núm. 77, 2022, pp. 17-62.

19. En la corporación familiar el componente humano tiene una importancia excepcional y, en consecuencia, la vanidad, la ambición personal o colectiva, el egoísmo o la envidia juegan un papel que se traduce muchas veces en sendos problemas jurídicos. Las empresas familiares que se preocupan por la necesaria formación de sus miembros, la disciplina del grupo y son capaces de separar aquellos miembros que generan conflictos, tienen mejores perspectivas de viabilidad. Interesante reflexión a cargo de BOQUERA MATARREDONA, J., «La reciente jurisprudencia del tribunal supremo sobre los conflictos societarios en las sociedades familiares», en CAMISÓN ZORNOZA, C. y VICIANO PASTOR, J. (Dirs.), *Dirección, organización del gobierno y propiedad de la empresa familiar. Un análisis comparado desde la economía y el derecho*, Tirant lo Blanch, Valencia, 2015, p. 117.

20. Así lo entiende OTERO COBOS, Mª.T., «El consejo de familia como administrador de hecho», *Revista de Derecho de Sociedades*, núm. 61, 2021, versión on line. De hecho, un gran número de litigios eclosionan por las presiones entre socios. Da cuenta de ello también ARIAS VARONA, F.J., «Abide or Leave. Withdrawal Right for Retention of Profits, Close Family Companies and Rule of Law», en FLEISCHER, H., RECALDE, A., y SPINDLER, G. (Eds.), *Family Firms and Closed Companies in Germany and Spain*, Mohr Siebeck, Tubinga, 2021, pp. 65-66.

patibilidad entre la *affectio familiae* y la *affectio societatis*[21], es decir, la relación entre lo familiar y lo empresarial en la gestión, entre la estructura orgánica familiar y la estructura orgánica corporativa, entre los derechos y deberes del familiar y los derechos y deberes del socio, entre el crecimiento biológico de la familia a través de las generaciones y el crecimiento institucional de la empresa a través de la expansión en el mercado[22].

2.2. ELEMENTOS DIFERENCIADORES

A. Caracteres determinantes

Con carácter objetivo, tres son los rasgos distintivos que ayudan a perfilar el concepto de empresa familiar[23]. En primer lugar, que se trate de una organización empresarial y no de una mera tenencia de bienes y derechos. En segundo término, que sea propiedad de una persona o grupo de personas ligados por lazos de parentesco —consanguíneo, por afinidad o derivado de la filiación adoptiva — y, por último, que exista una directa y efectiva dirección a cargo de alguna o algunas de las personas que conforman la familia, esto es, que el timón de las decisiones generales y políticas del ente empresarial sean ejecutadas por uno o varios miembros del clan familiar[24].

B. Interconexión en la empresa y la familia

A tal efecto, existe, por tanto, una estrecha relación entre propiedad y gestión o, dicho de otro modo, entre la vida de la empresa y la vida de la familia[25] .

---

21. La intención de constituir la sociedad se configura como un elemento autónomo o integrado para la existencia de la misma, en torno a su discusión en la doctrina civilista y mercantilista, *vid*. BERROCAL LANZAROT, A.I., «La organización de la empresa familiar: comunidad de bienes, sociedad civil y cuentas en participación», *Cuadernos de derecho y comercio*, núm. extra 1, 2017, pp. 109-111. O, dicho de otro modo, la *affectio societatis* es un consentimiento que se presta en un momento y se mantiene en el tiempo como la *affectio maritalis* y, cuando desaparece, termina la sociedad, *vid*. ALFARO ÁGUILA-REAL, J., «La affectio societatis», 8 de noviembre de 2018, https://almacendederecho.org/la-affectio-societatis.
22. De manera aguda es descrito por ECHAIZ MORENO, D., «El protocolo familiar. La contractualización en las familias empresarias para la gestión de las empresas familiares», *Boletín Mexicano de Derecho Comparado*, núm. 127, 2010, p. 109.
23. Normalmente, el perfil de las sociedades familiares radica en una fuerte cohesión entre los socios bajo una relación de parentesco de carácter cerrado al contener, comúnmente, clausulas limitativas de transmisibilidad de la participación del capital, tanto por actos *inter vivos* como *mortis causa*. De esta manera queda concebido por RODRÍGUEZ DÍAZ, I., *La empresa familiar en el ámbito del Derecho Mercantil*, Edersa, Madrid, 2000, p. 22.
24. En torno a esta fundamentación, *vid*. PÉREZ-FADÓN MARTÍNEZ, J.J., *La empresa familiar. Fiscalidad, organización y protocolo familiar*, CISS, Bilbao, 2005, pp. 17-20.
25. Entre los diferentes argumentos esgrimidos para definir la empresa familiar destacan: el porcentaje de capital poseído por la familia, las funciones ejecutivas que desempeña la familia en la empresa, la intención de mantener la participación de la familia en la empresa, etc.,

Pero, no es sino más cierto que, una de las principales características sobre la que descansa el ente empresarial familiar es que su propiedad y gestión se mantienen en manos de la familia[26]. Con lo cual, una familia o un grupo de familias controlan el proceso de decisiones dentro de la corporación, al estar situados el fundador y sus sucesores en puestos clave de la organización[27]. En cualquier caso, el binomio familia y empresa no solo resalta por la espontánea generación y cooperación entre ambas, sino que en la interacción de dicho tándem es donde emerge el concepto de empresa y empresario[28].

Así, la faceta diferenciadora resulta ser que, la propiedad de la empresa se halla concentrada en el grupo familiar[29] y este participa en el gobierno y/o, en su caso, en la gestión de la empresa y, además, en la mayoría de las ocasiones

---

vid. SABATER SÁNCHEZ, R. y JIMÉNEZ JIMÉNEZ, D., «Concepto, dimensiones y modelos de empresa familiar», en MONREAL MARTÍNEZ, J., SÁNCHEZ MARÍN, G., MEROÑO CERDÁN, A.L. y SABATER SÁNCHEZ, R. (Coords.), *La gestión de las empresas familiares: un análisis integral*, Thomson Reuters, Navarra, 2009, pp. 100-101; GALVE GÓRRIZ, C., «Propiedad y gobierno: la empresa familiar», *Ekonomiaz: Revista vasca de economía*, núm. 50, 2002, p. 178.

26. El poder de una familia sobre una empresa puede derivarse de la propiedad, de su influencia y participación en los órganos de gobierno de la empresa o bien, en sus equipos de dirección. En torno a este planteamiento, *vid*. CASILLAS, J.C., DÍAZ, C., RUS, S. y VÁZQUEZ, A., *La gestión de la empresa familiar. Concepto, casos y soluciones*, 2ª ed., Ediciones Paraninfo, Madrid, 2014, pp. 14-15.

27. Los valores inculcados a los hijos, tales como, la honestidad, la transparencia en la información, la igualdad de derechos, el respeto a los derechos de los otros, hace que, a medida que va creciendo la unidad familiar, estos se vuelquen con más entusiasmo en la dirección de la empresa familiar, *vid*. al respecto, ACOSTA PRADO, J.C., RAMÍREZ OSPINA, D.E., y SANABRIA LANDAZÁBAL, N.J., «Los valores y el control de problemas de agencia en empresas de familia», *Revista Lasallista de investigación*, Vol. 16, núm. 2, 2019, p. 115. De hecho, los conflictos producto de las relaciones familiares dependen en gran medida de la forma como se dé la participación de los miembros en el negocio, y de la manera como los fundadores hayan trabajado, desde los primeros años de vida y la de sus integrantes hijos, como de sus propietarios en relación con la unidad familiar, con el respeto, los valores, la comunicación directa, el manejo de la confianza, los elementos mediáticos del comportamiento humano en una empresa de carácter familiar, *vid*. RODRÍGUEZ RESTREPO, V.J. y DÍAZ VARGAS, E., «Las relaciones de poder de los fundadores de una empresa familiar en el ámbito de la economía global», *Gestión y Sociedad*, Vol. 7, núm. 2, 2014, pp. 81-97.

28. Es en el ámbito de las empresas familiares, el concepto de empresario ha tenido un mayor reconocimiento, tanto interno en las propias familias empresarias, como externo a nivel social, *vid*. NOGALES LOZANO, F., «La educación de la empresarialidad en las familias empresarias», *Procesos de mercado: revista europea de economía política*, Vol. 15, núm. 2, 2018, pp. 231-232.

29. En ocasiones, puede haber miembros de la familia que no participen en los negocios, y ni siquiera tengan acciones en la empresa, o accionistas que no sean de la familia ni trabajen en la empresa, *vid*. OGLIASTRI, E., «¿Empresa familiar emprendedora?», *Debates IESA*, Vol. 18, núm, 1, 2013, pp. 11-15.

existe una vocación de continuidad[30], esto es, de transmisión de los valores empresariales propios de la familia entre las futuras generaciones[31].

De ahí, a que el elemento volitivo o subjetivo defina lo que realmente es la empresa familiar pues, en opinión del operador práctico, la característica fundamental de aquella está sustentada en las decisiones sucesorias y societarias con el propósito de hacer posible su continuidad en el tráfico jurídico[32].

2.3. PREMISAS LÓGICAS

En cualquier caso, como ha quedado apuntado, la propiedad debe estar en manos de una familia o grupo familiar[33] aunque, ciertamente, no hay una frontera

30. Si algo define a la empresa familiar es su vocación de permanencia. Trascender en el tiempo y dejar un legado a las generaciones venideras son dos objetivos que guían la estrategia de este tipo de compañías. Tal y como exponen los expertos prácticos, una hoja de ruta de sucesión que recoja todos los posibles acontecimientos, incluido el espacio para los inesperados, garantizará la continuidad de la compañía, *vid.* VALLEJO MARTOS, M.C., «Cuando definir es una necesidad. Una propuesta integradora y operativa del concepto de empresa familiar», *Investigaciones europeas de dirección y economía de la empresa*, Vol. 11, núm. 3, 2005, p. 166; OMAÑA GUERRERO, L.M. y BRICEÑO BARRIOS, Mª. A., «Gerencia de las empresas familiares y no familiares: análisis comparativo», *Estudios Gerenciales: Journal of Management and Economics for Iberoamerica*, Vol. 29, núm. 126, 2013, p. 295; FAURA, M.A., «La sucesión en la empresa familiar: un paso decisivo», https://www.tendencias.kpmg.es/2020/12/la-sucesion-en-la-empresa-familiar-un-paso-decisivo/, diciembre 2020. No en vano, tanto la doctrina civilista como mercantilista presentan ciertas discrepancias al respecto, *vid.* SÁNCHEZ RUÍZ, C.M., «Introducción. Una aproximación jurídica a las empresas y las sociedades familiares», en SÁNCHEZ RUÍZ, M. (Coord.), *Régimen jurídico de la Empresa Familiar*, Civitas Thomson Reuters, Navarra, 2010, p. 20 y bibliografía allí citada; BARRÓN LÓPEZ, C., *Arbitraje y Mediación en la empresa familiar*, Tirant lo Blanch, Valencia, 2021, p. 23.
31. El fundador de una empresa familiar desea ver, por lo general, que su proyecto empresarial pase a las siguientes generaciones, *vid.* SÁIZ ÁLVAREZ, J.M., «Factores clave de éxito en la internacionalización de la empresa familiar. Una aplicación a la PYME», *Economía industrial*, núm. 380, 2011, p. 62. *A sensu contrario* FERNÁNDEZ-TRESGUERRES considera que, la continuidad no es un rasgo esencial en la empresa familiar, *vid.* por todos, FERNÁNDEZ-TRESGUERRES GARCÍA, A., «La Ley 7/2003, de 1 de abril, de la Sociedad Limitada Nueva Empresa, por la que se modifica la Ley 2/1995, de 23 de marzo, de Sociedades de Responsabilidad Limitada (II)». La Sociedad Familiar, *Diario La Ley*, núm. 5939, 2004, versión on line.
32. ROCA JUNYENT, M., «La empresa familiar en el ordenamiento jurídico interno y comunitario» en GARRIDO MELERO, M. y FUGARDO ESTIVILL, J.M. (Coords.), *El patrimonio familiar, profesional y empresarial. Sus protocolos*, Tomo IV, Bosch, Barcelona, 2005, p. 31.
33. Se ha de tener en cuenta que, en una entidad empresarial con carácter familiar se provoca una situación compleja debido a la existencia de tres sistemas interrelacionados, que son la propiedad, la gestión y la familia y que habitualmente coinciden en las mismas personas, *vid.* GOYZUETA RIVERA, S.I., «Modelo de gestión para las empresas familiares con perspectivas de crecimiento y sostenibilidad», *Perspectivas*, año 16, núm. 31, 2013, p. 129. Por ello, debe afrontarse con una adecuada regulación y profesionalización que permita resolver de manera óptima la separación entre la familia, la propiedad y la empresa, evitando que los conflictos familiares empañen el entorno empresarial. Así lo estima, MURGUÍA GUTIÉ-

definida para determinar cuál es el porcentaje mínimo necesario[34]. A pesar de tal tesis, no cabe duda de que es preciso que la cuota porcentual permita el control de la empresa a la familia y al conjunto de sus miembros[35]. Ello nos permite poder afirmar que, la simple tenencia de bienes u otras formas organizativas de la propiedad encuadran en el perfil de empresa familiar y, por tanto, quedan excluidas las comunidades de bienes. Sea como fuere, la propiedad será ejercitada de manera aparente por una persona de la familia o por el grupo familiar que ocupe directamente el control sobre la misma, es decir, debe tratarse de una empresa de la familia[36].

De todos modos, la compañía familiar se perfila por darse en ella un vínculo de interés común entre sus propietarios, habida cuenta de que los titulares del control de la empresa han de estar unidos por vínculos no sólo jurídicos, ex. gr. copropietarios, socios de la sociedad..., sino también mediante vínculos de parentesco[37]. Es

---

RREZ, Mª.I., «Protocolo de familia: las empresas familiares», *Hospitalidad-ESDAI*, núm. 29, 2016, pp. 53-68.

34. La participación del grupo familiar ha de ser significativa, en grado tal que ostente la capacidad de decisión sobre los aspectos más relevantes de la sociedad familiar. Sugerente argumento aducido por GARRIDO DE PALMA, V.M., «La familia empresaria ante el Derecho», en GARRIDO MELERO, M. y FUGARDO ESTIVILL, J.M. (Coords.), *El patrimonio familiar, profesional y empresarial. Sus protocolos*, Tomo IV, Bosch, Barcelona, 2005, p. 65.

35. Desde la ciencia económica CORONA define de manera genérica y omnicomprensiva a la empresa familiar como aquella en la que un grupo familiar está en condiciones de designar al máximo ejecutivo de la compañía, de fijar la estrategia empresarial de la misma, y todo ello con el objetivo de continuidad generacional, basado en el deseo conjunto de fundadores y sucesores de mantener el control de la propiedad y la gestión en la familia, *Cfr.* CORONA ARAGÓN, J., «Introducción al análisis de la empresa familiar», en GARRIDO MELERO, M. y FUGARDO ESTIVILL, J.M. (Coords.), *El patrimonio familiar, profesional y empresarial. Sus protocolos*, Tomo VI, Bosch, Barcelona, 2005, p. 25.

36. Las notas que la identifican son la existencia de una familia organizada empresarialmente que ostente la propiedad y con sentido de permanencia y vocación de continuidad, *vid.* en este sentido, COBAS COBIELLA, Mª.E., «La empresa familiar en España y el trabajador por cuenta propia en Cuba. Aproximación a su estudio», en PLAZA PENADÉS, J. (Dir.), GUILLÉN CATALÁN, R. y VEGA CARDONA, R.J. (Coords.), *Cuestiones Jurídicas de la Empresa Familiar en España y en Cuba*, 1ª ed., Thomson Reuters Aranzadi, Navarra, 2016, versión on line. En las empresas familiares se percibe realmente la interacción de dos complejos sistemas sociales: familia y empresa, lo cual constituye un sistema dual. Una empresa familiar es una organización controlada y operada por los miembros de una familia. Desde una perspectiva diferente, digamos espiritual, se suele referir a empresas con alma, dado que el corazón de las familias está en ellas: *Cfr.* BELAUSTEGUIGOITIA RIUS, I., *Empresas familiares: dinámica, equilibrio y consolidación*, McGraw-Hill, México, 2017, p. 39 y p. 41. Sobre este mismo asunto, *vid.* RODRÍGUEZ DÍAZ, I., *La empresa familiar en el ámbito del Derecho Mercantil*, EDERSA, Madrid, 2000, pp. 23-24; VELÁZQUEZ GARCÍA, Mª.C., ALBERTO PAZ GÓMEZ, C. y AGUILAR MORALES, N., «La sucesión en una empresa familiar de autotransporte», *Hitos de Ciencias económico-administrativas*, año 17, núm. 48, 2011, pp. 65-74.

37. Tal y como exhorta CUCURULL se requiere una participación importante de la familia en la empresa además de la necesidad de que alguno de sus miembros deba estar a cargo de la gestión y ocupando algún lugar directivo: CUCURULL POBLET, T., *El protocolo familiar «mortis causa»*, Dykinson, Madrid, 2015, p. 51.

decir, el acceso a la propiedad o al control de la empresa exige tanto en el aspirante como en el sedente un presupuesto ineludible: estar vinculado parentalmente —en el grado que, en su caso, se haya podido establecer convencionalmente— con los restantes propietarios de la sociedad familiar o de sus instrumentos jurídicos de control dominical[38].

3. ENFOQUE PRAGMÁTICO

Tal y como ha razonado la doctrina científica no es exagerado afirmar que, la empresa y no la familia es el centro y presupuesto de interés de los propietarios ante la ordenación de sus relaciones. Se ha de admitir que se trata de intereses interconectados toda vez responden a un contenido bicéfalo e indivisible. Ello es debido a que, por una parte, la ordenación jurídica de las vinculaciones entre los propietarios de la empresa familiar pretende preservar la compañía de previsibles perturbaciones, vicisitudes y cambios provenientes de las relaciones familiares y, por otra, se aspira a que la configuración familiar de la propiedad continúe bajo el control de sucesivas generaciones familiares[39], cuestión que será tratada *infra*.

Por ende, se suele hacer referencia al término *empresa familiar* cuando el acento recae en la empresa o en la organización de la misma en la que la familia ostenta la orientación estratégica de la misma. Por el contrario, se suele utilizar la expresión *familia empresaria* en vista a que el aspecto a destacar es la institución familiar, es decir, al conjunto de personas que, además de compartir un parentesco familiar, dirigen un determinado negocio u organización empresarial[40].

38. Como brillantemente expone la doctrina mercantilista, la empresa familiar es un modelo de empresa caracterizado porque en él se produce la inserción de las relaciones familiares que vinculan a sus propietarios como un elemento más ante la organización, el funcionamiento y el gobierno de la empresa sobre la que recae el derecho de propiedad o los derechos de control de aquéllos sobre la misma, *Cfr.* ALONSO ESPINOSA, F.J., «La empresa familiar como problema», *Revista de Derecho Mercantil,* núm. 283, 2012, versión on line.

39. *Cfr.* ALONSO ESPINOSA, F.J., «La empresa familiar como problema», *Revista de Derecho Mercantil,* núm. 283, 2012, versión on line.

40. De esta forma queda catalogada por CASILLAS, J.C., DÍAZ, C., RUS, S. y VÁZQUEZ, A., *La gestión de la empresa familiar. Concepto, casos y soluciones*, 2ª ed., Ediciones Paraninfo, Madrid, 2014, p. 79.

Capítulo III

El protocolo familiar como instrumento de estabilidad y perdurabilidad

SUMARIO: 1. COMPONENTES INHERENTES DE LAS *FAMILY FIRMS*. *1.1. Parámetro inicial. 1.2. El plan de permanencia. 1.3. La falta de atención del legislador.* A. Punto de partida. B. Exiguo reflejo en la regulación de otros Estados. C. Incardinación del legislador patrio. 2. APROXIMACIÓN CONCEPTUAL. 3. IMPLEMENTACIÓN EN EL TRÁFICO JURÍDICO. *3.1. Categorización. 3.2. Apoyo en otros instrumentos normativos.* 4. EFICACIA, CONTENIDO Y NATURALEZA JURÍDICA. *4.1. Funcionalidad. 4.2. Substancia. 4.3. Estado de la cuestión.*

1. COMPONENTES INHERENTES DE LAS *FAMILY FIRMS*

1.1. PARÁMETRO INICIAL

La dinámica de las empresas familiares se caracteriza por tener relaciones complejas entre la familia y el personal externo respecto de asuntos tales como el patrimonio, el funcionamiento de aquella, la toma de decisiones a través de la comunicación directa y la unidad de mando y jerarquía en el escalafón familiar[41].

No debe caer en baldío que la compañía familiar está impregnada de una especial complejidad en la medida en que resulta complejo deslindar y organizar los intereses de los miembros que componen la empresa. La coincidencia en las mismas personas de distintos roles (trabajador, consejero, propietario, familiar)

41. En gran número de ocasiones, el control económico es una fuente principal de disputa, donde se conjugan y se delimitan la situación económica de la familia y de la empresa, recordando que ambos aspectos están integrados en uno solo. De este modo es alegado por CELI MERO, L., «Negocios familiares: el paternalismo, camino directo al fracaso», *Retos: Revista de Ciencias de la Administración y Economía*, Vol. 3, núm. 5, 2013, p. 61; MARTÍN ROMERO, J.C., «Los órganos atípicos en las sociedades familiares», en GONZÁLEZ FERNÁNDEZ, Mª.B. y COHEN BENCHETRIT, A. (Dirs.), OLMEDO PERALTA, E. y GALACHO ABOLAFIO, A.F. (Coords.), *Derecho de sociedades: cuestiones sobre órganos sociales*, Tirant lo Blanch, Valencia, 2019, pp. 513-514.

complica la percepción de los derechos y responsabilidades inherentes a cada papel, así como la necesidad de separación y coordinación entre familia y empresa[42].

Sin embargo, la interacción entre una familia y su negocio pueden llegar a tener con el avance generacional una extraordinaria y positiva riqueza[43]. Ello comienza con la comprensión y mantenimiento de las razones por las que la familia quiere que su empresa continúe siendo empresa familiar, y no pase a comportarse simplemente como una empresa no familiar regida exclusivamente por el marco legal de sus estatutos o pactos parasociales[44].

Por tanto, se puede afirmar que las entidades empresariales familiares tienen un comportamiento muy distinto al de las compañías no familiares[45], pues, evidentemente, suelen tener una unión de intereses como familia, convirtiéndose en una ventaja, pero cuando hay discordancia se puede generar conflictos que repercuten tanto en el plano legal, así como empresarial[46]. Ciertamente, si se diferencia bien la familia de la empresa se puede fortalecer los lazos familiares por varias generaciones, de lo contrario se corre el riesgo de dividir a la familia y perder el negocio[47].

42. En opinión de algunos autores, la empresa familiar es empresa, lo que significa que los intereses empresariales deben primar sobre los familiares cuando las diferencias amenacen la continuidad, *vid.* CAMISÓN ZORNOZA, C. y RÍOS NAVARRO, A., «El protocolo familiar como instrumento de alineamiento de los intereses económicos y jurídicos en la dirección de la empresa familiar», en CAMISÓN ZORNOZA, C. y VICIANO PASTOR, J. (Dirs.), *Dirección, organización del gobierno y propiedad de la empresa familiar. Un análisis comparado desde la economía y el derecho*, Cátedra de Empresa Familiar de la Universitat de València y Tirant lo Blanch, Valencia, 2015, p. 123 y 125.
43. Bajo esta premisa ha quedado señalado en el epígrafe *2. Retos y halo de esperanza*, del capítulo I.
44. En cierto modo, la empresa familiar ofrece a los miembros de la familia dar continuidad a unos valores, instaurados por los fundadores, constituyendo estos los cimientos del éxito de la actividad empresarial por ellos iniciada. Tal y como acuña la doctrina económica, la «herencia espiritual» está compuesta de las buenas costumbres vividas en la empresa, *cfr.* GALLO LAGUNA DE RINS, M.A., *La sucesión en la empresa familiar*, La Caixa, Barcelona, 1998, p. 105.
45. En la comprensión de la internacionalización de la empresa familiar, se ha de prescindir de la dicotomía clásica entre empresa familiar y no familiar, pues supone una simplificación excesiva. Además, es necesario no prejuzgar el tamaño junto con la idea de que una empresa familiar es pequeña, y que una compañía multinacional es equivalente a gran empresa. Así lo entiende CASILLAS BUENO, J.C., «La estrategia de internacionalización de la empresa familiar», en AA.VV., *Transformarse o desaparecer. Estrategias de la empresa familiar para competir en el siglo XXI*, Ediciones Deusto, 2008, pp. 88 y 90.
46. BASTOS OSORIO, L.M., VÁSQUEZ BARAJAS, E.F. y LÓPEZ CÁCERES, Y.O., «Factores que determinan la dinámica de las empresas familiares y su reto con la internacionalización», *Lebret*, núm. 8, 2016, p. 62.
47. Enfoque brindado por RODRÍGUEZ PARDO, A. y MARTÍNEZ FELCE, L., «Las múltiples caras de las empresas familiares», *Debates IESA*, Vol. 11, núm. 2, 2006, pp. 35-37.

1.2. EL PLAN DE PERMANENCIA

La continuidad de la compañía familiar es un proceso estratégico fundamental[48] en la medida que ante un eventual fracaso del ente empresarial va asociado directamente a la familia pues se unen e interrelacionan sistemas que, en su naturaleza poseen distintas lógicas y valores. Por un lado, la familia está gobernada por la unidad, permanencia, lealtad y unión[49] y, de otro, la empresa se asienta sobre la diversidad, la coyuntura y la competencia. Inequívocamente, constituyen realidades de sustantividad diferente que, han de adaptarse, o al menos, converger lo máximo posible[50].

Sobre este particular, las empresas familiares pueden sufrir, entre otras razones, procesos de transformación, disolución o extinción a consecuencia de la falta de planificación en la misma[51]. Disponer de un *planning* de acción-reacción es de suma importancia para preparar anticipadamente ese proceso de

---

48. La **sucesión es uno de los momentos más delicados** en la vida de una empresa familiar. Enfrentarse al traspaso del control o la propiedad del negocio a la siguiente generación requiere **anticipación, *vid.* BEIRED, E., «La empresa familiar no está suficientemente preparada para la sucesión»**, https://www.tendencias.kpmg.es/2020/01/empresa-familiar-sucesion-preparacion/, **7 de enero de 2021. El proceso de sucesión constituye un momento de extrema importancia porque muchas empresas no consiguen culminar con éxito el tránsito de una generación a otra, *vid.* al respecto, BAÑEGIL PALACIOS, T.L., HERNÁNDEZ LINARES, R. y BARRIUSO IGLESIAS, C., «El protocolo familiar y sus instrumentos de desarrollo en las empresas familiares de Extremadura», *Tourism & Management Studies*, núm. 8, 2012, p. 141.**
49. La solidaridad en la empresa familiar, que es siempre con motivo de la profunda unión, ofrece un mayor número de facetas que en las compañías no familiares. En efecto, todo miembro de la familia que trabaja en la empresa debe cuidar el bien común de toda la familia al considerar que trabaja para la comunidad de personas que es la familia, es decir, se trabaja para la familia, y ha de saber cómo equilibrar ambos bienes comunes: el de la familia y el de la empresa, *cfr*. GALLO LAGUNA DE RINS, M.A., «Empresa familiar: incrementar su supervivencia», *Tribuna plural: la revista científica*, núm. 15, 2017, p. 131.
50. DE LA TORRE GARCÍA, A.E., CONDE VIÉITEZ, J.A. y SÁNCHEZ-ANGUITA MUÑOZ, A., «Sucesión e internacionalización de la empresa familiar. Situación actual», en VELARDE ARAMAYO, M.S. (Coord.), *Derecho económico e internacionalización empresarial*, Ratio Legis, Salamanca, 2006, p. 382. En realidad, la resiliencia siempre ha sido un atributo que ha marcado la diferencia en las compañías. Especialmente en las familiares, en las que su vocación de perdurabilidad las ha hecho testigo de los cambios del paso del tiempo en la economía y la sociedad. A lo largo de su historia las empresas familiares han sabido adaptarse, afrontando los retos con optimismo y tenacidad para convertirlos en una oportunidad de crecimiento, *vid*. FAURA, M.A., «La empresa familiar ante su mayor prueba de resiliencia», https://www.tendencias.kpmg.es/2021/03/la-empresa-familiar-ante-su-mayor-prueba-de-resiliencia/, febrero 2021.
51. El empresario familiar en muchas ocasiones siente la necesidad de que debe planificar el cambio generacional, pero las dificultades que intuye hacen que no se decida a tomar decisión alguna; partidario de esta opinión *vid*. SÁNCHEZ CRESPO CASANOVA, A.J., «El Protocolo Familiar como instrumento para gestionar el cambio generacional», *Boletín del Ilustre Colegio de Abogados de Madrid*, núm. 27, 2003, pp. 94-95.

transformación, disolución o extinción de acuerdo con sendos criterios pactados y razonados[52].

1.3. LA FALTA DE ATENCIÓN DEL LEGISLADOR

A. Punto de partida

El Protocolo Familiar se constituye como un instrumento específico de las empresas familiares en tanto que regula todos aquellos aspectos que faciliten su operatividad en el comercio tanto a nivel interno como internacional, su transición en el eje familiar o su eventual secuenciación ante la incapacidad o fallecimiento del fundador/es de la corporación familiar. La anticipación a las eventuales discrepancias que puedan llegar a sede judicial debe preverse en el Protocolo con el fin de garantizar las coordenadas básicas y particulares de la empresa.

B. Exiguo reflejo en la regulación de otros Estados

Sobre este particular, conviene poner de manifiesto que no existe una regulación positiva que establezca un marco normativo integral sobre la empresa familiar en el ordenamiento jurídico interno español y escasamente a nivel de Derecho comparado[53], habiéndose realizado tan solo reformas puntuales, principalmente de naturaleza fiscal[54], perspectiva esta última muy lejana al Derecho privado.

C. Incardinación del legislador patrio

El Código Civil español, concretamente en su párrafo segundo del artículo 1056, hace una alusión somera a la empresa familiar en sede de partición de la

---

52. Una de las principales decisiones con relación a los procesos de sucesión se refiere a la posibilidad (o no) de que el próximo directivo principal de la empresa sea un miembro de la familia. En el caso español, la orientación hacia la continuidad familiar es relativamente elevada, *vid. Las empresas familiares españolas ante el reto de la sucesión: Diferentes perspectivas generacionales. Proyecto STEP 2019. Informe de resultados para España*, ESCRIBÁ-ESTEVE, A. (Coord.), p. 14.

53. En cambio, en el Código Civil italiano hallamos una definición legal de la misma. De hecho, en el artículo 230 bis del Código Civil se traza el marco jurídico de la empresa familiar y los derechos y deberes de sus miembros, *vid.* FERRANTE, A., «Breves apuntes sobre la empresa familiar española delante del espejo jurídico italiano», *Actualidad Jurídica Aranzadi*, núm. 652, 2005, versión on line. En cuanto al tratamiento sucinto en el ordenamiento jurídico francés y alemán, *vid.* OLMEDO CASTAÑEDA, F.J., *La transmisión de la empresa familiar: claves jurídicas para su éxito. Propuestas de reforma legislativa*, Tirant lo Blanch, Valencia, 2019, pp. 72-75.

54. OLMEDO CASTAÑEDA, F.J., «La empresa familiar en el Derecho español: necesidad de una regulación jurídica», *Anales de la Academia Matritense del Notariado*, Tomo 59, 2019, pp. 149-193.

herencia, atisbo, dicho sea de paso, de poca precisión semántica[55]. De su tenor literal se puede colegir que, las condiciones idóneas para que la explotación económica familiar se mantenga indivisa[56] en beneficio de los descendientes que participan en la explotación familiar[57].

2. APROXIMACIÓN CONCEPTUAL

El Protocolo Familiar puede ser definido teóricamente como un acuerdo marco o norma fundamental de una empresa familiar[58] mediante el cual se regulan las relaciones jurídicas, económicas y profesionales de sus miembros y de la propia compañía[59], con el fin último de garantizar el normal desarrollo y continuidad de esta, en armonía con las aspiraciones legales, económicas y personales de los componentes[60].

55. GARCÍA CANTERO, G., «Empresa familiar y sociedad de gananciales», en GARRIDO DE PALMA, V.M. (Dir.), *La empresa familiar ante el Derecho. El empresario individual y la sociedad de carácter familiar*, Civitas, Madrid, 1995, pp. 87-88.
56. La causa determinante que permite al testador preservar indivisa la empresa familiar o mantener el control de la misma es que las decisiones operen en interés de la familia con el fin de mantener la continuidad de la misma en propiedad del conjunto de miembros de familia que la dirigen, así lo estima REYES LÓPEZ, Mª.J., «El patrimonio del empresario familiar individual», en GARRIDO MELERO, M. y FUGARDO ESTIVILL, J.M. (Coords.), *El patrimonio familiar, profesional y empresarial. Sus protocolos*, Tomo IV, Bosch, Barcelona, 2005, p. 144.
57. RUEDA ESTEBAN, L., «La modificación del párrafo segundo del artículo 1056 del Código Civil», en GARRIDO MELERO, M. y FUGARDO ESTIVILL, J.M. (Coords.), *El patrimonio familiar, profesional y empresarial. Sus protocolos*, Tomo IV, Bosch, Barcelona, 2005, p. 216.
58. En palabras de Vicent Chuliá es el documento básico de organización de la sociedad familiar que planifica las relaciones entre el grupo familiar, la propiedad familiar y la empresa o sociedad familiar fijando las reglas a observar sobre multitud de temas, *vid.* VICENT CHULIÁ, F., «Organización jurídica de la sociedad familiar», en NAVARRO SALINAS, A. (Ed.), *Derecho de sociedades: libro homenaje al profesor Fernando Sánchez Calero*, McGraw-Hill Interamericana de España, 2002, p. 4565.
59. La doctrina extranjera latinoamericana entiende que, los acuerdos de mayor trascendencia que normalmente integran los Protocolos Familiares son aquellos dirigidos a regular la integración de los órganos de dirección y gobierno de la empresa y la política de transmisión de la propiedad (control de acceso a la propiedad, limitación para terceros, etc.), *vid.* por todos, DELUCCHI, A. y FOLLE, C.,, «Gobierno y sucesión en la empresa familiar latinoamericana», *IEEM Revista de Negocios*, año 15, núm. 4, 2012, pp. 68-78.
60. Desde esta perspectiva ofrecida, el alcance y eficacia del Protocolo serán tan amplia como dispongan los integrantes de la compañía familiar que quieran adherirse a él. Por ende, constituye un documento para dotar de eficacia la implementación de diversos negocios jurídicos con alto nivel subjetivo, PECOURT GOZÁLBEZ, E., «Aspectos civiles del Protocolo Familiar», en AA.VV., *Claves para la continuidad de la Empresa Familiar. Comunicación, aspectos económicos y jurídicos*, 1ª ed., Federación Asturiana de Empresarios y Septem Ediciones, Oviedo, 2006, pp. 192-193; BAREA MARTÍNEZ, Mª.T., «El protocolo familiar», *Cuadernos de derecho y comercio*, núm. extra 1, 2017, p. 302; FERNÁNDEZ-SANCHO TAHOCES, A.S., «La sucesión en la empresa familiar: el protocolo familiar y su publicidad registral», *Revista Aranzadi de derecho patrimonial*, núm. 23, 2009, versión on line; DEL VAL TALENS, P. y GIMENO RIBES, M., «Setting the Scene. Family Firms and Closed

Dicho de otro modo, es una hoja de ruta en la que se incorpora acciones de futuro junto con la forma de programar en el tiempo la adopción de las decisiones que mejor se adaptan a la voluntad de los fundadores y así hacer compatible la continuidad de la alianza empresa-familia[61], lógicamente, con el respaldo que el ordenamiento jurídico ofrece.

Particularmente, en el derecho positivo español se halla definido por el párrafo primero, del artículo 2 del *Real Decreto 171/2007, de 9 de febrero, por el que se regula la publicidad de los protocolos familiares*[62]. Ahora bien, esta delimitación no tiene carácter omnicomprensivo, sino que se acuña a los solos efectos de señalar qué se entiende por Protocolo Familiar como negocio jurídico que puede ser objeto de publicidad registral[63]. La norma *supra* señalada permite —siempre con carácter voluntario— hacer públicos en el Registro Mercantil los acuerdos que los socios alcancen entre sí o con terceros, si con-

---

Companies in Spain», en FLEISCHER, H., RECALDE, A., y SPINDLER, G. (Eds.), *Family Firms and Closed Companies in Germany and Spain*, Mohr Siebeck, Tubinga, 2021, p. 57.

61. CORONA concluye que es una guía familiar sobre el futuro de la empresa para mantenerla precisamente en el marco de la propia familia, *vid.* CORONA RAMÓN, J., «Reconocimiento jurídico del Protocolo Familiar», *Escritura pública*, núm. 45, 2007, p. 49. Se vislumbra un conjunto de pactos con visos de perdurabilidad, pero no inamovibles, así lo expresa CABAÑETE POZO, R., «La publicidad de los protocolos familiares», en HERRERA CAMPOS, R. y BARRIENTOS RUÍZ, M.A. (Eds.), *Derecho y familia en el siglo XXI*, Universidad de Almería, Almería, 2011, p. 539.

62. BOE núm. 65, de 16 de marzo de 2007. Tal norma se aplica únicamente a las Sociedades Familiares mercantiles no admitidas a cotización. Además, se implementa al Protocolo Familiar formulado tanto en Sociedades Familiares personalistas como capitalistas, de ello advierten DÍAZ GÓMEZ, M.ªA. y DÍAZ GÓMEZ, E., «La empresa familiar y su organización en forma de sociedad mercantil, con especial referencia a la sociedad de responsabilidad limitada», *Pecunia: revista de la Facultad de Ciencias Económicas y Empresariales*, núm. 12, 2011, p. 170. Las sociedades familiares de capital con base personalista se caracterizarían por tratar de conjugar la estructura corporativa típica de una sociedad de capital con elementos de personificación que relativicen aquella estructura, sin que ello suponga la pérdida de sus «rasgos de identidad» como tal sociedad de capital. La presencia de ese *intuitu personae* supondría que se trata de sociedades con un número tendencialmente reducido de socios; en este sentido se entiende que el principio de personalidad de los socios alcanza el grado de principio básico para estos modelos empíricos, *vid.* VIERA GONZÁLEZ, A.J., «Algunas reflexiones sobre el "Proyecto de Real Decreto regulador de la publicidad de los protocolos familiares" y la empresa familiar», *Revista de Derecho de Sociedades*, núm. 26, 2006, versión on line.

63. SÁNCHEZ CRESPO CASANOVA, A.J., *El Protocolo Familiar. Una aproximación práctica a su preparación y ejecución*, Gofer, Madrid, 2009, pp. 144-145. Si bien, el protocolo familiar se puede depositar íntegramente, solo se inscriben las cláusulas que, habiendo pasado el tamiz de la calificación registral, se incluyan en estatutos y merezcan la protección propia societaria. *Vid. per omnia*, RAMÓN MELÉNDEZ, J., «Cuestiones prácticas sobre la inscribibilidad de prestaciones accesorias consistentes en la suscripción y cumplimiento de pactos parasociales o protocolos familiares (Comentario a la RDGRN núm. 9615/2018 de 26 de junio de 2018)», en ORTEGA BURGOS, E. y ALONSO-MUÑUMER, M.E. (Dir.), *Actualidad Mercantil 2021*, Tirant lo Blanch, Valencia, 2021, p. 558.

viene a su estrategia empresarial[64]. En este sentido, el Protocolo solo podrá publicarse cuando, previamente a la decisión sobre su ajuste al interés social que debe tomar el órgano de administración así lo hayan decidido todas y cada una de sus partes[65].

En términos generales, con este enfoque se persigue otorgar a la empresa familiar la máxima flexibilidad para decidir la publicidad del Protocolo en función de los intereses deseados[66].

3. IMPLEMENTACIÓN EN EL TRÁFICO JURÍDICO

3.1. CATEGORIZACIÓN

De todo lo anterior se deduce que la naturaleza del mismo es poliédrica en tanto en cuanto debe ser concebido como un instrumento para el buen gobierno de la empresa familiar en el que se enmarcan las reglas del juego que armonizan los valores, funciones y los intereses propios de la familia y la empresa[67]. Conviene advertir que, aunque en puridad la naturaleza del Protocolo no sea la de un simple precontrato de sociedad, no puede despreciarse la posibilidad de que los firmantes del mismo obtengan un cumplimiento forzoso *en natura* del mismo

64. El acceso registral puede llevarse a cabo mediante tres modalidades: en primer lugar, la mera mención de la existencia de un protocolo, con referencia a sus datos identificativos y no a su contenido en el asiento de inscripción. En segundo término, es posible publicitar el depósito del protocolo o parte de él, con ocasión de la presentación de las cuentas anuales. Finalmente, también podrá inscribirse en el Registro Mercantil un documento público o como consta en el Real Decreto, hacer constar «la escritura de elevación a público de acuerdos sociales que contenga cláusulas inscribibles, en ejecución del protocolo». Desde el campo de la práctica empresarial se aprecia que, dado lo complejo de la elaboración de un Protocolo serán pocas las empresas que se lancen a hacer públicos sus acuerdos, por ello, se prevé que la fórmula de acceso al Registro Mercantil más utilizada sea la mera mención, *vid*. FERNÁNDEZ, P.M., «La publicidad de los protocolos familiares», *Escritura pública*, núm. 45, 2007, p. 48. Para un análisis individualizado de cada vía, *vid*. RODRÍGUEZ DÍAZ, I., «El protocolo familiar y su publicidad: de las iniciativas comunitaria y española al Real Decreto 171/2007, de 9 de febrero, por el que se regula la publicidad de los protocolos familiares», *Revista de Derecho Mercantil*, núm. 266, 2007, versión on line.
65. Los sujetos del Protocolo son los únicos legitimados no solo para impulsar su publicidad, sino también para decidir, en principio, cual haya de ser la forma de esa publicidad. Así queda razonado por FERNÁNDEZ DE CÓRDOVA CLAROS, I., «La publicidad registral del protocolo familiar», *Academia Sevillana del Notariado*, Tomo 18, 2009, p. 94.
66. Postura fijada por CAMISÓN ZORNOZA, C. y RÍOS NAVARRO, A., *El Protocolo Familiar: metodologías y recomendaciones para su desarrollo e implantación*, Tirant lo Blanch, Valencia, 2016, p. 54.
67. En otras palabras, el Protocolo Familiar es un negocio jurídico de contenido heterogéneo y complejo con una fuerte pretensión de ordenar, prever y solucionar de manera unitaria y global, todos los problemas que pudieran surgir en el seno de la empresa familiar. Para una delimitación minuciosa, *vid*. BAREA MARTÍNEZ, Mª.T., «El protocolo familiar», *Cuadernos de derecho y comercio*, núm. extra 1, 2017, pp. 302-304; RODRÍGUEZ DÍAZ, I., «El protocolo familiar y su publicidad: de las iniciativas comunitaria y española al Real Decreto 171/2007, de 9 de febrero, por el que se regula la publicidad de los protocolos familiares», *Revista de Derecho Mercantil*, núm. 266, 2007, pp. 1123-1158.

por condena judicial y con fundamento en las previsiones en aquél contenidas[68]. Con todo, en consideración de una parte de la doctrina mercantilista, el principal obstáculo que posee el Protocolo es su carácter extraestatutario y, por ello, su naturaleza jurídica debe ser concebida como contrato con una eficacia meramente *inter partes*, teniendo presente que la sociedad como tal no quedará obligada al complimiento de lo estipulado en el Protocolo en aplicación del principio de relatividad que rige en el Derecho español de contratos[69].

En consecuencia, es, por tanto, un instrumento para la autorregulación de la sociedad familiar en las áreas que son trascendentes constituyendo, básicamente, una declaración de intenciones fruto del consenso entre los diferentes miembros de la familia[70], encaminado a formalizar unas pautas generales de actuación plasmadas en un documento en el cual se pretende regular los conflictos presentes y futuros entre la familia y la empresa, la propiedad y la gestión de una concreta sociedad o grupo de ellas[71].

3.2. APOYO EN OTROS INSTRUMENTOS NORMATIVOS

Resulta cierto que en la *praxis* vaya acompañado de actos o negocios jurídicos adicionales que presentan gran trascendencia para terceros, como son las capitulaciones matrimoniales en donde se establece, en su caso, el régimen económico matrimonial elegido por el matrimonio que ostenta, al menos uno de ellos la condición de empresario, sin olvidar otros que revisten suma importancia tales como, los pactos extraestatutarios y su compleja conjugación con los estatutos fundacionales y, como no las disposiciones testamentarias, componentes todos ellos que serán analizados en los posteriores capítulos clarificando

68. FERNÁNDEZ DEL POZO, L., *El protocolo familiar. Empresa familiar y publicidad registral*, Thomson Civitas, Navarra, 2008, p. 60.
69. Por esta razón, las normas del Protocolo si es concebido como pacto parasocial no serán oponibles a la sociedad y, por el contrario, sí los estatutos sociales sí. *Cfr.* VALMAÑA CABANES, A., *El régimen jurídico del protocolo familiar*, Comares, Granada, 2014, p. 201.
70. La elaboración del protocolo familiar supone principalmente, aunque no necesariamente, la existencia del consentimiento de los miembros de la familia que tienen derecho a formar parte del régimen instituido por medio del protocolo familiar, así lo entiende ÁLVAREZ DE LINERA GRANDA, P., «Familia empresaria y empresa familiar», *Actualidad Civil*, núm. 7-8, 2018, versión online.
71. Hay autores que lo califican como analgésico, pues procura la supervivencia de la empresa familiar, constituyendo el Protocolo el canal más idóneo para abordar todas las dificultades que puede aparejar la desaparición de la empresa familiar, *vid.* DE LA TORRE GARCÍA, A. y JUANES LUIS, R., «El proceso de sucesión en la empresa familiar revisión, análisis y propuesta de intervención», en GARRIDO MELERO, M. y FUGARDO ESTIVILL, J.M. (Coords.), *El patrimonio familiar, profesional y empresarial. Sus protocolos*, Tomo VI, Bosch, Barcelona, 2005, p. 119. Para su confección, existe una clara intencionalidad del grupo familiar, en el que se plasman los valores y la relación entre familiares y sus políticas con respecto a la empresa, *vid.* LOZANO POSSO, M., «El protocolo en las empresas de propiedad familiar», *Estudios Gerenciales*, Vol. 16, núm. 74, 2000, p. 56.

cuál es su régimen jurídico en el marco de la compañía familiar y su significativo tratamiento desde la perspectiva del Derecho privado de la Unión Europea[72].

De hecho, todo este lote de elementos hará más fácil no solo la organización y gestión de la empresa familiar, sino también la continuidad de la misma[73], ya que muchas de las vicisitudes que pudieran surgir entre la familia, propiedad y empresa, permanecerían paliadas[74].

4. EFICACIA, CONTENIDO Y NATURALEZA JURÍDICA

4.1. FUNCIONALIDAD

Desde la óptica jurídica, las cuestiones más fundamentales del Protocolo son, sin duda alguna, lo atinente al establecimiento de mecanismos que permitan garantizar de la manera más eficaz, el carácter jurídicamente vinculante de sus previsiones[75].

---

72. Así lo entiende PÉREZ-FADÓN, en tanto que su contenido puede ser muy amplio, pero en todo caso debe enfocarse al objetivo de mantener la propiedad y el control de la empresa en el grupo familiar. ... los avatares del matrimonio de los miembros «natos» de la familia no deberá influir negativamente en el propio grupo familiar, ni en la empresa, *cfr*. PÉREZ-FADÓN MARTÍNEZ, J.J., *La empresa familiar. Fiscalidad, organización y protocolo familiar*, CISS, Valencia, 2005, pp. 40-47, esp. 44, VICENT CHULIÁ, F., «Protocolo familiar, organización jurídica y relevo generacional de la empresa familiar», en AA.VV., *La empresa familiar y su relevo generacional*, Marcial Pons, Madrid, 2011, p. 129, y BARRÓN LÓPEZ, C., «Reflexiones sobre el protocolo familiar jurídico», *Revista Boliviana de Derecho*, núm. 30, 2020, pp. 622-639.
73. ...el Protocolo Familiar tiene como finalidad garantizar la continuidad de la empresa familiar en manos de la familia propietaria, evitando los conflictos o, de darse dichos conflictos, contando con mecanismos para solucionarlos, *vid*. ECHAIZ MORENO, D., «El protocolo familiar. La contractualización en las familias empresarias para la gestión de las empresas familiares», *Boletín Mexicano de Derecho Comparado*, núm. 127, 2010, p. 129. O, dicho de otro modo, ... los protocolos tienen la finalidad de dar un orden de acción y de facilitar la toma de decisiones, que en organizaciones donde se involucran la propiedad, la familia y la empresa, se vuelven mucho más complejas. Por ello, su objetivo básico es guiar a los líderes organizacionales en un proceso mesurado, equilibrado y justo pero apegado a la norma establecida, *vid*. VANONI MARTÍNEZ, G. y JOSÉ PÉREZ, Mª.J., «Protocolo: un instrumento para mediar conflictos en empresas familiares», *Revista de la Facultad de Ciencias Económicas, Administrativas y Contables de la Universidad Simón Bolívar-Barranquilla-Colombia*, Vol. 7, núm. 2, 2015, p. 94.
74. SÁNCHEZ CRESPO CASANOVA, A.J. y CALERO ARTERO, J.F., *La empresa familiar. Guía práctica de organización y funcionamiento. Desde el punto de vista familiar, civil —matrimonial y sucesorio—, societario y fiscal*, Comares, Granada, 2000, p. 34. Tal y como afirma VALERO, la finalidad primordial del protocolo familiar es lograr que la familia y la empresa formen un solo bloque cohesionado, unido por lazos de afectividad, conciencia social y profesionalidad y que las normas que se establezcan resuelvan al mismo tiempo las inquietudes o necesidades legítimas de los miembros de la familia, *vid*. VALERO, M.A., «El Protocolo de una empresa familiar debe armonizar todos los intereses», *Técnica contable y financiera*, núm. 1, 2017, p. 141.
75. Al margen de esta previsión, a veces, suele ser habitual que se haga constar las atribuciones de cado uno de los integrantes, la forma de incorporación de nuevos miembros —especialmente los llamados «adheridos» (yernos y nueras)— además de la posibilidad de transmitir

Conviene indicar que, en la medida en que las disposiciones contenidas en el Protocolo Familiar hayan tenido acceso a los diversos instrumentos negociales indicados en el epígrafe 3.2., su cumplimiento podrá ser exigido a través de los cauces previstos por el ordenamiento jurídico, tanto interno como europeo, con el objeto de garantizar la eficacia de los mismos, no solo entre el propio núcleo familiar sino también frente a terceros —acreedores, socios ajenos al Protocolo, beneficiarios de cláusulas testamentarias, etc.[76]—.

4.2. SUBSTANCIA

Como puede atisbarse, el contenido del mismo puede ser tan amplio y variado como las necesidades de la familia y empresa presenten[77], por cuanto no tiene un contenido predefinido ya que se trata de un negocio jurídico dinámico, abierto y flexible[78]. A saber, el Protocolo Familiar no puede ser un documento estándar sino uno *ad hoc* que recoge y contempla las especificidades y particularidades de la empresa familiar en cuestión[79].

---

las acciones o participaciones. Es decir, está asentado por un entramado de requisitos, exigencias, limitaciones y obligaciones confeccionado por el grupo familiar con el punto de mira puesto en el espíritu escondido —implícitamente— de buscar la fórmula exacta de la continuidad exitosa de la empresa familiar. No hay que obviar que, el Protocolo ayuda a mantener las fortalezas básicas —unión y compromiso— que caracterizan a la empresa familiar, así lo entiende BERAZA GARMENDIA, A., «El protocolo como instrumento de garantía de la continuidad de la empresa familiar», *Revista de dirección y administración de empresas = Enpresen zuzendaritza eta administraziorako aldizkaria*, núm. 8, 2000, p. 21 y p. 26.

76. Esta actividad está sustentada por el principio de la autonomía de la voluntad; si bien, es habitual que sea vea reforzada con la inserción de cláusulas penales que impongan al eventual incumplidor, la obligación de satisfacer una indemnización en concepto de sanción: *vid*. DÍEZ SOTO, C.M., «El Protocolo Familiar; naturaleza y eficacia jurídica», en SÁNCHEZ RUÍZ, M. (Coord.), *Régimen jurídico de la Empresa Familiar*, Civitas Thomson Reuters, Navarra, 2010, p. 181.

77. El éxito del Protocolo dependerá si se parte de una fase inicial de reflexión acerca de la dinámica de la familia y las circunstancias específicas de cada uno de sus miembros, así lo entienden desde la óptica de la ciencia económico-empresarial, *vid*. TÀPIES, J. y CEJA, L., *Los protocolos familiares en países de habla hispana: cómo son y para que se utilizan*, IESE Business School y Cátedra de Empresa Familiar, Navarra, 2011. p. 17.

78. Expertos prácticos afirman que no existe un modelo único de Protocolo Familiar. Todas las familias son diferentes, por ende, para el diseño de un Protocolo Familiar, deben considerarse las características particulares de cada familia, su composición, visión, intereses, necesidades personales de los integrantes, valores, etc. Además, las expectativas de los integrantes de la empresa familiar no son estáticas y no están ligadas a la vida activa de la empresa ni a sus resultados concretos: *vid*. RODRÍGUEZ APARICIO, J.A., «El Protocolo Familiar», en AA.VV., *El Buen Gobierno de las Empresas Familiares*, Cuatrecasas y Thomson Aranzadi, 2004, pp. 302-303; DELUCCHI, A., «Empresas Familiares —Conflictos—: El Protocolo Familiar», *XI Congreso Argentino de Derecho Societario*, 2010, pp. 34-35.

79. GRANJO ORTIZ, A., «La virtualidad jurídica del protocolo de la empresa familiar. Pactos para la contratación laboral de familiares y externos», en PLAZA PENADÉS, J. (Dir.), GUILLÉN CATALÁN, R. y VEGA CARDONA, R.J. (Coords.), *Cuestiones Jurídicas de la Empresa Familiar en España y en Cuba*, 1ª ed., Thomson Reuters Aranzadi, Navarra, 2016, versión on line.

Con toda razón, la doctrina privatista entiende que será el juego del principio de la autonomía de la voluntad[80], sin obviar el límite estipulado por el artículo 1255 CC —en consonancia con los intereses de cada empresa—, el que en cada momento concrete el contenido del Protocolo, con base en los términos en que cada familia entienda en función de si es útil o necesario en cada caso concreto[81].

Por consiguiente, en cada supuesto se debe crear y desarrollar *ex profeso*[82] de manera clara y concreta, con un orden jurídico particular para cada familia de modo tal que, al interior de la misma, se provean las herramientas necesarias para que, junto con la armonía familiar y la trascendencia del linaje, estas vayan también ligadas a una especie de trascendencia y transmisión patrimonial en beneficio de todos los miembros de la familia, tanto de los actuales, así como de las sucesivas generaciones[83].

4.3. ESTADO DE LA CUESTIÓN

Sea como fuere, se deduce, claramente, que es un medio para conseguir el conjunto de objetivos inherentes a la empresa familiar sin olvidar que debe perfilarse adecuadamente para alcanzar que tal documento constituya un verdadero contrato exigible[84]. Sin embargo, según un sector doctrinal privatista la natu-

80. La inmensa mayoría de los sistemas jurídicos del mundo han potenciado el principio de la autonomía de la voluntad en el Derecho privado. Magistralmente CALVO delimita las ventajas, críticas y razones de esta en el sector contractual: *Vid.* CALVO CARAVACA, A-L., «Fundamentos teóricos de la autonomía de la voluntad en los contratos internacionales», *Revista Jurídica del Notariado*, núm. 111, 2020, pp. 163-180.
81. GALLEGO DOMÍNGUEZ, I., «El protocolo familiar. Un instrumento para la vida y el relevo generacional en la empresa familiar», en JIMÉNEZ LIÉBANA, D. (Coord.), *Estudios de derecho civil en homenaje al profesor José González García*, Thomson Reuters Aranzadi y Universidad de Jaén, Navarra, 2012, p. 402.
82. El Protocolo debe perfilarse partiendo de las necesidades concretas de esta, configurándose como un elemento con identidad propia, que ha de resultar apoyado por cuantos instrumentos jurídicos sean necesarios para dotar las pautas adoptadas de efectividad: *cfr.* BARRÓN LÓPEZ, C., *Arbitraje y Mediación en la empresa familiar*, Tirant lo Blanch, Valencia, 2021, p. 122.
83. Este planteamiento lo matiza ÁLVAREZ DE LINERA a través de la idea de que cada familia es distinta y ofrece diversos niveles de complejidad, por lo que en la medida en que las familias se tornan más complejas es necesario trabajar mucho más en la manera en que se cuidará y conservará el orden familiar a través de las generaciones, *vid.* por todos, ÁLVAREZ DE LINERA GRANDA, P., «Familia empresaria y empresa familiar», *Actualidad Civil*, núm. 7-8, 2018, versión online.
84. En atención a la doctrina pura civilista, de considerar al Protocolo como un contrato debería calificarse como atípico, pues en él se combinan dos o más tipos de contratos a los que legalmente establece el Código Civil, *vid.* por todos, CUCURULL POBLET, T., *El protocolo familiar «mortis causa»*, Dykinson, Madrid, 2015, pp. 111-113 y bibliografía allí citada. Por ello, desde un punto de vista puramente jurídico, resulta imposible atribuir al Protocolo Familiar una naturaleza unitaria, así lo denota DÍEZ SOTO, C.M., «El protocolo familiar», en MONREAL MARTÍNEZ, J., SÁNCHEZ MARÍN, G., MEROÑO CERDÁN, A.L. Y SABATER SÁNCHEZ, R. (Coords.), *La gestión de las empresas familiares. Un análisis integral*, Thomson Reuters, Navarra, 2009, p. 318.

raleza contractual del Protocolo Familiar conlleva que su fuerza jurídica quede debilitada por ese carácter contractual[85]. Asimismo, su inoponibilidad frente a terceros o el carácter voluntario de su publicidad registral puede provocar, en ocasiones, una escasa utilidad del documento[86].

En este sentido, y bajo la posición no pacífica de aquellos que consideran su cariz como contractual, conviene señalar que, evidentemente, existe un acuerdo de voluntades —artículo 1254 CC—, pero no es menos cierto que es algo más que un simple contrato, tanto por su contenido, así como por la necesidad de desarrollo ulterior a través de instrumentos jurídicos[87]. De ahí, a que se pueda identificar una naturaleza y contenido plural como documento marco, como contrato, incluso como contrato preparatorio o cuan pacto parasocial o extraestatutario[88].

85. Se denota como importante subrayar que, el alcance de este tipo de entendimientos se limita a las partes que lo suscriban y que es muy difícil que estos puedan trascender de manera vinculante con respecto a terceros, incluyendo los miembros de las nuevas generaciones de la propia familia. Así, para que estos acuerdos también sean vinculantes —con efectos de /ex ínter partes— con respecto a las nuevas generaciones, será necesario que cada una de las personas que se vaya agregando manifieste su adhesión y ratificación expresa al mismo. Oportuno y sensatamente queda anotado por ÁLVAREZ DE LINERA GRANDA, P., «Familia empresaria y empresa familiar», *Actualidad Civil*, núm. 7-8, 2018, versión online. También, ha de tenerse en consideración que, desde una perspectiva societaria, y aunque dependerá del contenido en cada caso, puede entenderse que, en general, el Protocolo Familiar tiene la naturaleza contractual de pacto de socios, y como tal, una parte del mismo suele contener los aspectos propios de este tipo de acuerdos: *vid.* PEREA ORTEGA, R., «El protocolo como instrumento de buen gobierno en la empresa familiar», *eXtoikos*, núm. 21, 2018 p. 18.

86. La publicidad es un instrumento que redunda en la transparencia de información respecto de la organización empresarial familiar, *vid.* CABAÑETE POZO, R., «La publicidad de los protocolos familiares», en HERRERA CAMPOS, R. y BARRIENTOS RUÍZ, M.A. (Eds.), *Derecho y familia en el siglo XXI*, Universidad de Almería, Almería, 2011, p. 545; No debe ignorarse que, solo los acuerdos inscribibles en virtud de un Protocolo Familiar gozarán de fe pública registral. En cuanto al acceso del Protocolo al Registro Mercantil, su calificación registral y efectos de dicha publicidad, *vid.* FERNÁNDEZ-SANCHO TAHOCES A.S., «La nueva publicidad del protocolo familiar» en HERRERA CAMPOS, R. y BARRIENTOS RUÍZ, M.A. (Eds.), *Derecho y familia en el siglo XXI*, Universidad de Almería, Almería, 2011, pp. 599-602.

87. A juicio de la doctrina civilista, el protocolo familiar tiene una naturaleza contractual. Esta tesis se asienta en lo siguiente: i) La finalidad de su contenido es la de establecer aquellos mecanismos que deberán seguirse ante una posible situación de futuro. Por tanto, y teniendo en cuenta el artículo 1271 del Código Civil, el protocolo podrá articularse a través de la llamada venditio rei speratae; ii) El artículo 1254 del Código Civil afirma que «el contrato existe desde que una o varias personas consienten en obligarse, respecto de otra u otras, a dar o prestar algún servicio»; iii) El principio de la autonomía de la voluntad contemplado en el artículo 1255 del mismo texto legal y del que se desprende que los contratantes pueden establecer los pactos y cláusulas que estimen convenientes. La única limitación es que no sean contrarios a las leyes, moral ni al orden público: *Cfr.* CUCURULL POBLET, T., «La eficacia del protocolo familiar frente a los estatutos sociales», *RDUNED. Revista de derecho UNED*, núm. 16, 2015, pp. 895-896.

88. En estos términos es precisado por GALLEGO DOMÍNGUEZ, I., «El protocolo familiar. Un instrumento para la vida y el relevo generacional en la empresa familiar», en JIMÉNEZ

Sentado lo anterior, las partes del contrato en que el Protocolo Familiar reposa pueden serlo o bien, solamente los socios, o bien, terceros, no socios, con tal de que unidos entre sí por «vínculos familiares» exista un interés común en la sociedad[89].

A este respecto, el Protocolo es ciertamente un instrumento de valor jurídico contractual pero está, además, dotado de una eficacia reguladora que pudiéramos denominar «dinámica» en el ámbito sistémico-familiar y societario, o sea, un contrato con eficacia obligacional interna, que representa para la empresa familiar un *tertium genus*, cuestión cualitativamente diferente de una cláusula estatutaria de una sociedad familiar y de un documento jurídico contractual clásico de carácter estático y eficacia *inter partes*[90].

Como se ha venido observando, para alcanzar su máxima y deseada eficacia como pilar central de la empresa familiar, resulta esencial adaptar el contenido del Protocolo a determinados documentos de carácter societario y civil que, entre los más adecuados, se hallan los estatutos sociales de la compañía[91], los acuerdos parasociales, la modificación de los órganos de gobierno, las estipulaciones testamentarias o las capitulaciones matrimoniales, y de este modo extender su fuerza vinculante no solo a los firmantes, sino también a cuantos se incorporen a la empresa[92].

LIÉBANA, D. (Coord.), *Estudios de derecho civil en homenaje al profesor José González García*, Thomson Reuters Aranzadi y Universidad de Jaén, Navarra, 2012, p. 398.

89. FERNÁNDEZ DE CÓRDOVA CLAROS, I., «La publicidad registral del protocolo familiar», *Academia Sevillana del Notariado*, Tomo 18, 2009, p. 85.

90. Así lo determina, LUQUIN BERGARECHE, R., «Actualidad de la empresa familiar: protocolos, planificación estratégica y cláusulas ADR como instrumentos jurídicos de continuidad y empowerment», *Aranzadi civil-mercantil. Revista doctrinal*, núm. 11, 2017, versión on line.

91. Los estatutos sociales son un conjunto de reglas por las que se regula el funcionamiento y la organización de una sociedad; tales reglas permiten, con base en el principio de autonomía de la voluntad, adaptar la regulación de la sociedad a sus circunstancias y necesidades concretas. Es por esto, que, en las sociedades familiares, los estatutos, coordinados con el Protocolo Familiar, cobran una especial importancia. *Vid.* en este sentido, VIRUEL LEÓN, M.I., «Los Estatutos en la sociedad familiar: límites a la autonomía de la voluntad», *Cuadernos de derecho y comercio*, núm. extra 1, 2017, pp. 235-255.

92. DÍEZ SOTO, C.M., «El protocolo familiar», en MONREAL MARTÍNEZ, J., SÁNCHEZ MARÍN, G., MEROÑO CERDÁN, A.L. y SABATER SÁNCHEZ, R. (Coords.), *La gestión de las empresas familiares. Un análisis integral*, Thomson Reuters, Navarra, 2009, p. 335; GARCÍA COMPANYS, A., «El Protocolo Familiar: La solución jurídica para la empresa familiar», *Cuadernos Prácticos de Empresa Familiar*, Vol. 5, núm. 1, 2017, pp. 9-10; BARRÓN LÓPEZ, C., «Reflexiones sobre el protocolo familiar jurídico», *Revista Boliviana de Derecho*, núm. 30, 2020, pp. 631-365; ALONSO-MUÑUMER, Mª.E., «El protocolo familiar», en ORTEGA BURGOS, E. (Dir.), ALONSO ENCISO-MUÑUMER, Mª., ECHEVARRÍA DE RADA, Mª.T., CHARRO BAENA, Mª.P., y RABADÁN VILLANUEVA, J.P. (Coords.), *Tratado jurídico y fiscal de la Empresa Familiar*, Valencia, Tirant lo Blanch, 2021, p. 139.

Capítulo IV

Las relaciones económicas entre los cónyuges en el marco del negocio familiar

SUMARIO: 1. ASPECTOS INICIALES. 2. MARCO NORMATIVO. *2.1. Consideraciones generales. 2.2. Apunte aclaratorio respecto de los acuerdos antenupciales.* A. Acercamiento a la praxis. B. Situación en el panorama jurídico español. C. Estado de la cuestión desde el prisma ius internacional privatista. D. Parámetros calificadores. 3. RÉGIMEN JURÍDICO DE LA COMPETENCIA JUDICIAL INTERNACIONAL EN EL REGLAMENTO (UE) 2016/1103. *3.1. Aspectos generales: vinculación directa con la sucesión mortis causa y crisis matrimonial.* A. Idea preliminar. B. The game´s rules. *3.2. Autonomía de la voluntad «limitada».* A. Aspecto preliminar. B. Acuerdo de elección de foro y condiciones de validez del pacto. *3.3. Prórroga tácita de competencia. 3.4. Aspectos residuales del régimen de competencia judicial internacional.* 4. RÉGIMEN JURÍDICO DE DERECHO APLICABLE EN EL REGLAMENTO (UE) 2016/1003. *4.1. Aproximación inicial: primacía de la autonomía de la voluntad conflictual. 4.2. Condiciones de aplicación. 4.3. Restricciones conflictuales impuestas al pacto de ley.* A. Puntos de conexión objeto de elección. B. Solemnidades garantistas de la legalidad del pacto. C. Beneficios inherentes al pacto. D. Efectos erga omnes. *4.4. Ley en defecto de elección expresa.* 5. LAS CAPITULACIONES MATRIMONIALES. INSTITUCIÓN IDÓNEA EN LAS RELACIONES JURÍDICAS EMPRESARIALES. *5.1. Parámetro inicial. 5.2. Conceptualización y aspectos formales.* A. Desafíos en la categorización. B. Requisitos configurativos en su despliegue práctico. C. Exigencias de fondo. *5.3. Contenido.* 6. CONSIDERACIONES FINALES.

1. ASPECTOS INICIALES

La convivencia generada por la vida marital origina, junto con las relaciones personales y afectivas que toda unión conlleva, una serie de vínculos de un evidente soporte económico[93]. El régimen económico matrimonial engloba, esencialmente, los derechos y deberes generales de los cónyuges con contenido eco-

93. QUINZÁ REDONDO, P., *Régimen Económico Matrimonial Aspectos Sustantivos y Conflictuales*, Tirant lo Blanch, Valencia, 2015, p. 25. En contrario, con el matrimonio no deberían surgir necesidades suplementarias, atendidas a las circunstancias normales hoy vigentes,

nómico, que hacen referencia a una serie de disposiciones de carácter eminentemente patrimonial y que se aplican por el mero hecho del matrimonio[94].

El elemento protagonista del régimen económico matrimonial se apoya en la posibilidad que tienen los cónyuges de organizar sus propiedades de acuerdo con sus intereses particulares, faceta que debe cohonestar con los claros límites impuestos por el legislador. Así pues, en la *praxis*, esencialmente notarial, los pactos y/o capitulaciones matrimoniales constituyen razón de ser en tanto que coadyuvan a alcanzar los objetivos y preferencias de los cónyuges[95].

En este entorno de actuación, conviene tener presente que, en el actual orden social globalizado en el que prima la diversidad familiar, deviene usual el surgimiento del elemento transnacional[96] por cuanto prolifera una variedad de marcos regulatorios que se adecúen mejor y más justamente a las necesidades concretas

---

en tanto que ambos esposos están de ordinario en disposición de trabajar y económicamente su vínculo no suele producir obligaciones pecuniarias añadidas, *cfr.* DURÁN RIVACOBA, R., y MENÉNDEZ MATO, J.C., «La elección expresa del régimen económico matrimonial», *Revista de Derecho Civil*, Vol. X, núm. 4, 2023, p. 6.

94. Con un criterio muy acertado RODRÍGUEZ BENOT entiende que, la institución del régimen económico del matrimonio resulta una de las más complejas jurídicamente tanto en el plano interno como en el internacional. En primer lugar por su transversalidad, que la vincula a otras instituciones como son, entre otras, los derechos reales (en orden a la naturaleza de los bienes de los cónyuges, de carácter privativo o común), el Derecho de familia (pues se desarrolla como consecuencia de la celebración, existencia o disolución de un matrimonio), el Derecho de obligaciones (cuando en su reglamentación interviene la voluntad de las partes mediante acuerdos o capitulaciones), el Derecho registral (pues el acceso del régimen a los registros públicos es previsto en numerosos Estados) o el Derecho de sucesiones (por cuanto si un causante estuviera casado sería preciso coordinar la liquidación de la sociedad conyugal con la de su herencia): *cfr.* RODRÍGUEZ BENOT, A., «Artículo 1. Ámbito de aplicación», en IGLESIAS BUIGUES, J.L., PALAO MORENO, G., (Dirs.), QUINZÁ REDONDO, P. (Secret.), *Régimen económico matrimonial y efectos patrimoniales de las uniones registradas en la Unión Europea. Comentarios a los Reglamentos (UE) nº 2016/1103 y 2016/1104*, Tirant lo Blanch, Valencia, 2019, p. 22.

95. Las capitulaciones pueden llegar a ser una herramienta auxiliar de la empresa, de extensísima eficacia práctica, mediante la libre configuración del régimen económico matrimonial al amparo del principio de autonomía de la voluntad: *vid.* BORREL GARCÍA, J., «Capitulaciones matrimoniales y empresa familiar», en REYES LÓPEZ, Mª.J., *La Empresa Familiar: Encrucijada de Intereses Personales y Empresariales*, Thomson Aranzadi, Navarra, 2004, p. 32. Inclusive, permiten no solo determinar cuál será el régimen económico sino establecer cuantas disposiciones particulares de la familia y de la empresa. De facto, VALMAÑA aboga por instaurar la cultura capitular: *vid.* VALMAÑA CABANES, A., *El régimen jurídico del protocolo familiar*, Comares, Granada, 2014, p. 115.

96. La concurrencia de algún elemento de extranjería coloca a la relación matrimonial en una nueva dimensión, en la que confluyen una amalgama de factores y vinculaciones con diversos sistemas jurídicos que dan paso a un amplio abanico de jurisdicciones y alternativas regulatorias, lo que dificulta proyectar un mínimo de previsibilidad sobre la respuesta jurídica a las cuestiones matrimoniales. Interesante reflexión a cargo de PAZ-ARES RODRÍGUEZ, I., «La autonomía privada y la organización patrimonial de los matrimonios transfronterizos», *Revista de Derecho Civil*, Vol. X, núm. 4, 2023, p. 264.

de los heterogéneos modelos familiares[97] y, máxime ante la existencia de la empresa familiar en donde se fusiona el patrimonio con la familia. Por consiguiente, un asunto de gran trascendencia radica en conciliar los intereses personales con los empresariales y, por ende, sobrevuela la necesidad de regular de forma minuciosa el buen funcionamiento de la empresa junto con la paz familiar.

Dadas las circunstancias es recomendable articular mecanismos preventivos tales como definir con claridad la naturaleza de los bienes, así como proponer su destino y atribución. Por ello, la adscripción de cada bien al patrimonio de cada uno de los cónyuges debe considerarse como el paso previo que todo matrimonio tiene que llevar a término, máxime si al menos uno de ellos ostenta la categoría de comerciante o empresario, con el fin de que no vaya a la deriva el capital empresarial.

Efectivamente, configurar la economía de un matrimonio empresario resulta tarea ardua y delicada frente a la de una unión que no se dedique a la actividad empresarial, en tanto que la obligación de preservar la compañía en el seno de la familia requiere la búsqueda de oportunas formulas en un marco comercial lleno de retos y obstáculos que deben sortearse con la autonomía de la voluntad de ambos, claro está bajo los umbrales impuestos por la ley[98].

Así las cosas, en vista de la facultad de autorregulación ejercitada por los cónyuges libremente y dentro de esos límites impuestos por el Derecho, aquellos podrán normar las relaciones patrimoniales de su matrimonio en la esfera más amplia posible y en un mercado con evidentes tintes internacionales[99].

2. MARCO NORMATIVO

2.1. CONSIDERACIONES GENERALES

El régimen económico matrimonial con elemento extranjero[100] se rige, como es conocido *per omnibus*, por el *Reglamento (UE) 2016/1103 del Consejo, de 24 de junio de 2016, por el que se establece una cooperación reforzada en el ámbito*

97. ...el modelo de familia de la sociedad global no responde, ni mucho menos, a una concepción única. *Vid.* URREA SALAZAR, M.J., «Las crisis familiares en el sistema español de Derecho Internacional Privado: ¿coherencia o barroquismo?», *Actualidad civil*, núm. 2, 2020, versión online. Tales modelos, sin duda alguna, transmutan y demandan un mayor de ámbito de autorregulación de las relaciones jurídicas familiares, en especial entre los cónyuges.

98. Con mayor detalle de los hándicaps a los que se pueden enfrentar el matrimonio en calidad de titulares de una empresa familiar, *vid.* REYES LÓPEZ, Mª.J., «Economía del matrimonio y empresa familiar», en REYES LÓPEZ, Mª.J., *La Empresa Familiar: Encrucijada de Intereses Personales y Empresariales*, Thomson Aranzadi, Navarra, 2004, pp. 110-112.

99. Ese mayor ámbito de cooperación exige, sin duda, la posibilidad de ajustar tales reglas a las distintas circunstancias que pueda atravesar la economía conyugal, *vid.* PAÑOS PÉREZ, A., «Hacia una mayor autonomía privada en capitulaciones matrimoniales con marco transfronterizo», *Cuadernos de Derecho Transnacional*, Vol. 13, núm. 2, 2021, p. 441.

100. *Vid.* considerandos 4 a 9 Reglamento (UE) 2016/1103. Concretamente, cuando concurre

de la competencia, la ley aplicable, el reconocimiento y la ejecución de resoluciones en materia de regímenes económicos matrimoniales[101] para todos aquellos Estados miembro de la Unión Europea que participan en el mismo[102].

---

alguna de las siguientes circunstancias —distinta nacionalidad de los cónyuges, diferentes residencias habituales, residencia en un país diferente al de su nacionalidad o posesión de bienes en distintos Estados de la UE, se aprecia indicios de transaccionalidad y entra en funcionamiento el Reglamento. Aspecto apuntado por PÉREZ VALLEJO, A.Mª, «Notas sobre la aplicación del Reglamento (UE) 2016/1103 a los pactos prematrimoniales en previsión de la ruptura matrimonial», Revista Internacional de Doctrina y Jurisprudencia, núm. 21, 2019, p. 106. No obstante, PEITEADO precisa que, el grado de internacionalización queda indeterminado por el legislador comunitario. Ahora bien, cualquier elemento transfronterizo, de modo que, el tribunal ante el que se suscitan cuestiones relativas al régimen económico matrimonial debe aplicar el Reglamento (UE) 2016/1003 si estima que la resolución del asunto puede tener cualquier tipo de repercusión en un Estado distinto, sea éste de la Unión Europea o no: vid. PEITEADO MARISCAL, P., «Competencia internacional por conexión en materia de régimen económico matrimonial y de efectos patrimoniales de uniones registradas. Relación entre los Reglamentos UE 2201/2003, 650/2012, 1103/2016 y 1104/2016», Cuadernos de Derecho Transnacional, Vol. 9, núm. 1, 2017, pp. 303-304. En fin, el elemento extranjero debe presentar una mínima importancia hasta el punto de que su presencia en la situación justificase variar la respuesta legal prevista para supuestos internos; la relevancia del elemento extranjero ha de estar calibrada, además, por su impacto en el correcto desarrollo de las libertades comunitarias; así lo concibe magnamente RODRÍGUEZ BENOT, A., «Cuestionario práctico sobre los Reglamentos de la UE 2016/1103 (matrimonios) y 2016/1104 (uniones registradas)», La Notaria, núm. 1, 2019, p. 81. En verdad, a efectos del operador español, el matrimonio es transfronterizo cuando concurre alguna de las siguientes circunstancias al tiempo de su celebración: ser (cuando cualquiera de los contrayentes es de nacionalidad extranjera), estar (cuando cualquiera de los contrayentes está residenciado en el extranjero) o tener (cuando cualquiera de los contrayentes tiene bienes en el extranjero). Breve apunte de MARTORELL GARCÍA, V., «Normas de conflicto matrimoniales: del art. 9.2 del Código Civil al Reglamento Europeo 2016/1103», https://www.notariosyregistradores.com/web/secciones/oficina-notarial/modelos/normas-de--conflicto-matrimoniales/, 5 de marzo de 2019. Con todo, ZABALO recuerda que, cualquier elemento de extranjería presente en el supuesto de hecho, con independencia de la relevancia o peso que represente en la relación jurídica, la convierte en internacional y activa los mecanismos propios de la disciplina ius internacional privatista, teniendo que plantearse el juzgador tanto la competencia judicial internacional como el derecho aplicable señalado por la norma de conflicto, cfr. ZABALO ESCUDERO, Mª.E., «Sobre la aplicación de oficio de la norma de conflicto: comentario a la Sentencia de la Audiencia Provincial de Madrid de 30 de septiembre de 2021», Diario La Ley, núm. 9995, 2022, versión online.

101. Diario Oficial de la Unión Europea L 183/1, de 8 de julio de 2016. Un sugestivo estudio en torno a su aplicación y la interacción con otros instrumentos normativos, *vid.* VIARENGO, I., «The Coordination of Jurisdiction and Applicable Law in Proceedings Related to Economic Aspects of Family Law», *Rivista di diritto internazionale privato e processuale*, issue 2, 2022. En cuanto a su doble dimensión, internacional e interregional, *vid.* CARRILLO POZO, L.F., «The Application of Regulation 2016/1103 in Spain», en CAZORLA GONZÁLEZ, Mª.J. y RUGGERI, L. (Eds.), «*Cross-border couples property regimes in action before courts Understanding the EU regulations 1103/2016 and 1104/2016 in practice*», Dykinson, Madrid, 2022, pp. 255-256.

102. Fundamentado por el considerando 11: Bélgica, Bulgaria, la República Checa, Grecia, Alemania, España, Francia, Croacia, Italia, Luxemburgo, Malta, los Países Bajos, Austria, Portugal, Eslovenia, Finlandia y Suecia.

Dicha norma comunitaria se aplica íntegramente, en general, a matrimonios celebrados tras el día 29 enero 2019[103] a través del mecanismo de cooperación reforzada[104].

El Reglamento responde a la necesidad de garantizar la seguridad jurídica de las parejas casadas respecto a su patrimonio[105], además de ofrecer cierta previsibilidad mediante la creación de un único instrumento que contemple el conjunto de normas aplicables a los regímenes económicos matrimoniales[106]. En concreto, la norma reglamentaria europea constituye, en este sentido, una

103. Para los matrimonios celebrados antes de esa fecha las autoridades españolas seguirán determinando el ordenamiento aplicable por las normas de conflicto de nuestro sistema de Derecho internacional privado en la materia en defecto de instrumento supraestatal (que en el caso del matrimonio son las del artículo 9.2 y 3 del Código Civil. Aun así, el artículo 9 del Código Civil seguirá aplicándose en todo caso, sea cual sea la fecha de celebración del matrimonio, del siguiente modo: —el apartado 2° para los efectos personales del mismo; y — los apartados 2° y 3° para los conflictos interregionales en materia de régimen económico del matrimonio. Tesis alegada por RODRÍGUEZ BENOT, A., «Cuestionario práctico sobre los Reglamentos de la UE 2016/1103 (matrimonios) y 2016/1104 (uniones registradas)», *La Notaria*, núm. 1, 2019, pp. 82-83; DE BORJA IRIARTE, F., «Aplicación del Reglamento 2016/1103 y conflictos de leyes internacionales e internos en materia de régimen económico matrimonial», *Actualidad civil*, núm. 6, 2019, versión online. Una ejemplificación práctica del Centro Directivo, vid. Resolución de 29 de octubre de 2020, de la Dirección General de Seguridad Jurídica y Fe Pública, en el recurso interpuesto contra la negativa del registrador de la propiedad de Lloret de Mar núm. 1 a inscribir una escritura de compraventa (BOE núm. 309, de 25 de noviembre de 2020).

104. La cooperación judicial en asuntos civiles con repercusión transfronteriza está basada en el principio de reconocimiento muto de las resoluciones judiciales, así como garantizar la compatibilidad de las normas aplicables en los Estados miembros en materia de conflictos de leyes. Por tanto, los órganos jurisdiccionales de los Estados miembros no participantes aplican sus normas nacionales para determinar la competencia y la ley aplicable y las normas sobre el reconocimiento y la ejecución de resoluciones relativas a los regímenes económicos de las parejas internacionales. Hay que encarecer, sin embargo, la importancia de la cooperación reforzada, en el sentido de alcanzar una mayor integración para un grupo de países en algunos ámbitos como el Derecho de familia, pues se realiza dentro de los tratados y está sometida a las instituciones de la Unión, al Consejo y al Parlamento Europeo, al contrario de lo que sucede cuando se recurre a acuerdos intergubernamentales: *cfr.* FERNÁNDEZ ROZAS, J.C., «Un hito más en la comunitarización del Derecho internacional privado: regímenes económicos matrimoniales y efectos patrimoniales de las uniones registradas», *La Ley Unión Europea*, núm. 40, 2016, versión online.

105. No debe caer en el olvido que, la UE es a la vez un actor global y un actor local puesto que se identifica a sí misma como modelo de valores universales, pero también, y simultáneamente, como creador de fronteras de inclusión y exclusión. Interesante punto de vista de MARZAL, T., «The territorial reach of European Union law: a Private International Law enquiry into the European Union's spatial identity», *International and Comparative Law Quarterly*, Vol. 73, 2023, pp. 29-63.

106. El sistema del Reglamento (UE) 2016/1103 se articula sobre la base del respeto a los derechos fundamentales y principios reconocidos en la Carta de Derechos Fundamentales de la UE permitiendo a los Estados miembros participantes en el Reglamento limitar la determinación del Derecho aplicable al régimen económico matrimonial tanto de forma positiva, a través del juego de las normas materialmente imperativas, como de manera negativa, mediante la aplicación de la excepción de orden público: Da cuenta de ello, VAQUELO

medida en el ámbito de la cooperación judicial en asuntos civiles con repercusión transfronteriza[107] necesaria para el buen funcionamiento del mercado interior y del espacio europeo de libertad, seguridad y justicia[108], aumentado ello el grado de seguridad jurídica y así evitar los procedimientos paralelos y combatir el indeseado *fórum shopping*[109]. En efecto, la evolución que ha venido experimentando la cooperación judicial civil en Europa, basada en los principios de reconocimiento mutuo y, también, de aproximación legislativa, en el camino hacia la consecución de un verdadero espacio de libertad, seguridad y justicia, pivota sobre la realidad de la diversidad de distintos ordenamientos jurídicos y la necesaria confianza mutua entre los Estados[110].

LÓPEZ, Mª.C., «Mujer, matrimonio y maternidad: cuestiones de Derecho internacional privado desde una perspectiva de género», *Cuadernos de Derecho Transnacional*, Vol. 10, núm. 1, 2018, p. 450.

107. ZABALGO, P., «Regímenes económicos matrimoniales en el Derecho Internacional», en ORTEGA BURGOS, E., y ECHEVARRÍA DE RADA, Mª.T. (Coords.), *Derecho de Familia 2021*, Tirant lo Blanch, Valencia, 2021, p. 618. Es decir, el Twin Regulations se aplica únicamente a las situaciones transfronterizas y no a los casos puramente nacionales; clara afirmación de CAZORLA GONZÁLEZ, M.J. y SOTO MOYA, M., «Principales conceptos y ámbito de aplicación de los reglamentos gemelos», *Revista Internacional de Doctrina y Jurisprudencia*, núm. 25, 2021, p. 62.

108. Con un desaliento frente a aquellos Estados miembro que no forman parte como consecuencia de las diferencias de derecho sustantivo de familia y, en particular, por lo que respecta al concepto de matrimonio, conlleva a poder a afirmar el gran déficit que subyace en el espacio judicial de la UE. De esta manera queda expuesto por QUINZÁ REDONDO, P., «La unificación —fragmentada— del Derecho internacional privado de la Unión Europea en materia de régimen económico matrimonial. El Reglamento 2016/1103», *Revista General de Derecho Europeo*, núm. 41, 2017, p. 222. En consonancia con la armonización europea apunta LÓPEZ AZCONA que, el Derecho de familia es difícil a que llegue a estar uniformado, ya no sólo a causa de la cuestionable competencia de la UE sobre el particular sino, sobre todo, por la estrecha vinculación de del Derecho civil al acervo cultural, idiosincrasia, religión, sociedad y nivel de desarrollo de cada uno de los países en los que rigen. Esto se debe a que no son meras normas de carácter positivo, si no que afectan el aspecto más personal del ser humano. De este modo, según el momento y sociedad en el que se encuentre la persona, su familia y sus relaciones derivadas de la misma variarán: *cfr*. LÓPEZ AZCONA, A., «La europeización del Derecho Civil: crónica de un proyecto inconcluso», *Actualidad Jurídica Iberoamericana*, núm. 8, 2018, p. 529. pp. 475-542.

109. RUGGERI, L., «I Regolamenti Europei sui regimi patrimoniali e il loro impatto sui profili personali e patrimoniali delle coppie cross-border», en LANDINI, S. (Ed.), *EU Regulations 650/2012, 1103 and 1104/2016: cross-border families, international successions, mediation issues and new financial assets. Goineu plus project final volumen*, Edizioni Scientifiche Italiane, Nápoles, 2020, p. 120.

110. En el ámbito civil, la competencia del legislador europeo se ha venido ejerciendo a través del dictado de reglamentos y directivas con los que ha pretendido mejorar la eficacia de la litigación transfronteriza, creando en algunos casos procedimientos propios europeos que se añaden al catálogo de los existentes en cada sistema judicial nacional. Sabia apreciación de ROMERO PRADAS, M.I., «Hacia un Derecho procesal civil de la Unión Europea. Consideraciones sobre el intento de elaboración de un proceso civil europeo común», en ROMERO PRADAS, M.I. (Dir.), *Últimos avances en el camino hacia un Derecho procesal civil de la Unión Europea*, Tirant lo Blanch, Valencia, 2024, p. 69.

Así las cosas, una norma más en la constelación de reglamentos que constituyen el sólido entramado del Derecho internacional privado concebido en el seno de la Unión Europea[111].

A mayor abundamiento, es loable que el legislador incluya una interpretación autónoma respecto de la institución *régimen económico matrimonial* cuya base explicativa se sustenta en el considerando 18 del Reglamento (UE) 2016/1103 en tanto que además de la administración cotidiana del patrimonio matrimonial se incluyen las normas opcionales que los cónyuges puedan acordar de conformidad con el Derecho aplicable[112]. Esto es, incorpora no solo las capitulaciones matrimoniales específicas y exclusivamente previstas para el matrimonio por determinados ordenamientos jurídicos nacionales[113], sino también toda relación patrimonial entre los cónyuges y en sus relaciones con terceros que resulte directamente del vínculo matrimonial o de su disolución[114].

111. Bajo el criterio acertado de CALVO y CARRASCOSA, la utilización del Reglamento como soporte normativo de las reglas de Derecho internacional privado relativas al régimen económico matrimonial es una opción de política jurídica plenamente acertada. El Reglamento constituye una opción normativa que fortalece la seguridad jurídica en grado más elevado que la Directiva. La unificación normativa es sólida, consistente e indeleble. Así dejan constancia en CALVO CARAVACA, A.L. y CARRASCOSA GONZÁLEZ, J., «Ley aplicable a los regímenes económicos matrimoniales y Reglamento 2016/1103 de 24 junio 2016. Estudio técnico y valorativo de los puntos de conexión», *Cuadernos de Derecho Transnacional*, Vol. 15, núm. 2, 2023, p. 7.

112. El legislador parece integrar las normas del régimen primario en el ámbito de la ley aplicable a los regímenes económicos matrimoniales. Así, las normas imperativas incluidas en el régimen primario pueden ser derogadas por los cónyuges: *vid*. PÉROZ, H., «Les lois applicables au régime primaire: Incidences du Règlement (UE) 2016/1103 sur le droit applicable au régime primaire en droit international privé français», *Journal du droit international*, núm. 3, 2017, p. 813.

113. Quedan fijadas conceptualmente en el artículo 3 b), de cuya literatura se deduce que, debe existir un acuerdo de voluntad entre los cónyuges o futuros cónyuges en cuya virtud deben organizar su régimen económico matrimonial.

114. Hay que tener en consideración que el Reglamento (EU) 2016/1103 no ofrece un concepto de matrimonio tal y como queda manifestado por el considerando núm. 17. Dicha cuestión quedará a lo dispuesto en el derecho nacional de los Estados miembros. Por todos conocido resulta que, en el ordenamiento jurídico español el matrimonio entre personas del mismo sexo está permitido desde el año 2005. De ello se derivaría la posibilidad de que también les resulte de aplicación el Reglamento respecto de su régimen económico matrimonial. Audaz apunte realizado por PALAO MORENO, G., AZCÁRRAGA MONZONÍS, C., y QUINZÁ REDONDO P., «Los reglamentos europeos aplicables a las crisis familiares», en DE VERDA Y BEAMONTE, J.R. (Dir.), CHAPARRO MATAMOROS, P. y MUÑOZ RODRIGO, G. (Coords.), *Las crisis familiares. Tratado práctico interdisciplinar*, 2ª ed., Valencia, Tirant lo Blanch, 2022, p. 1001.

2.2. APUNTE ACLARATORIO RESPECTO DE LOS ACUERDOS ANTENUPCIALES

A. Acercamiento a la praxis

La autonomía privada se ha convertido en el instrumento idóneo para adecuar de forma efectiva las estructuras del Derecho de familia a las necesidades, convicciones y objetivos de las parejas que organizan su vida en común en torno al matrimonio[115]. Pero al mismo tiempo, también constituye un mecanismo que contribuye de forma eficaz a dotar de previsibilidad y de certeza al marco regulatorio aplicable a las relaciones familiares[116].

La manifestación de esta puede mostrarse en distintos ámbitos del régimen económico del matrimonio, pero hay un claro silencio acerca de su aplicación a los conocidos «acuerdos prematrimoniales»[117], mediante los cuales los futuros esposos regulan, en previsión de ruptura, cuestiones diversas del matrimonio, del carácter económico incluso de naturaleza personal[118]. El *prenuptial agreement* es formulado como un contrato entre los esposos con objeto relativo a los

115. En torno al papel de la autonomía de la voluntad en el Derecho de Familia español, *vid.* interesante estudio de NIETO ALONSO, A., «Autonomía de la voluntad en las relaciones jurídicas horizontales de derecho de familia», en GARCÍA RUBIO, Mª.P. y OTERO CRESPO, M. (Dirs.), *Debates en torno a la contractualización del derecho de familia y la persona*, Colex, Madrid, 2023, pp. 133-161.

116. En el ámbito jurídico reviste de importancia capital puesto que el matrimonio y su economía debe descansar en bases seguras y previsibles bajo un alto grado de adecuación a las características de cada unidad familiar. Este es el planteamiento desde la óptica del operador práctico de la mano de PAZ-ARES RODRÍGUEZ, I., «La autonomía privada y la organización patrimonial de los matrimonios transfronterizos», *Revista de Derecho Civil*, Vol. X, núm. 4, 2023, p. 264.

117. *A priori*, podría ser considerado como una muestra de desconfianza entre los miembros de la pareja. No obstante, nada obsta a que el pacto prematrimonial en previsión de ruptura familiar pueda servir como modelo o contenido a incluir en el convenio regulador para su homologación judicial. Es más, si acaecida la crisis familiar, uno de los cónyuges decidiera apartarse de aquel pacto y el proceso no fuera consensual, sino contencioso, el pacto también podrá hacerse valer por el cónyuge interesado acumulándolo a la demanda de separación y divorcio, como justificación de las medidas que propone al juez y que fueron aceptadas en su día por el otro. Interesante postulado brindado por GARCIA MAYO, M., «Los pactos en previsión de una ruptura familiar», en DE VERDA Y BEAMONTE, J.R. (Dir.), CHAPARRO MATAMOROS, P. y GONZALO MÚÑOZ, R. (Coords.), *Las crisis familiares. Tratado práctico interdisciplinar*, 2ª ed., Tirant lo Blanch, Valencia, 2022, p. 355 y p. 358.

118. Pese a su denominación, es un recurso cada vez más utilizado, no solo por quienes pretenden contraer matrimonio en un futuro inmediato, sino incluso por quienes, habiéndose dado ya el «sí quiero», se encuentran en una fase de convivencia matrimonial pacífica. Solo se excluyen, pues, aquellos supuestos en los que ya ha acaecido la crisis familiar o bien es conocido por los esposos que va a producirse de manera inmediata. Esto es, que ha de tratarse, en todo caso, de acuerdos pro-futuro o de carácter prospectivo. Así queda considerado por GARCÍA RUBIO, Mª.P., «Los pactos prematrimoniales de renuncia a la pensión compensatoria en el Código Civil», *Anuario de Derecho civil*, núm. 4, 2003, p. 1655; RODRÍGUEZ GUITIÁN, A.M., «Los pactos pre-ruptura conyugal: el difícil equilibrio entre la autonomía privada de los cónyuges y la solidaridad», *Revista jurídica Universidad Autónoma de Madrid*, núm. 38, 2018, p. 100.

efectos del divorcio, por ello se redacta de conformidad con las exigencias de validez formal[119] y material del Estado donde se pretende que produzca efectos y, con expreso sometimiento a la misma ley en cuanto a la interpretación y régimen de dicho acuerdo[120].

B. Situación en el panorama jurídico español

A pesar de sus ventajas[121], en el ordenamiento jurídico patrio no encuentran acomodo legal conllevando ello cierta inseguridad jurídica, pues no son pocas las cuestiones que se suscitan fruto de la ausencia de una respuesta jurídica clara[122]. Particularmente, la eficacia de estos pactos depende de una condición suspensiva en base al momento en que se produzca la ruptura matrimonial[123].

Aun así, el hecho de que la normativa contenida en el Código Civil español sobre el régimen económico del matrimonio sea dispositiva, incentiva a pactar sobre tal materia, inclusive antes de que el matrimonio tenga lugar, simple-

119. Las especiales exigencias de forma van dirigidas en este ámbito a evitar un efecto sorpresa para los cónyuges y tener pleno conocimiento de lo que se pacta y de su alcance. Consideración de JIMÉNEZ BLANCO, P., «Igualdad entre cónyuges y regímenes económicos matrimoniales transfronterizos», en CAMPUZANO DÍAZ, B., DIAGO DIAGO, Mª.P., RODRÍGUEZ VÁZQUEZ, Mª.A. (Dirs.), *De los retos a las oportunidades en el Derecho de familia y sucesiones internacional*, Tirant lo Blanch, Valencia, 2023, p. 124.

120. En el ámbito del Common Law, los *prenuptial agreements* regulan las obligaciones de alimentos entre cónyuges, la división de la propiedad matrimonial, cualquier otro efecto patrimonial del divorcio y un amplio conjunto adicional de efectos. Por el contrario, los redactados en el ámbito de los ordenamientos del Civil law suelen tener un contenido más limitado, centrado en el régimen de pensiones compensatorias o de alimentos entre cónyuges. Interesante aclaración de CHECA MARTÍNEZ, M., «Instituciones jurídicas de Estate Planning internacional: La protección transfronteriza del patrimonio familiar», en CAMPUZANO DÍAZ, B., DIAGO DIAGO, M.P., RODRÍGUEZ VÁZQUEZ, Mª.A. (Dirs.), *De los retos a las oportunidades en el Derecho de familia y sucesiones internacional*, Tirant lo Blanch, Valencia, 2023, pp. 147-149.

121. Muestra de ello GARCIA MAYO entiende que, a fin de que las posibles consecuencias de una posible ruptura matrimonial puedan ser acordadas por los propios cónyuges —y no por un juez— en un momento de confianza mutua y, sobre todo, de estabilidad emocional otorgado la certidumbre y seguridad jurídica deseada por la unión: *vid.* «Pactos prematrimoniales y compensación», en DE VERDA Y BEAMONTE, J.R. (Dir.), CHAPARRO MATAMOROS, P. y BUENO BIOT, Á. (Coords.), *La compensación por desequilibrio en la separación y divorcio. Tratado práctico interdisciplinar*, Tirant lo Blanch, Valencia, 2022, p. 128. En verdad, los acuerdos prematrimoniales con previsiones de ruptura se postulan como una modalidad contractual que, gozará de un mayor protagonismo en el futuro.

122. En torno a esta cuestión, *vid.* GARCIA MAYO, M., «El notariado y los pactos prematrimoniales: un matrimonio indisoluble», *Revista Jurídica del Notariado*, núm. 116, 2023, pp. 59-115.

123. *Vid.* MUÑOZ NAVARRO, A.J., «Los pactos prematrimoniales o en previsión de ruptura matrimonial», *La Ley Derecho de Familia*, núm. 25, 2020, versión online.

mente para evitar la aplicación de una normativa que es subsidiaria y que puede, por tanto, ser excluida, si así lo desean los contratantes[124].

A este respecto, los futuros contrayentes pueden redactar, *motu proprio*, el acuerdo prematrimonial sin que resulte necesaria la asistencia de letrado. Ahora bien, resulta conveniente que los otorgantes eleven a escritura pública[125] a los efectos de la legitimación de firmas, fecha y poseer la opción de acceso al Registro Civil y al Registro de la Propiedad junto a su oponibilidad a terceros[126]. Pese a todo, suponiendo que el pacto supere «los controles de inclusión y contenido» puede resultar que la supervivencia del pacto dependa del control judicial[127]. Se

124. La doctrina civilista da cuenta de ello en la medida de que, no sólo es posible pactar en capitulaciones matrimoniales sobre el futuro matrimonio y sobre aspectos relativos o no al régimen económico matrimonial, o, incluso, previsiones para cuando se suceda la ruptura, sino que también lo es bajo cualquier otra fórmula contractual, formal o no, siempre, claro está, que el acuerdo no verse sobre régimen económico matrimonial por ser esta una materia sobre la que sólo es posible hacerlo en capitulaciones: *cfr.* CERVILLA GARZÓN, Mª.D., «Reflexiones en torno a los acuerdos prematrimoniales con previsiones de ruptura en nuestro derecho actual. A propósito de la Sentencia del TS de 24 de junio 2015», en LASARTE ÁLVAREZ, C. y CERVILLA GARZÓN, Mª.D. (Dirs.), *Ordenación económica del matrimonio y de la crisis de pareja*, Tirant lo Blanch, Valencia, 2018, p. 332.

125. La principal ventaja de la intervención del notario frente al documento privado reside en la información que puede proporcionar a las partes —los futuros cónyuges o los cónyuges antes de una crisis matrimonial— sobre el alcance, contenido de la renuncia y su valor de prueba respecto de la adecuada formación del consentimiento en el proceso judicial que pudiera plantearse sobre la validez del pacto. Nota aclaratoria por GASPAR LERA, S., «Eficacia del pacto prematrimonial de renuncia a la pensión por desequilibrio económico y a la compensación por el trabajo dedicado a la casa. Comentario a la Sentencia del Tribunal Supremo, Sala de lo Civil, de 13 de marzo de 2023 (JUR 2023, 125132)», *Revista de Derecho Patrimonial*, núm. 62, 2023, versión online.

126. En opinión de ORTIZ en la escritura pública, principalmente, se suele fijar el régimen económico matrimonial de los cónyuges o, en su caso, a su modificación y sustitución. No obstante, en la misma también se puede hacer constar cualesquiera otras disposiciones que resulten interesantes a los cónyuges para que rijan su matrimonio, tales como, donaciones entre cónyuges por razón de matrimonio o pactos en materia de sucesiones. De este modo, *strictu sensu*, las capitulaciones matrimoniales regulan, cuestiones relativas al ámbito patrimonial y no se prevén en ellas los efectos que puede suscitar una futura ruptura del vínculo matrimonial: *cfr.* ORTIZ VIDAL, M.D., «Los acuerdos prematrimoniales en previsión de ruptura en Derecho internacional privado», *Revista jurídica de la Región de Murcia*, núm. 52, 2018, p. 53. En cuanto a su otorgamiento notarial en otros países, *vid.* PÉREZ VALLEJO, A.Mª., «Regímenes económicos matrimoniales con repercusiones transfronterizas: Reglamento (UE) 2016/1103», en CAZORLA GONZÁLEZ, M.J., GIOBBI, M., KRAMBERGER ŠKERL, J., RUGGERI, L., y WINKLER, S. (Coords.), *Las relaciones de propiedad de las parejas transfronterizas en la Unión Europea*, Edizioni Scientifiche Italiane, Nápoles, 2020, pp. 19-20.

127. Tales acuerdos en previsión de ruptura, aunque puedan llegar a ser válidos no quiere decir que resulten finalmente eficaces y exigibles en tanto que estos requieren habitualmente una aprobación judicial que incide en la forma y el fondo. La exigibilidad de este tipo de acuerdos prematrimoniales está condicionada, cuando ya haya surgido la crisis matrimonial, a su incorporación a un convenio regulador. Apunte aclaratorio de JIMÉNEZ BLANCO, P., «Acuerdos en previsión de ruptura en el Reglamento (UE) 2016/1103 sobre regímenes económicos matrimoniales», La *Ley Derecho de Familia*, núm. 26, 2020, versión online.

toma en cuenta el tiempo transcurrido entre la celebración y la reclamación de cumplimiento del pacto, la existencia o no de hijos o de otras personas dependientes, la salud de los cónyuges, su desarrollo profesional. Todas ellas son circunstancias que entran a valorarse por los tribunales junto con las cláusulas del contrato.

C. Estado de la cuestión desde el prisma ius internacional privatista

A raíz de lo expuesto hasta el momento, conviene tener presente que, las normas europeas en materia de Derecho de familia internacional[128] podrán ser aplicables en base al clausulado del acuerdo prematrimonial[129].

En este sentido, resulta importante atender a las cláusulas concretas del acuerdo y cómo se van calificando en atención al Reglamento europeo en cuestión. De esta manera, será importante conocer los principios inspiradores que conforman el Reglamento y siempre tener muy presente su ámbito de aplicación material en tanto que no se podrá sobrepasar, ni intentar ensanchar. Habrá acuerdos prematrimoniales en previsión de ruptura donde será aplicable el Reglamento (UE) 2016/1103 para determinar el tribunal competente y la Ley aplicable debido a que los cónyuges sólo fijan cuestiones relativas a su régimen económico matrimonial[130]. Sin embargo, existirán otros acuerdos que, debido a la variedad de su

128. Cabe referirse al Derecho internacional privado europeo, no sólo al ser importantes las normas que se centran en dar respuesta a las situaciones privadas transfronterizas sino también porque se aprecia la voluntad del legislador europeo, que trata de hacer frente a tales situaciones de manera uniforme, con la aspiración de que la aplicación del ordenamiento europeo sea única en todos los Estados parte asegurándose así el incremento de la movilidad de los ciudadanos. Se centra en la idea de que estas normas son finalistas, esto es, el Derecho internacional privado europeo es funcional a los objetivos de la integración. *Vid.* ESTEBAN DE LA ROSA, G., «Autonomía y carácter funcional del Derecho Internacional Privado Europeo: una aproximación», *Revista General de Derecho Europeo*, núm. 61, 2023, pp. 36-37.

129. Cuando los cónyuges hacen uso de estos pactos persiguen adaptar su régimen legal a sus circunstancias. Respecto a los problemas de admisibilidad en los tribunales, *vid.* GONZÁLEZ HERNÁNDEZ, R., «Los acuerdos prematrimoniales como instrumento regulador del matrimonio», en GARCÍA RUBIO, Mª.P. y OTERO CRESPO, M. (Dirs.), *Debates en torno a la contractualización del derecho de familia y la persona*, Colex, Madrid, 2023, p. 294.

130. Las cuestiones de carácter personal y las derivadas de divorcio y separación quedan apartadas por la clara cuestión extramuros material del Reglamento (UE) 2016/1103. Si bien, los pactos que pudieran contener reglas de aplicación durante el matrimonio entre cónyuges y respecto a terceros, así como los criterios en previsión de un eventual reparto de bienes junto con la fijación de lotes en tanto que tienen perfecta cabida en el Reglamento. En todo caso, han de ser acuerdos liquidatarios del régimen económico matrimonial. Esto es, una posible pensión u obligación de alimentos no están sujetos al Reglamento. Valiosa apreciación realizada por SERRANO DE NICOLÁS, Á., «Los Reglamentos 2016/1103 y 2016/1104: materias excluidas y adaptación de los derechos reales», en SERRANO DE NICOLÁS, A. (Coord.), *Los Reglamentos UE 2016/1103 y 2016/1104 de regímenes económicos matrimoniales y efectos patrimoniales de las uniones registrada*, Colegio Notarial de Cataluña y Marcial Pons, Madrid, 2020, pp. 94-95.

contenido, el operador jurídico se verá constreñido a aplicar más de un Reglamento europeo en materia de familia[131].

A fortiori, tales acuerdos pueden tener potencialmente un contenido sumamente amplio, de manera que no sólo incluyen elementos típicos del Derecho de familia[132], sino que también presentan evidentes interferencias con el Derecho de sucesiones, sin tener en cuenta que se plantean cuestiones en el ámbito del Derecho de obligaciones y contratos, Derechos reales y Derecho hipotecario.

Así pues, se deberá tomar en consideración la extraordinaria complejidad de los pactos en previsión de una ruptura familiar y considerar que su aspecto caracterizador es únicamente que la pareja pacte las condiciones personales y patrimoniales para el momento de la futura crisis, sin que sea posible identificar una solución *a priori* y abstracta que pueda aplicarse a todos los casos[133].

D. Parámetros calificadores

Sea como fuere, los acuerdos prematrimoniales, aunque son contratos, se enmarcan en el ámbito del Derecho de familia[134]. Con todo, los futuros cónyuges

131. Conviene valorar la situación en la que a un mismo acuerdo prematrimonial se deban aplicar diferentes normas de competencia judicial internacional y de conflicto. La aplicación de un instrumento legal va a depender de la heterogeneidad en el clausulado del acuerdo prematrimonial. Aquí es importante atender a las cláusulas concretas del acuerdo y cómo se van calificando en atención al Reglamento europeo en cuestión. Sabia apreciación realizada por ANTÓN JUÁREZ, I., *Los acuerdos prematrimoniales internacionales*, Tirant lo Blanch, Valencia, 2019, p. 133-134.

132. *Exempli gratia*, el régimen económico matrimonial, aspectos relativos a la guarda, custodia, visitas, manutención, comunicación de los menores de edad e incluso cuestiones acerca de los animales de compañía o aspectos de la salud de los cónyuges, su desarrollo profesional. En este sentido, *vid*. SILLERO CROVETTO, B., «Acuerdos prematrimoniales. Legalidad y contenido», en LASARTE ÁLVAREZ, C. y CERVILLA GARZÓN, Mª.D. (Dirs.), *Ordenación económica del matrimonio y de la crisis de pareja*, Tirant lo Blanch, Valencia, 2018, p. 411.

133. Opinión vertida por BARBA, V., «Pactos en previsión de ruptura familiar. Una comparación entre la jurisprudencia italiana y la española, en la esperanza de que la primera aprenda de la segunda», *Cuadernos de Derecho Privado*, núm. 3, 2022, p. 59.

134. Partiendo de tal razonamiento se puede afirmar que, las normas de Derecho Internacional privado en materia contractual no puedan ser aplicadas a los acuerdos prematrimoniales en previsión de ruptura ni para determinar la competencia judicial internacional ni para determinar el Derecho aplicable. Por ende, no tiene cabida ni el Reglamento (UE) 1215/2012 ni el Reglamento (CE) 593/2008. Meridianamente claro queda expuesto por AÑOVEROS TERRADAS, B., «Los pactos prematrimoniales en previsión de ruptura en el Derecho Internacional Privado», *Anuario Español de Derecho Internacional Privado*, núm. 10, 2010, p. 453-454. *A sensu contrario*, BARBA indica que, el Reglamento (UE) 2019/1111, el Reglamento (UE) 650/2012, el Protocolo de la Haya 23 de noviembre de 2007, el Reglamento (CE) 593/2008 y el Reglamento (CE) 4/2009 pudieran ser de aplicación debido a la gran casuística a la que se enfrentan este tipo de acuerdos. A consecuencia de tal parecer, el Reglamento (CE) 2016/1003 no puede considerarse concluyente de todas las cuestiones que puedan afectar a los mismos: *cfr*. BARBA, V., «Pactos en previsión de ruptura familiar. Una comparación entre la jurisprudencia italiana y la española, en la esperanza de que la primera aprenda de la segunda», *Cuadernos de Derecho Privado*, núm. 3, 2022, p. 59-60.

tendrán que realizar sus cálculos previos conociendo de antemano cuál será la ley rectora del régimen económico familiar, las posibilidades de pactos en cuanto al fondo —bien a través de capitulaciones matrimoniales o de pactos en previsión de ruptura—, la conveniencia de fijar el régimen económico familiar a través de la elección de ley aplicable y, en su caso, de un pacto de sumisión a la jurisdicción que tengan por anuencia[135]. Incluso, se ha de contemplar que, si el matrimonio es celebrado en una jurisdicción de Civil law, pero se anticipa un posible cambio de residencia a una jurisdicción del Common law, las capitulaciones matrimoniales será el medio más adecuado pudiendo preverse distintos mecanismos de coordinación[136].

En suma, a tenor de lo descrito hasta el momento se hará una profunda prospección de los acuerdos que se limiten a regular las relaciones económicas entre los cónyuges en calidad de empresarios, dejando al margen la intrincada cuestión de la guarda, custodia y régimen de visitas de las hijas y/o de los hijos menores de edad que, con base al principio general del interés superior requiere una valoración específica a la par de las cuestiones sucesorias habida cuenta serán examinadas *infra* en el contexto de la transmisión *mortis causa* en cuyo caudal relicto se halla la empresa familiar.

3. RÉGIMEN JURÍDICO DE LA COMPETENCIA JUDICIAL INTERNACIONAL EN EL REGLAMENTO (UE) 2016/1103

3.1. ASPECTOS GENERALES: VINCULACIÓN DIRECTA CON LA SUCESIÓN *MORTIS CAUSA* Y CRISIS MATRIMONIAL

A. Idea preliminar

Los artículos 4 a 19 presentan la singularidad de distinguir, entre una acumulación de foros, la competencia judicial relativa a la sucesión *mortis causa* de uno de los cónyuges o la prevista en caso de divorcio, separación judicial o anulación del matrimonio, además de la «competencia en otros casos» dispuesta en los artículos 6 a 10[137]. De este modo, presenta una estructura general típica

135. De todos modos, los cónyuges deben considerar el impacto de la ley aplicable sobre la competencia judicial internacional teniendo en cuenta que la identificación de la ley rectora resultará necesaria para pactar una sumisión a los tribunales, dado que solo resultarán elegibles aquellos que coincidan con la ley aplicable. Sabia advertencia por cuenta de JIMÉNEZ BLANCO, P., *Regímenes económicos matrimoniales transfronterizos. Un estudio del Reglamento (UE) nº 2016/1103*, Tirant lo Blanch, Valencia, 2021, p. 25.

136. Relevante observación apuntada por CHECA MARTÍNEZ, M., «Instituciones jurídicas de Estate Planning internacional: La protección transfronteriza del patrimonio familiar», en CAMPUZANO DÍAZ, B., DIAGO DIAGO, M.P., RODRÍGUEZ VÁZQUEZ, Mª.A. (Dirs.), *De los retos a las oportunidades en el Derecho de familia y sucesiones internacional*, Tirant lo Blanch, Valencia, 2023, p. 155.

137. El Reglamento pretende evitar una dispersión del pleito y así una misma jurisdicción juzga la acción interrelacionada. Apreciación de SEQUEIRA, B., «Practical Implications of Council

seguida en otros reglamentos en el ámbito de la cooperación en materia civil. Si bien, la complejidad en la técnica legislativa es evidente, tanto en la superficie como en el fondo, pues introduce una arquitectura de múltiples capas y altamente especializada de las normas jurisdiccionales[138].

B. The game´s rules

A la luz de esta afirmación, se puede apreciar que el legislador europeo condiciona el juego de la competencia judicial por conexión a la existencia de un procedimiento sucesorio[139] —artículo 4—, o matrimonial[140] —artículo 5—, quedando, por tanto, descartada la posibilidad de invocar dicha competencia en los supuestos en que la cuestión relativa al régimen económico del matrimonio se plantee, o antes del inicio del procedimiento principal, o en un momento posterior a la terminación de este último[141].

De este modo, la supeditación impuesta esencialmente en los artículos 4 y 5 implica que, la autoridad judicial que conozcan de la sucesión de una persona

---

Regulation (EU) Nº 2016/1103 on Matrimonial Property Regimes and Council Regulation (EU) Nº 2016/1104 on the Property Consequences of Registered Partnerships», en CAZORLA GONZÁLEZ, Mª.J. y RUGGERI, L. (Eds.), «*Cross-border couples property regimes in action before courts Understanding the EU regulations 1103/2016 and 1104/2016 in practice*», Dykinson, Madrid, 2022, p. 236.

138. Esta complejidad puede dificultar la predicción directa de los tribunales competentes por las partes y desafiar el análisis simple y rápido de la jurisdicción por los tribunales; deficiencia apuntada por KUNDA, I. y LIMANTE, A., «Disposiciones jurisdiccionales en los reglamentos gemelos», *Revista Internacional de Doctrina y Jurisprudencia*, núm. 25, 2021, pp. 87-88.

139. El vínculo entre el fallecimiento y el régimen económico es innegable. Así, el legislador ha previsto que, para evitar dilaciones y complicaciones a los justificables es importante que la autoridad encargada de la sucesión puede decidir sobre los aspectos patrimoniales del matrimonio. De este modo, un solo juez decidirá, a través del principio procesal de concentración, sobre la cuestión planteada. Ahora bien, la competencia interna puede ser que se bifurque, esto es, que un juez se pronuncie de la sucesión y otro de la liquidación de la economía matrimonial. Puntualización de BONOMI, A., «Article 4», en BONOMI, A. and WAUTELET, P., *Le droit européen des relations patrimoniales de couple. Commentaire des Règlements (UE) 2016/1103 et 2016/1104*, Bruylant, Bruselas, 2021, pp. 358-359.

140. A juicio de BONOMI es encomiable la labor de concentración a través de la aplicación de los foros del Reglamento (UE) 2019/1111, pero no se debe obviar que, el listado de tribunales competentes de su artículo 3 es extenso y no siempre favorable a la proximidad y previsibilidad del pelito: *Vid*. BONOMI, A., «Article 5», en BONOMI, A. and WAUTELET, P., *Le droit européen des relations patrimoniales de couple. Commentaire des Règlements (UE) 2016/1103 et 2016/1104*, Bruylant, Bruselas, 2021, p. 385.

141. Con gran audacia RUEDA nos recuerda que, la norma condiciona el juego de la competencia por conexión a la existencia de un procedimiento sucesorio o matrimonial pendiente, quedando, por tanto, descartada la posibilidad de invocar dicha competencia en los supuestos en que la cuestión relativa al régimen económico del matrimonio se plantee, o antes del inicio del procedimiento principal, o en un momento posterior a la terminación de este último: *vid*. RUEDA VALDIVIA, R., «El Reglamento (UE) 2016/1103 y su impacto en la regulación de los regímenes económicos matrimoniales en DIPr. español: especial referencia a su repercusión en competencia internacional y ley aplicable», *en prensa*.

casada o de una crisis matrimonial, viniendo su intervención fundada en la normas sobre competencia judicial previstas en los Reglamentos (UE) 650/2012[142] y (UE) 2019/1111[143], tenga asimismo garantizada su competencia internacional para resolver también aquellas cuestiones relativas al régimen económico matrimonial que, en conexión con los mencionados procedimientos, se pudieran llegar a suscitar[144].

3.2. AUTONOMÍA DE LA VOLUNTAD «LIMITADA»

A. Aspecto preliminar

La norma europea incorpora la posibilidad de foros de sumisión expresa —artículo 7— o tácita —artículo 8— permitiendo así a los cónyuges una relativa posibilidad de acordar la competencia[145].

142. Reglamento (UE) nº 650/2012 del Parlamento Europeo y del Consejo, de 4 de julio de 2012, relativo a la competencia, la ley aplicable, el reconocimiento y la ejecución de las resoluciones, a la aceptación y la ejecución de los documentos públicos en materia de sucesiones mortis causa y a la creación de un certificado sucesorio europeo (DOUE núm. 201, de 27 de julio de 2012). El Reglamento (UE) 2016/1103 se basa en el mismo modelo que el Reglamento de sucesiones. Esto no es sorprendente, ya que las cuestiones de sucesión y de regímenes matrimoniales o patrimoniales están muy estrechamente vinculadas, en particular cuando el matrimonio finaliza con el fallecimiento de uno de los cónyuges. En opinión de LAGARDE cuando el difunto deja cónyuge supérstite, la liquidación de su herencia, o al menos su sustancia, depende directamente del régimen matrimonial o patrimonial. El conjunto facilitado por la aplicación de la misma ley a estas dos cuestiones no es posible, sin embargo, la sujeción del Derecho del régimen económico al Derecho de sucesiones presupondría que ya conocida la Ley que regirá la sucesión sería irrelevante en caso de disolución del régimen en vida de los cónyuges o socios. Por otro lado, someter la sucesión a la ley del régimen sería incompatible con las limitaciones a la autonomía de la voluntad en materia sucesoria. ¡Qué mínimo que, la norma de conflicto de leyes en materia de regímenes matrimoniales se unificara en la Unión: *cfr.* LAGARDE, P., «Reglements 2016/1103 et 1104 du 24 juin 2016 sur les regimes matrimoniaux et sur le regime patrimonial des partenariats enregistre», *Rivista di diritto internazionale privato e processuale*, Vol. 52, núm. 3, 2016, pp. 677-678.

143. Reglamento (UE) 2019/1111 del Consejo, de 25 de junio de 2019, relativo a la competencia, el reconocimiento y la ejecución de resoluciones en materia matrimonial y de responsabilidad parental, y sobre la sustracción internacional de menores (DOUE núm. 178, de 2 de julio de 2019).

144. El objetivo es concentrar en un único procedimiento todas las cuestiones surgidas del matrimonio transfronterizo. Además, las competencias, aún exorbitantes del Reglamento (UE) 650/2012 también tienen plena eficacia en el régimen económico matrimonial. BONOMI, A. y WAUTELET, P., «Introduction», en BONOMI, A. and WAUTELET, P., *Le droit européen des relations patrimoniales de couple. Commentaire des Règlements (UE) 2016/1103 et 2016/1104*, Bruylant, Bruselas, 2021, p. 44; FERNÁNDEZ-TRESGUERRES GARCÍA, A., *Los Reglamentos (UE) 2016/1103 y 2016/1104 sobre el patrimonio de las parejas internacionales y su aplicación en España*, Tirant lo Blanch, Valencia, 2023, p. 37.

145. Acertadamente ARENAS sostiene que, en el caso del Derecho de persona y familia la autonomía de la voluntad no opera de manera libérrima, sino que tiene como función determinar, entre una serie de foros predeterminados que servirán para habilitar la competencia por conexidad en determinados supuestos en los que se extiende al tribunal que está conociendo

B. Acuerdo de elección de foro y condiciones de validez del pacto

En virtud del párrafo primero de su artículo 7 será válido siempre que no concurra ninguno de los foros ya citados, incardinados en los artículos 4 y 5, esto es, como consecuencia de la inexistencia de ningún tribunal competente en relación con la sucesión por causa de muerte de uno de los cónyuges o con la disolución del vínculo matrimonial[146].

Los foros ordenados en cascada[147] se sustentan, principalmente, en la residencia habitual[148] —letras a), b) y c)— salvo el estipulado por la letra d) que vincula su eficacia al criterio de la nacionalidad común.

Con todo, el acuerdo debe revestir una determinada forma[149]. Ha de ser por escrito, fechado y con la firma de ambos cónyuges, adaptado, como es lógico, a los nuevos medios telemáticos en tanto que, se considerará hecho por escrito

---

de una determinada materia la competencia para conocer de una acción relacionada con ella: *cfr.* ARENAS GARCÍA, R., «Principios inspiradores del sistema actual de competencia judicial internacional en materia de persona y familia», en GUZMÁN ZAPATER, M. y ESPLUGUES MOTA, C. (Dirs.), HERRANZ BALLESTEROS, M. y VARGAS GÓMEZ-URRUTIA, M. (Coords.), *Persona y familia en el nuevo modelo español de derecho internacional privado*, Tirant lo Blanch, Valencia, 2017, p. 43.

146. Esta premisa de aplicabilidad de la sumisión es coherente con los principios del Reglamento puesto que así establecida, se evita que las partes puedan dividir el litigio en distintas jurisdicciones en casos de divorcio o de sucesión. Visión establecida por RODRÍGUEZ RODRIGO, J., *Relaciones económicas de los matrimonios y las uniones registradas en España, antes y después de los Reglamentos (UE) 2016/1103 y 2016/1104*, Tirant lo Blanch, Valencia, 2019, p. 76.

147. Esto significa que será competente el primer foro establecido por el artículo 6, letra a), y si se dan las circunstancias en él recogidas solo serán competentes los tribunales del Estado que nos señale dicho foro. Solo si no concurre dicho foro se acude a los siguientes de manera sucesiva: *cfr.* PÉREZ MARTÍN, L.A., «Trascendencia de la residencia habitual en los reglamentos europeos sobre régimen económico matrimonial y efectos patrimoniales de las uniones registradas», en LASARTE ÁLVAREZ, C. y CERVILLA GARZÓN, M.D. (Dirs.), *Ordenación económica del matrimonio y de la crisis de pareja*, Tirant lo Blanch, 2018, p. 850.

148. La determinación de la residencia habitual debe hacerse sobre la base del conjunto de circunstancias que rodean al supuesto litigioso. Entre el elenco de elementos hay que tener en cuenta aquellos que definen el «centro de vida», como son la duración, los motivos y razones de la presencia de una persona en un determinado Estado, las relaciones interpersonales, la localización de la vivienda habitual y si esta la disfruta en calidad de propietario o arrendatario. Interesantes criterios de BONOMI, A. y WAUTELET, P., «Introduction», en BONOMI, A. and WAUTELET, P., *Le droit européen des relations patrimoniales de couple. Commentaire des Règlements (UE) 2016/1103 et 2016/1104*, Bruylant, Bruselas, 2021, pp. 66-67.

149. Claro está que el legislador guarda silencio sobre en qué momento deben ajustarse los cónyuges a la forma estipulada; o, en el momento en que se inicia el procedimiento, o anteriormente. Puntualización de BROUSSE, I.B., «Le patrimoine des couples internationaux dans l'espace judiciaire européen. — Les règlements européens du 24 juin 2016 relatifs aux régimes matrimoniaux et aux effets patrimoniaux des partenariats enregistrés», *Journal du droit international «Clunet»*, núm. 2, 2017, p. 507.

cuando se realice por cualquier medio electrónico que permita un registro duradero del mismo[150].

En este sentido, cabe recordar que, en sede de Ley aplicable, concretamente en los párrafos segundo, tercero y cuarto del artículo 23 *Validez formal del acuerdo de elección de la ley aplicable*, el legislador impone a las partes una *conditio sine qua non* complementaria de la ya reseñada, cuya fundamentación encuentra su basamento en el cumplimiento de requisitos formales «adicionales» en el supuesto de que la Ley de la residencia habitual de uno o de ambos cónyuges exija requisitos *extra*, parámetro que las partes deben respetar so pretexto alguno[151]. En torno a esta última cuestión y teniendo en cuenta el criterio de la «analogía iuris» en tanto en cuanto mecanismo de obtención y de aplicación de los principios generales del Derecho, el criterio formal recogido en el *Capítulo III Ley aplicable* se ha de considerar extensivo al *Capítulo II Competencia* habida cuenta de que el legislador no ha dicho todo lo que quería decir en su artículo 7, mientras que en el artículo 23 no pensó todo en lo que debió pensar.

Ciertamente, el argumento *a simili* conlleva a que, la semejanza de supuestos —uno carente de regulación y el otro provisto de ella— es, de inicio, cuestión discutible, siendo sólo relevante mediante una identificación de la *ratio legis* de la norma considerada, aspecto este último plenamente argumentado.

3.3. PRÓRROGA TÁCITA DE COMPETENCIA

Sobre la base del artículo 8 se encuentra el sometimiento tácito[152] a los tribunales de un Estado mimbro cuya existencia está condicionada a determinadas circunstancias.

150. El fin del legislador es promover acuerdos de jurisdicción claros y explícitos respaldados por los marcos legales internacionales dado que, ante la ausencia de requisitos de fondo y forma tales acuerdos pueden dar lugar a controversias jurisdiccionales innecesarias y distraer la atención del consenso global emergente sobre motivos de jurisdicción internacional. Argumento de OKOLI, C.S.A. y YEKINI, A., «Implied jurisdiction agreements in international commercial contracts: a global comparative perspective», *Journal of Private International Law*, Vol. 19, núm. 3, 2023, pp. 321-361.

151. BONOMI y WAUTELET manifiestan que son criterios complejos y rígidos. El legislador tenía que haber previsto una norma de Derecho internacional privado material: *vid.* BONOMI, A. y WAUTELET, P., «Introduction», en BONOMI, A. and WAUTELET, P., *Le droit européen des relations patrimoniales de couple. Commentaire des Règlements (UE) 2016/1103 et 2016/1104*, Bruylant, Bruselas, 2021, p. 40.

152. No deberá entenderse por sumisión tácita la petición de una prórroga de los plazos para contestar a la demanda o una traducción de esta, ni la oposición a las medidas cautelares solicitadas por el actor, *cfr.* VIRGOS SORIANO, M. y GARCIMARTÍN ALFÉREZ, F.J., *Derecho Procesal Civil Internacional. Litigación Internacional*, 2ª ed., Thomson Civitas, Navarra, 2007, p. 307.

Por un lado, podrán resultar internacionalmente competentes los tribunales del Estado miembro cuya ley resulte aplicable. De este modo, existe una supeditación a la existencia de una correlación entre *fórum e ius*[153]. Y, de otro, conviene mencionar dos tipos de reservas. En primer lugar, no podrá activarse el foro de sumisión tácita en aquellos supuestos en los que la comparecencia del demandado tuviere por objeto impugnar la competencia[154]. Y, en segundo término, ante la existencia de litigios por conexión, *exempli gratia*, en materia sucesoria, disolución o nulidad matrimonial..., se verán cubiertos por lo previsto en el artículo 4, así como en el artículo 5.1.

En este marco de actuación procesal, los terceros no se ven aquejados por esta sumisión. Sin embargo, la prórroga tácita sólo cubre aquellas disputas que sean objeto concreto del litigio, esto es, las materias claves de la demanda y de la defensa sobre el fondo[155]. Las controversias entre las partes que no sean causa de la demanda y de la contestación a la misma están excluidas de la misma[156].

Asimismo, resulta imperioso que el órgano judicial ante el que comparezca el demandado se asegure de que se ha informado a esta parte, esto es, de su

153. PALAO MORENO considera que, se pretende favorecer la seguridad jurídica, la previsibilidad y el acceso a la justicia en relación a aquellos litigios que se encuentren conectados a unos determinados tribunales estatales: *cfr.* «Artículo 8. Competencia basada en la comparecencia del demandado», en IGLESIAS BUIGUES, J.L., PALAO MORENO, G., (Dirs.), QUINZÁ REDONDO, P. (Secret.), *Régimen económico matrimonial y efectos patrimoniales de las uniones registradas en la Unión Europea. Comentarios a los Reglamentos (UE) nº 2016/1103 y 2016/1104*, Tirant lo Blanch, Valencia, 2019, p. 117. Esto es, el demandado puede elegir los órganos jurisdiccionales del Estado miembro cuyo ordenamiento sea el que va a regir su régimen económico matrimonial, de manera que se posibilita que dicho tribunal pueda aplicar su propio derecho material, *vid.* BELÍO PASCUAL, A.C., «Claves del futuro Reglamento europeo sobre Regímenes Económicos Matrimoniales: entrada en vigor y ámbitos de aplicación», *Diario La Ley*, núm. 9305, 2018, versión online.

154. En cuanto a la impugnación de la competencia sólo puede tener el efecto si la parte demandante y el juez que conoce del asunto están en condiciones de comprender, desde el instante mismo en que el demandado formula su primer medio de defensa, que su finalidad es cuestionar la competencia del juez. En cualquier caso, la impugnación de la competencia, si no precede a la articulación de cualquier medio de defensa sobre el fondo, no puede en ningún caso ser posterior a la actuación procesal que el Derecho procesal nacional considere como el primer medio de defensa dirigido al juez que conoce del asunto. Así lo deja constatado el Tribunal de Luxemburgo en su célebre STJUE de 24 de junio de 1981, asunto C-150/80, *Elefanten Schuh GmbH/Jacqmain*: EU:C:1981:148 y en la STJUE de 13 de junio de 2013, asunto C-144/12, *Goldbet Sportwetten*: EU:C:2013:393.

155. Todo esto parece confirmar que es conveniente prever un mecanismo claro y eficaz con objeto de resolver los casos de litispendencia y conexidad y de obviar los problemas derivados de las divergencias nacionales sobre la fecha en la que un asunto se considera pendiente, *cfr.* CARRIZO AGUADO, D., «"Trampantojo" de foros ante los profusos incumplimientos llevados a cabo por la compañía Ryanair en vuelos internacionales», *Cuadernos de Derecho Transnacional*, Vol. 11, núm. 2, 2019, p. 507.

156. CALVO CARAVACA, A-L. y CARRASCOSA GONZÁLEZ, J., «La sumisión tácita como foro de competencia judicial internacional y el artículo 24 del Reglamento 44/2001 de 22 de diciembre 2000», *International Law: Revista Colombiana de derecho Internacional*, núm. 4, 2004, p. 66.

derecho a impugnar la competencia del órgano judicial y de las consecuencias de no comparecer[157].

Sobre este particular, el legislador europeo no señala a quién corresponde el cumplimiento de la obligación de información. Según estima un consolidado sector doctrinal, deberá ser el juez que conoce del proceso quien asuma la obligación de informar al demandado-débil y, además, deberá hacerlo en la primera ocasión de la que este dispone para comunicarse con el demandado, es decir, en la comparecencia del mismo en el proceso[158].

De todos modos, la voluntad de sumisión del demandado es esencial. La impugnación de la competencia del juez que conoce del asunto impide la prórroga cuando se permite que la parte demanda y el juez que conoce del asunto comprendan, ya desde la primera oposición, que ésta tiene por finalidad obstaculizar dicha competencia. Así sucede también en el caso en que el primer acto de oposición contenga, además de la impugnación de la competencia del juez al que se somete el asunto, pretensiones sobre el fondo del litigio. Conviene poner de relieve que, el hecho de que el demandado impugne sin ambigüedad, en su primer acto de oposición, la competencia del juez al que se ha sometido el asunto impide la prórroga de la competencia con independencia de que esa impugnación sea o no el único objeto de ese primer acto de oposición[159].

3.4. ASPECTOS RESIDUALES DEL RÉGIMEN DE COMPETENCIA JUDICIAL INTERNACIONAL

En última *ratio*, el Reglamento (UE) 2016/1003 bajo la rúbrica «Competencia subsidiaria» en su artículo 10 establece un criterio uniforme de competencia residual a través de la localización en el territorio de cualquier Estado miembro

157. En el marco de la internacionalización del proceso, la autoridad competente se enfrenta al desafío de citar al demandado en tiempo y forma. En este sentido, la vulneración del principio de tutela judicial efectiva conllevará que, generalmente, aflore con posterioridad la denegación del reconocimiento de las decisiones judiciales afectadas por este vicio, provocándose, por tanto, la ineficacia de la resolución judicial en el Estado donde se pretende reconocer y posteriormente ejecutar. *Vid. in extenso*, RODRÍGUEZ BENOT, A. y CARRIZO AGUADO, D., «El control de las garantías procesales de las partes en sede de reconocimiento y ejecución de decisiones extranjeras», *Anales de la Real Academia Sevillana de Legislación y Jurisprudencia*, núm. 11, 2019-2020, pp. 61-104.

158. No cabe duda de que dicha cuestión dependerá de lo establecido en el sistema procesal de cada Estado miembro —*lex fori regit procesum*—, *cfr*. MARCHAL ESCALONA, N., «Sobre la sumisión tácita en el Reglamento de Bruselas I bis», *Anuario Español de Derecho Internacional Privado*, núm. 13, 2013, p. 154 y p. 157.

159. Así lo hace constar sobremanera, RODRÍGUEZ BENOT, A., Los acuerdos atributivos de competencia *judicial internacional en Derecho comunitario europeo*, Eurolex, Madrid, 1994, p. 42. Incluso algunos autores apuntan que, se puede asumir la competencia judicial internacional por la mera comparecencia a no ser que su personación tenga por objeto presentar declinatoria: *vid*. ESPINAR VICENTE, J.M y PAREDES PÉREZ, J.I., *Tráfico externo y litigación civil internacional*, Dykinson, Madrid, 2018, p. 210.

de algún inmueble de uno o ambos cónyuges[160], parámetro cuya operatividad limita a los casos en que ningún órgano jurisdiccional de un Estado miembro sea competente con base a lo dispuesto en los artículos 4 a 8. Si bien, bajo el postulado de determinada doctrina extranjera, esta norma fragmenta la competencia internacional dado que diversos jueces pueden ser competentes sobre una pequeña parte de la demanda dado que los cónyuges sean propietarios de bienes inmuebles en más de un Estado miembro; incluso, el legislador elude la escasa coordinación con posibles situaciones pendientes de terceros países[161].

Pese a todo, debido a su carácter subsidiario y excepcional, resulta sencillo entender que la competencia del órgano jurisdiccional que finalmente conozca del litigio por razón de la situación del bien inmueble quedará materialmente circunscrita a la demanda sobre el bien inmueble en cuestión y, en consecuencia, no pueda extender su competencia a otras cuestiones relativas al litigio en materia de régimen económico matrimonial[162].

160. RUEDA considera que, resulta llamativo que el legislador europeo limite la competencia subsidiaria a los bienes inmuebles, cuando, en el Reglamento (UE) 650/2012 dicha competencia subsidiaria viene determinada por la localización en el territorio de cualquier bien de la herencia, no exigiendo que se trate de un bien inmueble: *cfr*. RUEDA VALDIVIA, R., «El Reglamento (UE) 2016/1103 y su impacto en la regulación de los regímenes económicos matrimoniales en DIPr. español: especial referencia a su repercusión en competencia internacional y ley aplicable», *en prensa*. En esta misma línea RODRÍGUEZ aprecia que existe una diferencia entre ambos foros, y es que, según el Reglamento (UE) 2016/1103 el elemento determinante para que el artículo 10 otorgue competencia es la existencia de bienes inmuebles, en cambio, en el marco del Reglamento (UE) 650/2012 lo importante es que haya bienes, muebles o inmuebles, en este Estado: RODRÍGUEZ RODRIGO, J., *Relaciones económicas de los matrimonios y las uniones registradas en España, antes y después de los reglamentos (UE) 2016/1103 y 2016/1104*, Valencia, Tirant lo Blanch, 2019, p. 172.

161. Entre otras cosas, existe el riesgo de no reconocimiento de la sentencia general sobre el régimen matrimonial dictada en un tercer país, careciendo de toda coordinación internacional y generando incoherencias en la organización patrimonial de la pareja: *Cfr*. MARINO, S., «Strengthening the European Civil Judicial Cooperation: the patrimonial effects of family relationships», *Cuadernos de Derecho Transnacional*, Vol. 9, núm. 1, 2017, pp. 274-275. Si bien, se puede apreciar un aspecto positivo, el cual debe estar sustentado en el parámetro de las medidas de ejecución frente al inmueble por derechos de crédito de terceros: *vid*. JIMÉNEZ BLANCO, P., *Regímenes económicos matrimoniales transfronterizos. Un estudio del Reglamento (UE) nº 2016/1103*, Tirant lo Blanch, Valencia, 2021, p. 335.

162. Excelso razonamiento de PALAO MORENO, G., «Artículo 10. Competencia subsidiaria», en IGLESIAS BUIGUES, J.L., PALAO MORENO, G., (Dirs.), QUINZÁ REDONDO, P. (Secret.), *Régimen económico matrimonial y efectos patrimoniales de las uniones registradas en la Unión Europea. Comentarios a los Reglamentos (UE) nº 2016/1103 y 2016/1104*, Tirant lo Blanch, Valencia, 2019, p. 129.

4. RÉGIMEN JURÍDICO DE DERECHO APLICABLE EN EL REGLAMENTO (UE) 2016/1003

4.1. APROXIMACIÓN INICIAL: PRIMACÍA DE LA AUTONOMÍA DE LA VOLUNTAD CONFLICTUAL

El legislador europeo apuesta por la libre voluntad de los cónyuges para autorregular las consecuencias económicas derivadas de su matrimonio y de su disolución[163]. En efecto, aquella contribuye de la forma más decisiva al establecimiento de una regulación adecuada a los intereses de los cónyuges, a sus particularidades y objetivos, a dar certeza y seguridad a una relación jurídica tan prolongada en el tiempo[164].

Dicha autonomía conflictual es un instrumento de empoderamiento de las familias que les permite, a través de la fijación del Derecho aplicable, tomar las decisiones que más se adecúen a sus circunstancias y necesidades[165] en tanto en cuanto refuerza la seguridad jurídica y coloca a los cónyuges como protagonistas de la determinación de la ley que les parezca más adecuada[166].

---

163. La autonomía de la voluntad conflictual implica al mismo tiempo una elección material ya que el sistema jurídico impuesto propone un determinado régimen legal en defecto de elección. Así queda sustentado por FUENTES MARTÍNEZ, J., «Una visión notarial de los reglamentos UE 2016/1103 y 1104», en SERRANO DE NICOLÁS, A. (Coord.), *Los Reglamentos UE 2016/1103 y 2016/1104 de regímenes económicos matrimoniales y efectos patrimoniales de las uniones registrada*, Colegio Notarial de Cataluña y Marcial Pons, Madrid, 2020, p. 254. Esta autonomía de la voluntad es el medio para lograr que el forum-ius coincidan permitiendo ello una verdadera cooperación en materia civil. Opinión vertida por DE SOUSA GONÇALVES, A.S., «O princípio da autonomia da vontade no Regulamento Europeu sobre Regimes Matrimoniais», *Revista Electrónica de Direito. RED*, Vol. 22, núm. 2, 2020, p. 91.

164. Desde la operativa practica notarial PAZ-ARES considera que, han pasado pocos años desde la entrada en aplicación del Reglamento y todavía es pronto para hacer balance, pero ciertas soluciones, a veces fragmentadas y no siempre totalmente predecibles, responden a un esquema sofisticado y complejo, que genera altos costes de información por cuanto buena parte de sus reglas se inspiran en un modelo de resolución de controversias preponderantemente judicial; además, consagra como criterio prevalente la autonomía de la voluntad pero impone importantes limitaciones: *cfr.* PAZ-ARES RODRÍGUEZ, I., «La autonomía privada y la organización patrimonial de los matrimonios transfronterizos», *Revista de Derecho Civil*, Vol. 10, núm. 4, 2023, p. 435.

165. Sensatamente GONZÁLEZ BEILFUSS sostiene que, desde el punto de vista del Derecho internacional privado es necesario atender, en especial, a la vertiente negativa de la autonomía de la voluntad, puesto que esta permite la «deselección» de normas imperativas de naturaleza protectora que buscan garantizar que dichas labores de cuidado se puedan desempeñar: *cfr.* GONZÁLEZ BEILFUSS, C., «Reflexiones en torno a la función de la autonomía de la voluntad conflictual en el Derecho internacional privado de familia», *Revista española de derecho internacional*, Vol. 72, núm. 1, 2020, p. 114.

166. Resulta altamente recomendable que la búsqueda de consejo jurídico independiente antes de tomar cualquier decisión en esta materia, tal y como indica DE BORJA IRIARTE, Á., «Aplicación del Reglamento 2016/1103 y conflictos de leyes internacionales e internos en materia de régimen económico matrimonial», *Actualidad Civil*, núm. 6, 2019, versión on line.

A decir verdad, la *electio iuris* también proporciona alcanzar la neutralidad de la conexión en aquellas situaciones en las que no existan intereses de política legislativa u otras consideraciones que aconsejen valorar unas vinculaciones frente a otras y puede complementar el principio de proximidad en aquellas realidades más difíciles de localizar[167].

4.2. CONDICIONES DE APLICACIÓN

El Reglamento permite la posibilidad de elección de ley —*professio iuris*— en los términos establecidos en su artículo 22[168]. Póngase de manifiesto que, el régimen económico es uno e inmutable, salvo nuevo acuerdo. A saber, todo cambio de ley aplicable durante el matrimonio surtirá efectos para el futuro salvo acuerdo en contrario, pero en este supuesto no afectará negativamente a los derechos de terceros derivados de la ley que se modifica[169].

Dadas las circunstancias, dicha elección puede ser previa o posterior al matrimonio y tiene por único límite —en el caso de ser posterior— el no perjuicio a terceros[170]. La idea subyacente radica en que los cónyuges pueden elegir una ley adaptada a la vida matrimonial, pero se ha de tener en consideración que, con el paso del tiempo esta puede ser otra en tanto que la mutación de las circunstancias de vida puede conllevar a que la ley la de sus primeros años de vida marital sea muy diferente a la actual. Claro está que un cambio de ley podrá

167. DE SOUSA GONÇALVES, A.S., «O princípio da autonomia da vontade no Regulamento Europeu sobre Regimes Matrimoniais», *Revista electrónica de Direito*, Vol. 22, núm. 2, 2020, p. 83.

168. La autonomía de la voluntad de las partes no es tan libre como en el Derecho contractual internacional, donde las partes pueden elegir cualquier ley estatal. En el Derecho de familia, los puntos de conexión tienen por objeto garantizar la conexión entre el caso y la ley aplicable, *vid*. MARINO, S., «Strengthening the European Civil Judicial Cooperation: the patrimonial effects of family relationships», *Cuadernos de Derecho Transnacional*, Vol. 9, núm. 1, 2017, p. 277.

169. ESPIÑEIRA SOTO, I., «Tercer taller práctico sobre el Reglamento (UE) de regímenes económicos matrimoniales. Elección de ley y capitulaciones matrimoniales. Un supuesto práctico y un boceto», 21 de enero 2021, https://www.notariosyregistradores.com/web/secciones/oficina-notarial/modelos/modelo-escritura-eleccion-de-ley-y-capitulaciones--matrimoniales-y-taller-practico-regimenes-matrimoniales-europeos/

170. Tal y como afirma FERNÁNDEZ-TRESGUERRES establecer normas de protección a terceros no es fácil en el contexto del Derecho europeo. La inexistencia de un instrumento uniforme sobre publicidad del Registro Civil unido al hecho de que el Derecho registral en relación a Registros jurídicos públicos —si bien de bienes— sea materia actualmente excluida del ámbito de los Reglamentos sin una mínima coordinación de sus efectos transfronterizos, exige acudir a presunciones iuris tantum en la protección de los derechos de terceros, sistema por otra parte, ya conocido en relación al certificado sucesorio europeo en el tráfico jurídico: *cfr*. FERNÁNDEZ-TRESGUERRES GARCÍA, A., *Los Reglamentos (UE) 2016/1103 y 2016/1104 sobre el patrimonio de las parejas internacionales y su aplicación en España*, Valencia, Tirant lo Blanch, 2023, p. 74.

efectuar cambios retroactivos a condición de que no perjudicará a terceros implicados en las relaciones patrimoniales de los cónyuges[171].

Ciertamente, el perjuicio en los derechos del tercero sólo puede apreciarse haciendo una valoración de los derechos de crédito que tenía en atención al primer régimen y los derechos que le concede el segundo. Puede suceder que su posición no se vea perjudicada, en ese caso, sería perfectamente oponible el nuevo régimen siempre que el tercero tuviera conocimiento del cambio[172].

4.3. RESTRICCIONES CONFLICTUALES IMPUESTAS AL PACTO DE LEY

A. Puntos de conexión objeto de elección

El acuerdo de elección de ley será válido si los cónyuges o futuros cónyuges designan o cambian de común acuerdo la ley aplicable a su régimen económico matrimonial de conformidad a una de las siguientes leyes[173]: a) La ley del Estado en el que ambos cónyuges o futuros cónyuges tengan su residencia habitual[174] en el momento de la celebración del acuerdo, o b) la ley del Estado de la nacio-

---

171. Qué duda cabe que el conocimiento por el tercero de la situación familiar ofrece mayores problemas si se regula por un Derecho extranjero. Además, tratándose de un contrato complejo, como puede ser un préstamo hipotecario, la figura del notario será de vital importancia dado que él tomará todas las precauciones necesarias como pudiera ser la inscripción registral de un bien, en donde esté se halle sito. Razonamiento efectuado por QUIÑONES ESCÁMEZ, A., «La protección de los terceros en los nuevos reglamentos (UE) de DIPr., sobre el régimen de bienes del matrimonio y de la unión registrada», en SERRANO DE NICOLÁS, A. (Coord.), *Los Reglamentos UE 2016/1103 y 2016/1104 de regímenes económicos matrimoniales y efectos patrimoniales de las uniones registrada*, Colegio Notarial de Cataluña y Marcial Pons, Madrid, 2020, p. 173.

172. Sin embargo, no siempre es así, pues en muchas ocasiones el tercero se ve lesionado por el cambio, de hecho, una de las razones habituales por las que los cónyuges deciden cambiar el régimen económico matrimonial que venían utilizando es para salvaguardar su patrimonio en aras de las deudas que uno de los cónyuges ha contraído. Interesante planteamiento de la mano de ANTÓN JUÁREZ, I., «La oposición del régimen económico matrimonial y la protección del tercero en Derecho Internacional Privado», *Cuadernos de Derecho Transnacional*, Vol. 9, núm. 2, 2017, p. 75.

173. Se puede verificar que los cónyuges no tienen una libertad absoluta de elección de ley para su régimen económico-matrimonial..., *vid*. CALVO BABÍO, F., *Regímenes económico-matrimoniales: derecho internacional privado y compendio de sistemas comparados*, Tirant lo Blanch, Valencia, 2021, p. 48

174. La utilización del criterio de la residencia habitual para determinar el ordenamiento aplicable a las instituciones propias del estatuto personal en general, y a las del Derecho de familia en particular, ofrece *a priori* dos ventajas. Por una parte, permite obviar las aludidas complicaciones derivadas de la conservación de la nacionalidad extranjera en el Estado de acogida o de la adquisición de la nacionalidad de éste. Y, por otra parte, esta conexión contiene un matiz de mayor igualdad en orden a la designación del ordenamiento aplicable por cuanto somete a todos los residentes habitualmente en un Estado (nacionales y extranjeros) al mismo sistema jurídico lo que implica, en definitiva, su integración. Este acertado razonamiento es llevado a cabo por RODRÍGUEZ BENOT, A., «El criterio de conexión para

nalidad[175] de cualquiera de los cónyuges o futuros cónyuges en el momento en que se celebre el acuerdo.

A tal efecto, la norma europea no cuenta con una definición uniforme de los puntos de conexión «residencia habitual» y «nacionalidad», una postura que, aunque sensata y plenamente respetuosa en el actual contexto del Derecho internacional privado de la Unión Europea podría generar una cierta imprevisibilidad en la práctica a la hora de su delimitación autónoma[176].

La finalidad de esta limitación es evitar la elección de una ley que no guarde ninguna conexión con el matrimonio[177]. Por consiguiente, posee por objeto proteger a los cónyuges y, por ende, la norma de conflicto se dispone como una

determinar la ley personal: un renovado debate en Derecho Internacional Privado», *Cuadernos de Derecho Transnacional*, Vol. 2, núm. 1, 2010, p. 193. Como aduce CARRASCOSA, la residencia habitual emerge de modo brillante como la conexión ideal para regular, a falta de elección de ley por las partes, el régimen económico matrimonial en los casos internacionales: *cfr.* CARRASCOSA GONZÁLEZ, J., «Ley aplicable al régimen económico matrimonial. Algunas cuestiones de Derecho transitorio», *Cuadernos de Derecho Transnacional*, Vol. 12, núm. 1, 2020, p. 472. Los períodos de tiempo caracterizados por la estacionalidad no deben ser tenidos en cuenta. En cambio, aunque sean criterios eminentemente objetivos, se deben valorar como factor de la voluntad de ambos, en tanto que, el lugar en el que los cónyuges deseaban vivir, la ubicación de la vivienda familiar, la eventual adquisición de la nacionalidad o el lugar de la celebración del matrimonio, pueden ser criterios en la determinación de la residencia habitual. Sustento ofrecido por CARRILLO POZO, L.F., «The Application of Regulation 2016/1103 in Spain», en CAZORLA GONZÁLEZ, Mª.J. y RUGGERI, L. (Eds.), *«Cross-border couples property regimes in action before courts Understanding the EU regulations 1103/2016 and 1104/2016 in practice»*, Dykinson, Madrid, 2022, p. 267.

175. Respecto a la inoperatividad de la nacionalidad como punto de conexión europeo, *vid.* los argumentos esgrimidos por CARRASCOSA GONZÁLEZ, J., *El Notariado y los Reglamentos europeos de Derecho internacional privado: hacia un espacio notarial europeo*, Anales de la Academia Matritense del Notariado, Tomo LVII, 2017, p. 251-252. La aplicación del criterio de la nacionalidad en el marco de supuestos de plurinacionalidad de uno o de ambos cónyuges, requiere atender a lo dispuesto en el considerando 50 del Reglamento donde el legislador europeo, como se viera, efectúa una remisión general a las soluciones previstas para los conflictos positivos de nacionalidad en la legislación interna de cada país. Acerca de esta intrincada problemática, *vid.* las interesantes reflexiones de RUEDA VALDIVIA, R., «Plurinacionalidad y régimen económico matrimonial en Derecho Internacional Privado español», en MOYA ESCUDERO, M. (Dir.), *Plurinacionalidad y Derecho Internacional Privado de la familia y sucesiones*, Tirant lo Blanch, Valencia, 2021, p. 378 y ss.

176. Sugerente enfoque planteado por PALAO MORENO, G., «La determinación de la ley aplicable en los reglamentos en materia de régimen económico matrimonial y efectos patrimoniales de las uniones registradas 2016/1103 y 2016/1104», *Revista española de derecho internacional*, Vol. 71, núm. 2019, p. 100.

177. Las partes pueden elegir la ley que mejor responda a sus intereses particulares. Por tanto, cumple una función de pragmatismo similar a la que cumple en materia contractual. Símil ofrecido por AÑOVEROS TERRADAS, B., «Autonomía de la voluntad conflictual y sus límites en los nuevos Reglamentos comunitarios en materia de regímenes económicos matrimoniales y efectos patrimoniales de las uniones registradas», en GUZMÁN ZAPATER, M. y ESPLUGUES MOTA, C. (Dirs.), HERRANZ BALLESTEROS, M. y VARGAS GÓMEZ-URRUTIA, M. (Coords.), *Persona y familia en el nuevo modelo español de derecho internacional privado*, Tirant lo Blanch, Valencia, 2017, p. 261.

norma doblemente orientada sin restringir la libertad de elección de los cónyuges, materialmente[178].

No obstante, es incuestionable que tales nexos presentan un elemento objetivo con el matrimonio[179], pero es cuestionable que se «tutorice» a los cónyuges para que obligatoriamente deban elegir una de esas leyes, coartando su libertad individual[180].

Así pues, las partes pueden cambiar la ley designada en cualquier momento a través de la suscripción de un nuevo acuerdo. Esta es la prevalencia del principio de autonomía de la voluntad sobre la necesidad de estabilidad del régimen de propiedad enmarcado en el matrimonio. No cabe duda de que, aunque no se indique expresamente por parte del legislador, las partes pueden estipular un acuerdo en el que elijan una ley aplicable o decidan no aplicar una ley concreta que era aplicable en virtud de un acuerdo anterior. En este caso, la ley aplicable al régimen patrimonial queda definida por los criterios establecidos en el artículo 26[181].

Llegados a este punto, del tenor literal de la norma no parece que se admita la elección de ley de la residencia habitual o nacionalidad futura, aunque sí se

178. MORENO SÁNCHEZ-MORALEDA, A., «Las normas de conflicto del Reglamento de la Unión Europea 2016/1103 sobre regímenes económicos matrimoniales: normas materialmente orientadas», *Revista Electrónica de Direito. RED*, Vol. 18, núm. 1, 2019, p. 12.

179. Las normas de Derecho internacional basan su coercitividad no en un mero sustrato físico, sino en un espacio determinado por las relaciones sociales configuradas a través de los valores de los sujetos particulares: *vid.* MARZAL, T., «The territorial reach of European Union law: a Private International Law enquiry into the European Union's spatial identity», *International and Comparative Law Quarterly*, Vol. 73, 2023, pp. 29-63.

180. Motivación defendida por DIAGO quien matiza argumentando que, las conexiones seleccionadas pueden entrañar problemas en su concreción en la práctica, lo que debe ser tenido en cuenta a la hora de su determinación por el operador jurídico, *cfr*. DIAGO DIAGO, Mª.P., «Artículo 22. Elección de la ley aplicable», en IGLESIAS BUHIGUES, J.L., y PALAO MORENO, G. (Dirs.), QUINZÁ REDONDO, P. (Secret.), *Régimen económico matrimonial y efectos patrimoniales de las uniones registradas en la Unión Europea. Comentarios a los Reglamentos (UE) nº 2016/1103 y 2016/1104*, Valencia, Tirant lo Blanch, 2019, p. 212.

181. En el artículo 22, párrafo 2, se establece expresamente que este tipo de acuerdos sólo tienen efecto *ex nunc*. El objetivo de estas disposiciones es garantizar la seguridad jurídica de las transacciones no sólo a los cónyuges, sino también a terceros. No obstante, como aplicación concreta del principio de autonomía de la voluntad las partes del acuerdo pueden decidir que su elección de ley tenga efecto *ex tunc*. En este caso, el legislador europeo ha querido proteger a los terceros que realizan transacciones con cónyuges por lo que se ha dispuesto que cualquier cambio retroactivo de la ley aplicable no puede afectar negativamente a los derechos de terceros derivados de dicha ley. Así queda apuntado por BAZZO, E., «Article 22. Choice of the applicable law», en RUGGERI, L. y GARETTO, R. (Eds.), *European Family Property Relations Article-by-Article Commentary on EU Regulations 1103 and 1104/2016*, Edizioni Scientifiche Italiane, Nápoles, 2021, pp. 201-202, y por ALAMANNI, A., «The modification of matrimonial agreements and property agreements between partners and cohabitants», in LANDINI, S. (Ed.), *EU Regulations 650/2012, 1103 and 1104/2016: cross-border families, international successions, mediation issues and new financial assets. Goineu plus project final volume*, Edizioni Scientifiche Italiane, Nápoles, 2020, p. 332.

tiene en cuenta que el acuerdo de elección de ley es un negocio jurídico que, a falta de normas especiales, se rige por la teoría general de las obligaciones; esto es, no debería existir inconveniente en la elección de la ley aplicable a una condición suspensiva, de tal manera que solo producirá efectos si se adquiere la residencia o nacionalidad cuyo Derecho se elige[182].

En realidad, las conexiones que utiliza el legislador europeo no coinciden con las previstas en el Reglamento (UE) 1259/2010, el Reglamento (CE) 4/2009 y el Reglamento (UE) 650/2012[183]. Ello no es de extrañar pues, a pesar de que puede afirmarse que conforman un mismo bloque normativo, cada Reglamento tiene un ámbito de aplicación material particular y las normas previstas en cada uno de ellos responde a las especialidades propias de la materia que regulan[184].

Sin embargo, reviste importancia que las normas previstas en los diferentes reglamentos estén coordinadas entre sí, aspecto que no siempre se consigue originándose varias disfunciones que ponen en peligro los objetivos perseguidos por el bloque normativo[185].

182. Postura adoptada por GONZÁLEZ BEILFUSS, C., «La autonomía de la voluntad en los reglamentos europeos sobre régimen económico matrimonial y efectos patrimoniales de las parejas registradas», en SERRANO DE NICOLÁS, A. (Coord.), *Los Reglamentos UE 2016/1103 y 2016/1104 de regímenes económicos matrimoniales y efectos patrimoniales de las uniones registrada*, Colegio Notarial de Cataluña y Marcial Pons, Madrid, 2020, p. 105.

183. En torno al Reglamento de sucesiones, *vid*. FONTANELLAS I MORELL, J.M., «Coherence between European Instruments of Private International Law on Matters Concerning Succession and Matrimonial Property Regimes», in FORNER I DELAYGUA, J.J. and SANTOS, A. (Eds.) *Coherence of scope of application: EU private international legal instruments*, Schulthess Éditions Romandes, 2020, pp. 121-156; GRUPPUSO, Mª.C., «Private International Succession Law Case Study. Agreements as to Succession, Public Policy and Protection of Forced Heirs under EU Regulation Nº 650/2012», en CAZORLA GONZÁLEZ, Mª.J. y RUGGERI, L. (Dirs.), *Cross-border couples property regimes in action before courts: Understanding the EU regulations 1103/2016 and 1104/2016 in practice*, Dykinson, 2022, pp. 199-208.

184. *Mutatis mutandis*, en materia de contratos internacionales se colige que, el Reglamento (CE) 593/2008 se aplica a las obligaciones contractuales en materia civil y mercantil en las situaciones que impliquen un conflicto de leyes con el fin de determinar el Derecho material aplicable, mientras que el Reglamento (UE) 1215/2012 tiene por objeto fijar las normas que permitan determinar el tribunal competente para resolver un litigio en materia civil y mercantil. En suma, cada norma persigue objetivos distintos, a pesar de que la litis se fundamenta bajo la misma relación jurídica. En su momento ya fue apuntado por CARRIZO AGUADO, D., «Nuevas coordenadas en las transacciones financieras internacionales: la teoría "PETRUCHOVÁ"» *Revista de Derecho del Sistema Financiero: mercados, operadores y contratos*, núm. 0, 2020, pp. 344-345.

185. AÑOVEROS TERRADAS, B., «Autonomía de la voluntad conflictual y sus límites en los nuevos Reglamentos comunitarios en materia de regímenes económicos matrimoniales y efectos patrimoniales de las uniones registradas», en GUZMÁN ZAPATER, M. y ESPLUGUES MOTA, C. (Dirs.), HERRANZ BALLESTEROS, M. y VARGAS GÓMEZ-URRUTIA, M. (Coords.), *Persona y familia en el nuevo modelo español de derecho internacional privado*, Tirant lo Blanch, Valencia, 2017, p. 259.

B. Solemnidades garantistas de la legalidad del pacto

La autonomía de la voluntad conflictual propia del Derecho internacional privado queda sujeta a determinadas reglas de validez material y formal[186].

De esta manera, aunque los cónyuges o futuros contrayentes pudieran haber pactado una ley aplicable a su régimen económico matrimonial, si el acuerdo de elección de ley no respeta los requisitos dispuestos por el Reglamento (UE) 2016/1103 carecerá de validez y no habrá, por tanto, tal designación de Derecho aplicable[187].

A propósito de la validez formal, el artículo 23 exige, como mínimo que se exprese por escrito, fechado[188] y firmado por ambas partes[189]. Sin embargo, si en el momento de celebrarse el acuerdo, la ley del Estado miembro en el que ambos contrayentes tienen su residencia habitual estableciese requisitos formales adicionales, éstos deberán cumplirse[190].

Además, si en la fecha de celebración del acuerdo, los cónyuges tienen su residencia habitual en Estados miembros diferentes que establecen requisitos formales distintos, bastará con que se respeten los requisitos formales de uno de esos Estados.

186. En la práctica, estas normas significan que un acuerdo celebrado mediante documento privado de conformidad con la ley del lugar de celebración será nulo en cuanto a la forma si la ley del Estado miembro de la residencia habitual común o de la residencia habitual de uno de los cónyuges exige un acta notarial, o incluso la presencia de dos notarios. Este rigor ha sido reclamado por los notarios italianos, que desconfían de un contrato matrimonial redactado bajo firma privada en el extranjero y de cuya sinceridad dudan. Fundamentación de LAGARDE, P., «Reglements 2016/1103 et 1104 du 24 juin 2016 sur les regimes matrimoniaux et sur le regime patrimonial des partenariats enregistre», *Rivista di diritto internazionale privato e processuale*, Vol. 52, núm. 3, 2016, pp. 682.

187. Si así fuera, el órgano jurisdiccional competente deberá acudir al artículo 26 para determinar la ley aplicable en defecto de elección, *vid.* RODRÍGUEZ RODRIGO, J., *Relaciones económicas de los matrimonios y las uniones registradas en España, antes y después de los reglamentos (UE) 2016/1103 y 2016/1104*, Valencia, Tirant lo Blanch, 2019, p. 172.

188. La doctrina extranjera entiende que la fecha de entrada en vigor no constituye un elemento formal. Así queda dispuesto por WAUTELET, P., «Article 23», BONOMI, A. and WAUTELET, P., *Le droit européen des relations patrimoniales de couple. Commentaire des Règlements (UE) 2016/1103 et 2016/1104*, Bruylant, Bruselas, 2021, p. 685.

189. Los requisitos de validez junto con la publicidad registral conllevan que, no bastará a los terceros saber cuál es la ley aplicable sino conocer los regímenes de bienes de manera concreta e incluso su alteración constante el matrimonio. Así lo deja reseñado MOTA, H., «La protección de terceros en el Reglamento (UE) 2016/1103», *Anuario Español de Derecho Internacional Privado*, núm. 18, 2018, p. 90.

190. Asombrosamente, no se contempla en la norma la situación en la que los cónyuges modifican la ley elegida y, por consiguiente, se debe proceder a valorar las imposiciones formales de la nueva ley. Si bien, la doctrina entiende que tal cuestión queda subsumida por el artículo 22 que sí lo recoge: *cfr.* HIJAS CID, E., «La professio iuris en las sucesiones y matrimonios con elementos transfronterizos», *El Notario del siglo XXI*, núm. 69, 2016, versión online.

Aún más, si en la fecha de celebración del acuerdo, sólo uno de los cónyuges tiene su residencia habitual en un Estado miembro que establece requisitos formales adicionales, éstos deben respetarse.

En estas condiciones, la ley elegida será el escenario jurídico de referencia global, incluyendo sus disposiciones imperativas[191]. Ahora bien, la ley pactada debe conjugarse con la ley donde se localizan todos los elementos de la relación jurídica que, de este modo, tendrá un arduo caldo de cultivo jurídico integrado, por un lado, por las disposiciones imperativas de esa ley, más las disposiciones de la ley elegida[192].

C. Beneficios inherentes al pacto

Cabe esperar que, la autonomía de la voluntad es expresión del principio de proximidad, entendida como instrumento para que la persona pueda elegir el Derecho con el que su vida presente una mayor vinculación. Los interesados son los que se encuentran en una posición óptima para elegir la ley más próxima que, además, será la más previsible y en general será así[193]. Incluso, dicha autonomía de la voluntad conflictual es una solución que aligera los costes del litigio y potencia la resolución veloz de la controversia jurídica[194].

D. Efectos erga omnes

En este entorno de plenitud volitiva, los principios de aplicación universal[195] y de unidad de ley presiden el Reglamento, de manera que la ley convenida será

191. Se ha de tener en cuenta que, la intervención del orden público deberá estar presente para los acuerdos que limiten o vulneren el derecho de igualdad o la dignidad de cualquiera de los cónyuges, no con la finalidad de garantizar la distribución equitativa de patrimonios, sino de evitar el sometimiento de la voluntad de un cónyuge frente a otro o colocarse en una situación de vulnerabilidad. Así lo manifiesta JIMÉNEZ BLANCO, P., «Acuerdos en previsión de ruptura en el Reglamento (UE) 2016/1103 sobre regímenes económicos matrimoniales», *La Ley Derecho de familia*, núm. 26, 2020, versión on line.
192. Reflexión ofrecida por BLANCO-MORALES LIMONES, P., «La autonomía de la voluntad en las relaciones plurilocalizadas. Autonomía de la voluntad. Elección de ley aplicable: consentimiento y forma de los actos», en PRATS ALBENTOSA, L. (Coord.) *Autonomía de la voluntad en el derecho privado: Estudios en conmemoración del 150 aniversario de la Ley del Notariado*, Wolters Kluwer, Madrid, 2012, p. 53.
193. Así queda manifestado por DIAGO DIAGO, Mª.P., «El matrimonio y su crisis ante los nuevos retos de la autonomía de la voluntad conflictual», *Revista española de derecho internacional*, Vol. 66, núm. 2, 2014, p. 57.
194. Como ejemplifica CALVO, las partes «cortan el conflicto de Leyes» antes de que surja el litigio. Es una solución que elimina los litigios sobre la Ley aplicable a los litigios: *cfr.* CALVO CARAVACA, A.L., «La autonomía de la voluntad como principio informador del derecho internacional privado en la sociedad global», en PRATS ALBENTOSA, L. (Coord.) *Autonomía de la voluntad en el derecho privado: Estudios en conmemoración del 150 aniversario de la Ley del Notariado*, Wolters Kluwer, Madrid, 2012, p. 301.
195. En el ámbito europeo, en términos de los efectos patrimoniales del matrimonio, al menos en lo que respecta a los Estados miembros participantes, desde la entrada en vigor del

aplicable, aunque no sea la de un Estado miembro y, en aras a la seguridad jurídica, la ley del ordenamiento aplicable regula el régimen económico matrimonial en su totalidad, «con independencia de la naturaleza o la ubicación de sus bienes»[196]. Dicho de otro modo, el Reglamento ha optado, en materia de elección de la ley aplicable, por la regla de la unidad, de modo que la ley elegida se aplicará al conjunto del patrimonio matrimonial, con independencia de su localización. Debemos apuntar que, la ley interna española implementada por el artículo 9.2 Código Civil[197] se aplicará en todo caso a los efectos personales entre cónyuges[198] toda vez que el artículo 27 del Reglamento (UE) 2016/1103 se ciñe a cuestiones patrimoniales.

Reglamento se aprecia un cambio significativo en las numerosas relaciones matrimoniales con repercusiones intra y extraeuropeas, dada la aplicación universal de la ley designada por el Reglamento tal y como valora MOTA, H., «A lei aplicável aos efeitos patrimoniais do casamento nas relações internacionais: Análise das soluções previstas no. Regulamento (UE) 2016/1103 do Conselho de 24 de junho de 2016», en LASARTE ÁLVAREZ, C. y CERVILLA GARZÓN. M.D. (Dirs.), *Ordenación económica del matrimonio y de la crisis de pareja*, Tirant lo Blanch, Valencia, 2018, p. 272.

196. Conviene tener presente que, el Reglamento es vinculante únicamente para los Estados participantes y que por motivos de seguridad jurídica y para evitar la fragmentación del régimen económico matrimonial, la ley aplicable debe regular el régimen económico matrimonial en su conjunto, es decir, la totalidad del patrimonio de ese régimen, con independencia de la naturaleza de los bienes y de si los bienes están situados en otro Estado miembro o en un tercer Estado. Rica apreciación realizada por PÉREZ VALLEJO, A.Mª, «Regímenes económicos matrimoniales con repercusiones transfronterizas: Reglamento (UE) 2016/1103», en CAZORLA GONZÁLEZ, M.J., GIOBBI, M., KRAMBERGER ŠKERL, J., RUGGERI, L., y WINKLER, S. (Coords.), *Las relaciones de propiedad de las parejas transfronterizas en la Unión Europea*, Edizioni Scientifiche Italiane, Nápoles, 2020, p. 22.

197. El artículo 9.2 CC arranca de un principio de unidad del régimen legal y, en consecuencia, determina la ley aplicable a los efectos del matrimonio tanto personales como patrimoniales. Los efectos personales son todas aquellas obligaciones de naturaleza no económica que se deben los cónyuges entre sí, ex. gr. respeto mutuo o fidelidad o efectos sobre el régimen del nombre de los cónyuges, efectos sobre los hijos, efectos sobre la capacidad de los cónyuges para adoptar. En cambio, los efectos patrimoniales son el conjunto de reglas que rigen las relaciones patrimoniales de los cónyuges, esto es, básicamente el llamado régimen primario, donde se incluyen las llamadas normas que garantizan la solidaridad intra-familiar, y el régimen económico matrimonial propiamente dicho. Las donaciones ordinarias entre cónyuges se someten la ley que rige el contrato de conformidad con el Reglamento Roma (CE) 593/2008; En cambio, se suelen excluir del ámbito de este Reglamento las donaciones propter nuptias. Perfectamente justificado por GARCIMARTÍN ALFÉREZ, F.J., «Artículo 9.2», en BERCOVITZ RODRÍGUEZ-CANO, R. (Dir.), *Comentarios al Código Civil. Tomo I (Arts. 1 a 151)*, Tirant lo Blanch, Valencia, 2013, pp. 188-189; ÁLVAREZ GONZÁLEZ, S., «Artículo 9.2» en CAÑIZARES LASO, A. (Dir.), *Comentarios al Código Civil. TOMO I (Arts. 1 a 267)*, Tirant lo Blanch, Valencia, 2023, p. 447.

198. A modo aclaratorio, la ley personal —primer punto de conexión— es el nexo que une a una persona con un país y su ordenamiento. A juicio de BLANCO-MORALES, la nacionalidad es respetuosa con la multiculturalidad, aunque la conexión al domicilio o residencia presenta una virtualidad respecto de la nacionalidad, pues permite el trato igualitario entre personas que residen en idéntico lugar: BLANCO-MORALES LIMONES, P., «La autonomía de la voluntad en las relaciones plurilocalizadas. Autonomía de la voluntad. Elección de ley aplicable: consentimiento y forma de los actos», en PRATS ALBENTOSA, L. (Coord.) *Autonomía de la voluntad en el derecho privado: Estudios en conmemoración del 150 aniversario de la Ley del Notariado*, Wolters Kluwer, Madrid, 2012, pp. 18-19.

4.4. LEY EN DEFECTO DE ELECCIÓN EXPRESA

Tomando como referencia el artículo 26, la técnica legislativa empleada por el legislador comunitario se apoya en específicos puntos de conexión en cascada[199], en virtud de los cuales la ley aplicable al régimen económico matrimonial se basará en un triple criterio: la residencia habitual, la nacionalidad, y el criterio de proximidad, concibiéndose este último como el vínculo más razonable que permita la perdurabilidad y seguridad jurídica de la unión matrimonial y posibles terceros[200].

El establecimiento del Derecho aplicable a través de la conexión de la residencia habitual común se erige como la preferida en materia matrimonial[201], tal y como ha venido entendiendo el legislador en otros textos, a saber, el Reglamento (UE) 1259/2010[202]. En su defecto, se acude al criterio de la nacionalidad[203] común del matrimonio, que sin duda supone un arraigo importante y que, igualmente posee un antecedente normativo en materia de sucesiones a través

199. El considerando 49 hace referencia a una escala de puntos de conexión aplicables a la totalidad del patrimonio de los cónyuges con el objetivo de armonizar la ley aplicable.

200. Para las parejas que no tenían una residencia habitual común o una nacionalidad común en el momento del matrimonio, el vínculo más estrecho en el momento del matrimonio es decisivo según el artículo 26, apartado 1, letra c). Por lo tanto, el vínculo más estrecho no está concebido como una cláusula de escape, sino como una norma general. Es decir, siempre debe establecerse una visión de conjunto, en la que, por ejemplo, el vínculo común con un Estado al que pertenezca un cónyuge o una larga estancia conjunta poco antes del matrimonio pueden ser elementos decisivos. Reflexión hecha por HEIDERHOFF, B., «Die EU-Güterrechtsverordnungen», *IPRax: Praxis des Internationalen Privat— und Verfahrensrechts*, Vol. 38, núm. 1, 2018, p. 6.

201. El criterio de la residencia habitual aparece como un parámetro que expresa la flexibilidad necesaria para determinar el lugar de integración efectiva de la pareja. Se trata de un criterio de conexión transversal cuya principal debilidad radica en la dificultad de determinar la residencia habitual, en particular cuando los cónyuges se desplazan con frecuencia o viven entre países. Sabia valoración de COSCARELLI, S., «Article 26. Applicable law in the absence of choice by the parties», en RUGGERI, L. y GARETTO, R., (Ed.), *European Family Property Relations. Article-by-Article Commentary on EU Regulations 1103 and 1104/2016*, Edizioni Scientifiche Italiane, Nápoles, 2021, pp. 236-237; ESPIÑEIRA SOTO, I., «Regímenes económicos matrimoniales y efectos patrimoniales de las uniones registradas con repercusiones transfronterizas», *El Notario del siglo XXI*, núm. 111, septiembre-octubre 2023, versión online.

202. Reglamento (UE) n.º 1259/2010 del Consejo, de 20 de diciembre de 2010, por el que se establece una cooperación reforzada en el ámbito de la ley aplicable al divorcio y a la separación judicial (DOUE núm. 343, de 29 de diciembre de 2010).

203. La nacionalidad como criterio de conexión en las cuestiones de estatuto personal ofrece como ventaja que el individuo se mantenga vinculado con su propia cultura. Como contrapartida, se multiplican los llamados problemas de aplicación de la norma de conflicto, alcanzando especial complejidad para los interesados, como es la alegación y prueba del derecho extranjero, y su complejidad a la autoridad extranjera en cuestión para su calificación. Motivación por cuenta de GUZMÁN ZAPATER, M., «La ley nacional e intervención notarial en sucesiones», en PRATS ALBENTOSA, L. (Coord.) *Autonomía de la voluntad en el derecho privado: Estudios en conmemoración del 150 aniversario de la Ley del Notariado*, Wolters Kluwer, Madrid, 2012, p. 317.

del Reglamento (UE) 650/2012. Respecto de esta conexión, el párrafo segundo encara la posibilidad de que alguno de los contrayentes posea más de una nacionalidad, estableciéndose una solución meridiana. Particularmente, elimina la conexión de la nacionalidad a favor de, o bien, la primera residencia habitual común o bien, la conexión más vinculada en el momento de la celebración[204].

No obstante, desde la perspectiva del aplicador del Reglamento, el último punto de conflicto no podrá alcanzar una solución satisfactoria e incrementa la dificultad de acreditar en cada caso la ley aplicable, pudiendo ser la del lugar de la adquisición de un bien, la del lugar de contracción de una determinada obligación, o bien en la relación con terceros, la que pudiere suponer vinculación del patrimonio con el matrimonio[205]. Asimismo, es incierto y restrictivo porque está sujeto a condiciones vagas a imprecisas[206]. Francamente, esta cláusula de excepción tiene como fin último evitar la excesiva rigidez planteada por la primera de las conexiones objetivas —residencia habitual común tras la celebración—.

Ahora bien, puede acarrear varios interrogantes interpretativos tales como, la posible inconsistencia entre los sujetos que pueden solicitar el juego de esta excepción —cualquiera de los cónyuges— o la cuestión de que el tribunal podrá «decidir que la ley de un Estado distinto sea aplicable» por cuanto dicha afirmación merece ser interpretada restrictivamente ya que el órgano jurisdiccional sólo podrá excepcionar la aplicación de la ley de la primera residencia habitual, a tenor del apartado a), en favor de la ley última residencia habitual y no en favor de la ley de cualquier otro Estado[207]. En verdad, el *nexus* nacionalidad se desplaza en favor de la residencia habitual y, en su defecto, a menos que los cónyuges tengan una nacionalidad común, el lugar de mayor vinculación, es decir,

---

204. Parece superfluo conectar la no aplicación del criterio subordinado (nacionalidad) con la aplicación del criterio supra-ordenado (residencia habitual), puesto que ya es consecuencia de la norma general a la que se hace referencia en el párrafo primero del mismo artículo. Justificación de VISMARA, F., «Legge applicabile in mancanza di scelta e clausula di eccezione nel Regolamento (UE) n. 2016/1103 in materia di regimi patrimoniali tra i coniugi», *Rivista di diritto internazionale privato e processuale*, Vol. 53, núm. 2, 2017, p. 370.

205. Argumento ofrecido por FERNÁNDEZ-TRESGUERRES GARCÍA, A., *Los Reglamentos (UE) 2016/1103 y 2016/1104 sobre el patrimonio de las parejas internacionales y su aplicación en España*, Tirant lo Blanch, Valencia, 2023, p. 85.

206. El efecto de la cláusula de excepción es criticable porque su alcance, potencialmente, retroactivo puede ser paralizado por la simple oposición de uno de los cónyuges, lo que conduce a un cambio ex nunc de la ley aplicable contrario al principio de unidad y de difícil implantación práctica. Interesante idea apuntada por BONOMI, A., «Article 26», en BONOMI, A. and WAUTELET, P., *Le droit européen des relations patrimoniales de couple. Commentaire des Règlements (UE) 2016/1103 et 2016/1104*, Bruylant, Bruselas, 2021, p. 814.

207. Magnífica interpretación de QUINZÁ REDONDO, P., «La "cláusula de excepción" del art. 26.3 del Reglamento 2016/1103 sobre régimen económico matrimonial», en GUZMÁN ZAPATER, M. y ESPLUGUES MOTA, C. (Dirs.), HERRANZ BALLESTEROS, M. y VARGAS GÓMEZ-URRUTIA, M. (Coords.), *Persona y familia en el nuevo modelo español de derecho internacional privado*, Tirant lo Blanch, Valencia, 2017, pp. 309-311.

donde han vivido más tiempo[208]. Al efecto, la nacionalidad como punto de conflicto, verdaderamente, permite que la ley aplicable no cambie con facilidad y que, por tanto, la ley reguladora del régimen económico matrimonial a través de esta conexión sea estable en el tiempo. Además, favorece a los países de emigración, ya que la ley nacional se seguirá aplicando más allá de las fronteras nacionales a los ciudadanos que han emigrado. En cambio, el vínculo conflictual de la residencia habitual se presenta más adecuado que la nacionalidad para los países receptores de inmigrantes[209]. *A sensu contrario*, el poder legislativo europeo no ha lugar a la problemática de la apatridia. En este sentido, el artículo 62.1 Reglamento (UE) 2016/1103 permite la aplicación de Convenio —bilateral o multilateral— que sean parte los Estados miembro. Así, la Convención sobre el Estatuto de los Apátridas, adoptada en Nueva York, Estados Unidos, el 28 de septiembre de 1954[210] tiene plena eficacia a través de lo regulado por su artículo 12, a saber, el estatuto personal de todo apátrida se regirá por la ley del país de su domicilio o, a falta de domicilio, por la ley del país de su residencia. De igual manera, los refugiados a través de la Convención sobre el Estatuto de los Refugiados, adoptada en Ginebra, Suiza, el 28 de julio de 1951[211], en su artículo 12 estable idénticas conexiones que las señaladas para los apátridas; si bien, conviene matizar que este texto internacional no priva al refugiado de su nacionalidad[212].

En cualquier caso, se ha de poner de relieve que, no hay un criterio pacífico en lo que respecta al lapso temporal en el que se deben fijar las conexiones ya señaladas. Un sector entiende que podrán estar fijadas, bien tras la celebración del matrimonio (residencia habitual común), bien en el momento de la celebración del matrimonio (nacionalidad común o vínculos más estrechos) con el fin de evitar la producción del conflicto móvil y toda la inseguridad que ello

208. PAÑOS PÉREZ, A., y CAZORLA GONZÁLEZ, Mª.J., «Regímenes económicos matrimoniales a falta de elección de los cónyuges en virtud del Reglamento (UE) 2016/1103», en CAZORLA GONZÁLEZ, M.J., GIOBBI, M., KRAMBERGER ŠKERL, J., RUGGERI, L., y WINKLER, S. (Coords.), *Las relaciones de propiedad de las parejas transfronterizas en la Unión Europea*, Edizioni Scientifiche Italiane, Nápoles, 2020, p. 33.

209. Sensata fundamentación de RODRÍGUEZ RODRIGO, J., «Ley aplicable al régimen económico matrimonial, a propósito del comentario de la sentencia de la Audiencia Provincial de Madrid, de 30 septiembre 2019», *Cuadernos de Derecho Transnacional*, Vol. 12, núm. 2, 2020, p. 1140.

210. Respecto del Reino de España, Instrumento de adhesión de España a la Convención sobre el Estatuto de los Apátridas, hecha en Nueva York el 28 de septiembre de 1954, BOE núm. 159, de 4 de julio de 1997.

211. Por lo que se refiere al Reino de España, Instrumento de Adhesión de España a la Convención sobre el Estatuto de los Refugiados, hecha en Ginebra el 28 de julio de 1951, y al Protocolo sobre el Estatuto de los Refugiados, hecho en Nueva York el 31 de enero de 1967, BOE núm. 252, de 21 de octubre de 1978.

212. Apreciación de WAUTELET, P., «Article 22», en BONOMI, A. and WAUTELET, P., *Le droit européen des relations patrimoniales de couple. Commentaire des Règlements (UE) 2016/1103 et 2016/1104*, Bruylant, Bruselas, 2021, p. 605.

genera[213]. Sin embargo, otro segmento doctrinal sostiene que, con base a impedir que el régimen económico matrimonial carezca, en algún momento, de una regulación legal aplicable, tales vinculaciones espaciales deben valorarse en el momento de celebración del matrimonio o inmediatamente después del matrimonio[214]. Habida cuenta, estas normas no serán conexión efectiva sobre la forma del matrimonio, so pena que no están unificadas y por ende son de aplicación las normas de conflicto de leyes nacionales[215].

5. LAS CAPITULACIONES MATRIMONIALES. INSTITUCIÓN IDÓNEA EN LAS RELACIONES JURÍDICAS EMPRESARIALES

5.1. PARÁMETRO INICIAL

El único precepto dedicado a las capitulaciones matrimoniales es el artículo 25, dado que como se ha avanzado *infra*, el Reglamento guarda silencio en lo que respecta a los acuerdos prematrimoniales y huelga decir que también respecto de la capacidad de los conyugues en su válido otorgamiento[216].

Así las cosas, la norma europea recoge con esta figura la realidad de la admisión, en la mayor parte de los Estados miembro, de dotar de virtualidad plena la voluntad de los interesados en la ordenación de su régimen presente o futuro, aun cuando se produzcan variaciones entre ellos[217] en un contexto de evolución general de las mentalidades de reconocer una mayor autonomía y responsabi-

213. Excelsa fundamentación efectuada por DIAGO DIAGO, Mª.P, «Artículo 26. Ley aplicable en defecto de elección por las partes», en IGLESIAS BUIGUES, J.L., PALAO MORENO, G., (Dirs.), QUINZÁ REDONDO, P. (Secret.), *Régimen económico matrimonial y efectos patrimoniales de las uniones registradas en la Unión Europea. Comentarios a los Reglamentos (UE) nº 2016/1103 y 2016/1104*, Tirant lo Blanch, Valencia, 2019, p. 251.

214. Detener las conexiones en el momento de celebración del matrimonio o inmediatamente después del mismo es una solución clásica que ha sido importada por el legislador europeo del Derecho internacional privado de contratos: *Cfr*. CALVO CARAVACA, A-L. y CARRASCOSA GONZÁLEZ, J., «Ley aplicable a los regímenes económicos matrimoniales y Reglamento 2016/1103 de 24 junio 2016. Estudio técnico y valorativo de los puntos de conexión», *Cuadernos de Derecho Transnacional*, Vol. 15, núm. 2, p. 79.

215. En todo caso, la celebración del matrimonio, como tal, está sujeta al Derecho sustantivo nacional. *Vid*. MARTINY, D., «Article 26. Applicable law in the absence of choice by the parties», en VIARENGO, I. y FRANZINA, P. (Eds.), *The UE regulations on the property regimes of international couples. A commentary*, Edward Elgar, Reino Unido, 2020, pp. 249-250.

216. RODRÍGUEZ RODRIGO, J., *Relaciones económicas de los matrimonios y las uniones registradas en España, antes y después de los reglamentos (UE) 2016/1103 y 2016/1104*, Valencia, Tirant lo Blanch, 2019, p. 175.

217. Con un objetivo claramente tuitivo, así como con el fin de que las partes puedan adoptar una decisión informada y plenamente consciente de las consecuencias que se derivan del juego de la autonomía de la voluntad, el Reglamento requiere que la *electio iuris* cumpla con las exigencias formales previstas en determinados ordenamientos estatales que se ven conectados con la relación: *Cfr*. VINAIXA MIQUEL, M., «La autonomía de la voluntad en los

lidad a las personas en el Derecho de familia[218]. Pese a todo, no debe caer en el olvido que, la ley elegida ha de ser la ley material, puesto que el artículo 32 excluye el reenvío[219].

5.2. CONCEPTUALIZACIÓN Y ASPECTOS FORMALES

A. Desafíos en la categorización

En particular, a tenor del artículo 3.1 b) y del considerando 48 del Reglamento (UE) 2016/1103, las capitulaciones matrimoniales son un tipo de disposición sobre el patrimonio matrimonial cuya admisibilidad y aceptación varía entre los Estados miembros[220].

Doctrinalmente se han acuñado como contratos celebrados entre los cónyuges, antes o después del matrimonio en cuya virtud aquellos establecen,

recientes reglamentos UE en materia de regímenes económicos matrimoniales (2016/1103) y efectos patrimoniales de las uniones registradas (2016/1104)», *El orden público interno, europeo e internacional civil. Acto en homenaje a la Dra. Núria Bouza Vidal, catedràtica de Derecho internacional privado, Indret*, núm. 2, 2017, p. 290; PALAO MORENO, G., «La determinación de la ley aplicable en los reglamentos en materia de régimen económico matrimonial y efectos patrimoniales de las uniones registradas 2016/1103 y 2016/1104», *Revista española de derecho internacional*, Vol. 71, núm. 1, 2019, p. 102; VIARENGO, I., «The Coordination of Jurisdiction and Applicable Law in Proceedings Related to Economic Aspects of Family Law», *Rivista di diritto internazionale privato e processuale*, núm. 2, 2022, pp. 257-282.

218. Afirmación dotada de raciocinio de RODRÍGUEZ BENOT, A., «Los efectos patrimoniales de los matrimonios y de las uniones registradas en la Unión Europea», *Cuadernos de Derecho Transnacional*, Vol. 11, núm. 1, 2019, p. 27. A decir verdad, la autonomía de la voluntad de las partes se limita a un conjunto de leyes que guardan una relación suficiente con uno o ambos cónyuges y que reflejan sus lazos de integración o de identidad; la proximidad tradicionalmente seguida por las normas de Derecho internacional privado no se abandona por completo en detrimento de los intereses puramente privados: *Cfr.* ALINA OPREA, E., «Party autonomy and the law applicable to the matrimonial property regimes in Europe», *Cuadernos de Derecho Transnacional*, Vol. 10, núm. 2, 2018, p. 596.

219. De esta manera queda advertido por HIJAS CID, E., «La professio iuris en las sucesiones y matrimonios con elementos transfronterizos», *El Notario del siglo XXI*, núm. 69, 2016, versión online.

220. La voluntad de los cónyuges puede manifestarse en distintos ámbitos del régimen económico del matrimonio. Así, puede serlo para elegir entre los distintos regímenes legales secundarios previstos en un sistema, o para diseñar un régimen ad hoc en aquello no prohibido por las normas imperativas o no dispositivas del régimen legal primario; o, incluso en el plano internacional, para determinar la competencia de autoridades y/o el ordenamiento aplicable a los efectos patrimoniales del matrimonio: *Cfr.* RODRÍGUEZ BENOT, A., «El proceso de elaboración normativa en la Unión Europea: A propósito de los reglamentos sobre régimen económico matrimonial y de las uniones registradas», en CUARTERO RUBIO, Mª.V. y VELASCO RETAMOSA, J.M. (Dirs.), *La vida familiar internacional en una Europa compleja. Cuestiones abiertas y problemas de la práctica*, Valencia, Tirant lo Blanch, 2021, pp. 171-172.

modifican o substituyen el régimen económico de sus bienes[221]. Resultan ser, por tanto, acuerdos que regulan el régimen jurídico de la economía matrimonial. O, dicho de otro modo, reglas que rigen la propiedad y administración de los bienes de los cónyuges, las aportaciones que los cónyuges o terceras personas deben hacer, en su caso, a la sociedad conyugal o al uso y disfrute común por parte de los miembros de la familia, y disposiciones similares[222]. Ciertamente, son un valioso instrumento para consolidar la economía familiar a través de la conservación de la empresa y el proyecto de continuidad más allá del paso de las generaciones. Por ende, resulta muy aconsejable recurrir a los capítulos matrimoniales para diseñar un modelo que se adecuase de forma específica a su la situación particular, dado que ningún régimen puede conciliar plenamente las necesidades de los esposos con los de la empresa familiar[223].

Desde estas aproximaciones semiológicas debe subrayarse que, aunque no exista semejanza total entre el ya referido acuerdo prematrimonial y las capitulaciones, lo esencial descansa en la premisa de que, siempre y cuando exista una equivalencia suficiente entre la figura jurídica desconocida extranjera y la figura jurídica conocida por el Derecho español es genuinamente suficiente, aspecto que, sin duda, perdura entre los pactos y las capitulaciones matrimoniales.

Con carácter general, está previsto que se formalicen debidamente ante notario y se registren con el objeto de surtir efecto frente a terceros[224]. Así, los

221. Lo determinante para su determinación no es la ubicación de los acuerdos, sino su contenido y función que estos cumple. *Vid.* JIMÉNEZ BLANCO, P., «Ley aplicable a los regímenes económicos matrimoniales en el Reglamento (UE) 2016/1103», en ÁLVAREZ RUBIO, J.J, DE CASTRO RUANO, J.L, y SOROETA LICERAS, J. (Dirs.), *Cursos de Derecho internacional y Relaciones internacionales de Vitoria-Gasteiz = Vitoria-Gasteizko nazioarteko zuzenbide eta nazioarteko herremanen ikastaroak*, num. 1, 2018, p. 138.

222. De este modo, se puede afirmar que el régimen jurídico de estos pactos o capitulaciones matrimoniales en el Derecho internacional privado español se recoge en dos preceptos legales: los párrafos 2 y 3 del artículo 9 CC. Además, tales acuerdos pueden regular el entero régimen económico del matrimonio o sólo un aspecto o parcela del mismo, tal y como señalan CALVO CARAVACA, A.L. y CARRASCOSA GONZÁLEZ, J., «Los artículos 9.2 y 9.3 del Código Civil y el régimen económico matrimonial en Derecho internacional privado español. Valores, métodos y técnicas», *Cuadernos de Derecho Transnacional*, Vol. 12, núm. 2, 2020, p. 208 y ss.

223. De manera rotunda es manifestado por REYES LÓPEZ, Mª.J., «La influencia del régimen económico del matrimonio en la empresa familiar», en PLAZA PENADÉS, J., GUILLÉN CATALÁN, R., JOSÉ VEGA CARDONA, R., y ACEA VALDÉS, Y. (Dirs.), *Cuestiones jurídicas de la empresa familiar en España y en Cuba*, Aranzadi Thomson Reuters, Navarra, 2016, versión online.

224. Al pacto deberá dotársele de cierta publicidad, para lo que servirá la inscripción en los registros públicos, aconsejándose la adopción de soluciones que obliguen a publicar en todo caso el régimen patrimonial, sea éste el convencional o el legal sustitutorio por defecto de pacto, y la conexión entre los diferentes registros nacionales. Apreciación de CARRIÓN GARCÍA DE PARADA, P., «Nuevos reglamentos europeos sobre regímenes matrimoniales y sobre efectos patrimoniales de las uniones registradas», *El Notario del Siglo XXI: revista del Colegio Notarial de Madrid*, núm. 78, 2018, versión online.

contratos matrimoniales celebrados con el refrendo del correspondiente fedatario público[225] sólo serán aplicables si el matrimonio se celebra más tarde, y los celebrados después del matrimonio son efectivos desde el momento de su formalización ante la autoridad pública competente[226].

B. Requisitos configurativos en su despliegue práctico

A efectos formales, las capitulaciones matrimoniales deben expresarse por escrito[227], fechadas y firmadas por ambas partes[228]. También deben cumplir los requisitos adicionales previstos en la ley aplicable al régimen económico matrimonial que determine la propia norma reglamentaria y en la ley del Estado miembro en el que los cónyuges tengan su residencia habitual[229]. No obstante, se entenderá acreditado de forma auténtica cuando el régimen convencional conste en la certificación de la inscripción del matrimonio en el Registro Civil. Ahora bien, en consideración del ojo clínico del operador práctico es dudoso la admisibilidad de

225. El documento público es expresión no solo de autenticidad formal, sino un compendio de autoridad material, pues es la que justifica la eficacia del documento frente a quienes, por desconocimiento o por conveniencia, pretenden atribuir similares efectos a documentos o herramientas que carecen de esa autenticidad material. Afirmación de GRANADOS DE ASENSIO, D.Mª., *Notariado, seguridad jurídica y sociedad*, Academia Vasca de Derecho, Dykinson, Madrid y Bilbao, 2022, p. 14.

226. PÉREZ VALLEJO, A.Mª, «Regímenes económicos matrimoniales con repercusiones transfronterizas: Reglamento (UE) 2016/1103», en CAZORLA GONZÁLEZ, M.J., GIOBBI, M., KRAMBERGER ŠKERL, J., RUGGERI, L., y WINKLER, S., *Las relaciones de propiedad de las parejas transfronterizas en la Unión Europea*, Edizioni Scientifiche Italiane, Nápoles, 2020, p. 20.

227. Que la capitulación esté soportada por un documento escrito conlleva una verdadera fuerza probatoria y de que ambos cónyuges hayan leído y aceptado su contenido. No obstante, la representación de alguna de las partes es factible a través de un mandato. De esta manera queda resaltado por WAUTELET, P., «Article 25», en BONOMI, A. and WAUTELET, P., *Le droit européen des relations patrimoniales de couple. Commentaire des Règlements (UE) 2016/1103 et 2016/1104*, Bruylant, Bruselas, 2021, pp. 738-739.

228. No debe caer en olvido que, cualquier comunicación por medios electrónicos que proporcione un registro duradero del acuerdo se considerará equivalente a un escrito: *vid.* GRIECO, C., «The role of party autonomy under the regulations on matrimonial property regimes and property consequences of registered partnerships. Some remarks on the coordination between the legal regime established by the new regulations and other relevant instruments of European Private International Law», *Cuadernos de Derecho Transnacional*, Vol. 10, núm. 2, 2018, p. 474.

229. Si los cónyuges tienen su residencia habitual en diferentes Estados miembro en el momento de la celebración del convenio y los requisitos formales para la validez del convenio son diferentes, este sólo será válido si cumple los requisitos de dichas legislaciones. Criterio apuntado por ROSSI, M.G., «Article 25. Formal validity of a matrimonial property agreement/partnership property agreement», en RUGGERI, L. and GARETTO, R. (Eds.), *European Family Property Relations Article-by-Article Commentary on EU Regulations 1103 and 1104/2016*, Edizioni Scientifiche Italiane, Nápoles, 2021, p. 219; ROSSI, M.G., «Article 25. Formal validity of a matrimonial property. agreement/partnership property agreement», en RUGGERI, L. y GARETTO, R. (Eds.), *European Family Property Relations Article by Article Commentary on EU Regulations 1103 and 1104/2016*, Edizioni Scientifiche Italiane, Nápoles, 2021, pp. 224-226.

los pactos capitulares formalizados en documento privado, aunque sean formalmente válidos de acuerdo con la legislación aplicable al matrimonio[230].

Huelga decir que, las reglas relativas a la forma son complejas debido a que combinan, de una parte, la aplicación de los requisitos formales establecidos directamente por el Reglamento con los que en su caso pudiere establecer la ley rectora del fondo y los que pudiera prescribir la ley del Estado miembro participante en el que los cónyuges tuvieran su residencia habitual en el momento del otorgamiento[231]. Sea como fuere, la exigencia de una formalidad reforzada queda circunscrita a los supuestos en los que aquella venga impuesta para los pactos capitulares por la ley de un Estado miembro en el que uno o ambos intervinientes tenga su residencia habitual en la fecha de celebración del acuerdo[232].

C. Exigencias de fondo

El legislador ha previsto ciertas garantías contempladas en los artículos 23 y 25[233] referentes a las formalidades de dichos acuerdos, cuya función esencial

230. No nos hallamos ante un problema de validez, sino de principio de titulación pública que rige la legislación notarial y registral española. Por ello, tratándose de pactos capitulares formalizados en documento privado lo procedente será su elevación a público ante notario español para poder acreditar en España el régimen convencional. Argumento de PÉREZ HEREZA, J., *La función notarial en la contratación inmobiliaria de extranjeros*, Tirant lo Blanch, Valencia, 2023, pp. 69-70.

231. De esta manera queda expuesto por GONZÁLEZ BEILFUSS, C., «La autonomía de la voluntad en los reglamentos europeos sobre régimen económico matrimonial y efectos patrimoniales de las parejas registradas», en SERRANO DE NICOLÁS, A. (Coord.), *Los Reglamentos UE 2016/1103 y 2016/1104 de regímenes económicos matrimoniales y efectos patrimoniales de las uniones registrada*, Colegio Notarial de Cataluña y Marcial Pons, Madrid, 2020, p. 119.

232. en España, en el Derecho civil común, el artículo 1327 Código Civil impone la escritura pública como forma *ad solemnitatem* de las capitulaciones matrimoniales. Si bien, en los Estados miembro también se podrá atender al cumplimiento de los requisitos formales establecidos por la ley de un tercer Estado cuando esta pueda tener una conexión razonable con el supuesto contemplado, con el propósito, en su caso, de facilitar el reconocimiento en aquel Estado del mismo acuerdo de elección de ley. Sabia tesis sustentada por CALVO VIDAL, I.A., *Ley aplicable a los efectos patrimoniales de matrimonios y uniones registradas y a las sucesiones en la UE*, Boch, Barcelona, 2023, libro electrónico.

233. El artículo 25, en dos números que contienen conjuntamente cuatro párrafos, duplica literalmente el contenido del artículo 23. Cierra el precepto un tercer ordinal en el que se da entrada a la ley aplicable al régimen económico matrimonial cuyos requisitos formales serán, además, de aplicación a la validez formal de las capitulaciones matrimoniales. RIPOLL critica, por un lado la opción de política legislativa basada en la introducción de los requisitos formales adicionales previstos por la ley aplicable al régimen económico matrimonial, y por otro, la absoluta falta de motivación en los considerandos de tal apuesta legal En consecuencia, este disenso acarreará inseguridad en las relaciones entre los cónyuges y mermará uno de los objetivos de los Reglamentos que es el relativo a facilitar la libre circulación de ciudadanos por el territorio de la Unión, *cfr.* RIPOLL SOLER, A., «Artículo 25. Validez formal de las capitulaciones matrimoniales/ de la unión registrada», en IGLESIAS BUHIGUES, J.L., y PALAO MORENO, G. (Dirs.), QUINZÁ REDONDO, P. (Secret.), *Régimen económico matrimonial y efectos patrimoniales de las uniones registradas en la Unión*

es actuar como garante de las relaciones entre los propios cónyuges y respecto de los terceros[234]. Nótese que, pese a que las soluciones ofrecidas en ambas normas de conflicto son prácticamente idénticas, el supuesto de hecho resulta distinto. El artículo 23 se refiere al acuerdo de elección de ley, mientras que su artículo 25 alude a las capitulaciones matrimoniales, es decir, a los acuerdos en que los cónyuges eligen, con carácter protagonista, un determinado régimen económico matrimonial en sentido material[235].

5.3. CONTENIDO

Solo los acuerdos relativos al régimen económico matrimonial quedan incluidos en el Reglamento (UE) 2016/1103, ya sea con vistas a organizar las relaciones patrimoniales durante el matrimonio, ya sea con vistas a su disolución. Entre otras, se encontrarían las cláusulas que establecen el régimen matrimonial, fijan la posesión o el uso de los bienes que integraban sociedad conyugal o, una determinada forma de liquidación del régimen.

Resulta reseñable, por cuanto de vital importancia, el momento de otorgamiento de las capitulaciones porque ello puede incidir en las modificaciones de la ley rectora impuesta por el Reglamento (UE) 2016/1103. Un cambio en la ley elegida es una modificación de voluntades que prevalece sobre los pactos materiales realizados en las capitulaciones y cuya validez futura quedará, por tanto, sometida a la nueva ley rectora. La posibilidad de que las capitulaciones puedan verse afectadas retroactivamente por la nueva ley elegida queda supeditada al acuerdo entre los cónyuges en ese sentido y, en todo caso, sin perjuicio de tercero[236].

Europea. Comentarios a los Reglamentos (UE) nº 2016/1103 y 2016/1104, Valencia, Tirant lo Blanch, 2019, p. 239 y 243.

234. Acerca de la protección a terceros, *vid.* entre otros, QUIÑONES ESCÁMEZ, A., «La protección de los terceros en los nuevos reglamentos (UE) de DIPr., sobre el régimen de bienes del matrimonio y de la unión registrada», en SERRANO DE NICOLÁS, A. (Coord.), *Los Reglamentos UE 2016/1103 y 2016/1104 de regímenes económicos matrimoniales y efectos patrimoniales de las uniones registrada*, Colegio Notarial de Cataluña y Marcial Pons, Madrid, 2020, pp. 159-190.

235. Apreciación sabiamente realizada por QUINZÁ REDONDO, P., «La unificación —fragmentada— del Derecho internacional privado de la Unión Europea en materia de régimen económico matrimonial. El Reglamento 2016/1103», *Revista General de Derecho Europeo*, núm. 41, 2017, p. 206.

236. Como observa JIMÉNEZ, dado que el sometimiento del Reglamento (UE) 2016/1103 se realiza únicamente a la ley rectora del mismo, en cuanto a su validez material y con peso también en la validez formal, lo más práctico para los cónyuges cuando otorgan capitulaciones es que elijan una ley rectora de la norma europea con el fin de poder adecuar desde el principio sus acuerdos a la ley rectora aplicable. Si, dentro del margen de opción que les permite el artículo 22, eligen la ley nacional, deben tener en cuenta que adicionalmente tendrán que respetar las exigencias de forma de la ley del Estado miembro de la residencia habitual común de los cónyuges, o de uno de ellos, si la tienen en Estados miembros diferentes. *Vid.* al respecto, JIMÉNEZ BLANCO, P., *Regímenes económicos matrimoniales transfronterizos: Un estudio del Reglamento (UE) Nº 2016/1103*, Valencia, Tirant lo Blanch, 2021, pp. 95-97.

6. CONSIDERACIONES FINALES

La autonomía de la voluntad, tanto en la vertiente de la litigación internacional, como en las normas de conflicto, permite a las partes configurar sus relaciones privadas, claro está, bajo los lindes implantados por el legislador europeo, concediéndoles la opción de cómo quieren perseguir y equilibrar sus intereses económicos en el marco del matrimonio. El legislador europeo, con la promulgación del Reglamento (UE) 2016/1103, otorga bajo sus postulados altas cotas de seguridad jurídica en el mercado intraeuropeo de cooperación reforzada, permitiendo a los cónyuges la elección expresa de un futuro órgano jurisdiccional, naturalmente de la Unión Europea, conocedor de sus controversias y la norma de conflicto de carácter universal a su régimen económico matrimonial. Esta armonización, a fin de evitar resultados contradictorios, es, indubitadamente, la piedra angular en esta materia, habida cuenta de que el principio de previsibilidad reine en la administración cotidiana del patrimonio matrimonial junto a la liquidación del régimen, en particular, como consecuencia de la separación o divorcio de la pareja o del fallecimiento de uno de los cónyuges.

El hecho de que en la unión matrimonial al menos uno de ellos sea titular de una empresa de carácter familiar hace que resulte de suma importancia establecer una hoja de ruta cuya virtualidad esté supeditada a garantizar la seguridad jurídica de la pareja casada. Así, la construcción del patrimonio debe estar fraguada con grandes tintes de previsibilidad al considerar que, ante el surgimiento de potenciales vicisitudes en la unión matrimonial, el negocio familiar pueda continuar operando en el tráfico mercantil —tanto en el plano interno como transfronterizo-conforme al *planning* empresarial estipulado.

In hoc sensu, la palpable interrelación, de forma generalizada, entre el patrimonio familiar y empresarial conlleva a que las partes activen su derecho a la elección de tribunal además del pacto de ley o, incluso el otorgamiento de capitulaciones matrimoniales. Tales acuerdos económicos entre los miembros del matrimonio, sustentados por el principio de libertad de pacto, permitirán modular el régimen patrimonial de la pareja. De este modo, pueden estipular las condiciones de propiedad de la empresa familiar con independencia del régimen matrimonial que adopten los socios. No obstante, en caso de ausencia de acuerdo o que este resultare nulo, se contemplan otras posibilidades procesales y de Derecho aplicable basadas en conexiones que intentan evitar, en la medida de lo posible, la dispersión del pleito.

En este contexto, se refiere de importancia crucial la redacción de un acuerdo en el que se identifiquen las necesidades del matrimonio, en el que al menos uno de ellos es el titular de la firma familiar, cuyo objetivo puede obedecer a variadas razones de carácter heterogéneo. Es decir, el punto cardinal se haya en saber cuál es el fin o fines del acuerdo. Aspectos tales como la protección y continuidad el negocio familiar, no poner en riesgo un patrimonio privativo, fijar el régimen económico matrimonial, proteger a los hijos, evitar posibles reclamaciones entre cónyuges en caso de divorcio, o determinar el margen negocial de nuevos miembros de la familia, constituyen parámetros que alumbran una complejidad de la vida personal y patrimonial de la pareja en su condición de empresarios. De hondo calado resulta ser, igualmente, detectar los contactos que presentan el matrimonio y su empresa con diferentes ordenamientos jurídicos.

En la práctica, la figura del notario va a ser de extrema importancia, pues se revestirá como el experto que asesorará sobre el contenido y limitaciones de este tipo de transacciones, ítem este último a tener de suma consideración en tanto que no se contempla una plena *potestas* ni en la selección del juez, ni en sede conflictual. Elementos tales como el país de la residencia habitual de los futuros esposos, si esa residencia coincide, en la actualidad, en el mismo Estado, cuál es la nacionalidad de los futuros esposos, en qué países tienen el conjunto de bienes, si han decidido o no fijar su residencia habitual en un Estado concreto tras el enlace y un largo etcétera, permitirán al fedatario público hacer una composición de qué ordenamientos jurídicos podrían guardar relación con el acuerdo que los cónyuges desean materializar. Esto es relevante para determinar aspectos como el Derecho material que va a regir el pacto, pero también es necesario para tener en consideración los aspectos de competencia judicial internacional y de ley aplicable. No es posible alcanzar un óptimo acuerdo si no se tiene presente el Derecho internacional privado de los países en los que ese pacto podría llegar a tener relevancia.

En definitiva, la creación y continuidad de una empresa familiar constituye una de las decisiones más importantes en el recorrido vital y profesional del matrimonio empresario. La labor de asesoramiento previo que realiza el notario es crucial y decisiva por ello, es altamente recomendable para los cónyuges. Claro está sostener la bondad del pacto de ley o del otorgamiento de capitulaciones matrimoniales debido a la conveniencia de elegir el régimen económico-matrimonial atendiendo de una parte, a la modalidad familiar y, de otra, a las necesidades y objetivos de la empresa por cuanto dependiendo de cuál sea la concreta tipología y reclamos del negocio familiar, la planificación de la economía interconyugal será diferente. Asimismo, la estrategia debe enmarcarse entre las fórmulas ofrecidas por el Reglamento (UE) 2016/1003.

Por ende, la ordenación de la economía matrimonial, así como el establecimiento de medidas ante un eventual divorcio o separación hace que recobre trascendencia la imperativa planificación en sentido global, para así disuadir que entren en el campo de juego diversos ordenamientos jurídicos estatales —tanto en materia de competencia judicial al igual que de ley aplicable— frente a aspectos sumamente vinculados a la relación negocio-familia. Al respecto, cabe afirmar que, la empresa familiar no es una institución matrimonial pero que, por medio del Protocolo Familiar, como se ha reflejado merced del capítulo III, contiene el componente del régimen de propiedad de la familia y, por tanto, irreductible a las interconexiones de los integrantes de esta.

Capítulo V

Los pactos parasociales en la compleja estructura societaria de las entidades mercantiles familiares

SUMARIO: 1. CONTEXTUALIZACIÓN EN LA PRÁCTICA SOCIETARIA. 2. DISPARIDAD ENTRE LOS ESTATUTOS SOCIALES Y EL PACTO PARASOCIAL. *2.1. Idea preliminar. 2.2. Apoyo jurisprudencial.* A. El peso del acuerdo parasocial en el tráfico societario. B. Implementación en los entes mercantiles familiares. C. Cauce para alcanzar la seguridad jurídica. 3. RÉGIMEN JURÍDICO. *3.1. Aproximación preliminar. 3.2. Puntualización respecto a su naturaleza. 3.3. Funcionalidad en las relaciones jurídicas de la sociedad familiar.* A. Eficacia entre los suscriptores y frente a terceras personas. B. Repercusión práctica. 4. ASPECTOS DE DERECHO INTERNACIONAL PRIVADO. *4.1. Aclaración capital. 4.2. Competencia judicial internacional.* A. El foro —exclusivo— societario. a. Regulación y sustento jurisprudencial. b. Causas de inaplicación del foro societario. B. El foro específico de la explotación de sucursal, agencia o cualquier otro establecimiento. a. Concepto y peculiaridades esenciales. b. Implementación en el tráfico jurídico externo. C. El foro especial en materia delictual o quasi delictual. a. Ausencia legal de conceptualización. b. Puntualizaciones a la luz de la doctrina y jurisprudencia europea. D. El foro especial en materia contractual. a. Interpretación en el seno de la empresa. b. Delimitación en el espacio societario. *4.3. Ley aplicable.* A. Delimitación fundamental. B. Perspectiva societaria. a. En clave europea. b. En clave española. C. Perspectiva contractual. a. Plano europeo. b. Plano interno. 5. CONSIDERACIONES FINALES.

1. CONTEXTUALIZACIÓN EN LA PRÁCTICA SOCIETARIA

En la operativa de los negocios familiares, a través del Protocolo Familiar, resulta habitual la inserción de acuerdos mediante los cuales una parte o la totalidad de los socios establecen, fuera de la estructura orgánica de la sociedad, esto es, al margen de los órganos de administración y de la junta de socios o accionistas de la sociedad[237], determinadas reglas o condiciones relativas a su

237. El operador jurídico práctico clarifica que, los pactos parasociales surgen de la necesidad de regular una gran diversidad de materias extramuros de los estatutos sociales. En unos casos, esta huida del Derecho mercantil se produce como consecuencia de una concepción

relación entre [237]ellos en tanto que socios, así como el modo de conducir la sociedad junto con otras estipulaciones o principios a modo de declaración de principios[238], de orden moral, familiar, etc.; esto es, su finalidad última es tener eficacia directa en la vida de la sociedad[239].

Desde un punto de vista histórico hay que recordar que, en las vetustas y derogadas normas, a saber, el Texto Refundido de la Ley de las Sociedades Anónimas de 1989[240], concretamente en su artículo 7.1 y, la Ley de Sociedades de Responsabilidad Limitada de 1995[241] bajo el abrigo de su artículo 11.2, vinieron a aceptar y reconocer la existencia y validez de este tipo de pactos, estableciendo, eso sí, su carácter de inoponibles a la sociedad, como pactos «*ad extra*», ajenos a ella[242].

---

237. del derecho excesivamente minuciosa y formalista de los Registradores Mercantiles que llega a cercenar el libre juego de la autonomía de la voluntad, por lo que, para evitar dichas rigideces, se acude al Derecho civil y a la Teoría general de las obligaciones y contratos, esquivándose la rigidez e imperatividad de la norma o las formalidades del Registro Mercantil y la interpretación restrictiva de la Dirección General de Seguridad Jurídica y Fe Pública, mediante la suscripción de pactos parasociales: *cfr.* CABEZUELO ADAME, I., «La eficacia de los pactos parasociales en la prevención de conflictos societarios», en ABEL LLUCH, X. (Coord.), *Las medidas preventivas de conflictos jurídicos en contextos económicos inestables*, J.M. Bosch Editor, Barcelona, 2014, p. 318.
238. Una doctrina bastante extendida considera que los pactos parasociales configuran una sociedad interna, esto es, una sociedad con efectos meramente obligacionales entre los socios, y a lo sumo, en ciertos casos, como estipulación a favor de tercero, en los llamados pactos de atribución. Algunos autores matizan que solo en algunos casos los pactos parasociales pueden configurar una sociedad interna. Otros se oponen a esta calificación bien por entender que la puesta en común y el ánimo de lucro son esenciales al concepto de sociedad. En torno a esta cuestión y su acepción en el Derecho comparado, *vid.*, MIQUEL GONZÁLEZ DE AUDICANA, J.M., *La duración de los pactos parasociales*, Tirant lo Blanch, Valencia, 2022, pp. 81-87 y ČERNÁ, S., «Relationship of Shareholders Agreements to the Management of a Company», en MOCK, S., CSACH, K., y HAVEL, B., (Eds.), *International Handbook on Shareholders´ Agreements*, De Gruyter Handbook, Berlín, 2018, pp. 47-60.
239. El principal fundamento para validarlos es la existencia de una esfera individual del socio diferenciada de la propiamente corporativa. Excelsa afirmación de SERRANO DE NICOLÁS, Á., «Nuevos posibles cauces para la transmisión de la empresa familiar en el Derecho sucesorio catalán», en SERRANO DE NICOLÁS, A. (Coord.), *La Empresa Familiar y su relevo generacional*, Colegio Notarial de Cataluña, Marcial Pons, Madrid, 2011, pp. 88-89.
240. Real Decreto Legislativo 1564/1989, de 22 de diciembre, por el que se aprueba el texto refundido de la Ley de Sociedades Anónimas, BOE núm. 310, de 27 de diciembre de 1989.
241. Ley 2/1995, de 23 de marzo, de Sociedades de Responsabilidad Limitada, BOE núm. 71, de 24 de marzo de 1995.
242. Desde el primer momento se apreció la existencia de un doble problema fundamental en ambas normas: la ausencia de una enumeración explicita y la falta de elemento para definirlos y concretarlos. Queda señalado acertadamente por MIQUEL RODRÍGUEZ, J., «La autonomía de la voluntad en las sociedades de capital: ejemplo de la reciente jurisprudencia del TS y la Doctrina de la RDGRN», en ARENAS GARCÍA, R., GÓRRIZ LÓPEZ, C. y MIQUEL RODRÍGUEZ, J. (Coords.), *Autonomía de la voluntad y exigencias imperativas en el derecho internacional de sociedades y otras personas jurídicas*, Atelier, Barcelona, 2014, p. 173.

En la actualidad, esa validez y el carácter de acuerdos no oponibles a la sociedad[243], sin perjuicio de que los socios conduzcan o puedan adquirir el compromiso de establecer sus decisiones conforme a tales pactos sin otros límites que los del respeto a la ley, a los estatutos sociales y a los de la buena fe, se mantienen del mismo modo regulados en la vigente Ley de Sociedades de Capital[244] cuyo sustento puede hallarse en su artículo 29, el cual establece que, *los pactos que se mantengan reservados*[245] *entre los socios no serán oponibles a la sociedad*[246].

2. DISPARIDAD ENTRE LOS ESTATUTOS SOCIALES Y EL PACTO PARASOCIAL

2.1. IDEA PRELIMINAR

Las controversias que pueden llegar a plantearse por cuanto el pacto parasocial entra en contradicción con lo dispuesto en los estatutos de la compañía familiar suele acarrear delicadas soluciones.

Ello responde a que los estatutos sociales, como es bien sabido, constituyen las reglas que se disponen en el momento de la constitución de la sociedad, pero que, con frecuencia, no se suelen tomar en demasiada consideración, ni en su concepción, ni en su aprobación, salvo para cuestiones puntuales como el traslado de domicilio, un cambio de denominación o una ampliación de capital. No obstante, debido al paso del tiempo e incluso por la entrada de nuevos socios

243. En resumidas cuentas, con estos pactos lo que se pretende es concretar, completar o modificar las relaciones internas, las legales, e incluso las estatutarias que rigen a los socios de la sociedad. Estos pactos, en principio, no son oponibles a la sociedad, por lo que no tendrán efectos frente a ella: *cfr*. MARTÍNEZ ECHEVARRÍA OZÁMIZ, P., «Los pactos parasociales en el Derecho español», *Revista general de legislación y jurisprudencia*, núm. 3, 2020, p. 417.

244. Real Decreto Legislativo 1/2010, de 2 de julio, por el que se aprueba el texto refundido de la Ley de Sociedades de Capital, BOE núm. 161, de 3 de julio de 2010: Estos acuerdos parasociales son plenamente válidos y eficaces entre los socios firmantes, siempre que operen dentro de los límites de la autonomía de la voluntad. Confirmado por DE LA FUENTE, J., «Pactos parasociales. El Tribunal Supremo confirma su doctrina y aclara algunas cuestiones procesales», *Diario La Ley*, núm. 10072, 2022, versión online.

245. En cuanto al porqué de considerar a los pactos parasociales como pactos reservados, tiene su razón de ser en que son acuerdos celebrados por los socios y no recogidos en los estatutos, cuyo fin es regular cuestiones relacionadas con el funcionamiento y operativa de la sociedad, sin que esto signifique que no puedan alcanzar publicidad, la cual es obligatoria en el caso de las sociedades cotizadas en los términos que más adelante concretamos. Queda perfectamente expuesto por MARTÍNEZ ECHEVARRÍA OZÁMIZ, P., «Los pactos parasociales en el Derecho español», *Revista general de legislación y jurisprudencia*, núm. 3, 2020, p. 417.

246. Si los socios pueden incluir en los estatutos lo pactado y no lo hacen, luego no pueden pretender que tales pactos gocen de eficacia societaria. Los socios deben asumir las consecuencias de sus decisiones. De lo contrario, se estaría refrendando su pasividad. Afirmación muy acertada de NOVAL PATO, J., «Los pactos parasociales», en EMBID IRUJO, J.M. y NIETO CAROL, U. (Dirs.), *Estudios de Derecho de Sociedades. Colegio Notarial de Valencia*, Tirant lo Blanch, Valencia, 2019, p. 95.

familiares a la compañía[247], los socios fundadores pueden decidir, en un contexto de regulación privada, qué pautas de actuación van a regir en sus relaciones en tanto que socios, a fin de acotar, de algún modo, el mantenimiento y control de la sociedad en manos de la familia[248].

2.2. APOYO JURISPRUDENCIAL

A. El peso del acuerdo parasocial en el tráfico societario

La confrontación entre las reglas del Protocolo familiar y el contrato parasocial ha hecho que la sala civil del Tribunal Supremo haya venido sosteniendo que la mera infracción del convenio parasocial de que se trate no basta, por sí sola, para la anulación del acuerdo impugnado. La cuestión de este enfrentamiento entre unas reglas y otras ha sido tratada y resuelta por el Alto tribunal español de manera brillante en su sentencia núm. 507/2020, de 20 de febrero[249].

Tal resolución viene a establecer en definitiva que, cuando se pretende impugnar un acuerdo social adoptado por la junta de socios o por el consejo de administración, por la exclusiva razón de que es contrario a lo establecido en un pacto parasocial, la impugnación debe ser desestimada si la infracción del acuerdo parasocial, no va además soportada o acompañada, o bien de (i) de una

247. La empresa familiar «cerrada» surge como medio de protección frente a la nueva entrada de socios —extraños— que podrían incidir negativamente en la cohesión de la compañía. Bien en los estatutos, bien en el pacto parasocial se pueden prever medidas limitando la transmisibilidad de las participaciones sociales con la finalidad de evitar que, algún familiar, pueda vender a un extraño o establecer derechos de adquisición preferente a favor de algunos socios. Sentir expuesto por MARTORELL ZULUETA, P., «Empresa familiar y regímenes comunitarios», en REYES LÓPEZ, Mª.J. (Coord.), *La Empresa Familiar: Encrucijada de Intereses Personales y Empresariales*, Thomson Aranzadi, Navarra, 2004, p. 78.

248. Si la cláusula contiene un derecho de adquisición preferente en favor de la sociedad o de los socios, la única sanción admisible es reconfigurar la cláusula, siendo aconsejable a través de los estatutos, como un derecho de retracto en los mismos términos temporales a contar desde que la transmisión ya efectuada se comunique a la sociedad. No obstante, la anulabilidad es también una solución más líquida y con menos agresiva de hacer ineficaz la transmisión, pero en un plazo de cuatro años, que tendría que contar desde la consumación del negocio, con posibilidad de convalidar tácitamente por el artículo 1311 Código Civil, mientras que la inoponibilidad no está en principio sujeta a plazo. Interesante razonamiento de CARRASCO PERERA, Á., «Una propuesta para los casos de contravención de cláusulas estatutarias restrictivas de la transmisión de acciones y participaciones», *Gómez-Acebo & Pombo*, 9 de febrero de 2024: https://www.ga-p.com/publicaciones/una-propuesta-para-los--casos-de-contravencion-de-clausulas-estatutarias-restrictivas-de-la-transmision-de--acciones-y-participaciones/

249. ES:TS:2020:507. En torno a la misma, *vid*. SALAS GÓMEZ, L., «Los pactos contenidos en protocolos familiares no pueden obligar a perpetuidad», *Uría Menéndez*, pp. 11-13 y CAMPO CANDELAS, J., «La denuncia "ad nutum" del protocolo familiar», *Revista Aranzadi Doctrinal*, núm. 9, 2021, versión online.

vulneración de la ley o de los estatutos, o bien (ii) de una lesión, en beneficio de uno o varios accionistas o de terceros, de los intereses de la sociedad[250].

De este modo, un acuerdo de la junta de socios o accionistas acorde a la ley y los estatutos, y que no perjudica o lesiona los intereses de la sociedad en beneficio de terceros o de parte de los socios o accionistas será inatacable por la vía de la impugnación de acuerdos sociales. Todo ello sin perjuicio de que el socio que ve desplazados sus derechos adquiridos en el pacto parasocial o familiar pueda articular la defensa de sus expectativas y derechos frente al resto de socios firmantes del pacto parasocial en una reclamación de orden indemnizatorio con base en la fuerza contractual vinculante entre los socios firmantes de aquel pacto pues, este no tiene fuerza vinculante frente a la sociedad y, por lo tanto, no puede encauzarse por la vía de un proceso de naturaleza societaria como es el de la impugnación de acuerdos sociales[251].

B. Implementación en los entes mercantiles familiares

A mayor abundamiento, en la reciente y clarividente sentencia de 7 de abril de 2022[252] de igual manera, el Tribunal Supremo, trata un supuesto en el que se cuestionaba la posibilidad de llevar a la práctica lo recogido en un pacto parasocial de tipo familiar, que fue firmado por todos los entonces socios y en el que se incluían determinadas obligaciones en relación con el reparto de participaciones de la sociedad matriz y de algunas de las sociedades filiales[253]. De manera concreta, el grupo empresarial familiar estaba conformado como una sociedad matriz y varias filiales y, el pacto parasocial fue suscrito por todos los socios de la sociedad matriz, a la sazón cuatro hermanos y sus padres. A mayor abundamiento, en el marco de un proceso de reorganización societaria del grupo, las

250. No debe olvidarse que, la vinculación permanente, real o personal, está proscrita en nuestro derecho civil, siendo uno de los principios esenciales del derecho civil codificado posterior a la Revolución francesa el de la libertad de los bienes y de las personas, en contraposición de los derechos de vinculación vigentes en el Antiguo Régimen: *vid*. VILALTA NICUESA, A.E., «Pactos parasociales y protocolo familiar», 3 de marzo de 2020, https://derechocivil478832840.wordpress.com/2020/03/03/pactos-parasociales-y-protocolo-familiar-para-estimar-la-impugnacion-se-requiere-que-la-infraccion-del-pacto-vaya-acompanada-de-una-vulneracion-de-la-ley-o-de-los-estatutos-o-bien-de-una-lesion-en/.

251. Así queda fundamentado por MORALES SABALETE, M., «Protocolos familiares y pactos parasociales: el riesgo de contradicción con los estatutos sociales», *Economist & Jurist*, 7 de diciembre de 2020: https://www.economistjurist.es/articulos-juridicos-destacados/protocolos-familiares-y-pactos-parasociales-el-riesgo-de-contradiccion-con-los-estatutos-sociales/

252. STS núm. 1386/2022, ES:TS:2022:1386.

253. De manera general, el contenido de los pactos estará integrado, fundamentalmente, por: restricciones a la libre transmisibilidad de acciones o participaciones, pactos sobre retribución de administradores, mecanismos societarios para el reparto de beneficios o ganancias. *Vid. per omnia*, VICENT CHULIÁ, F., «Organización jurídica de la sociedad familiar», en NAVARRO SALINAS, A. (Ed.), *Derecho de sociedades: libro homenaje al profesor Fernando Sánchez Calero*, McGraw-Hill Interamericana de España, 2002, p. 4562.

participaciones de las filiales fueron posteriormente objeto de transmisión a otra sociedad del grupo que también dependía de la sociedad matriz.

Aunque la sentencia resuelve un conflicto posterior conviene destacar que ya en el año 2010 una de las hermanas firmantes del pacto parasocial interpuso una demanda frente a otros dos hermanos, también firmantes, para tratar de hacer valer frente a ellos algunas de las cláusulas contenidas en el pacto. Las cláusulas objeto de controversia se referían, entre otras cuestiones, a (i) la obligación de los restantes hermanos de transmitir a sus hermanas un determinado porcentaje de participación social que titulaban en la sociedad matriz, y a (ii) la necesidad de que las hermanas se convirtiesen en socias directamente también de una de las filiales de nacionalidad brasileña.

Finalmente, en este primer caso, el Tribunal Supremo entendió que, al no haber sido la propia matriz firmante del pacto parasocial, no se le podía condenar a transmitir las participaciones.

Con posterioridad, la segunda hermana firmante del pacto parasocial interpuso una demanda dirigida contra la filial que titulaba las participaciones de la sociedad brasileña para que se le condenase a transmitir las participaciones sociales de la filial brasileña a las hermanas y poder así dar cumplimiento a lo previsto en uno de los acuerdos del pacto.

Con estos mimbres, el Tribunal Supremo concluye que, la sociedad ha de ser parte del Protocolo Familiar para poder llevarlo a la práctica y que sea eficaz frente a aquella. Para ello, el Alto juzgador español hace un repaso de las resoluciones y del criterio de los tribunales tenido en cuenta hasta la fecha, subrayando dos argumentos principales. Por un lado, recuerda que los contratos solo surten efectos y son oponibles frente a quienes los suscriben, con basamento sobre el principio de relatividad de los contratos previsto en los artículos 1257 y 1091[254] del Código Civil. Y, por otro, destaca de nuevo que los contratos no son oponibles a aquellas partes no firmantes, con independencia de que el contrato en cuestión haya sido firmado por todos los socios. Igualmente, el Tribunal Supremo recuerda que, el pacto parasocial puede ser lícito al no ser contrario a

254. El artículo 1091 Código civil establece la vinculación que implica el contrato supone que no cabe ni la desvinculación unilateral, ni la modificación unilateral de su contenido. Nada impide, obviamente, que por acuerdo entre las partes se produzca la extinción del contrato o la modificación de su contenido. Pero resulta claro igualmente que el carácter del vínculo obligatorio derivado del contrato no admite una actuación unilateral que afecte a su vigencia, como regla general: *vid.* VERDERA SERVER, R., «Art. 1091», en BERCOVITZ RODRÍGUEZ-CANO, R. (Dir.), *Comentarios al Código Civil. Tomo VI*, Tirant lo Blanch, Valencia, 2013, pp. 7982-7983.

los límites del artículo 1255 del Código Civil[255], pero no exigible si la modificación estatutaria a la que se pretende obligar no es conforme a la legislación societaria vigente en el momento en que se reclama el cumplimiento del pacto parasocial.

C. Cauce para alcanzar la seguridad jurídica

Teniendo en cuenta todo lo anterior, a la hora de suscribir un acuerdo de socios es necesario, de un lado que, la propia sociedad también sea firmante del propio pacto de socios[256], y, de otro que, si se producen transmisiones de participaciones, las partes deberían comprobar que dichos cambios vayan acompañados de la correspondiente sucesión contractual en la nueva o nuevas personas jurídicas que puedan surgir y, adicionalmente trasladar a los estatutos el mayor contenido posible del pacto de socios para conseguir utilizar los cauces de impugnación de acuerdos sociales previsto en la Ley de Sociedades de Capital, los cuales son de aplicación directa y oponibles frente a la sociedad en tanto que redunda en una mayor seguridad jurídica[257].

---

255. Este precepto delimita el ámbito que nuestro ordenamiento atribuye a la autonomía privada en relación con los contratos. Concede plena libertad para que las partes pacten cualquier proyecto patrimonial, con el que decidan comprometerse y vincularse recíprocamente, siempre que respeten la ley, la moral y el orden público, es decir, siempre que su consentimiento recaiga sobre una causa y un objeto lícitos y posibles. Así queda perfectamente explicado por BERCOVITZ RODRÍGUEZ-CANO, R., «Artículo 1255», en BERCOVITZ RODRÍGUEZ-CANO, R. (Dir.), *Comentarios al Código Civil*, 4ª ed., Thomson Reuters Aranzadi, Navarra, 2013, libro electrónico.

256. Los pactos son válidos siempre que no superen los límites impuestos a la autonomía de la voluntad. Si todos los socios han asumido la citada obligación, debe ser respetada al formar parte del interés social. *Vid.* CARRASCO PERERA, Á., «¿Puede un prelegado testamentario constituir un pacto parasocial?», 21 de noviembre de 2023, *Gómez-Acebo & Pombo*, https://www.ga-p.com/publicaciones/puede-un-prelegado-testamentario-constituir-un--pacto-parasocial/. Siempre y en todo caso, el hecho de que la sociedad sea parte firmante de estos pactos parasociales omnilaterales permitiría que su cumplimiento in natura también se pudiera solicitar por cualquier socio frente a la misma. Idea aclaratoria a cargo de DE LA FUENTE, J., «Pactos parasociales: estado de la cuestión», *Diario La Ley*, núm. 10300, 2023, versión online.

257. El operador práctico alude que es necesario disponer de unas líneas claras que impliquen el alcance efectivo de los pactos para sociales. A saber: a) Respecto de los futuros socios es necesario que el socio entrante se avenga voluntariamente a adheriré a los pactos en vigor entre los socios actuales. La manera más adecuada es establecer una cláusula estatutaria que supedite la adquisición de acciones a la firma del pacto parasocial; b) Para lograr un cumplimiento efectivo del pacto parasocial se debe establecer una obligación estatutaria de observarlos, cuya infracción pueda ser penalizada en el ámbito de la sociedad; c) Incorporar a los estatutos sociales el aseguramiento de la disciplina de voto, en cuya virtud los socios quedan obligados a emitir su voto en la Junta General, bien de manera unitaria, bien a través de representante común. *Cfr.* PAZ-ARES RODRÍGUEZ, C., «Los pactos parasociales. Su eficacia», en GARRIDO MELERO, M. y FUGARDO ESTIVILL, J.M. (Coords.), *El patrimonio familiar, profesional y empresarial. Sus protocolos*, Tomo IV, Bosch, Barcelona, 2005, pp. 745-749.

3. RÉGIMEN JURÍDICO

3.1. APROXIMACIÓN PRELIMINAR

Con las matizaciones hasta ahora señaladas, como punto de partida se torna preciso señalar que, el régimen jurídico del pacto parasocial no opera en el mismo plano que los estatutos sociales[258].

Mientras que las disposiciones estatutarias gozan de eficacia normativa societaria, es decir, vinculan a la sociedad y a sus socios —presentes y futuros—, los pactos parasociales son acuerdos cuyos efectos permanecen en la esfera únicamente privada[259], y por ello, solo resultan oponibles a sus otorgantes, pero no a la propia sociedad o socios —actuales o futuros— que no hayan otorgado o se hayan adherido posteriormente al pacto[260].

La idea es simple e intuitiva, debido a que no parece lógico que los compromisos asumidos voluntariamente bajo el régimen jurídico de lo parasocial puedan hacerse valer conforme al riguroso cauce jurídico de la vía societaria. Esto

258. Conviene apuntar que, el derecho de las organizaciones sociales es admitir que su naturaleza es contractual. Son contratos y, por consiguiente, deben ser confeccionados con arreglo al derecho general de los contratos, que el derecho de sociedades simplemente especializa, desarrollando una tecnología específica para el caso particular de las organizaciones. De este modo es entep ndido por SÁEZ LACAVE, M.I., «Los pactos parasociales de todos los socios en Derecho español. Una materia en manos de los jueces», *Indret: Revista para el Análisis del Derecho*, núm. 3, 2009, p. 22.

259. Presumiblemente podría detectarse dos tipos de acuerdos: 1. «pactos de relación», en cuanto regulan las relaciones de los socios sin intermediación de la sociedad. 2. «pactos de organización» dado que puede regularse en ellos la organización, el funcionamiento y el sistema de toma de decisiones dentro de la sociedad, *vid.* LUQUIN BERGARECHE, R., «Actualidad de la empresa familiar: protocolos, planificación estratégica y cláusulas ADR como instrumentos jurídicos de continuidad y empowerment», *Aranzadi civil-mercantil. Revista doctrinal*, núm. 11, 2017, pp. 51-82. Incluso, hay autores que aceptan un tercer tipo, «pactos de atribución» al entender que serán aquellos que procuran atribuir ventajas a la propia sociedad, siendo este el signo distintivo en la esfera social. A modo de ejemplo son los acuerdos que recogen obligaciones de financiación adicional de la sociedad por parte de los socios, como puede ser un préstamo, una aportación suplementaria, una reintegración del patrimonio social en caso de pérdida, etc. *Vid.* en este sentido, PAZ-ARES, RODRÍGUEZ, C., «Los pactos parasociales. Su eficacia», en GARRIDO MELERO, M. y FUGARDO ESTIVILL, J.M. (Coords.), *El patrimonio familiar, profesional y empresarial. Sus protocolos*, Tomo IV, Bosch, Barcelona, 2005, pp. 711-712.

260. El objeto del pacto parasocial es completar o concretar las reglas estatutarias que rigen las relaciones entre los socios y entre estos y la sociedad. Cierto es que cuando este andamiaje jurídico no se coordina de forma precisa, se corre el riesgo de que surjan problemas asociados a la existencia de una regulación múltiple y potencialmente contradictoria. Razonamiento ofrecido por MORENO VÁZQUEZ, P., *Los pactos parasociales*, Thomson Reuters Aranzadi, Navarra, 2018, p. 13.

es, no se puede recurrir a la vía societaria quien pactó fuera de ella, porque entonces se actuaría contra los propios actos[261].

Las razones que conducen a la inoponibilidad de los pactos parasociales frente a la sociedad obedecen, en primer lugar, a una cuestión de índole subjetiva, pues la sociedad, en su condición de persona jurídica, es un tercero frente a los socios y, por tanto, ajena al pacto alcanzado entre los socios. Por otro lado, existen razones de carácter objetivo pues si los socios han optado por formalizar un acuerdo bajo la forma del pacto parasocial debe interpretarse que esta es una decisión voluntaria y que las consecuencias de la misma —el no poder recurrir a los mecanismos del derecho societario— son igualmente queridas[262].

En este sentido, el problema fundamental se presenta en la determinación de si los pactos de un contrato de socios pueden ser válidos aun siendo claramente contrarios a los principios inspiradores del tipo social. Una solución viable es entender la clara diferencia entre las reglas instrumentales, amparadas por el contrato parasocial que deben ser estimadas como válidas en la medida no contravengan el interés social, y las estipulaciones asentadas en los estatutos sociales que en ningún caso deben vulnerar los principios configuradores del tipo social amparado por la normativa vigente al respecto[263].

261. Este límite tiene por verdadero límite el fraude de Ley. No puede permitirse que se utilice el contrato parasocial para amparar una infracción de la Ley o de los estatutos. Tesis ofrecida por FERNÁNDEZ DEL POZO, L., *El protocolo familiar. Empresa familiar y publicidad registral*, Thomson Civitas, Navarra, 2008, p. 211.

262. Acertadamente CABEZUELO afirma que, la primera como la segunda razón decaen cuando, en el primer caso, la totalidad de socios suscribe el acuerdo y, en el segundo caso, cuando los resultados que ofrece el ordenamiento societario equivalen a los del ordenamiento contractual, esto es, la consecuencia de optar por una u otra vía será la misma variando únicamente la dosis de tiempo empleada. Sobre este particular, CABEZUELO ADAME, I., «La eficacia de los pactos parasociales en la prevención de conflictos societarios», en ABEL LLUCH, X. (Coord.), *Las medidas preventivas de conflictos jurídicos en contextos económicos inestables*, J.M. Bosch Editor, Barcelona, 2014, p. 324.

263. Un pacto dejará de ser parasocial cuando se incorpore al ordenamiento societario, o también cuando deje de ser oponible a la sociedad en tanto en cuanto este tiene por objeto, el ejercicio de una facultad legalmente prevista: *vid*. MARTÍNEZ ROSADO, J.: *Los pactos parasociales*, Marcial Pons, Madrid, 2017, p. 67. O, dicho de otro modo, la única forma de distinguir si el pacto es de naturaleza parasocial o contractual es la finalidad perseguida por la cláusula en cuestión. Así lo estima, PÉREZ MILLÁN, D., «The duty to honor a shareholders agreement as an ancillary obligation in the articles of the company», en FLEISCHER, H., RECALDE, A., y SPINDLER, G. (Eds.), *Family Firms and Closed Companies in Germany and Spain*, Mohr Siebeck, Tubinga, 2021, p. 202.

3.2. PUNTUALIZACIÓN RESPECTO A SU NATURALEZA

En esencia, el pacto parasocial tiene un claro cariz contractual[264] al igual que una dosis de elemento subjetivo[265]. Así las cosas, la suscripción del mismo por todos los socios además de una evidente finalidad, regular el comportamiento y relaciones de los socios entre sí que, en el caso de las empresas familiares están ligadas por parentesco o afinidad, cuya vocación es la continuidad y unidad en el tiempo bajo una estrategia conjunta a través de decisiones sociales, aportará la deseada seguridad a la corporación familiar[266].

Ahora bien, los pactos parasociales no caminan en la misma senda jurídica que las acciones o participaciones, ni se imponen, en principio, a los nuevos socios, mientras sí lo hacen las reglas del contrato de sociedad[267].

Al respecto, la circulación de las acciones o participaciones no es por completo ajena a los pactos parasociales vigentes y a sus vicisitudes. Con todo, para el socio que ingresa en la sociedad no siempre son irrelevantes tales pactos parasociales suscritos por sus consocios, aun cuando no los haya aceptado, o no lo haya hecho abiertamente, especialmente aquellos de los que su causante era parte[268].

---

264. Amparados en la autonomía de la voluntad de las partes y la gran flexibilidad que aportan al gobierno de las relaciones societarias justifican su gran utilización en las empresas familiares: *vid*. CAZORLA GOZÁLEZ-SERRANO, L. y NEIRA FERNÁNDEZ, P., «Pactos parasociales: una aproximación a su naturaleza y contenido básico», en CAZORLA GONZÁLEZ-SERRANO, L. (Dir.), *Acuerdos y Pactos Parasociales: una visión práctica desde su contenido*, Thomson Reuters Aranzadi, Navarra, 2018, pp. 24-27; MARTÍNEZ ROSADO, J.: *Los pactos parasociales*, Marcial Pons, Madrid, 2017, p. 38.
265. El pacto parasocial no es un contrato sinalagmático puro, pues los intereses no son completamente contrapuestos. Dicho de otro modo, el pacto social tiene como elemento esencial la puesta en común de bienes, trabajo o industria —interés convergente— y el ánimo de partir las ganancias —interés divergente—, pues cada socio hará valer su mejor posición a la hora de ese reparto. Interesante reflexión efectuada por MALDONADO ORTEGA, P.J., «Pactos parasociales: naturaleza y eficacia jurídica», *Cuadernos de Derecho y Comercio*, núm. extra 1, 2017 pp. 277-278.
266. *Verbi gratia*, a menudo se incluyen disposiciones que obligan a los miembros de la familia a votar en bloque, o el derecho preferente de tanteo y retracto en la venta y adquisición de acciones, o incluso arbitrar mecanismos de resolución de conflictos entre propietarios-familiares mayoritarios y minoritarios. Así queda expuesto por BINZ ASTRACHAN, C., ASTRACHAN, J.H., KOTLAR, J. y MICHIELS, A., «Addressing the theory-practice divide in family business research: The case of shareholder agreements», *Journal of Family Business Strategy*, Vol. 12, núm. 1, 2021, p. 2.
267. Acuerdos sobre el acceso al derecho a voto, estipular restricciones a la transferencia de socio, derechos de compra preferente o pactos en lo que se refiere a la composición de sus órganos denota su carga contractual en tanto que no es necesario ciertas mayorías, sino que nace de alianzas entre los propios socios. Perfectamente queda reflejado en FLEISCHER, H., «An Introduction to Law and Management of Family Firms» en FLEISCHER, H., RECALDE, A., y SPINDLER, G. (Eds.), *Family Firms and Closed Companies in Germany and Spain*, Mohr Siebeck, Tubinga, 2021, p. 17.
268. En todo caso, se puede aseverar que, en rigor, no se puede sostener, al menos categóricamente y sin excepciones, que solo los pactos aceptados abiertamente por todos los socios

3.3. FUNCIONALIDAD EN LAS RELACIONES JURÍDICAS DE LA SOCIEDAD FAMILIAR

A. Eficacia entre los suscriptores y frente a terceras personas

En esta coyuntura, constituye el caldo de cultivo la determinación de la eficacia del pacto parasocial. De un lado, hay que fijar la atención en la *operatividad inter partes*[269] por cuanto halla soporte legal, tanto en el anacrónico Código de Comercio —artículo 119— en virtud del cual los socios no podrán hacer pactos reservados, sino que todos deberán constar en la escritura social, así como en el Código Civil en sus preceptos 1255 y 1091, a saber, *las obligaciones que nacen de los contratos tienen fuerza de ley entre las partes contratantes, y deben cumplirse a tenor de los mismos*.

A la lectura y análisis de ambas normas se deduce que, el legislador en su potestad de desarrollo, esencialmente por la vía de la Ley de Sociedades de Capital, ha ratificado la obsolescencia encuadrada en el Código de Comercio al entender que, los pactos que se mantengan entre los socios no serán oponibles a la sociedad (artículo 29) ergo, serán exigibles entre las partes incluso con la posibilidad de dotarles de publicidad (artículos 530 y ss.)[270].

Obviamente, es una realidad que importa y debe ser difundida en el mercado, a fin de garantizar la cognoscibilidad pública de factores que pueden afectar a la cotización y negociabilidad de un determinado valor[271].

---

producen efecto en la esfera societaria. Sugestiva consideración de IRIBARREN BLANCO, M., «Pactos parasociales y cambios de socios. (Una visión dinámica de los pactos parasociales)», *Revista de Derecho de Sociedades*, núm. 53, 2018, versión online.

269. Los pactos parasociales se caracterizan por la intención de los firmantes de mantener su eficacia en un plano meramente obligacional, de manera que su infracción determinará la aplicación de los remedios generales para el caso de incumplimiento de tales obligaciones. *Vid*. SÁNCHEZ RUIZ, M., «Estatutos sociales y pactos parasociales en sociedades familiares», en SÁNCHEZ RUIZ, M. (Coord.), *Régimen jurídico de la empresa familiar*, Thomson Reuters-Civitas, Navarra, 2010, p. 66.

270. Conviene tener en consideración que no todo pacto parasocial suscrito en el marco de una sociedad cotizada se encuentra bajo el ámbito de los artículos 530 a 535 de la Ley de Sociedades de Capital, dado que tal régimen se extiende únicamente a los pactos relativos a la regulación del ejercicio del derecho de voto en las juntas generales y los pactos relativos a la transmisión de acciones y los pactos relativos a las obligaciones convertibles o canjeables. Conclusión vertida por CAZORLA GONZÁLEZ-SERRANO, L. y NEIRA FERNÁNDEZ, P., «Pactos parasociales: una aproximación a su naturaleza y contenido básico», en CAZORLA GONZÁLEZ-SERRANO, L. (Dir.), *Acuerdos y Pactos Parasociales: una visión práctica desde su contenido*, Thomson Reuters Aranzadi, Navarra, 2018, p. 367.

271. Se trata de fortalecer aquellos mecanismos que refuerzan la accesibilidad a una información veraz para la adopción de decisiones económicas y que garantiza una cierta simetría de información en la formación de precios o de decisiones de inversión. De esta manera queda constatado por MARTÍNEZ DÍE, R., «Capítulo VIII. Pactos parasociales sujetos a publicidad: (Art. 530-535)», en PRENDES CARRIL, P. y MARTÍNEZ-ECHEVARRÍA, GARCÍA DE DUEÑAS, A. y CABANAS TREJO, R. (Dirs.). BALLESTER AZPITARTE, L. (Coord.), *Tratado de sociedades de capital: comentario judicial, notarial, registral y doctrinal de la Ley de sociedades de capital*, Vol. 2, Aranzadi Thomson Reuters, Navarra, 2017, p. 1213.

Aun así, aquellos pactos parasociales que vinculan únicamente a una parte de los socios de la sociedad no pueden tener eficacia ni frente a la sociedad, ni frente a los socios no participantes en ellos, ni tampoco frente a terceros[272].

En lo referente a la *operatividad frente a terceros*, el asunto resulta harto complicado. No debe caer en tierra infértil el principio general instituido por el artículo 1257 del Código Civil en el cual queda fijado que, los contratos sólo producen efecto entre las partes que los otorgan y sus herederos...; si *el contrato contuviere alguna estipulación en favor de un tercero, este podrá exigir su cumplimiento, siempre que hubiese hecho saber su aceptación al obligado antes de que haya sido aquélla revocada*. Sobre esta tesis, la doctrina más autorizada entiende que, cuando el tercero hubiera tenido conocimiento del pacto parasocial no será de aplicación la disposición del artículo 1257 *supra* mencionada, toda vez que, si se trata de una sociedad familiar cotizada siendo el tipo más habitual en la *praxis* societaria, los terceros pueden haber tenido conocimiento del contenido del pacto debido a que está sometido a un régimen de publicidad obligatorio[273].

B. Repercusión práctica

La idea nuclear que debe presidir el Derecho de Sociedades tiene su punto cardinal en que la protección dispensada a los acuerdos parasociales es, en principio, más débil que la proporcionada por las cláusulas estatutarias.

Lógicamente, cuando un pacto es incorporado a los estatutos[274] obliga no solo a los propios fundadores, sino a los que posteriormente adquieran acciones o par-

272. La eficacia frente a la sociedad de los pactos parasociales se suele poner en cuestión en situaciones de conflicto. Habitualmente, esta situación contenciosa se produce como consecuencia de la adopción de acuerdos en junta en contravención de lo pactado en el pacto parasocial. Sin embargo, de forma excepcional, también se puede producir en el caso de adopción de acuerdos en junta en cumplimiento del pacto parasocial, pero posterior inicio de un procedimiento de impugnación de acuerdos sociales por contradicción con normas estatutarias: *cfr*. PÉREZ MORIONES, A., «La necesaria revisión de la eficacia de los pactos parasociales omnilaterales o de todos los socios», *Estudios de Deusto: revista de Derecho Público*, Vol. 61, núm. 2, 2013, p. 295. La conclusión sintética que alcanza la gran mayoría de autores es que los pactos parasociales ni integran el ordenamiento jurídico de la sociedad, ni obligan a quienes no lo suscriben —ya sean otros socios o nuevos socios— ni se pueden hacerse valer frente a éstos; así queda claramente expuesto por CABEZUELO ADAME, I., «La eficacia de los pactos parasociales en la prevención de conflictos societarios», en ABEL LLUCH, X. (Coord.), *Las medidas preventivas de conflictos jurídicos en contextos económicos inestables*, J.M. Bosch Editor, Barcelona, 2014, p. 321.

273. SERRANO ACITORES, A., «Los pactos parasociales en la empresa familiar: el protocolo familiar», en CAZORLA GONZÁLEZ-SERRANO, L. (Dir.), *Acuerdos y Pactos Parasociales: una visión práctica desde su contenido*, Thomson Reuters Aranzadi, Navarra, 2018, p. 199.

274. Sin duda alguna, decisión soberana de los socios para cuya adopción debe ponderarse las ventajas e inconvenientes que de ellos puede derivarse. Concretamente, en el ámbito de actuación de la empresa familiar, habrá que dilucidar si es determinante o no incorporar tales pactos a los estatutos sociales o por el contrario mantenerlos en el campo del pacto parasocial. Algunos de esos factores pueden ser: a) El contenido del estatuto social debe

ticipaciones de la sociedad familiar, fenómeno, por cierto, muy habitual ante la llegada de nuevos miembros a la familia. Si así fuere, el pacto estatutario tiene eficacia normativa societaria, dado que su contenido puede ser oponible tanto a los socios, como a la propia sociedad[275]. Por el contrario, cuando el pacto es de carácter extraestatutario ha de concebirse como una estipulación que no se integra dentro del ordenamiento de la sociedad familiar habida cuenta de que esta debe ser considerada como un tercero[276]. He aquí, los pactos parasociales tienen una eficacia obligacional, puesto que forman parte de la esfera obligacional de los socios, diferenciada de la esfera societaria, por tanto, la celebración de los mismos y las cuestiones relativas a su cumplimiento están sujetas al Derecho de obligaciones y contratos, quedando al margen del Derecho societario. En concreto, la voluntad de los socios ha sido establecer unos pactos al margen de los estatutos sociales, por lo que esto implica una renuncia al régimen del *Ius societatis*[277].

De este modo, una corriente doctrinal aboga por entender que, frente a eventuales incumplimientos del pacto parasocial estos no podrán ser resueltos por la vía del Derecho societario, sin perjuicio de que el pacto sea considerado «omnilateral»[278]. Es decir, que ha sido otorgado por todos los socios de la

pasar el filtro de su calificación por parte del Registrador Mercantil antes de acceder al propio Registro; b) Si es calificado favorablemente e inscrito en el Registro Mercantil, los pactos estatutarios se ven favorecidos por la presunción de validez y exactitud que se derivan del mismo con apoyo en el artículo 20 del Código de Comercio; c) En el ámbito de la publicidad registral, los socios deben valorar si desean que terceros ajenos a la sociedad conozcan el contenido de ciertas estipulaciones insertas en el pacto parasocial, desde luego, decisión fundamental que afecta a su calificación como meramente contractual o con efectos societarios, entendidos estos en sentido amplio; d) Si se incorpora el pacto parasocial a los estatutos, la modificación o variación del pacto deviene más compleja al estar sometida a mayorías recogidas en la escritura social. Reflexiones interesantes a cargo de DÍEZ SOTO, C.M., «El protocolo familiar», en MONREAL MARTÍNEZ, J., SÁNCHEZ MARÍN, G., MEROÑO CERDÁN, A.L. y SABATER SÁNCHEZ, R. (Coords.), *La gestión de las empresas familiares: un análisis integral*, Thomson Reuters, Navarra, 2009, pp. 328-329.

275. De hecho, el operador jurídico práctico aboga por reconocer la eficacia y oponibilidad del pacto parasocial omnilateral, a pesar de la reticencia del legislador anclado en el pasado abogando por una separación de la esfera contractual y societaria. Así queda expuesto por MORENO VÁZQUEZ, P., *Los pactos parasociales*, Aranzadi Thomson Reuters, Navarra, 2018, p. 35 y ss.

276. Se debe entender como lícito, obligar societariamente, es decir, con causa en el contrato de sociedad al cumplimiento de una prestación parasocial de acatamiento de un cuerpo normativo extra-estatutario y como tal prestación parasocial —obligación accesoria de la cualidad de socio — y sin por ello desnaturalizar el contrato parasocial: contrato que no se convertiría o confunde con el de sociedad por este motivo: *Cfr.* FERNÁNDEZ DEL POZO, L., «El "enforcement" societario y registral de los pactos parasociales. La oponibilidad de lo pactado en protocolo familiar publicado», *Revista de Derecho de Sociedades*, núm., 2007, versión on line.

277. Parecer de MORALES BARCELÓ, J., «Pactos parasociales "vs" Estatutos sociales Eficacia jurídica e impugnación de acuerdos sociales por su infracción», *Revista de Derecho de Sociedades*, núm. 42, 2014, versión online.

278. En torno al mismo, *vid.* NOVAL PATO, J., *Los pactos omnilaterales: su oponibilidad a la sociedad: diferencias y similitudes con los estatutos y los pactos parasociales*, Civitas, Madrid, 2012; SERRA CALLEJO, J., «Validez y eficacia de los pactos parasociales: un enfoque sistemático», *CEFLegal: Revista práctica de derecho. Comentarios y casos prácticos*, núm. 249, 2021, versión online.

empresa familiar en tanto en cuanto no puede descartarse, al menos *a priori*, su oponibilidad, pues de lo contrario el interés social se denota completamente ignorado.

A sensu contrario, existen autores que entienden que no hay duda de que estos pactos —estén en el contrato social o fuera de él— son de naturaleza societaria y los suscriben todos los socios[279]. En verdad, las partes del pacto parasocial y los socios de la sociedad coinciden debido a que la voluntad de los socios es, en efecto, que tales pactos de carácter organizativo rijan la vida societaria y sean oponibles a la sociedad y no que sus pactos les vinculen entre sí en una relación distinta de la societaria cuando lo que pretenden es regular sus relaciones sociales[280].

En cualquier caso, y como postura más acertada y pacífica, los pactos parasociales pueden conservar la flexibilidad del Derecho contractual, pero beneficiarse al mismo tiempo de la eficacia del Derecho societario[281]. En un término medio, cabe reconocer la eficacia corporativa a los pactos de socios siempre y cuando no se opongan a normas societarias[282].

4. ASPECTOS DE DERECHO INTERNACIONAL PRIVADO

4.1. ACLARACIÓN CAPITAL

Como piedra angular para una correcta articulación de las normas de Derecho internacional privado debe entenderse que la situación legal en el campo de los pactos parasociales se sustentará sobre dos palmarias situaciones.

279. A juicio de ALONSO ESPINOSA, sólo es posible considerar «extraestatutarios» las «disposiciones pactadas por los socios en el protocolo familiar/pactos sociales que consta en escritura pública» desde un prisma formal, es decir, porque se trata de pactos al margen de los estatutos inscritos en el Registro mercantil. Sin embargo, *sustantivamente*, son pactos claramente sociales: vid. ALONSO ESPINOSA, F.J., «El pacto parasocial omnilateral como pacto social», *La Ley Mercantil*, núm. 102, 2023, versión online.

280. El trasfondo del argumento reside el convencimiento erróneo de que los pactos estatutarios o sociales son de calidad superior a los pactos parasociales porque ponen en marcha un sistema de *enforcement* específico de naturaleza legal: *cfr*. SÁEZ LACAVE, M.I., «Los pactos parasociales de todos los socios en Derecho español. Una materia en manos de los jueces», *Indret: Revista para el Análisis del Derecho*, núm. 3, 2009, pp. 8-10.

281. Según entiende IRIBARREN no son, en realidad, negocios independientes que den lugar a relaciones autónomas, sino disposiciones que forman parte del régimen del contrato de sociedad, aunque no figuren en los estatutos. Su duración, por tanto, debería ser la de la sociedad, a menos que lo contrario se estableciese por sus firmantes: IRIBARREN BLANCO, M., «Pactos parasociales para toda la vida (de la sociedad) y denuncia ad nutum», *Almacén de Derecho*, 2 de febrero de 2023, https://almacendederecho.org/pactos-parasociales-para-toda-la-vida-de-la-sociedad-y-denuncia-ad-nutum

282. PÉREZ MILLÁN, D., «La inscripción de la prestación accesoria de cumplimiento de un protocolo familiar: Comentario de la Resolución de la Dirección General de los Registros y del Notariado de 26 de junio de 2018 (RJ 2018, 3648)», *Revista de derecho mercantil*, núm. 311, 2019, versión online.

En primer lugar, si se entiende que el pacto parasocial posee eficacia societaria, los socios deben asumir que será el *Derecho de sociedades* el que será de aplicación ante eventuales litigios.

En segundo término, si se concibe que el pacto parasocial constituye un instrumento jurídico-privado que contiene una serie de normas reguladoras de la compañía familiar —en virtud del principio de la autonomía de la voluntad— al margen de su régimen estatutario, aquel debe quedar regido por el *Derecho de contratos*.

Evidentemente, en función de una u otra acepción, el camino a seguir, tanto desde la óptica de la determinación de la autoridad competente, así como de la demarcación de la ley aplicable será sustancialmente diferente[283]. Por este motivo de hondo calado, se ha tornado necesario examinar, prolijamente, desde una posición material, esta intrincada institución en la esfera del Derecho corporativo familiar. Su categorización va a constituir un segmento crucial y determinante para delimitar el juez competente y, consiguientemente, la norma de conflicto a resultas de la existencia de, al menos un, elemento de extranjería, denotando la aplicación de las normas de Derecho internacional privado de la Unión o del Derecho interno español.

4.2. COMPETENCIA JUDICIAL INTERNACIONAL

A. El foro —exclusivo— societario

a. Regulación y sustento jurisprudencial

Conviene tener en consideración que, la exclusividad de la competencia judicial recogida en el párrafo segundo, del artículo 24 Reglamento (UE) 1215/2012[284] descansa en el interés público y general del Estado del lugar de la situación de la persona jurídica en atención a la materia y a la especial proximidad del litigio con dicho Estado que se declarará exclusivamente competente[285]. Asimismo, se debe tener muy presente que, las materias relativas al Derecho

283. CSACH. K., «Cross-border Shareholders Agreements and Private International Law», en MOCK, S., CSACH, K., y HAVEL, B., (Eds.), *International Handbook on Shareholders´ Agreements*, De Gruyter Handbook, Berlín, 2018, pp. 94-97.

284. El sistema de atribución de competencias comunes previstas en el capítulo II del Reglamento (UE) 1215/2012 se basa en la regla general formulada en el artículo 4, apartado 1, según la cual las personas domiciliadas en un Estado miembro están sometidas a los órganos jurisdiccionales de dicho Estado, con independencia de la nacionalidad de las partes. Solo como excepción a esta norma general de la competencia de los órganos jurisdiccionales del domicilio del demandado, el artículo 24 del Reglamento establece normas de competencia exclusiva, las cuales deben, por lo tanto, interpretarse estrictamente, *vid*. STJUE de 10 de julio de 2019, asunto C-722/17, *Reitbauer y otros*: EU:C:2019:577.

285. FERNÁNDEZ ROZAS, J.C. y SÁNCHEZ LORENZO, S., *Derecho Internacional Privado*, 12ª ed., Thomson Reuters, Navarra, 2022, p. 85.

societario afectan de manera decisiva a la seguridad jurídica no solo de la propia sociedad, sino también de todos los efectos frente a los intereses de terceros.

Así las cosas, el precepto *supra* citado establece que, en materia de validez, nulidad o disolución de sociedades y personas jurídicas, así como en materia de validez de las decisiones de sus órganos[286], serán competentes con carácter exclusivo los tribunales del Estado miembro en que la sociedad o persona jurídica estuviera domiciliada[287], siempre que tales tribunales conozcan a título principal y no incidental[288].

No es sino menos cierto que, realmente, la atribución exclusiva a los tribunales donde está domiciliada la sociedad garantiza la uniformidad y homogeneidad de las resoluciones judiciales[289] a fin de evitar decisiones contradictoras, especialmente, en lo que se refiere a la existencia de la propia sociedad y a la validez de los acuerdos de sus órganos. Qué duda cabe que, los tribunales del Estado miembro en el que la sociedad tiene su domicilio social son los que ostentan una mejor posición para resolver los eventuales litigios, en particular por el hecho de que las formalidades de publicidad de la sociedad se producen en ese mismo Estado[290].

286. Un procedimiento judicial que tiene por objeto el control judicial de la validez parcial de un acuerdo de un órgano de una sociedad está comprendido en los parámetros del artículo 24.2 Reglamento (UE) 1215/2012. De este modo, el órgano jurisdiccional competente deberá examinar la validez del acuerdo de una sociedad en la medida en que verse sobre la determinación de dicho importe, decidir si este reviste un carácter razonable y, en su caso, anular dicho acuerdo en este punto y fijar una contraprestación por un importe diferente. *Vid.* STJUE de 7 de marzo de 2018, asunto C-560/16, *E.ON Czech Holding*: EU:C:2018:167.

287. Puede que haya sociedades que desarrollan todas sus actividades sociales en la UE, pero respecto de las que ningún tribunal de un Estado miembro sea competente en cuanto a sus litigios societarios, porque ningún Derecho estatal las considera domiciliadas en un determinado Estado miembro. Surge así, el denominado, por un sector de la doctrina, «conflicto negativo de competencias». En este caso, para evitar la «denegación de justicia», debe procederse a un «desarrollo judicial» a partir del «principio de la apariencia», en cuya virtud se considere que la sociedad está domiciliada en cualquier Estado miembro en el que realiza sus actividades propias de modo evidente. Solución alcanzada inteligentemente por CALVO CARAVACA, A.L. y CARRASCOSA GONZÁLEZ, J., «Sociedades de capital y otras personas jurídicas», en CALVO CARAVACA, A.L. y CARRASCOSA GONZÁLEZ, J. (Dirs.), *Tratado de Derecho Internacional Privado*, Tomo II, 2ª ed., 2022, p. 2775.

288. Sólo un litigio en el que se plantea la validez de una sociedad o de una decisión de los órganos de una sociedad con carácter principal está regulado por el párrafo segundo del artículo 24 del Reglamento (UE) 1215/2012, tal y como se deduce claramente de la STJUE de 12 de mayo de 2011, asunto C-144/10, *BVG*: EU:C:2011:300.

289. Así queda razonado por LEÓN SANZ, F.J., «Comentario al artículo 24.2», en BLANCO-MORALES LIMONES, P., GARAU SOBRINO, F.F., LORENZO GUILLÉN, Mª.L., y MONTEIRO MURIEL, F.J. (Coords.), *Comentario al Reglamento (UE) nº 1215/2012 relativo a la competencia judicial, el reconocimiento y la ejecución de resoluciones judiciales en materia civil y mercantil. Reglamento Bruselas I refundido*, Aranzadi Thomson Reuters, Navarra, 2016, p. 514.

290. De este modo, la atribución de esa competencia exclusiva a dichos tribunales se realiza en aras de una buena administración de la justicia., *vid.* el magnífico pronunciamiento de 2 de octubre de 2008, asunto C-327/07, *Hassett y Doherty*: EU:C:2008:534.

Pese a todo, ha de tenerse en consideración que, a los solos efectos de que se aplique el artículo 24, apartado 2, del Reglamento (UE) 1215/2012 es suficiente con que la acción judicial presente cualquier vínculo con un acuerdo adoptado por el órgano de la sociedad. De igual manera, será pertinente su puesta en escena en el proceso si el ámbito de aplicación comprende únicamente los litigios en que una parte impugne la validez de tal acuerdo de un órgano de una sociedad con arreglo al Derecho de sociedades aplicable o incluso de las disposiciones estatutarias relativas al funcionamiento de sus órganos[291].

Sobre este particular, cabe señalar que, las acciones previstas en el citado precepto son de naturaleza constitutiva o declarativa, es decir, acciones de las que se suelen derivar decisiones que producen efectos frente a una pluralidad de sujetos, a saber, socios, administradores y terceros[292]. De esta manera, el foro de atribución de competencia empleado por el legislador europeo se centra en la localización del domicilio de la sociedad o persona jurídica[293]. Para su concreción, la propia norma europea no dispone de los criterios enmarcados en su artículo 63, sino que incorpora la siguiente remisión: *para determinar dicho domicilio, el órgano jurisdiccional aplicará sus normas de Derecho internacional privado*, aunque baste decir que, ciertamente, constituye un claro obstáculo injustificado al ejercicio de las libertades en el espacio europeo de justicia.

b. Causas de inaplicación del foro societario

Ahora bien, la competencia exclusiva en materia societaria no agota todas las cuestiones vinculadas al funcionamiento de las sociedades. Por ende, quedan excluidos de dicha competencia los litigios que versen sobre reclamaciones sobre el funcionamiento de la sociedad que no hagan referencia a la disolución de la misma o de las decisiones de sus órganos, así como a los grupos de empresas[294]. En estos supuestos, la competencia se regirá por los foros

291. *Vid.* STJUE de 23 de otubre de 2014, asunto C-302/13, *flyLAL-Lithuanian Airlines*: EU:C:2014:2319. El TJUE incide en la vinculación entre la materia objeto del litigio y los tribunales que conforme a los foros exclusivos serían competentes; dicha vinculación hace a estos tribunales especialmente adecuados para conocer del asunto. Planteamiento desarrollado por HERRANZ BALLESTEROS, M., «El TJUE y el Reglamento Bruselas I-bis: los foros exclusivos», en CALVO CARAVACA, A.L. y CARRASCOSA GONZÁLEZ, J., *El Tribunal de Justicia de la Unión Europea y el Derecho Internacional Privado*, Thomson Reuters Aranzadi, Navarra, 2021, p. 151.

292. Los litigios comprendidos en el artículo 24.2 son aquellos supuestos en los que se hay contradicción a título principal en torno a: i) validez o nulidad de la sociedad o persona jurídica; ii) la disolución de la sociedad o persona jurídica; iii) la validez o nulidad de las decisiones de los órganos sociales. Perfectamente expuesto por GARCIMARTÍN ALFÉREZ, F.J., *Derecho Internacional Privado*, 7ª ed., Civitas Thomson Reuters, Navarra, 2023, p. 175.

293. Nótese que, a tenor del considerando 15 del Reglamento (UE) 1215/2012, en lo que respecta a las personas jurídicas, debe definirse el domicilio de manera autónoma para incrementar la transparencia de las normas comunes y evitar los conflictos de jurisdicción.

294. Con arreglo al foro general contemplado en el artículo 4 Reglamento (UE) 1215/2012, en los supuestos en los que se plantea demandar a un grupo de sociedades, cabe afirmar que

generales —prorroga tácita[295] o expresa[296] de la competencia y el foro del domicilio del demandado[297]— y, alternativamente, por aquellos específicos que sean aplicables a la materia de que se trate, dicho sea de paso, cuestión controvertida y que será justificada en los apartados B y C, habida cuenta de

---

sólo se puede iniciar el procedimiento contra la empresa filial en el Estado miembro donde dicha sociedad filial tiene su domicilio, en la medida que goza de independencia económica y organizativa y que es una persona jurídica distinta de la sociedad madre tal y como lo entienden VIRGOS SORIANO, M. y GARCIMARTÍN ALFÉREZ, F.J., *Derecho Procesal Civil Internacional. Litigación Internacional*, 2ª ed., Thomson Civitas, Navarra, 2007, pp. 137-138. El artículo 4 Reglamento (UE) 1215/2012 no puede emplearse para demandar a una sociedad filial con domicilio en un Estado miembro ante los tribunales de otro. En este escenario, el artículo 7.5 Reglamento (UE) 1215/2012 no puede ser empleado para demandar a la empresa matriz en el Estado miembro donde la empresa filial tiene su sede social. La empresa filial no es una mera sucursal, agencia o establecimiento de la empresa madre. Es una persona jurídica distinta. De igual manera sucede con el artículo 8.1 Reglamento (UE) 1215/2012 debido a que debe recordarse que tal precepto permite al demandante presentar su demanda contra todos los demandados en un mismo proceso, y ante los tribunales del Estado miembro donde tenga su domicilio cualquiera de ellos, pero dicha disposición exige para su propia aplicación que, todos los demandados tengan su domicilio en Estados miembros del Reglamento. Hipótesis formulada por CALVO CARAVACA, A.L. y CARRASCOSA GONZÁLEZ, J., «Sociedades de capital y otras personas jurídicas», en CALVO CARAVACA, A.L. y CARRASCOSA GONZÁLEZ, J. (Dirs.), *Tratado de Derecho Internacional Privado*, Tomo II, 2º ed., 2022, pp. 2781 y 2783.

295. Como consecuencia de la presentación de la demanda por parte del actor en el proceso y la comparecencia del demandado ante ese tribunal, siempre y cuando no impugne la competencia judicial internacional se entenderá que existe sumisión tácita. Esta prórroga tácita de competencia no resulta de la voluntad manifestada por las partes, sino de la realización de determinados actos procesales: por el demandante, ejercitar una acción emplazando al demandado a un tribunal en principio no competente para conocer de un litigio, y, por el demandado, comparecer ante tal tribunal siempre que, *in limine litis*, no interpusiera excepción declinatoria de falta de competencia. Sobre este último postulado, *vid*. RODRÍGUEZ BENOT, A., *Los acuerdos atributivos de competencia judicial internacional en Derecho comunitario europeo*, Eurolex, Madrid, 1994, p. 42.

296. La primacía del artículo 25 Reglamento (UE) 1215/2012 encuentra límites, y uno de ellos es el artículo 24. Tal y como apunta magníficamente RODRÍGUEZ BENOT, la *vis* de ese umbral se proyecta incluso respecto de terceros Estados: RODRÍGUEZ BENOT, A., «Comentario al artículo 25», en BLANCO-MORALES LIMONES, P., GARAU SOBRINO, F.F., LORENZO GUILLÉN, Mª.L., y MONTEIRO MURIEL, F.J. (Coords.), *Comentario al Reglamento (UE) nº 1215/2012 relativo a la competencia judicial, el reconocimiento y la ejecución de resoluciones judiciales en materia civil y mercantil. Reglamento Bruselas I refundido*, Aranzadi Thomson Reuters, Navarra, 2016, p. 548 y Herbert Kronke, H., «. El Tribunal de Luxemburgo recientemente ha afirmado que, la interpretación del artículo 25 del Reglamento (UE) 1215/2012 debe efectuarse a la luz de los objetivos de respeto de la autonomía de las partes y de refuerzo de la eficacia de los acuerdos exclusivos de elección de foro»: *vid*. STJUE de 8 de febrero de 2024, asunto C-566, *Inkreal*: EU:C:2024:123.

297. Cabe señalar que la atribución de competencia a los órganos jurisdiccionales de un Estado contratante en virtud del domicilio del demandado en el territorio de dicho Estado, incluso

poder ser aplicable el artículo 7.1 —materia contractual[298]—, el artículo 7.2 —materia extracontractual[299]— y también el artículo 7.5. —explotación de sucursal, agencia o establecimiento—. «Trio de ases» que, a continuación, serán desarrollados en la esfera comercial societaria, tomando como punto de partida que, el artículo 7.1 —materia contractual—[300] no tiene cabida si el

en relación con un litigio que, por su objeto o por el domicilio del demandante, esté vinculado, al menos parcialmente, a un Estado tercero, no impone obligación alguna a este último. Así queda dispuesto por la STJUE de 1 de marzo de 2005, asunto C-281/02, *Owusu*: EU:C:2005:120. Más aún, el considerando 15 Reglamento (UE) 1215/2012 subraya que las normas de competencia previstas en este se fundamentan en el principio de que la competencia judicial se basa generalmente en el domicilio del demandado, principio por el que debe regirse siempre la competencia judicial, excepto en algunos casos muy concretos. Incluso, conforme al considerando 16 Reglamento (UE) 1215/2012, se desprende que, el principio del foro del domicilio del demandado fue completado por el legislador de la Unión, con carácter excepcional, con otros foros, a causa de la estrecha conexión existente entre el órgano jurisdiccional y el litigio. En dicho considerando, se especifica que con la existencia de tal estrecha conexión se busca garantizar la seguridad jurídica y evitar la posibilidad de que una persona sea demandada ante un órgano jurisdiccional de un Estado miembro que no hubiera podido prever razonablemente: *vid.* STJUE de 30 de junio de 2022, asunto 652/20, *Allianz Elementar Versicherung*: EU:C:2022:514.

298. Podrán entrar en funcionamiento los foros específicos del Reglamento (UE) 1215/2012, en concreto, el foro en materia contractual recogido en su artículo 7.1., dado que las obligaciones que surjan entre los socios y la sociedad tienen su origen en una relación voluntariamente asumida mediante la emisión de acciones, la adquisición de éstas o la contratación de administradores. También será objeto de aplicación el foro general del domicilio del demandado, que podrá ser el administrador o un socio determinado, de acuerdo con lo previsto en el artículo 4 Reglamento (UE) 1215/2012 Así lo deja perfectamente reflejado ARENAS GARCÍA, R., «Sociedades», en FERNÁNDEZ ROZAS, J.C., ARENAS GARCÍA, R., y DE MIGUEL ASENSIO, P.A., *Derecho de los negocios internacionales*, 6ª ed., Iustel, Madrid, 2020, p. 276.

299. En materia de Derecho societario, concretamente, en lo que se refiere a demandas dirigidas a exigir la responsabilidad de un miembro del consejo de administración y de un accionista de una sociedad, por las deudas de dicha sociedad, el Tribunal de Justicia ha declarado que el «lugar donde se hubiere producido o pudiere producirse el hecho dañoso», que figura en el artículo 7, punto 2, del Reglamento (UE) 1215/2012 se sitúa en el lugar con el que tienen un nexo las actividades desarrolladas por la sociedad y la situación económica relativa a dichas actividades, esto es, el domicilio social de dicha sociedad, *vid.* STJUE de 18 de julio de 2013, asunto C-147/12, *ÖFAB*: EU:C:2013:490. De igual manera, debe considerarse, por analogía, que dicho lugar es también el lugar en el que se ha producido o puede producirse el hecho dañoso en el momento en que se trata de atribuir la competencia para conocer de una acción de indemnización por daños y perjuicios, ejercitada por el administrador concursal, contra la sociedad matriz cabecera de una sociedad cuyas deudas han pasado a ser incobrables por haber incumplido dicha sociedad matriz su deber de diligencia para con los acreedores de esa sociedad, *vid.* STJUE de 10 de marzo de 2022, asunto C-498/20 — *BMA Nederland*: EU:C:2022:173.

300. La materia contractual comprende toda pretensión basada en una obligación libremente consentida por una persona con respecto a otra. Aseveración hallada, entre otros, en un ingente grupo de pronunciamientos, a saber: STJUE de 11 de noviembre de 2020, asunto C-433/19, *Ellmes Property Services*: EU:C:2020:900; STJUE de 5 de diciembre de 2019, asunto C-421/18, *Ordre des avocats du barreau de Dinant*: EU:C:2019:1053; STJUE de 8

pacto parasocial posee eficacia societaria, tal y como se está formulando en el presente subepígrafe.

B. El foro específico de la explotación de sucursal, agencia o cualquier otro establecimiento

a. *Concepto y peculiaridades esenciales*

Por la vía jurisprudencial, en particular a través del paradigmático asunto *Somafer SA*[301], el Alto Tribunal Europeo estableció el concepto de sucursal, agencia o cualquier otro establecimiento concebido como el centro de operaciones que se manifiesta de modo duradero hacia el exterior como la prolongación de una empresa principal, dotado de una dirección y materialmente equipado para poder realizar negocios con terceros, de tal modo que estos, aun sabiendo que eventualmente se establecerá un vínculo jurídico con la empresa principal, cuyo domicilio social se halla en el extranjero, quedan dispensados de dirigirse a ella directamente, y pueden realizar negocios en el centro operativo que constituye su prolongación[302].

Precisamente, el Tribunal de Luxemburgo destaca que la agencia, sucursal o establecimiento debe presentarse a la vista de terceros de manera fácilmente reconocible como una prolongación de la casa matriz, debido a que el vínculo de sumisión a la dirección y al control de la matriz no existe cuando el representante de esta última puede organizar libremente lo esencial de su actividad y determinar su tiempo de trabajo[303].

---

de mayo de 2019, asunto C-25/18, *Kerr*: EU:C:2019:376; STJUE de 14 de marzo de 2013, asunto C-419/11, *Česká spořitelna*: EU:C:2013:165; STJUE de 28 de enero de 2015, asunto C-375/13, *Kolassa*: EU:C:2015:37, y STJUE de 21 de abril de 2016, asunto C-572/14, *Austro-Mechana*: EU:C:2016:286.

301. STJUE de 22 de noviembre de 1978, asunto 33/78, *Somafer*: EU:C:1978:205.

302. Interesa destacar que, el concepto de explotación comprende, por una parte, los litigios relativos a los derechos y obligaciones, contractuales o extracontractuales, sobre la gestión propiamente dicha de la agencia, de la sucursal o del establecimiento, en sí mismos, tales como los que se refieren al alquiler del inmueble donde estén instaladas estas unidades de actuación o a la contratación en dicho lugar del personal que allí trabaja; por otra parte, también comprende los litigios relativos a las obligaciones contraídas por el centro de operaciones anteriormente descrito, en nombre de la empresa principal y que se deban cumplir en el Estado contratante donde dicho centro de operaciones se halle establecido, así como los referentes a las obligaciones extracontractuales derivadas de las actividades que la sucursal, la agencia o cualquier otro establecimiento, en el sentido anteriormente expuesto, haya realizado por cuenta de la empresa principal en el lugar donde se encuentre establecido; que, en cada caso, corresponde al órgano jurisdiccional que conoce del asunto determinar los indicios que permitan apreciar la existencia de un centro efectivo de operaciones y calificar la relación jurídica controvertida respecto al concepto de «explotación» (Fallo del asunto *Somafer*).

303. De tal manera que, no reunirá los requisitos de una sucursal, agencia u otro establecimiento el agente comercial (intermediario) independiente, en el sentido de que, en virtud de su estatuto legal, puede libremente organizar lo esencial de su actividad y determinar el tiempo

Sea como fuere, la noción de agencia, sucursal o establecimiento comprende todo tipo de asentamientos secundarios que dependen y son controlados por la empresa matriz. Ello impide utilizar este foro en relación con agentes independientes o respecto a filiales con dirección propia, ergo son personas jurídicas diferentes. Asimismo, el establecimiento, sucursal o agencia exige una presencia física estable en el Estado miembro de que se trata con un mínimo de organización comercial. No es suficiente la presencia esporádica o incluso duradera siempre que no implique una organización económica interna de la sucursal, establecimiento o agencia[304].

Se infiere sugestivo tener en cuenta el matiz ofrecido por el Tribunal de la Unión en el asunto *De Bloos/Bouyer* en lo que respecta al concepto de «establecimiento», al considerar que ha de poseer los mismos elementos esenciales que los de la sucursal o agencia[305]. Ahora bien, se activará el artículo 7.5 Reglamento (UE) 1215/2012 en aquel caso en el que una persona jurídica establecida en un Estado contratante que, sin explotar una sucursal, agencia o establecimiento carente de autonomía en otro Estado contratante, ejerza sin embargo en dicho Estado sus actividades a través de una sociedad independiente que lleve el mismo nombre y tenga la misma dirección, que actúe y celebre negocios en su nombre y de la que se sirva como si fuera una prolongación[306].

En este arduo contexto, se ha planteado en la doctrina si esta norma puede emplearse en casos de filiales que no sean dependientes jurídicamente, es decir, que no forman parte de un grupo societario. Afirmar tal posibilidad conllevaría la posibilidad de demandar a la filial ante los tribunales del lugar de su domicilio y también a la matriz[307].

---

de trabajo que consagra a una empresa a la que acepta representar, y a quien la empresa que representa no puede impedir que al mismo tiempo represente a varias firmas de la competencia en el mismo sector de producción o comercialización y que, además, se limita a cursar los pedidos a su casa matriz, sin participar ni en llevar a buen fin ni en ejecutar los negocios (*Vid.* STJUE de 18 de marzo de 1981, asunto C-139/80, *Blankaert & Willems/ Trost*: EU:C:1981:70.

304. CALVO CARAVACA A.L. y CARRASCOSA GONZÁLEZ, J., *Litigación internacional en la Unión Europea I. Competencia judicial y validez de resoluciones en materia civil y mercantil en la Unión Europea. Comentario al Reglamento Bruselas I Bis*, Thomson Reuters Aranzadi, Navarra, 2017, p. 440.
305. STJUE de 6 de octubre de 1976, asunto C-14/76, *De Bloos/Bouyer*: EU:C:1976:134.
306. La justificación radica en que, los terceros que negocian con el establecimiento que actúa como prolongación de otra sociedad deben poder confiar en la apariencia así creada y considerar este establecimiento como un establecimiento de esa otra sociedad, aunque, desde el punto de vista del Derecho de sociedades, las dos sociedades sean independientes una de otra; *vid.* STJUE de 9 de diciembre de 1987, asunto C-218/86, *SAR Schotte/Parfums Rothschild*: EU:C:1987:536.
307. Se puede admitir la aplicación del artículo 7.5 Reglamento (UE) 1215/2012 a aquellas filiales que poseen una unidad o control económico y cuando aquellas comercian bajo una misma denominación. La autora plantea la cuestión de si la denominación semejante debe ser

b. Implementación en el tráfico jurídico externo

De conformidad con el artículo 7.5 Reglamento (UE) 1215/2012, si se trata de litigios relativos a la explotación de sucursales, agencias o cualquier otro establecimiento, la competencia para conocer de la acción corresponderá al órgano jurisdiccional donde se hallen sitos[308].

Este foro permite otorgar competencia al tribunal más próximo a los hechos objeto de la controversia permitiendo una mejor organización del proceso. Resulta habitual que los instrumentos de competencia judicial internacional establezcan foros alternativos al del domicilio del demandado[309], a partir de los cuales un juez o tribunal puede declararse competente. Por ende, estos foros se les atribuyen el calificativo de «especiales».

Así las cosas, en la mayoría de los casos el foro especial puede coincidir con el foro del domicilio del demandante, sin que por ello se convierta en foro exorbitante, toda vez que se construye sobre indicios de proximidad razonables y específicos[310]. En cierto modo, aunque estos foros ofrecen al demandante la posibilidad de elegir entre dos o más tribunales a la hora de presentar la demanda, son «concurrentes», o sea, no impiden que los tribunales de otro Estado puedan declararse competentes[311].

---

requisito indispensable cuando existe unidad de grupo; si bien, constituye un indicio más pero no una *conditio sine qua non* ya que por sí mismo no demuestra que la filial sea falsa (*Vid.* GARCÍA ÁLVAREZ, L., *Competencia judicial internacional, daños ambientales y grupos transnacionales de sociedades*, Comares, Granada, 2016, p. 116).

308. Se trata de permitir al actor litigar en el país donde la sociedad, pese a tener su desde estatutaria, administración central o su centro de actividad principal en otro Estado, ha desplegado su actividad mediante una instalación permanente en otro Estado, es el denominado establecimiento secundario: *Vid.* BALLESTEROS BARROS, A.M., *La responsabilidad de la sociedad dominante en los grupos internacionales de sociedades*, Civitas Thomson Reuters, Navarra, 2018, p. 191.

309. El foro del domicilio del demandado es ineficiente pese a la difusión universal de dicha regla jurídica. *Actor sequitur* penaliza el comercio internacional, desincentiva la actividad internacional de los particulares y beneficia en modo muy significativo la posición del demandado, que es con frecuencia el incumplidor de los deberes jurídicos. Este foro beneficia al demandado, pues le permite una adecuada organización de la defensa procesal en su propio país. El demandado litiga «en casa». El «viaje jurisdiccional» lo tiene que realizar el demandante, pues es éste el que debe desplazarse al Estado donde el demandado tiene su domicilio y adaptarse a las peculiaridades procesales y procedimentales de dicho Estado. Y es el actor el que debe asumir el gasto de dicho viaje jurisdiccional: así lo queda por manifiesto de la mano de CARRASCOSA GONZÁLEZ, J., «Foro del domicilio del demandado y Reglamento Bruselas "I-bis 1215/2012". Análisis crítico de la regla actor sequitur forum rei», *Cuadernos de Derecho Transnacional*, Vol. 11, núm. 1, 2019, pp. 112-138, esp. pp. 116-117.

310. FERNÁNDEZ ROZAS, J.C. y SÁNCHEZ LORENZO, S., *Derecho Internacional Privado*, 12ª ed., Thomson Reuters Aranzadi, Navarra, 2022, libro electrónico.

311. No son foros territoriales: no otorgan competencia globalmente a los tribunales de un Estado, sino que determinan tribunales territorialmente competentes dentro de ese Estado. En caso de contradicción, estos foros prevalecen sobre las normas procesales internas sobre

No cabe duda de que es un foro cuyo funcionamiento se afianza con independencia de la naturaleza material del objeto del litigio. Opera como una suerte de «pequeño domicilio» dado que es un foro intermedio entre el foro general y los foros especiales. Por el contrario, no es un foro activo dado que no puede ser invocado en aquellos litigios en los que la empresa titular del establecimiento interviene como demandante[312].

En cualquier caso, el artículo 7.5 Reglamento (UE) 1215/2012 constituye una regla de competencia especial y, por lo tanto, debe contemplarse de modo autónomo y estricto[313], sin que quepa una interpretación que vaya más allá de los supuestos expresamente enmarcados en dicho Reglamento, tal y como afirma el juzgador europeo[314]. No obstante, un sólido sector doctrinal afirma que los foros especiales por razón de la materia no deben interpretarse de modo restrictivo porque no operan como una excepción al artículo 4 Reglamento (UE) 1215/2012[315].

En los supuestos en que la sociedad actúe a través de su sucursal situada en un país distinto al del domicilio estatutario y su administración central, esta no podrá ser demandada sobre la base del foro general del domicilio del demandado. En la órbita de la doctrina más autorizada se entiende que el resultado no es

competencia territorial. Así queda apuntado por LÓPEZ-TARRUELLA MARTÍNEZ, A., *Manual de Derecho Internacional Privado*, 3ª ed., Editorial Club Universitario, Alicante, 2018, pp. 74-76.

312. No puede utilizarse como criterio para atraer a otros co-demandados: *Vid*. GARCIMARTÍN ALFÉREZ, F.J., *Derecho Internacional Privado*, 7ª ed., Civitas Thomson Reuters, Navarra, 2023, pp. 102-103.

313. Idea sumamente asentada por el Juez europeo desde hace más de una treintena de años, de la mano del paradigmático asunto *Kalfelis*, C-189/87 de 27 de septiembre de 1988: EU:C: 1988:459.

314. *Vid*. la STJUE de 5 de julio de 2018, asunto C-27/17, *flyLAL-Lithuanian Airlines*: EU:C: 2018:533. Air Baltic tiene una sucursal en Lituania, y, por lo tanto, se hace necesario verificar que esta participó efectivamente en algunos de los actos constitutivos del ilícito civil. En esas circunstancias, señala el TJUE que corresponde al órgano remitente determinar si la sucursal participó en la oferta y aplicación de los precios predatorios que se alegan y si esa participación puede considerarse suficientemente significativa, sin que sea relevante a estos efectos que, como se había alegado, la sucursal no llevase una contabilidad distinta de la de su matriz A propósito de tal pronunciamiento, *vid*. TORRALBA MENDIOLA, E.C., «Competencia judicial internacional en las reclamaciones de daños derivados de ilícitos anticoncurrenciales. Sentencia del Tribunal de Justicia de 5 de julio de 2018 en el asunto C-27/17: flyLAL-Lithuanian Airlines», *La Ley Unión Europea*, núm. 64, 2018, versión *on line*.

315. El considerado 15 del Reglamento (UE) 1215/2012 ofrece un sólido apoyo para descartar que los foros especiales presenten carácter excepcional que imponga una interpretación restrictiva. Como se puede apreciar, el legislador europeo considera que, tanto la elección de tribunal por las partes como los foros especiales, justifican que los tribunales elegidos o los tribunales a las que conducen tales foros dispongan de competencia judicial internacional con independencia de cuál sea el Estado miembro del domicilio del demandado (*Cfr*. CALVO CARAVACA, A.L. y CARRASCOSA GONZÁLEZ, J., *Derecho Internacional Privado*, 18ª ed., Vol. II, Comares, Granada, 2018, p. 795).

adecuado porque quien contrata con la sociedad puede tener la lógica expectativa de poder recurrir al foro del lugar en el que se encuentra establecido aquél con quien contrata[316].

Siguiendo la estela jurisprudencial europea, el foro erigido por el artículo 7.5 Reglamento (UE) 1215/12012 se basa en la existencia de una conexión particularmente estrecha entre la controversia y los órganos jurisdiccionales potencialmente llamados a conocer de ella, que justifica la atribución de competencia a estos por razones de buena administración de la justicia y de adecuada sustanciación del proceso[317]. Así, no cabe duda de que, quienes mejor pueden adquirir la información fáctica necesaria para resolver los litigios derivados de la actividad de una sucursal y hacerlo a un menor coste son los tribunales del Estado de situación de esa sucursal. Asimismo, esto conlleva reducción de los elevados gastos de notificación internacional y de ejecución de la sentencia. Igualmente, el foro de la sucursal conlleva la imputación razonable de las cargas procesales[318].

En otro orden de planteamientos, el foro de la sucursal cumple con las ineludibles exigencias de previsibilidad y seguridad jurídica, por ello parece razonable pensar que el titular de un establecimiento ha podido prever que podría llegar a ser demandado ante el tribunal donde esté localizado el establecimiento situado[319]. En todo caso, el lugar de dicho establecimiento solo es relevante si

---

316. Por consiguiente, las sociedades que tengan su sede estatutaria, su administración central o su principal centro de actividad en un Estado miembro podrán ser demandadas en otro Estado miembro en el que tengan su sucursal, agencia o cualquier establecimiento. Se facilita al demandante un «foro de ataque» puesto que podrá elegir donde poder demandar a la sociedad en el Estado de su domicilio o en el lugar en el que se encuentre la sucursal a través de la cual se contrató con la sociedad (*Cfr.* ARENAS GARCÍA, R., «Sociedades» en FERNÁNDEZ ROZAS, J.C., ARENAS GARCÍA, R. y DE MIGUEL ASENSIO, P.A., *Derecho de los negocios internacionales*, 6ª ed., Iustel, Madrid, 2020, pp. 272-273).

317. STJUE de 6 de abril de 1995, asunto C-439/93, *Lloyd's Register of Shipping/Campenon Bernard*: EU:C:1995:104; STJUE de 19 de julio de 2012, asunto C-154/11, *Mahamdia*: EU:C:2012:491.

318. Un pilar fundamental de la doctrina sostiene que, el foro de la sucursal conlleva una imputación razonable de cargas procesales. Desde la perspectiva del demandado, su sumisión a los tribunales extranjeros se justifica a partir del principio de autorresponsabilidad, es decir, el demandado ha querido llevar una actividad continuada y sistemática en ese Estado. Desde la perspectiva del actor, la posibilidad de utilizar este foro se justifica a partir del principio de protección de la confianza: los terceros que se relacionan con el demandado, a través de un establecimiento de este en ese país, confían en poder reclamar ahí su tutela de los derechos subjetivos de esa relación (*Cfr.* VIRGOS SORIANO, M. y GARCIMARTÍN ALFÉREZ, F.J., *Derecho Procesal Civil Internacional. Litigación Internacional*, 2ª ed., Thomson Civitas, Navarra, 2007, p. 136).

319. Las empresas filiales creadas *ex novo* o mediante la adquisición de una sociedad ya existente, se caracterizan por gozar de una plena autonomía jurídica, pero no económica, con respectos a la empresa matriz (*Vid.* PALAO MORENO, G., «Dimensión internacional de las sociedades» en ESPLUGUES MOTA, C. (Dir.), *Derecho del Comercio Internacional*, 10ª ed., Tirant lo Blanch, Valencia, 2022, p. 169).

se encuentra en un Estado diferente donde está domiciliado el demandado[320]. También, se ha enfatizado que dicho foro especial por razón de la materia permite que, en aquellos procesos judiciales que puedan suscitarse con los diversos establecimientos de una empresa se distribuyan territorialmente de forma similar, de manera que toda la carga procesal no tenga que recaer, necesariamente, sobre los tribunales donde se encuentre la sede central de la mercantil[321].

C. El foro especial en materia delictual o quasi delictual

a. Ausencia legal de conceptualización

El legislador de la Unión no concreta, curiosamente, un concepto de «materia delictual o cuasidelictual». Así las cosas, en el seno del TJUE, la definición ofrecida se apoya en el siguiente planteamiento: toda pretensión por la que se exija la responsabilidad de un demandado y que no esté relacionada con la materia contractual será concebida como «materia delictual o cuasidelictual»[322], parámetro que pudiera ser viable ante la existencia de un menoscabo patrimonial surgido entre los socios familiares en ausencia de regulación contractual alguna.

Como puede atisbarse, el Tribunal califica la materia extracontractual en clave negativa respecto de la materia contractual[323], imponiendo la sana razón de que los conceptos de «materia contractual» y de «materia delictual o cuasidelictual»[324] no pueden sino entenderse en tanto en cuanto se remitan a la calificación que estime la ley nacional aplicable a la determinada relación jurídica sobre la que debe pronunciarse el órgano jurisdiccional nacional[325]. Igual-

320. GUTIÉRREZ GIL SANZ, J., «Comentario al artículo 7.5» en BLANCO-MORALES LIMONES, P., GARAU SOBRINO, F.F., LORENZO GUILLÉN, M.L., y MONTERO MURIEL, F.J. (Coords.), *Comentario al Reglamento (UE) nº 1215/2012 relativo a la competencia judicial, el reconocimiento y la ejecución de resoluciones judiciales en materia civil y mercantil. Reglamento Bruselas I refundido*, Thomson Reuters Aranzadi, Navarra, 2016, p. 238.

321. Vid. en este sentido, DE LA OLIVA SANTOS, A., *Derecho procesal civil europeo*, Vol. I, Aranzadi, Navarra, 2011, p. 130.

322. *Vid*. entre otras, STJUE de 9 de diciembre de 2021, asunto C-242/20, *HRVATSKE ŠUME*: EU:C:2021:985; STJUE de 24 de noviembre de 2020, asunto C-59/19, *Wikingerhof*: EU:C:2020:950; STJUE de 12 de septiembre de 2018, asunto C-304/17, *Löber*: EU:C:2018:701.

323. Así queda señalado por BLANCO-MORALES LIMONES, P., «Acciones declarativas negativas y forum delicti comisii. ¿Galgos o Podencos? La Litispendencia. Comentario a la sentencia del Tribunal de Justicia (Sala Primera) de 25 de octubre de 2012. Folien Fischer AG y Fofitec AG Contra Ritrama SPA», *Cuadernos de Derecho Transnacional*, Vol. 5, núm. 1, 2013, p. 242.

324. ¿Pueden los demandantes elegir entre reclamaciones contractuales y extracontractuales derivadas de los mismos hechos con diferentes consecuencias jurisdiccionales y/o de elección de la ley aplicable? A propósito de esta sugestiva cuestión, *vid*. PEARI, S. and TEO, M., «Justifying concurrent claims in private international law», *Cambridge Law Journal*, 2023, 33 pp.

325. STJUE de 24 de noviembre de 2022, asunto C-59/19, *Wikingerhof*: EU:C:2020:950 y STJUE de 13 de marzo de 2014, asunto C-548/12, *Brogsitter*: EU:C:2014:148.

mente, el Alto Tribunal matiza que, la obligación extracontractual no debe basarse en una obligación jurídica libremente consentida por una persona respecto a otra[326].

En todo caso, desde un punto de vista estratégico-procesal, el *forum delicti comissi* permite al actor elegir el tribunal que conocerá de su demanda, sin duda, una posición reforzada por el principio dispositivo que rige el procedimiento civil[327].

b. Puntualizaciones a la luz de la doctrina y jurisprudencia europea

El foro contenido en el artículo 7.2 Reglamento (UE) 1215/2012 se trata de un «foro de ataque» ya que otorga al demandante una posibilidad adicional de interponer su demanda ante tribunales de otro Estado miembro diferente al Estado miembro del domicilio del demandado. Asimismo, presenta como característica el doble criterio de atribución de competencia, por lo que nos hallamos ante una especie de doble foro por cuanto el demandante dispone de dos criterios netamente diferenciados, toda vez que el lugar del hecho causal no sea idéntico al de la materialización del daño[328], en la medida en que si se hace imposible prever el lugar donde se produce el hecho dañoso, este deja de cumplir su misión de designar de manera clara, directa y previsible el tribunal competente[329].

En definitiva, conoce de aquellos supuestos que la doctrina ha venido denominando *ilícitos a distancia como* se ha puesto de manifiesto en el célebre asunto de las *Mines de Potasse d'Alsace*[330]; esto es, el acto culposo se inicia o tiene su origen en un país, pero produce el efecto dañoso en otro u otros países diferentes [331].

326. STJUE de 20 de enero de 2005, asunto C-27/02, *Engler*: EU:C:2005:33.

327. SABIDO RODRÍGUEZ, M., «Comentario al artículo 7.2», en BLANCO-MORALES LIMONES, P., GARAU SOBRINO, F.F., LORENZO GUILLÉN, M.L., y MONTERO MURIEL, F.J. (Coords.), *Comentario al Reglamento (UE) nº 1215/2012 relativo a la competencia judicial, el reconocimiento y la ejecución de resoluciones judiciales en materia civil y mercantil. Reglamento Bruselas I refundido*, Thomson Reuters Aranzadi, Navarra, 2016, p. 189.

328. Reflexión ávidamente apuntada por HORRACH ARMO, J.G., *Jurisdicción y ley aplicable en materia de competencia desleal en el marco de la economía de las plataformas digitales*, Marcial Pons, Madrid, 2022, p. 76.

329. Bajo los postulados de tal hipótesis, se traiciona uno de los principios fundamentales en materia de Derecho procesal civil internacional: la previsibilidad de la competencia del tribunal: CARRASCOSA GONZÁLEZ, J., *Derecho internacional privado y dogmática jurídica*, Comares, Granada, 2021, p. 237.

330. STJ de 30 de noviembre de 1976, asunto C-21/76, *Handelskwekerij Bier/Mines de Potasse d'Alsace*: EU:C:1976:166

331. En torno al mismo, *vid.* interesante estudio de CALVO CARAVACA, A.L. y CARRASCOSA GONZÁLEZ, J., «Ilícitos a distancia y daños patrimoniales directos: Del caso Minas de Potasa de Alsacia (1976) al caso Volkswagen (2020)», en ATAZ LÓPEZ, J. y COBACHO

A tenor de lo dispuesto hasta el momento, se puede sostener que, desde el momento en que una disposición como la contenida en el artículo 7.2 fija una regla de competencia permitiendo alejarse de lo contenido en el principio general —artículo 4 Reglamento (UE) 1215/2012— su interpretación ha de ser de manera estricta[332] y autónoma[333] remitiéndose al sistema y a los objetivos del Reglamento del que forma parte, tal y como se ha venido apuntando en líneas anteriores[334]. Sobre este particular debe advertirse que, en sede de responsabilidad civil extracontractual no es conveniente extender el alcance más allá de la hipótesis contenida de manera expresa en el Reglamento (UE) 1215/2012, so pena de no menoscabar el espíritu del legislador europeo, por cuanto el concepto «lugar donde se hubiere producido el hecho dañoso» no puede interpretarse de manera extensiva hasta el punto de englobar cualquier lugar donde puedan experimentarse las consecuencias perjudiciales de un hecho que haya causado un daño efectivamente sobrevenido en otro lugar[335].

Cierto es que, la designación del órgano jurisdiccional más próximo al litigio conlleva a que tal juez será el que mejor situado para resolverlo[336]. Esta idea tiene su fundamento en el «principio de proximidad razonable» ya que se basa en la existencia de una «conexión particularmente estrecha» entre la controversia y el órgano jurisdiccional del lugar en que se ha producido el hecho dañoso[337] y que, lógicamente, en materia societaria tiene importancia nuclear para alcanzar una situación satisfactoria y evitar la dispersión del litigio conllevando altos costes procesales para el conjunto de socios familiares.

GÓMEZ, J.A. (Coords.), *Cuestiones clásicas y actuales del Derecho de daños. Estudios en homenaje al profesor Dr. Roca Guillamón*, Aranzadi Thomson Reuters, Navarra, 2021, pp. 987-1022.

332. Entre otros, *vid.* STJUE de 3 de octubre de 2013, asunto C-170/12, *Pinckney*: EU:C:2013:635; STJUE de 16 de julio de 2009, asunto C-189/08, *Zuid-Chemie*: EU:C:2009:475.

333. STJUE de 21 de diciembre de 2021, asunto C-251/20, *Gtflix Tventencia*: EU:C:2021:1036; STJUE de 17 de octubre de 2017, asunto C-194/16, *Bolagsupplysningen e Ilsjan*: EU:C:2017:766

334. Entre otros, *vid.* STJUE de 3 de octubre de 2013, asunto C-170/12, *Pinckney*: EU:C:2013:635; STJUE de 16 de julio de 2009, asunto C-189/08, *Zuid-Chemie*: EU:C:2009:475.

335. *Vid.* STJUE de 10 de junio de 2004, asunto C-168/02, *Kronholfer*: EU:C:2004:364.

336. En materia delictual o cuasidelictual, el tribunal del lugar donde se ha producido o puede producirse el hecho dañoso es normalmente el más adecuado para conocer del asunto, no solo por motivos de proximidad del litigio sino también de facilidad para la práctica de la prueba: *vid.* STJUE de 17 de octubre de 2017, asunto C-194/16, *Bolagsupplysningen e Ilsjan*: EU:C:2017:766.

337. Justificación más que suficiente para atribuir la competencia a dicho órgano jurisdiccional por razones de buena administración de la justicia y de una sustanciación adecuada del proceso, tal y como queda precisado por GOÑI URRIZA, N., «La concreción del lugar donde se ha producido el hecho dañoso en el Art. 5.3 del Reglamento 44/2001: Nota a la STJCE de 16 de julio de 2009», *Cuadernos de Derecho Transnacional*, Vol. 3, núm. 1, 2011, pp. 290-295.

D. El foro especial en materia contractual

a. Interpretación en el seno de la empresa

Al respecto, cabe recordar que la expresión «materia contractual», tal y como refleja el precepto objeto de análisis, debe interpretarse de manera autónoma[338] con el fin de garantizar la aplicación uniforme de este en todos los Estados miembros[339]. Por lo tanto, no puede entenderse que se remita a la calificación que la ley nacional aplicable da a la relación jurídica sobre la que debe pronunciarse el órgano jurisdiccional nacional[340].

En cualquier caso, será de aplicación ante la existencia de un compromiso libremente asumido por una parte frente a la otra, siempre que la acción ejercitada está basada en una obligación o compromiso[341].

Así las cosas, se ha de poner de relieve que el pacto parasocial, desde esta visión contractual, no adquiere el carácter de sinalagmático puro, toda vez que los intereses de las partes —socios— no son contrapuestos debido a que poseen como elemento clave la puesta en común de trabajo, patrimonio, etc., con el *animus* de participar en las ganancias de la compañía familiar[342]. También, presenta como tinte característico que, las obligaciones asumidas por una o varias partes, en ocasiones, son frente a sujetos indeterminados, como pueden ser

338. Esta interpretación autónoma se concreta en que, para definir si una determinada acción es contractual o no, en el caso en que exista un contrato entre las partes, hay que analizar los datos de hecho, el objeto del contrato, y no si ha existido incumplimiento de dicho contrato con arreglo a ningún Derecho. Esto permite situar el litigio en un escenario concreto sin necesidad de prejuzgar la validez de elementos del fondo del asunto. Razonamiento vertido por CEBRIÁN SALVAT, M.A., «Estrategia procesal y litigación internacional en la Unión Europea: distinción entre materia contractual y extracontractual», *Cuadernos de Derecho Transnacional*, Vol. 6, núm. 2, 2014, p. 329.

339. Ello implica que los conceptos empleados por el legislador en el Reglamento (UE) 1215/2012 son interpretados y definidos de un modo propio y particular, esto es, son conceptos europeos. Sobre tal particularidad *vid*. CALVO CARAVACA, A.L., y CARRASCOSA GONZÁLEZ, J., «La jurisprudencia normativa del Tribunal de Justicia de la Unión Europea y el Reglamento de Bruselas I-bis», en CALVO CARAVACA, A.L., y CARRASCOSA GONZÁLEZ, J. (Coords.), *El Tribunal de Justicia de la Unión Europea y el Derecho Internacional Privado*, Thomson Reuters Aranzadi, Navarra, 2021, p. 42.

340. Apuntado por el TJUE en los asuntos, entre otros, de 13 de marzo de 2014, asunto C-548/12, *Brogsitter*: EU:C:2014:148; de 14 de julio de 2016, asunto C-196/15, *Granarolo*: EU:C:2016:559.

341. *Vid*. entre otras, STJUE de 26 de marzo de 2020, asunto C-215/18, *Primera Air Scandinavia A/S*: EU:C:2020:235; STJUE de 14 de marzo de 2013, asunto C-419/11, *Česká spořitelna*: EU:C:2013:165.

342. El reparto de dividendos es un tema delicado en la empresa familiar, dado que, en ocasiones, constituye la única fuente de ingresos para determinados socios familiares. Así, surgen habitualmente numerosos litigios en esta compleja situación. *Vid*. TRINKS, J., «Excessive retention of profits and minority protection», en FLEISCHER, H., RECALDE, A., y SPINDLER, G. (Eds.), *Family Firms and Closed Companies in Germany and Spain*, Mohr Siebeck, Tubinga, 2021, p. 110.

miembros de la familia no incorporados en el momento de la suscripción del pacto parasocial.

Se trata, por tanto, de obligaciones que no nacen propiamente de un acuerdo o compromiso entre personas distintas, sino que surgen del documento donde se recoge el propio pacto parasocial. En otras palabras, no nacen de un compromiso asumido por una parte con otra diferente[343].

Ciertamente, el presente foro solo podrá ser de aplicación si el acuerdo extraestatutario vincula de manera real a las partes. Por consiguiente, si este fuera rubricado por una persona que no representa a una de las partes o por persona que no tiene autorización para contratar en su nombre, aspecto este último habitual en el tráfico jurídico societario, no será viable su puesta en la escena procesal debido a que no hay obligación contractual válida[344].

b. *Delimitación en el espacio societario*

Con base en la casuística empresarial[345] y con el ojo avizor del Tribunal de Luxemburgo se debe apuntar que, la acción entablada por un acreedor de una sociedad para exigir la responsabilidad por las deudas de dicha mercantil a un accionista de esta no constituye materia contractual, sino de carácter extracontractual[346]. Tampoco será de aplicación el foro establecido por el artículo 7.1

343. Por analogía, el TJUE deja claro que, a los efectos de activar el foro del artículo 7.1 no se exige la celebración de un contrato, sino la indispensable identificación de una obligación, dado que la competencia judicial internacional se determina en función del lugar en el que *hubiere sido o debiere ser cumplida la obligación que sirva de base a la demanda*. De este modo, el concepto de «materia contractual» no puede ser entendido como referido a una situación en la que no existe ningún compromiso libremente asumido por una parte frente a la otra: *Vid.* STJUE de 14 de marzo de 2013, asunto C-419/11, *Česká spořitelna, a.s.*: EU:C:2013:165.

344. Nótese que, si la parte demanda comparece y su defensa se sustenta sobre la inexistencia e invalidez del contrato —cuestión de fondo— el tribunal será competente para conocer del asunto, pero no en virtud del artículo 7.1, sino como resultado de la prórroga tácita de la competencia del artículo 26. Sabia apreciación realizada por CALVO CARAVACA, A.L., CARRASCOSA GONZÁLEZ, J., y ALMUÍ CID, J.M., «Contratos internacionales: competencia y ley aplicable», en YZQUIERDO TOLSADA, M. (Dir.), CALVO CARAVACA, A.L. (Coord.), *Los contratos internacionales (I), Tomo XVI*, Thomson Reuters Aranzadi, Navarra, 2014, p. 46.

345. Hay estudios que afirman algunos problemas persistentes con el artículo 7.1 Reglamento (UE) 1215/2012 debido a la insuficiencia del lugar de cumplimiento como motivo de competencia y abogan por la transición a la teoría del cumplimiento característico en el procedimiento civil de la UE. Al respecto, *vid.* LEVINA, D., «Jurisdiction at the place of performance of a contract revisited: a case for the theory of characteristic performance in EU civil procedure», *Journal of Private International Law*, Vol. 18, issue 2, 2022, version on line.

346. *Vid.* STJUE de 18 de julio de 2013, asunto C-147/12, *ÖFAB*: EU:C:2013:490. En opinión de MÚÑOZ la respuesta del tribunal hubiera sido muy distinta si la responsabilidad del administrador y del socio no fuera consecuencia de una actuación negligente sino que respondieran directamente de las deudas de la sociedad, con independencia de su comportamiento: *cfr.* MÚÑOZ FERNÁNDEZ, A., «Nuevas perspectivas en la calificación como contractual o

frente a la situación de responsabilidad del socio o administrador por el incumplimiento, a cargo de la sociedad, del contrato suscrito con el demandante ante la ausencia de compromiso asumido libremente por tal socio o administrador[347]. En cambio, la acción ejercitada por una sociedad contra su antiguo administrador por un presunto incumplimiento de sus obligaciones societarias queda incardinado en el concepto de «materia contractual»[348].

En todo caso, bajo el intricando cosmos societario no debe ignorarse que el objetivo del foro es declarar competente al juez más próximo a la cuestión litigiosa, basado ello en la existencia de una conexión particularmente estrecha entre la obligación contractual y el lugar donde se ha producido el perjuicio patrimonial[349], de ahí a que la determinación del tribunal competente no debe depender de la naturaleza de las deudas de la sociedad afectada. Tal planteamiento debe trasladarse al proceso en vista a que el demandante fije fácilmente el tribunal competente para conocer de su demanda y que la parte demandada esté informada, con cierta previsibilidad, dónde podría ser demandada con carácter alternativo a su domicilio[350].

4.3. LEY APLICABLE

A. Delimitación fundamental

Nuevamente, se debe advertir que, si el pacto parasocial posee eficacia societaria, los socios deben aceptar que será el *Derecho de sociedades* el que rija la aplicación ante eventuales litigios[351]. Por el contrario, si se concibe que el

extracontractual de las acciones de responsabilidad en los reglamentos europeos de Derecho internacional privado», *Anuario de derecho civil*, Vol. 69, núm. 2, 2016, p. 457. A mayor abundamiento, *vid*. ESPINIELLA MENÉNDEZ, A., «Competencia judicial internacional para acciones de responsabilidad por deudas sociales (comentario a la STJUE de 18 de julio de 2013, AS. C-147/12, ÖFAB)», *Anuario de Derecho Concursal*, núm. 31, 2014, pp. 453-476.

347. *Vid*. STJUE de 17 de octubre de 2013, asunto C-519/12, *OTP Bank*: EU:C:2013:674.
348. STJUE de 10 de septiembre de 2015, asunto C-47/14, *Ferho*: EU:C:2015:574.
349. Un estudio crítico con los pasos dados por el juez de Luxemburgo, *vid*. POON, A., «Determining the place of performance under article 7(1) of the Brussels I recast», *International & Comparative Law Quarterly*, Vol. 70, issue 3, 2021, version on line.
350. No debe caer en el olvido el perjuicio procesal de la generación de múltiples tribunales competentes alternativos al del domicilio del demandado. *Vid*. en este sentido, RIBÓ LÓPEZ, A., «Comentario al artículo 7.1», en BLANCO-MORALES LIMONES, P., GARAU SOBRINO, F.F., LORENZO GUILLÉN, M.L., y MONTERO MURIEL, F.J. (Coords.), *Comentario al Reglamento (UE) nº 1215/2012 relativo a la competencia judicial, el reconocimiento y la ejecución de resoluciones judiciales en materia civil y mercantil. Reglamento Bruselas I refundido*, Thomson Reuters Aranzadi, Navarra, 2016, p. 164.
351. MOCK aprecia que los acuerdos parasociales deben concebirse en el marco del Derecho de sociedades habida cuenta de que de la aplicación de la *lex societatis* es la más es la más adecuada y no de la ley elegida en virtud de la autonomía que les confiere —a los socios— el Derecho de contratos con el fin de evadir el Derecho de

pacto parasocial constituye un acuerdo de voluntades entre los socios de carácter extraestatutario, su régimen debe quedar constreñido por el *Derecho de obligaciones y contratos*.

B. Perspectiva societaria

a. *En clave europea*

El planteamiento básico para afrontar la determinación del Derecho aplicable se sustenta sobre la ausencia de una norma de conflicto de leyes que señale la ley reguladora de las personas jurídicas en general y de las sociedades de capital en particular.

Esta afirmación resulta llamativa porque a pesar de la existencia de un elenco extenso de Directivas en la esfera societaria[352], el legislador de la Unión no ha dado el paso firme a elaborar una norma de conflicto que fije la ley aplicable a las sociedades y así conseguir la deseada uniformidad respecto de esta materia[353].

---

cualquier país más estricto que el impuesto por la nacionalidad de la empresa. MOCK, S., «Shareholders agreements in family firms and closed corporations», en FLEISCHER, H., RECALDE, A., y SPINDLER, G. (Eds.), *Family Firms and Closed Companies in Germany and Spain*, Mohr Siebeck, Tubinga, 2021, pp. 221-222.

352. El interés renovador societario es una constante en los objetivos del legislador europeo, destacando la necesidad de abocar a un inminente Derecho de sociedades europeo, tendente a la armonización de sociedades predominantemente cotizadas desarrollando una corriente legislativa de aspiración transnacional no apta para todas las sociedades de capital, esto es, destinadas a compañías de gran calibre y con vocación de permanencia en el tráfico jurídico-mercantil: *vid*. SORIANO CORBALÁN, A., «El marco adaptativo de las sociedades cerradas en la armonización comunitaria: la societas unius personae», *Diario La Ley*, núm. 10091, 16 de junio de 2022, versión online. Ejemplificante es la *Directiva (UE) 2019/1151, de 20 de junio de 2019, en lo que respecta a la utilización de herramientas y procesos digitales en el ámbito del Derecho de sociedades* (DOUE L 186/80, de 11 de julio de 2019) cuyo objetivo es simplificar, en términos de coste y tiempo, el establecimiento de una sociedad o la apertura de una sucursal en otro Estado miembro, con el fin de fomentar la competitividad de las empresas, fundamentalmente pymes, y favorecer el funcionamiento y modernización del mercado interior en un entorno de globalización y digitalización. Interesantes estudios son los llevados a término por MARTÍNEZ CARRASCOSA, J., «Retos del notariado europeo ante la digitalización», *Escritura Pública*, núm. 130, junio-agosto 2021, pp. 6-13 y por ÁLVAREZ ROYO-VILLANOVA, S., «Modificaciones necesarias para la trasposición de la Directiva 2019/2021 de movilidad de sociedades», *Diario La Ley*, núm. 10077, Sección Tribuna, 26 de mayo de 2022, versión online.

353. El operador práctico advierte que, las tecnologías determinan hoy en día, su propia ley y autoridad competente alejada, generalmente, de la *lex societatis*. No existe actualmente, una jurisdicción digital convencional, a través de una organización internacional, razón por la cual se ligan los eventuales conflictos a arbitrajes obligatorios *on line*, o a otras formas de ODR B2B, planteando problemas con relación al acceso a los Tribunales. Así lo deja meridianamente claro FERNÁNDEZ-TRESGUERRES GARCÍA, A., «La digitalización y actualización del Derecho de Sociedades Europeo», en GONZÁLEZ CASTI-

En este oscuro firmamento, se debe poner en consideración el peso del artículo 54 TFUE[354] por el que se indica que las sociedades disponen de la libertad de establecimiento[355] en cualquier Estado miembro de la UE[356] siempre que verifiquen dos condiciones. La primera se apoya en el planteamiento de que la sociedad debe haber sido constituida de conformidad con la legislación de un Estado miembro y la segunda descansa sobre la base de que la sociedad debe tener su sede social, administración central o centro de actividad principal en un Estado miembro[357].

De este modo, la libertad de establecimiento para las sociedades comprende, en particular, la constitución y la gestión de dichas sociedades en las condiciones fijadas por la legislación del Estado miembro de establecimiento para sus propias

LLA, F. y NIETO CAROL, U. (Dirs.), MARTÍ MIRAVALLS, J. (Coord.), *Retos de la contratación mercantil moderna*, Tirant lo Blanch, Valencia, 2022, p. 136. De hecho, criterios como el domicilio del demandado, lugar de celebración del contrato, residencia habitual del prestador característico requieren una reformulación en situaciones conflictuales que se generan en ámbitos digitales. Razonamiento de DIAGO DIAGO, M.P., «Ciberactivismo, "Lex" informática, "blockchain" y oráculos: desafíos en la era digital», en CASTELLO PASTOR, J.J. (Dir.), *Desafíos jurídicos ante la integración digital: aspectos europeos e internacionales*, Thomson Reuters Aranzadi, Navarra, 2021, pp. 461-462.

354. DOUE C 326/47, de 26 de octubre de 2012. Las sociedades beneficiarias de la libertad de establecimiento son aquellas que han sido creadas al amparo del artículo 54 TFUE, esto es, que su sede social, administración central o centro de actividad principal se encuentren en la UE. No es necesario que alguno de estos elementos se encuentre en el Estado de constitución de la sociedad baste con que se ubique cualquiera de los que integran la UE: *Vid.* ARENAS GARCÍA, R., «Libertad de establecimiento de personas físicas y jurídicas en la UE: Razones para una diferencia», en GÓRRIZ LÓPEZ, C. y ARENAS GARCÍA, R. (Coords.), *Libertad de establecimiento y derecho europeo de sociedades: cuestiones fiscales, mercantiles e internacionales*, Atelier, Barcelona, 2017, p. 29.

355. El concepto de establecimiento, en el sentido de las disposiciones del TFUE relativas a la libertad de establecimiento, implica el ejercicio efectivo de una actividad económica por medio de una instalación permanente en el Estado miembro de acogida por una duración indeterminada. Por consiguiente, supone una implantación real de la sociedad de que se trate en ese Estado y el ejercicio de una actividad económica efectiva en este. Criterio seguido por el Alto Tribunal en las sentencias de 12 de julio de 2012, asunto C-378/10, *VALE Építési Kft*: EU:C:2012:440, y de 12 de septiembre de 2006, asunto C-96/04, *Cadbury Schweppes y Cadbury Schweppes Overseas*.

356. Habida cuenta de que el TFUE no amplía la libertad de establecimiento a terceros países, es necesario evitar que la interpretación del artículo 63 del texto por lo que se refiere a las relaciones con terceros países, permita que los operadores económicos que excedan los límites del ámbito territorial de aplicación de la libertad de establecimiento extraigan provecho de esta: *vid.* STJUE de 16 de febrero de 2023, asunto C-707/20, *Gallaher Limited*: EU:C:2023:101; STJUE de 24 de noviembre de 2016, asunto C-464/14: *SECIL*: EU:C: 2016:896.

357. Esta libertad incluye el derecho de dicha sociedad a trasladar su sede social, su administración central o su centro de actividad principal a otro Estado miembro, *vid.* STJUE de 10 de noviembre de 2022, asunto C-414/21, *VP Capital*: EU:C:2022:871. Cabe poner de manifiesto que, las disposiciones del Derecho de la Unión relativas a la libertad de establecimiento se proponen, en especial, asegurar el disfrute del trato nacional en el Estado miembro de acogida, tal cual queda expuesto en la STJUE de 27 de febrero de 2020, asunto C-405/18, *AURES Holding*: EU:C:2020:127.

sociedades y, también, la transformación en una sociedad sometida a la legislación de otro Estado miembro en tanto en cuanto cumpla los requisitos establecidos por la legislación de ese otro Estado miembro y, en particular, el criterio adoptado por este para establecer los puntos de conexión de una sociedad con su ordenamiento jurídico nacional[358].

Con todo, los socios fundadores de la empresa familiar pueden elegir el Estado miembro de constitución de la sociedad sin que sea necesario que presente una vinculación relevante con el ente mercantil. De este modo, se garantiza que la compañía familiar desarrolle toda su actividad en un Estado miembro conforme a las exigencias imperativas de la ley de ese Estado miembro. Ello nos lleva a poder afirmar que, los socios familiares pueden elegir la *lex societatis* en razón del contenido y requisitos exigidos por el Derecho material de sociedades establecido en un Estado miembro, a pesar de que no existan vínculos reales de la sociedad con tal Estado[359]. Claro está que, la empresa familiar que haya sido creada válidamente en un Estado miembro debe ser reconocida por los demás, incluso si las normas de conflicto de leyes de los diversos Estados concernidos son diferentes[360].

---

358. Sabia matización llevada a término por el TJUE en el asunto de 25 de octubre de 2017, C-106/16, *POLBUD — WYKONAWSTWO*: EU:C:2017:804. Si cada Estado miembro aplica sus propias normas de Derecho internacional privado para determinar si la empresa es nacional o extranjera y, en consecuencia, si podía operar y en qué medida, implica graves consecuencias negativas para la movilidad de las empresas entre los Estados miembros de la Unión: *vid.* estudio de ANDREEVA ANDREEVA, V., «Lex societatis and the evolution of the principle of freedom of establishment in the European Unión: the long way from centros to the conversions Directive», *Revista General de Derecho Europeo*, núm. 57, 2022, p. 382.
359. Es necesario apuntar que, el reconocimiento que producirá dicha sociedad en el resto de Estados miembro es como «tipo societario extranjero». Ello conlleva a que siempre estará supeditado a las exigencias del Derecho societario de origen, pues no ha lugar un proceso de nacionalización o reconversión a un tipo societario contemplado en el Derecho del Estado miembro de destino. Magnífica explicación llevada a término por FERNÁNDEZ MASIÁ, E., «El TJUE y las sociedades de capital: ley aplicable y traslado de sede social», en CALVO CARAVACA, A.L., y CARRASCOSA GONZÁLEZ, J. (Coords.), *El Tribunal de Justicia de la Unión Europea y el Derecho Internacional Privado*, Thomson Reuters Aranzadi, Navarra, 2021, pp. 556-557.
360. En definitiva, el resultado alcanzado será que la autoridad del Estado en el que se constituye la empresa familiar aplicaría sus normas, incluyendo sus normas de conflicto, para determinar las condiciones necesarias para su creación. Ahora bien, instaurada la compañía familiar, para su reconocimiento en el resto de Estados miembro no debiera emplearse el método conflictual sino el de reconocimiento, comprobando que el ente mercantil se ha creado al amparo de un sistema jurídico de otro Estado miembro: *vid.* GARDEÑES SANTIAGO, M., «Observaciones acerca del establecimiento transfronterizo de sociedades en la Unión Europea», en GÓRRIZ LÓPEZ, C. y ARENAS GARCÍA, R. (Coords.), *Libertad de establecimiento y derecho europeo de sociedades: cuestiones fiscales, mercantiles e internacionales*, Atelier, Barcelona, 2017, pp. 68-69.

b. En clave española

El criterio de conexión advertido por el legislador patrio lo hallamos en el artículo 9.11 Código Civil en virtud del cual será la nacionalidad[361] de la sociedad a tener en consideración[362] para la determinación del Derecho aplicable. Sin embargo, se trata de un parámetro poco adecuado, pues la conexión «nacionalidad» es forzosamente unilateral y cada derecho determina solamente qué personas (físicas o jurídicas) tienen su nacionalidad, pero no nos indica qué circunstancias atribuyen una nacionalidad extranjera[363].

En este sentido, se puede afirmar que la interpretación de tal precepto debe abordarse sobre dos ejes: i) la determinación de la *lex societatis* —el Derecho rector de la sociedad— y ii) el régimen de reconocimiento de las sociedades extranjeras, considerando que, la *lex societatis* de la sociedad puede o no corresponder con la del país de su constitución[364]. Estas dos cuestiones pueden ser abordadas a la vez desde dos perspectivas: por un lado, a partir de la teoría de la constitución o por otro, a partir de la teoría de la sede.

---

361. La preservación en nuestro Derecho positivo del concepto tradicional de «nacionalidad» referido a las sociedades constituye una opción normativa técnicamente innecesaria desde una simple perspectiva de la economía normativa, porque, siendo como es cuestión capital la de determinar la Ley aplicable a una determinada sociedad, el discurso normativo puede perfectamente prescindir del «término intermedio» de conexión que es la «nacionalidad». Razonamiento vertido por FERNÁNDEZ DEL POZO, L., «Artículo 8. Nacionalidad», en GARCÍA-CRUCES GONZÁLEZ, J.A., y SANCHO GARGALLO, I. (Dirs.), *Comentario de la Ley de Sociedades de Capital: Tomo I: Disposiciones Generales. La constitución de las Sociedades de capital. Las aportaciones sociales*, Tirant lo Blanch, Valencia, 2021, p. 292.

362. Bajo la posición de GARCÍA es una norma de conflicto «aparentemente unilateral», puesto que solo indica cuándo la sociedad será española y se regirá por la ley española, pero no permite determinar la nacionalidad de sociedades que, de acuerdo con este artículo, no puedan considerarse españolas: *Cfr.* GARCÍA ÁLVAREZ, L., «Práctica jurisprudencial y determinación de la lex societatis de las sociedades de capital. Una perspectiva desde el derecho internacional privado español», *Revista Chilena de Derecho Privado*, núm. 36, 2021, p. 196.

363. Si estamos ante una persona jurídica que no pueda ser considerada como española podría resultar que no hubiera ningún ordenamiento que le atribuyera su nacionalidad, ya que para muchos este concepto, nacionalidad de las personas jurídicas, no existe como tal; e, incluso, si se trata de una entidad española, existirán dificultades para determinar su nacionalidad, pues la regulación sobre esta cuestión es fragmentaria y no sigue en todos los casos los mismos principios. Gran inconveniente detectado por ARENAS GARCÍA, R., «Artículo 9.11», en CAÑIZARES LASO, A. (Dir.), *Comentarios al Código Civil. Tomo I (Arts. 1 a 267)*, Tirant lo Blanch, Valencia, 2023, p. 493.

364. Esta aproximación debería ser matizada ya que no existe problema en reconocer la personalidad jurídica de una sociedad y, asumiendo dicho reconocimiento, aplicar a determinadas cuestiones de su estatuto un Derecho diferente al de constitución. Es por eso por lo que hay autores que consideran que, la obligación de reconocimiento de la personalidad jurídica de todas las sociedades constituidas en los Estados miembros de la UE son una consecuencia sustancial de la libertad de establecimiento, y no conflictual: *cfr.* ARENAS GARCÍA, R., «El legislador europeo y el DIPr de sociedades en la UE», *Revista española de derecho internacional*, Vol. 69, núm. 1, 2017, p. 58.

Un sentir mayoritario de la doctrina concibe que, en aquellos supuestos en los que la ley conforme a la que se constituyó la sociedad no pudiera determinarse, la sociedad se regirá por el *criterio de la sede real*, esto es, la ley del Estado de la ubicación de su administración central en el momento de su constitución[365]. No obstante, una interpretación flexible de las relaciones entre reconocimiento de la sociedad extranjera y la determinación de la *lex societatis* limitaría la incidencia de la libertad de establecimiento en la concreción y alcance la ley rectora de la sociedad, mientras que un acercamiento rígido basado en la identificación de las dos cuestiones, implicará que la libertad de establecimiento de sociedades condicionará de manera decisiva no solo el régimen de reconocimiento de la sociedad, sino también la regulación conflictual del Derecho internacional privado de sociedades[366].

Puede afirmarse que la doctrina dominante es la que considera que, en el Derecho español, la localización de la sede real solo impone límites a la elección de la *lex societatis* cuando aquella se encuentra en España, no cuando se encuentra en el extranjero[367].

En este campo de batalla, hay que tener en consideración lo dispuesto por el artículo 9.2 Ley de Sociedades de Capital[368]. En este sentido, el legislador español impone que la ley española sea la tenida en consideración para aquellas sociedades cuyo establecimiento o explotación esté en España y fijen su domicilio social en España[369]. Sobre este particular, conviene tener presente que el

365. La regla general de aplicación de la *lex societatis* del Estado de constitución podría no dar respuesta adecuada a la protección de los socios minoritarios y terceros acreedores situados en Estados distintos a los del Estado de creación de la sociedad, en los cuales se administre o se desarrolle de manera efectiva la actividad económica de la misma. Así lo releja BALLESTEROS BARROS, A.M., «Reflexiones sobre la (no) modernización del derecho europeo de sociedades: fórum societatis y "lex societatis"», *Anuario Español de Derecho Internacional Privado*, núm. 18, 2018, p. 314.

366. Enfoque ofrecido por ARENAS GARCÍA, R., «"Lex societatis" y derecho de establecimiento», en ARENAS GARCÍA, R., GÓRRIZ LÓPEZ, C. y RODRÍGUEZ, J.M., (Coords.), *Autonomía de la voluntad y exigencias imperativas en el derecho internacional de sociedades y otras personas jurídicas*, Atelier, Barcelona, 2014, pp. 130-131.

367. GARCIMARTÍN ALFÉREZ, F.J., *Derecho Internacional Privado*, 6ª ed., Civitas Thomson Reuters, Navarra, 2021, pp. 353-354.

368. Reza así: «Las sociedades de capital fijarán su domicilio dentro del territorio español en el lugar en que se halle el centro de su efectiva administración y dirección, o en el que radique su principal establecimiento o explotación. Las sociedades de capital cuyo principal establecimiento o explotación radique dentro del territorio español deberán tener su domicilio en España».

369. La razón de esta regla es la prevención del fraude. Si la sociedad tiene su centro de actividad principal en España es razonable que, mediante la elección de una ley extranjera, se eludan las normas españolas de tutela de terceros-acreedores, frente a la sociedad o incluso de tutela de los propios accionistas, frente a los administradores o frente a otros accionistas de control. Ahora bien, si la sociedad presenta conexiones objetivas con otros Estados no

domicilio es un determinado lugar del territorio nacional donde tiene su asiento la sociedad de capital constituida bajo ley española. Por todo ello, el domicilio de una sociedad de capital «española» debe ser, en principio, un lugar situado dentro del territorio patrio a tenor del precepto reseñado. Ello tiene como consecuencia que, el traslado al territorio español de la principal explotación de una sociedad extranjera debería implicar el desplazamiento a España de su domicilio estatutario, implicando, por tanto, la modificación de la ley rectora de la sociedad[370].

Aun así, la exigencia de que la sociedad haya de estar domiciliada en España decae *ex post* en el supuesto de que exista un convenio internacional vigente en nuestro ordenamiento jurídico que autorice a que nuestras sociedades —como consecuencia, por ejemplo, de un traslado internacional— conserven la sujeción a la *lex societatis* española, aunque el domicilio estatutario pase a radicar en el extranjero[371].

---

debería impedirse que se pueda constituir bajo una ley extranjera a pesar de que su principal establecimiento radique en territorio español: *Cfr.* GARCIMARTÍN ALFÉREZ, F.J., *Derecho Internacional Privado*, 7ª ed., Civitas Thomson Reuters, Navarra, 2023, pp. 346-347. De este modo, una sociedad puede ejercitar la totalidad de sus actividades económicas sin necesidad de que cuente con un vínculo real con el Estado miembro de constitución. En consecuencia, los socios podrán elegir la ley aplicable a la sociedad estableciendo simplemente la sede estatutaria de la misma en el Estado que deseen y constituyendo la sociedad conforme a la legislación del mismo. Y ello con independencia de que sus actividades económicas radiquen en otro Estado miembro. De esta forma, la sociedad, amparada por la libertad de establecimiento, podrá establecer agencias o sucursales y explotar su actividad económica en el Estado miembro que desee. De ahí que no haya lugar para el fraude: *cfr.* BUENO BIOT, Á., «El traslado transfronterizo y la determinación de la ley aplicable (*lex societatis*) en la jurisprudencia del Tribunal de Justicia de la Unión Europea», *Actualidad jurídica iberoamericana*, núm. 14, 2021, p. 1054.

370. Se presenta como necesaria una adecuada regulación del procedimiento a seguir desde el punto de vista interno, así como la eficaz protección de los intereses de quienes puedan resultados por dicho cambio. Sabia observación destacada por TORRALBA MENDIOLA, E.C., «Aspectos internacionales de las operaciones societarias», en ÁLVAREZ ARJONA, J.M., y CARRASCO PERERA, A. (Coords.), *Adquisiciones de empresas*, Thomson Reuters Aranzadi, Navarra, 2019, pp. 239-240.

371. Se presupone siempre que el domicilio debe ser único por elementales razones de seguridad jurídica —principio de unidad del domicilio—. Ahora bien, ello no es óbice a que, la sociedad tenga tantas sedes secundarias (sucursales) como considere conveniente, tanto en territorio nacional como en el extranjero, tal y como contempla el artículo 11 Ley de Sociedades de Capital. En cambio, resulta discutido la posibilidad de que la sociedad pueda o no fijar en los estatutos «domicilios rotatorios» en méritos de una previsión que dijera que hasta cierto momento el domicilio social está situado en el lugar «X» y luego pasa a ser, automáticamente, sin necesidad del correspondiente acuerdo social, el lugar Y o si se dijera que existen dos domicilios en años alternos. Interesante aproximación ofrecida por FERNÁNDEZ DEL POZO, L., «Artículo 9. Domicilio», en GARCÍA-CRUCES GONZÁLEZ, J.A., y SANCHO GARGALLO, I. (Dirs.), *Comentario de la Ley de Sociedades de Capital: Tomo I: Disposiciones Generales. La constitución de las Sociedades de capital. Las aportaciones sociales*, Tirant lo Blanch, Valencia, 2021, p. 330.

En cualquier caso, la norma de conflicto interna comporta la capacidad, constitución, representación, funcionamiento, transformación, disolución y extinción de la persona jurídica. Esto es, cubre cuestiones relativas a constitución, validez y disolución de la persona, así como su funcionamiento interno. Quedan fuera del ámbito de su regulación, las relaciones de la persona jurídica con terceros, de tal manera que las cuestiones cubiertas por el artículo 9.11 Código Civil se corresponden, al menos en sus líneas generales, con las exclusiones que se encuentran en los instrumentos internacionales que regulan la ley aplicable a las obligaciones contractuales y extracontractuales: artículo 1.2.f) del Reglamento (CE) 593/2008[372] y articulo 1.2.d) del Reglamento (CE) 864/2007[373].

Y, como broche de cierre con base en la sana lógica entre el *forum* y el *ius*, la sede será el elemento relevante para la atribución de competencia en la misma medida que se tiene en cuenta para la determinación de la ley aplicable en los asuntos internos[374].

C. Perspectiva contractual

a. Plano europeo

Los pactos parasociales, según ha quedado apuntado anteriormente, constituyen acuerdos que regulan el funcionamiento de una sociedad y las relaciones entre algunos de los socios. Estos acuerdos cuya finalidad se sustenta en completar y concretar la articulación legal de la sociedad y frecuentemente modificar algunas reglas societarias no incluidas en los estatutos de la sociedad —cláusulas extraestatutarias— tienen por fundamento ser «serenos nocturnos» del devenir cambiante de la compañía familiar. De esta manera, tales pactos parasociales pueden entenderse como simples contratos[375].

372. Reglamento (CE) 593/2008 del Parlamento Europeo y del Consejo, de 17 de junio de 2008, sobre la ley aplicable a las obligaciones contractuales (Roma I), DOUE núm. 177, de 4 de julio de 2008.

373. Reglamento (CE) 864/2007 del Parlamento Europeo y del Consejo, de 11 de julio de 2007, relativo a la ley aplicable a las obligaciones extracontractuales (Roma II), DOUE L 199/40, de 31 de julio de 2007.

374. Cuando la ubicación de la sede formal en un Estado miembro sea relevante, sus tribunales serán competentes, aunque la sede de administración se encuentre en un tercer Estado cuyos tribunales reclamen la misma competencia. Lo mismo puede decirse a la inversa. Por otra parte, en materia de asuntos internos —statut personnel— de las personas jurídicas existen normas imperativas del Estado de la sede, cuya aplicación debe garantizar la competencia exclusiva de los tribunales respectivos. Magnífica reflexión realizada por DE LIMA PINHEIRO, L., «Exclusive jurisdiction», in MAGNUS, U. and MANKOWSKI, P. (Dirs.), *Brussels Ibis Regulation*, 2ª ed., Sellier European Law Pub, München, 2023, pp. 557-579.

375. Las soluciones del Reglamento (CE) 593/2008 están diseñadas principalmente para contratos, pero, con las adaptaciones necesarias, también son adecuadas para transacciones jurídicas unilaterales. Sólida afirmación de DE LIMA PINHEIRO, L., «A responsabilidade civil contratual e o Regulamento Roma I», en AA.VV., *Estudos em Homenagem à Professora Doutora Maria da Glória F. P. D. Garcia — Volume II*, UCP Editora, Lisboa, 2023, en prensa.

A este respecto, será el Reglamento (CE) 593/2008 la norma determinante para identificar la norma de conflicto al respecto[376]. Conviene advertir que, a tenor de los dispuesto por el párrafo segundo, del artículo 1 Reglamento (CE) 593/2008, *las cuestiones pertenecientes al Derecho de sociedades, asociaciones y otras personas jurídicas, relativas a cuestiones como la constitución, mediante registro o de otro modo, la capacidad jurídica, el funcionamiento interno y la disolución de sociedades, asociaciones y otras personas jurídicas, así como la responsabilidad personal de los socios y administradores como tales con respecto a las obligaciones de la sociedad u otras personas jurídicas*, están excluidas del ámbito —material— de la norma.

Cierto es que, del considerando núm. 7 del Reglamento (CE) 593/2008 se desprende que el ámbito de aplicación material y las disposiciones de este Reglamento deben ser coherentes con el Reglamento (UE) 1215/2012 y que, en todo caso, este último debe interpretarse a la luz de las disposiciones del Reglamento (CE) 593/2008[377].

El pilar básico sobre el que se sustenta el Reglamento (CE) 593/2008 resulta ser su carácter *erga omnes*, es decir, se aplica con independencia de la residencia, domicilio o nacionalidad de las partes e incluso podrá ser de aplicación una ley que no sea la de un Estado miembro[378].

En otro orden de ideas, es menester resaltar que, en los contratos internacionales la autonomía de la voluntad[379] adquiere una dimensión más amplia que la mera facultad de las partes para establecer, de común acuerdo, el contenido de sus contratos, particularidad esta de vital importancia entre los socios familiares[380].

376. Tal instrumento normativo no contiene normas materiales sobre los contratos internacionales sino meras normas de remisión a un Derecho estatal que será el que resuelva las concretas situaciones litigiosas planteadas. Afirmación realizada por CALVO CARAVACA, A.L., y CARRASCOSA GONZÁLEZ, J., *Litigación internacional en la Unión Europea II. La ley aplicable a los contratos internacionales. Comentario al Reglamento Roma I*, Thomson Reuters Aranzadi, Navarra, 2017, p. 71.

377. Además, según recuerda el Tribunal de Luxemburgo, en ningún caso la congruencia puede llevar a interpretar las disposiciones del Reglamento (UE) 1215/2012 de una manera ajena al sistema, esto es, al margen del Reglamento (CE) 593/2008, *vid.* STJUE de 16 de enero de 2014, asunto C-45/13, *Kainz*, EU:C:2014:7. Sin embargo, el juzgador europeo advierte que, el Reglamento Roma (CE) y el Reglamento (UE) 1215/2012 persiguen objetivos distintos tal y como queda reflejado en el asunto C-208/18, *Petruchová*, de 3 de octubre de 2019: EU:C:2019:825.

378. La aplicación universal queda proclamada por su artículo 2.

379. La libertad de elección de ley se establece en el artículo 3. Como afirma la doctrina ius internacional privatista, la autonomía de la voluntad viene considerándose la piedra filosofal en el ámbito contractual: *cfr.* QUIÑONES ESCÁMEZ, A., «Ley aplicable a los contratos internacionales en la Propuesta de Reglamento "Roma I" de 15.12.2005», *Indret: Revista para el Análisis del Derecho*, núm. 3, 2006, p. 8.

380. Ahora bien, existen un número importante de normas que limitan el ejercicio de la autonomía de la voluntad conflictual. Esto es, cada Estado antepone a la autonomía de la voluntad,

Se trata de una elección genérica e incondicional del Derecho de las obligaciones de un determinado sistema jurídico estatal y se presupone que esa amplitud del juego solo se justifica cuando las partes operan en el mercado internacional[381].

Más aún, carece de sentido concebir la autonomía conflictual como medio de designación de una ley aplicable estatal orientada a delimitar el alcance de la autonomía material[382]. En consecuencia, se entiende que, la fuerte tendencia hacia la internacionalización de la actividad humana y las diversas controversias que pudieran surgir, comportaría la conveniencia de trasladar a las partes la capacidad de atender a sus propios intereses en la gestión jurídica de sus litigios[383].

En opinión de un sector doctrinal, la falta de armonización internacional suficiente del Derecho de los contratos[384] implica un marco de inseguridad que solo puede ser resuelto al abrigo de un principio tan elemental como el *pacta sunt servanda*, pues en el tráfico comercial predomina universalmente el prin-

---

las normas imperativas que salvaguardan el propio mercado o que tratan de garantizar el equilibrio de las partes contratantes y su buen fin. Perspectiva de VAQUERO LÓPEZ, Mª.C., «Autonomía de la voluntad y normas imperativas», en SÁNCHEZ LORENZO, S., (ed.), *Derecho contractual comparado. Una perspectiva europea y transnacional*, 2ª ed., Civitas Thomson Reuters, Navarra, 2016, pp. 896-897). Por tanto, las leyes de policía prevén la posibilidad para el juzgador de descartar la ley elegida por las partes si no respeta las reglas básicas para su país; estas normas son representativas de los valores básicos de la organización social y económica de un Estado y su aplicación requiere de una imperatividad reforzada que trasciende a la aplicación de un concreto ordenamiento. Consideración de GÓMEZ VALENZUELA, E., «Normas imperativas y deberes de información en la contratación electrónica», *Revista Aranzadi de derecho y nuevas tecnologías*, núm. 49, 2019, versión *on line*.

381. Solo es admitida por el legislador en los contratos internacionales, no en los internos (*Cfr.* GARCIMARTÍN ALFÉREZ, F.J., *Derecho Internacional Privado*, 7ª ed., Civitas Thomson Reuters, Navarra, 2023, p. 371).

382. De ahí que, en la contratación internacional, la demarcación del alcance de la autonomía material debe realizarse exclusivamente a través del juego de las normas imperativas, tanto de la *lex causae* como de la ley del foro (*Cfr*. SÁNCHEZ LORENZO, S., *Abogacía internacional Volumen III: Contratos*, Rasche, Madrid, 2014, p. 162).

383. Magistralmente, PALAO realiza un estudio en profundidad sobre la irrupción del principio de autonomía de la voluntad en el ámbito de los conflictos transfronterizos de naturaleza privada. Vid. *in extenso*, PALAO MORENO, G., «La autonomía de la voluntad y la resolución de las controversias privadas internacionales», en PRATS ALBENTOSA, L., (Coord.), *Autonomía de la voluntad en el derecho privado. Estudios en conmemoración del 150 aniversario de la Ley del Notariado*, Vol. 5, Wolters Kluwer, Madrid, 2012, pp. 817-956, esp. pp. 824-828.

384. No se trata de elaborar un código de Derecho contractual europeo destinado a sustituir al Derecho nacional, sino únicamente ofrecer a los agentes económicos un modelo de regulación contractual más moderno, coherente y ajustado a las necesidades del mercado interior: vid. en este sentido, BOUZA I VIDAL, N., «La elección conflictual de una normativa no estatal sobre contratos internacionales desde una perspectiva europea», en AA.VV., *Pacis Artes. Obra homenaje al profesor Julio D. González Campos*, Vol. II, Edifer, Madrid, 2005, p. 1312.

cipio de autonomía de la voluntad[385]. Asimismo, la voluntad de las partes no tiene un valor jurídico originario, sino que su poder vinculante deriva de la fuerza que le asigna un ordenamiento jurídico a partir de un planteamiento básico[386].

Sin duda alguna, los beneficios del pacto de ley son evidentes en tanto que, los socios pueden utilizar el principio de autonomía de la voluntad para escoger la ley que les sea más favorable a los objetivos perseguidos y evitar que los sistemas legales frustren dichos objetivos[387]. Ahora bien, dado que el objetivo de la cláusula sobre elección de ley aplicable es concretar la legislación rectora del contrato, de manera particular sobre el pacto parasocial, la remisión se entiende típicamente formulada a la legislación material del país designado y no a las normas de conflicto de leyes de ese ordenamiento jurídico, de modo que el reenvío no operará en estos supuestos[388].

Conforme a lo postulados expuestos se puede aseverar que, las partes están mejor posicionadas que el juez para decidir qué ley estatal les comporta menores costes conflictuales[389]. El juez que resultare competente no debe sustituir a los particulares cuando estos pueden decidir por sí mismos, habida cuenta que el juez no cuenta, *a priori*, con los datos subjetivos particulares, propios de concretos sujetos individuales, y no generalizables, que le permiten valorar cuál es

---

385. Las normas internacionalmente imperativas que limitan dicha autonomía son fácilmente reconocibles y las partes pueden predecir la aplicación de normas que limitan dicha autonomía, tanto internas, como internacionales o supranacionales, y en particular las que se derivan de los sistemas jurídicos más próximos: la ley del tribunal elegido, la ley del país de ejecución o la ley del mercado afectado. Reflexión a cargo de SÁNCHEZ LORENZO, S., «Contrato interno e internacional: claves de la diferencia», en HORNERO MÉNDEZ, C., ESPEJO LERDO DE TEJADA, M. y OLIVA BLÁZQUEZ, F. (Dirs.), *Derecho de contratos: nuevos escenarios y nuevas propuestas*, Thomson Reuters Aranzadi, Navarra, 2016, libro electrónico.

386. Enfoque de DE MIGUEL ASENSIO, P.A., «Contratación comercial internacional», en FERNÁNDEZ ROZAS, J.C. ARENAS GARCÍA, R. y DE MIGUEL ASENSIO, P.A., *Derecho de los Negocios Internacionales*, 6ª ed., Iustel, Madrid, 2020, pp. 35-362.

387. FONTAINE, M., y DE LY, F., *La redacción de contratos internacionales. Análisis de causas*, Thomson Reuters, Navarra, 2013, libro electrónico.

388. Para evitar cualquier incertidumbre sobre este particular se suele precisar de manera expresa al prever que la elección de la ley de un país como ley del contrato tiene lugar «con exclusión de sus reglas de Derecho internacional privado» (*Cfr.* DE MIGUEL ASENSIO, P.A., «Cláusulas de elección del derecho aplicable», en SÁNCHEZ LORENZO, S. (Coord.), *Cláusulas en los contratos internacionales: redacción y análisis*, Atelier, Barcelona, 2012, p. 250).

389. Como señala CALVO, el principio de la autonomía de la voluntad en el Derecho privado implica que, los particulares, bien informados, prefieren las regulaciones que resultan mejores para sus intereses y descartan las regulaciones más deficientes y oportunistas: *vid. in extenso*, CALVO CARAVACA, A.L., «Fundamentos teóricos de la autonomía de la voluntad en los contratos internacionales», *Revista Jurídica del Notariado*, núm. 111, 2020, pp. 163-180.

la ley que comporta costes menores para los sujetos intervinientes[390], máxime en el marco de la sinergia creada entre la familia y la empresa.

Sea como fuere, los socios que presentan lazos familiares deben disponer de unas reglas de comportamiento cuya aplicación reporte la anhelante reducción de costes, así como el conocimiento *ex ante* las consecuencias legales de sus comportamientos contractuales[391]. Dicho criterio proporciona una previsibilidad máxima de la ley aplicable y, además, supone un criterio intrínsecamente eficiente[392].

En suma, la elección de la ley aplicable al contrato decidida por el grupo familiar comporta, con carácter general, continuidad en la decisión adoptada por los sujetos intervinientes, evitando la aplicación de una ley que beneficie solamente a una parte dotando al mismo de certeza y previsibilidad, dado que todos los partícipes conocerán anticipadamente la ley que regula la situación de la compañía familiar ante la aparición de ulteriores controversias[393].

Por ende, a la hora de cerrar un contrato internacional es de extrema importancia la identificación de la ley que va a regir el contrato. Esa *lex contractus* va a venir determinada por un punto de conexión cuyo basamento es la «autonomía de la voluntad» constituyendo esta, el codiciado derecho subjetivo del que disponen las partes contratantes al efecto de elegir la ley que regula el contrato del que participan[394].

No obstante, en defecto de pacto o como consecuencia de que este pueda devenir en nulo, será de aplicación el artículo 4 Reglamento (CE) 593/2008 —*ley aplicable a falta de elección*—. Dicho precepto debe ser interpretado en vista de que, los contratos expresamente contemplados en el párrafo primero son ciertamente típicos habida cuenta de que establecen los puntos de conexión a

390. CARRASCOSA GONZÁLEZ, J., «La autonomía de la voluntad conflictual y la mano invisible en la contratación internacional», *Diario La Ley*, núm. 7847, 2012, versión on line.

391. CALVO CARAVACA, A.L. y CARRASCOSA GONZÁLEZ, J., «Contratos Internacionales I», en CALVO CARAVACA, A.L. y CARRASCOSA GONZÁLEZ, J., (Dirs.), *Tratado de Derecho Internacional Privado*, 2ª ed., Tomo II, Valencia, Tirant lo Blanch, 2022, p. 2915.

392. Se podrá elegir la ley estatal cuyo contenido material sea más favorable para los particulares (*Vid*. CALVO CARAVACA, A.L., «La norma de conflicto en el siglo XXI», en AA.VV., *Pacis Artes. Obra homenaje al profesor Julio D. González Campos*, Vol. II, Edifer, Madrid, 2005, pp. 1372-1373.

393. ORTIZ VIDAL, M.D., *Ley aplicable a los contratos internacionales y eficiencia conflictual*, Comares, Granada, 2014, pp. 71-72.

394. ORTEGA GIMÉNEZ, A., «Los contratos internacionales y la autonomía de la voluntad conflictual ante el Tribunal Supremo», en CALVO CARAVACA, A.L. y CARRASCOSA GONZÁLEZ, J., (Dirs.), *El Tribunal Supremo y el derecho internacional privado*, Vol. 1, Rapid Centro Color, Murcia, 2019, pp. 261-281.

cada clase de contrato[395]. Sin embargo, puede suceder que, el contrato en cuestión no esté contemplado en el reseñado primer párrafo o, que se trate de un contrato mixto[396] por cuanto determinadas prestaciones corresponden a dos o más tipologías de contratos[397]. Si así fuere, se activa la norma de conflicto recogida en su párrafo segundo cuyo punto de conexión está sustentado en la residencia habitual de la parte sobre la que recae la prestación característica. *A fortiori*, puede suceder que, realmente el contrato carezca de prestación característica, parámetro que el legislador contempla en su párrafo cuarto cuya delimitación de ley queda al albor de los «vínculos más estrechos»[398].

Con referencia a esta última conexión, debido a su carácter excepcional, quien quiera prevalerse de ella correrá con la carga de probar que concurren las circunstancias exigidas para su aplicación. El juicio sobre su concurrencia deberá atender al conjunto de las circunstancias del caso, en el sentido de averiguar la vinculación que del conjunto resulte con uno u otro ordenamiento, siendo merecido destacar el considerando núm. 21 que recoge como pauta, no

395. La alta indeterminabilidad de los conceptos utilizados para predecir las normas de conflicto, no impide, por sí solo, la exposición de sus notas características. Si bien, estas notas pueden ser estructurales como funcionales y para evaluar su finalización, a menudo es necesaria una valoración. Véase en ese sentido, DE LIMA PINHERIO, L., «A interpretação no direito internacional privado», *Cuadernos de Derecho Transnacional*, Vol. 12, núm. 2, 2020, p. 500.

396. Se caracteriza por existir una prestación principal y otras prestaciones accesorias. Al hilo del contrato de aparcamiento, *vid*., AA.VV., «Contratos de prestación de servicios y realización de obras», en BERCOVITZ RODRÍGUEZ-CANO, R. (Dir.), MORALEJO IMBERNÓN, N. y QUICIOS MOLINA, S. (Coords.), *Tratado de Contratos*, 3ª ed., Tomo III, Tirant lo Blanch, Valencia, 2020, p. 3765.

397. El considerando 19 matiza esta apreciación.

398. Bajo la apreciación de AGUILAR ello introduce un cierto margen de flexibilidad en el sistema, no en cuanto a la intervención del principio de los vínculos más estrechos sino en lo que atañe a la concreción del susodicho principio en el caso concreto de que se trate. No obstante, para la intervención del apartado cuarto se requiere que el contrato internacional en cuestión no quede incluido dentro del ámbito de aplicación de los artículos 5 a 8 del Reglamento, debido a que consagran un régimen especial de Derecho aplicable detrás del cual subyace claramente una finalidad tuitiva: la protección de la parte débil de la relación contractual. En suma, la intervención del párrafo cuarto va a ser excepcional: *Cfr*. AGUILAR GRIEDER, H., «Alcance de los controvertidos Artículos 3 y 4 del Reglamento (CE) núm. 593/2008: perspectiva de lege lata y propuestas de lege ferenda», *Cuadernos de Derecho Transnacional*, Vol. 6, núm. 1, 2014, p. 63. Además, cuando el criterio de los vínculos más estrechos opera como correctivo de las presunciones, la aplicación del mismo debe hacerse con carácter restrictivo: *vid*. en este sentido, HERNÁNDEZ RODRÍGUEZ, A., «El derecho aplicable al contrato en ausencia de elección por las partes: el asunto Intercontainer Interfrigo y su repercusión en el Reglamento Roma I», *Cuadernos de Derecho Transnacional*, Vol. 3, núm. 1, 2011, p. 311. De manera crítica CARRILLO entiende que, la ley aplicable en defecto de elección precisa de manera continuada una contundente intervención del Tribunal de Justicia de la Unión, pues el legislador nunca ha podido eliminar la discrecionalidad en el razonamiento dado que el juez se enfrenta a valorar bajo presunciones la ley más vinculada al contrato: *vid*. CARRILLO POZO, L.F., «El TJUE y el Reglamento Roma I: ley aplicable a los contratos internacionales», en CALVO CARAVACA, A.L., y CARRASCOSA GONZÁLEZ, J. (Coords.), *El Tribunal de Justicia de la Unión Europea y el Derecho Internacional Privado*, Thomson Reuters Aranzadi, Navarra, 2021, pp. 276-280.

excluyente, la de si el contrato tiene una relación muy estrecha con otro u otros[399].

Tomando en consideración esta última variable se puede aseverar que, el tipo de acuerdo alcanzado en el seno de la empresa entre los socios familiares no presenta prestación característica alguna[400], conllevando a que se haga efectivo la «disposición de cierre» del párrafo cuarto, del artículo 4 Reglamento (CE) 593/2008, de lo que se deduce con nitidez que la sociedad quedará regulada por la *lex societatis*, esto es, la ley que impera en la propia corporación empresarial familiar.

b. Plano interno

Las normas sobre la determinación de la ley aplicable en defecto de aplicación del Reglamento (CE) 593/2008 se hallan en el Código Civil, de manera específica en su artículo 10.5. Serán aplicables en determinados supuestos, a saber: i) Respecto de ciertos contratos excluidos del ámbito de aplicación material del Reglamento (CE) 593/2008; ii) Obligaciones contractuales que impliquen aspectos de Derecho interregional[401] según dispone su artículo 22.2.

Con todo, como ha quedado apuntado, merced al carácter universal del Reglamento (CE) 593/2008, el artículo 10.5 queda prácticamente relegado, de ahí a que este precepto tenga una aplicación residual en nuestro sistema jurídico. Sin duda, está en vigor y en el caso del ordenamiento español mientras no haya

399. AA.VV., «Significación del contrato en las distintas ramas del ordenamiento», en BERCOVITZ RODRÍGUEZ-CANO, R. (Dir.), MORALEJO IMBERNÓN, N. y QUICIOS MOLINA, S. (Coords.), *Tratado de Contratos*, 3ª ed., Tomo I, Tirant lo Blanch, Valencia, 2020, p. 395.

400. Las empresas construyen «tipos contractuales mixtos», que contienen elementos de diversos contratos legalmente típicos, previstos en el ordenamiento jurídico de uno o varios Estado, cuyo objetivo perseguido por las partes consiste, realmente, en adaptar un tipo concreto de contrato interno a la especificidad del comercio internacional. Apunte aclaratorio realizado por CALVO CARAVACA, A.L. y CARRASCOSA GONZÁLEZ, J., «Contratos Internacionales I», en CALVO CARAVACA, A.L. y CARRASCOSA GONZÁLEZ, J., (Dirs.), *Tratado de Derecho Internacional Privado*, 2ª ed., Tomo II, Valencia, Tirant lo Blanch, 2022, p. 2965.

401. El Derecho Interregional hoy vigente no aporta solución satisfactoria al desarrollo post constitucional del pluralismo jurídico civil. Su necesaria actualización es una tarea que corresponde al legislador estatal, quien ha de garantizar el principio de igualdad entre los ordenamientos coexistentes: *vid.* interesantísimo estudio de ZABALO ESCUDERO, Mª.E., «Conflictos de leyes internos e internacionales: conexiones y divergencias», *Bitácora Millennium DIPr: Derecho Internacional Privado*, núm. 3, 2016. Es más, nos encontramos ante un sistema de identidad de norma de conflicto deconstruido debido a la dispersión de norma de conflicto; a ello se une el problema de que las normas de conexión siguen rigiendo en conflictos internos con un sistema de vecindad civil, en un momento en que los textos legislativos actuales apuestan por la residencia habitual como solución más alineada para resolver los conflictos. A su vez. por extraño que parezca la autonomía de la voluntad es más restringida en el sistema interno que internacional. Conclusión vertida por IRIARTE ÁNGEL, F., *La necesaria actualización del sistema de resolución de los conflictos internos de leyes*, Academia Vasca de Derecho, Dykinson, Madrid, 2023, pp. 156-157.

una derogación expresa, *prima facie* los conflictos que se derivan del Estado plurilegislativo deben resolverse aplicando el artículo 10.5 Código Civil, sustituyendo la nacionalidad por la vecindad civil común[402]. Sobre ese particular, alguna de las conexiones utilizadas por el artículo 10.5 Código Civil, adaptadas al tráfico interregional, se enfrentan a la también deficitaria situación en la que se encuentra el sistema español en relación con la condición foral o autonómica de las personas jurídicas[403]. Mientras que el legislador estatal establece un régimen más o menos preciso para la determinación de la vecindad civil de las personas físicas —artículos 14 y 15 Código Civil—, nada nos señala sobre cuál es su equivalente para las personas jurídicas[404].

No obstante, existen determinados ámbitos donde se pueden generar situaciones que plantean dudas respecto de los criterios de conexión diferentes en el Código Civil y en el Derecho de la Unión Europea[405]. Ello puede suscitarse en determinadas relaciones en las que los intervinientes sean de nacionalidad española, pero presenten ciertos vínculos internacionales. En función de cada supuesto y sus circunstancias, conviene contemplar si el supuesto presenta o no un vínculo transfronterizo debido a que esto implica dilucidar si se trata de una situación a resolver al amparo de las normas de Derecho interregional o de Derecho internacional privado.

De todos modos, con la finalidad de evitar situaciones dificultosas, lo idóneo es prevenir, activando la autonomía de la voluntad cuyo fin es clarificar el régimen jurídico operativo mediante la incorporación de una cláusula en el contrato que así lo establezca[406].

---

402. GARCIMARTÍN ALFÉREZ, F.J., «Artículo 10.5», en BERCOVITZ RODRÍGUEZ-CANO, R. (Dir.), *Comentarios al Código Civil. Tomo I*, Tirant lo Blanch, Valencia, 2013, pp. 304-305.

403. El operador práctico considera que, la regulación de los conflictos interregionales en España está necesitada de una puesta al día, ya que da lugar a diversidad de interpretaciones, con la consiguiente inseguridad jurídica. Al respecto vid., VÁZQUEZ MORAL, P., «Extranjeros y Derecho interregional», *El Notario del Siglo XXI*, núm. 112, 2023, versión digital.

404. ÁLVAREZ GONZÁLEZ, S., «Artículo 10.5», en CAÑIZARES LASO, A. (Dir.), *Comentarios al Código Civil. Tomo I (Arts. 1 a 267)*, Tirant lo Blanch, Valencia, 2023, PP. 511-512.

405. La complejidad normativa es evidente, fruto de la fragmentación del sistema de fuentes, pues las normas europeas no cubren todas las materias y por consiguiente están llamadas a coexistir con las normas nacionales. Como acertadamente afirma ÁLVAREZ RUBIO, el legislador interno debe mejorar las normas de implementación o aplicación interna de las normas europeas, pues estas, por su propia naturaleza, no pueden descender al detalle y necesitan un acomodo en la legislación interna. Sin duda, la elaboración de la ley de Derecho interregional dotaría de más seguridad jurídica a la hora de determinar la ley aplicable. *Vid. per omnia*, ÁLVAREZ RUBIO, J.J., «Derecho Interregional español: una urgente y necesaria reforma», en ÁLVAREZ GONZÁLEZ, S., ARENAS GARCÍA, R., DE MIGUEL ASENSIO, P.A., SÁNCHEZ LORENZO, S., y STAMPA CASAS, G. (Eds.), *Relaciones transfronterizas, globalización y derecho: Homenaje al prof. Dr. José Carlos Fernández Rozas*, Thomson Reuters Aranzadi, Navarra, 2020, p. 122.

406. La existencia de diversas legislaciones civiles territoriales requiere que, antes de plantear el régimen jurídico aplicable a una concreta relación jurídica que tenga conexión con territorios sometidos a distintos regímenes civiles, sea siempre necesario determinar cual fuere

5. CONSIDERACIONES FINALES

Como es de sobra conocido, en el seno de la empresa familiar, a través de su instrumento culmen, el Protocolo Familiar, resulta de uso extendido la inclusión de acuerdos societarios *extra muros* de los estatutos sociales, los archiconocidos pactos parasociales. Desde un punto de vista *ius privatista* se ha cuestionado la eficacia y forma de oponer estos pactos entre los firmantes y entre estos y la propia sociedad de la que los miembros de la familia son socios.

Así, en el marco del Derecho material patrio, cimentado en la Ley de Sociedades de Capital, *los pactos que se mantengan reservados entre los socios no serán oponibles a la sociedad*, con los claros límites que se pueden derivar del respeto a la ley, a los estatutos sociales y a la buena fe. La cuestión que se pudiera plantear descansa en la idea de que tales pactos pudieran entran en contradicción con lo dispuesto en los estatutos sociales de la compañía, ítem habitual en la *praxis*. Ello responde a que los **estatutos sociales** constituyen las primigenias reglas suscritas al momento de constitución de la compañía familiar en las cuales no se sortean aspectos del devenir mercantil de la sociedad en la operativa diaria. A este respecto, fruto del paso inevitable del tiempo o por la incorporación de nuevos socios a la empresa familiar, los socios fundadores pueden decidir, por la vía de la **regulación privada,** introducir variaciones en las reglas del juego a propósito de sus relaciones en tanto que socios, a fin de tratar de acotar de algún modo el marco en el que la sociedad va a desenvolverse, como puede ser establecer la apertura al comercio internacional o limitar el control mayoritario de determinados miembros de la familia, entre un sinfín de cuestiones.

En el plano jurisprudencial español, el Tribunal Supremo —como ha quedado sustentado *infra*— ha entendido, fundamentalmente que, la sociedad ha de ser parte del Protocolo Familiar con el objeto de poder llevarlo a la práctica y que sea eficaz frente a aquella. En este sentido, merece tener en consideración que los jueces patrios dan cuenta de que, el Protocolo si se concibe como contrato no podrá ser oponible a aquellas partes no firmantes.

En vista de las circunstancias subyacentes, si el pacto parasocial entra en contradicción con las estipulaciones enclavadas en los estatutos fundacionales de la empresa familiar, claro está que hay altas posibilidades de judicializar el asunto. De este modo, si el pleito muestra rasgos de internacionalización desata la intrincada batalla de fijar la autoridad competente y, en paralelo, la delimitación de la norma de conflicto.

Con este caldo de cultivo, la magnitud transnacional surgirá en tanto que diversos elementos —objetivos o subjetivos— presentes en el Protocolo Familiar pueden implicar vínculos con más de un ordenamiento o jurisdicción, entra-

el derecho aplicable. En sentido *vid.* DE PAULA PUIG BLANES, F., «Derecho interregional y Derecho de la Unión Europea»•, *Actualidad Civil*, núm. 2, 2023, versión on line.

ñando ello la aparición de los mecanismos propios del Derecho internacional privado. *Exempli gratia*, los socios de una empresa familiar española con presencia y operaciones en distintos países suscriben un Protocolo en cuyas cláusulas se dispone que solo los miembros de la familia consanguíneos puedan acceder al Consejo de Administración de la compañía, lo que queda vetado a la familia política. Acto seguido, tal pacto es incumplido en favor del cónyuge extranjero de una socia residente fuera de España. Así, otro socio de la empresa domiciliado en un Estado tercero acude a dichos tribunales —los de su lugar de residencia— reclamando que el pacto debe ser respetado, frente a lo cual, finalmente, el beneficiado alega la nulidad del Protocolo, según la ley rectora de la sociedad familiar.

Por consiguiente, es apropiado apuntar que, la fenomenología es tan diversa como la variedad de pactos; si bien, los retos prácticos más evidentes se sustentan básicamente sobre dos cuestiones. Desde el punto de vista de la litigación internacional, cabe recordar que la decisión de un juez extranjero que conociese de un litigio de una corporación familiar cuya sede social, administración central o centro de actividad principal esté situada en España y, por ende, vulnere la competencia exclusiva del juez español atribuida por el artículo 24.2 Reglamento (UE) 1215/2012, dicha resolución judicial se verá avocada a no poder ser reconocida ni, evidentemente, ejecutada en España habida cuenta de lo preceptuado por su artículo 45.1 e) ii) Reglamento (UE) 1215/2012. Ciertamente, es palmario los inconvenientes que ello puede acarrear para el ejecutante que pretenda garantizar la satisfacción del perjuicio sufrido con los bienes situados en el país del domicilio social. Con referencia a los desafíos en sede de Ley aplicable cabe examinar qué sucede si, en la casuística como la reseñada, el pacto que contraviene los intereses de los socios es válido según la Ley elegida por las partes, pero se considera leonino o contrario a la buena fe según la ley rectora de la sociedad.

En estas convulsas aguas, el ancla que debe sujetar la embarcación reside en la calificación o categorización del Protocolo Familiar en la medida que las circunstancias fácticas dimanantes de los socios que conforman la *family firm* deben ser subsumidas al efecto en la norma. En términos matemáticos, el operador jurídico tiene el cometido de despejar la variante de la ecuación, ya sea en competencia judicial internacional mediante las reglas por las que se determina el ejercicio de la jurisdicción por parte de los tribunales de un concreto Estado, ya sea en la definición de la ley aplicable a través de la cual, el juez competente decidirá el concreto ordenamiento rector vinculante al fondo de la compleja controversia. De ahí, a que si no se hace frente al espinoso punto conflictivo que representa la calificación de los pactos parasociales no se pueda aplicar el marco jurídico destinado a abordar los aspectos transfronterizos que surgen en torno al régimen jurídico de aquellos.

En el marco del proceso civil con presencia internacional, como ha quedado apuntado, será el Reglamento (UE) 1215/2012, siempre que concurran sus condiciones de aplicabilidad, la norma destinada a delimitar el juez competente. Si bien, nos hallamos ante dos situaciones bien distintas. La primera, resurge del párrafo 2º de su artículo 24 cuya misión es la demarcación del órgano jurisdiccional competente en materia de validez, nulidad o disolución de sociedades y personas jurídicas, así como en materia de validez de las decisiones de sus órganos. Y, la segunda, deriva de la concepción del Protocolo con *vis attractiva contractus* cuyo sustento bebe del foro del artículo 7, párrafo 1, salvo prorroga tácita o expresa de la competencia.

Teniendo en consideración el bicéfalo razonamiento expuesto, en el primer caso, la norma se aplica con carácter universal, con independencia del domicilio del demandado en Estado miembro cuya observancia está presente en el artículo 6, párrafo primero. En cambio, en la segunda hipótesis, la norma se aplica con la clarividente condición de que el demandado ha de estar domiciliado en territorio de la Unión Europea.

A fortiori, el camino a seguir es nítidamente dispar. Así, en materia de Derecho de sociedades, la competencia corresponde *exclusivamente* a los órganos del Estado miembro del lugar del domicilio social determinado, a su vez, según las normas a tal efecto del propio Reglamento (*vid.* artículo 63) con una evidente anulación de la autonomía de la voluntad. En contraste, en materia contractual, el tribunal competente será el del lugar de cumplimiento de la obligación que sirve de base a la demanda, salvo sumisión expresa o tácita al respecto.

Como contrapartida, las cuestiones que afectan al Derecho aplicable al fondo de la controversia reclaman de la indispensable calificación previa de igual forma que se ha efectuado en el campo de la jurisdicción internacional. En este caso, si se considera que el Protocolo Familiar en el que se inserta el pacto parasocial debe ser concebido como un simple contrato, en principio, se debería situar bajo el amparo del Reglamento (CE) 593/2008. De aceptarlo así, el principio fundamental que rige dicho Reglamento es el de autonomía de la voluntad conflictual. En defecto de designación expresa, la norma de conflicto se acomoda sobre la base de una serie de conexiones cuyo sentir general es la ley del país de residencia de la parte que debe llevar a cabo la prestación característica. No obstante, nuestro Reglamento sobre ley aplicable a las obligaciones contractuales excluye expresamente de su ámbito de aplicación material las cuestiones relativas al Derecho de sociedades, a saber, apartado 1, letra f) de su artículo 1. Consecuentemente, si recae sobre la cláusula parasocial la condición de materia societaria, en ningún caso se podrá acudir a tal norma, sino que será aplicable la *lex societatis* cuya determinación, en el caso de que conozca del litigio un tribunal español, viene de la mano del artículo 8 de la ley patria de Sociedades de Capital cuya conexión se sitúa sobre el domicilio de la sociedad. Por consiguiente, si la empresa familiar es española se regirá por la norma material especificada, toda vez posea su domicilio en territorio español con independencia del lugar en que se hubiera constituido.

Después de todo, sin ninguna duda, la calificación de los pactos parasociales, en general, o del Protocolo Familiar, en particular, bien como contratos, bien en la esfera societaria, resulta trascendental en tanto en cuanto poder lidiar con la potencial solución final ante las dificultades trasfronterizas que los mismos puedan plantear en el ámbito del Derecho privado de la Unión Europea.

En este dificultoso entorno, ambas categorías presentan resultados claramente discordantes. Así las cosas, podría valorarse un encuadre intermedio con una evidente virtualidad que se deriva de las propias características inherentes que posee el Protocolo Familiar en su máxima expresión. Su naturaleza tridimensional hace que pueda ser valorado como un instrumento en el que se enmarcan un elenco de variadas reglas de juego con las que se adecuan los valores, las funciones y los intereses propios de la familia y de la empresa.

Evidentemente, esto obliga a realizar un esfuerzo interpretativo en lo que a su configuración jurídica procede, con el hándicap añadido de la ausencia de normas al respecto, así como una sed jurisprudencial y doctrinal que no han vislumbrado la desafiante disyuntiva a la que se enfrentan las mercantiles familiares.

Tomando como base la inclusión de diversas estipulaciones que conforman el pacto parasocial por cuanto pudieran ser acuerdos de relación, de atribución y organización de las relaciones recíprocas y directas, esto es, sin tomar en consideración a la sociedad, su catalogación podría resultar como societaria respecto de unas y de tipo contractual frente a otras. Concretamente, cabría ingeniosamente reservar la calificación societaria para el núcleo de determinados pactos que reflejen en el Protocolo Familiar el interés conjunto que define al común de la sociedad. O, dicho de otro modo, los pactos de organización con una notoria presencia del *animus societatis* serán perfectamente calificados de tipo societario, asumiendo por tanto la activación del foro del artículo 24.2 Reglamento (UE) 1215/2012 y de la conexión en la norma de conflicto española. En contraste a este fundamento, véase la interpretación de un pacto concreto o sus consecuencias ante eventuales incumplimientos, como aspectos típicamente contractuales. A la postre de este postulado, parece conveniente ubicar únicamente la cuestión relativa a la validez de los pactos de organización dentro del ámbito de la *lex societatis*, dejando todos los demás aspectos bajo la más flexible ley rectora del contrato. A tal fin, los socios puedan detonar la autonomía de la voluntad tanto en lo que se refiere a la elección del tribunal competente — o si omiten esta oportunidad procesal disponen del tribunal donde deba ser cumplida la obligación principal— e ídem relativo a la ley aplicable de todo aquello que no obste a la validez del Protocolo Familiar.

Capítulo VI

La transmisión *mortis causa* de la empresa familiar

SUMARIO: 1. A MODO DE INTRODUCCIÓN. *1.1. Premisas iniciales. 1.2. Contextualización en la family business.* 2. DIFICULTADES PRÁCTICAS. *2.1. Desventajas objeto de consideración. 2.2. La trazabilidad testamentaria.* 3. LA SUCESIÓN POR CAUSA DE MUERTE CON PRESENCIA INTERNACIONAL: EL REGLAMENTO (UE) 650/2012. *3.1. Aclaraciones iniciales. 3.2. Caracteres esenciales.* A. Uniformidad. B. Espectro geográfico. C. Conceptualización de «sucesión por causa de muerte». *3.3. Exclusión material: fuera de juego del Derecho societario.* A. Aclaraciones legales en atención al orden jurídico español en sede de Derecho de sociedades. B. Encaje de los negocios familiares en el Código civil español y su implementación en el Reglamento (UE) 650/2012. a. Particularidades en la partición de la empresa familiar en el orden común español. b. Regla especial de Derecho aplicable: situación de los bienes inmuebles. 4. RÉGIMEN JURÍDICO DE LAS NORMAS DE COMPETENCIA JUDICIAL INTERNACIONAL A LA LUZ DEL REGLAMENTO (UE) 650/2012. *4.1. Idea preliminar: calificación jurídica de «tribunal». 4.2. Arbitrio de los foros.* A. Orden de aplicación a tenor del espíritu del legislador. B. Foro de competencia en caso de elección de la ley. C. Foro de carácter general. D. Competencia judicial subsidiaria y su interrelación con los negocios familiares. E. El foro de necesidad. 5. RÉGIMEN JURÍDICO DE LAS NORMAS DE LEY APLICABLE A LA LUZ DEL REGLAMENTO (UE) 650/2012. *5.1. Aplicabilidad universal. 5.2. Primacía de la autonomía de la voluntad conflictual: el resurgimiento de la conexión «nacionalidad».* A. Parámetros de aplicación. B. Problemática de la nacionalidad múltiple. C. Condiciones de idoneidad. *5.3. Conexión supletoria: la residencia habitual del causante.* A. Articulación normativa. B. Case to case. *5.4. Los pactos sucesorios y su incidencia en la transmisión vía mortis causa de la empresa familiar.* A. Delimitación conceptual. B. Naturaleza jurídica. C. Repercusión en la family company. 6. CONSIDERACIONES FINALES.

1. A MODO DE INTRODUCCIÓN

1.1. PREMISAS INICIALES

Como se ha venido apuntando hasta el momento, las *family firms* se caracterizan por los vínculos de naturaleza familiar que unen a sus miembros en tanto que el grupo societario tiene una base *intuitu personae*, constituyendo la continuidad y conservación, el elemento determinante en su tráfico jurídico comercial.

Si bien, la muerte del socio fundador puede provocar la disolución de la empresa familiar y, por ende, se torna imprescindible trazar las líneas maestras para lograr su supervivencia en el exigente, a la par que intrincado, mercado internacional[407].

Así las cosas, como punto de partida hay que excluir el supuesto de empresa privativa que cualquiera de los cónyuges o ambos separadamente han podido constituir durante el matrimonio[408]. Eso implica que, ha de tratarse de una mercantil creada durante el matrimonio por ambos cónyuges o bien por uno solo a costa del caudal común[409].

Sea como fuere, conviene afirmar que, la familia y la sucesión son dos sectores del ordenamiento jurídico que más afectan a la conciencia social, han sido y serán instituciones clave, luego nada tiene de extraño el planteamiento de estas dos materias y su conexión conflictiva con la empresa familiar teniendo como elementos de encuentro, por un lado, la autonomía de la voluntad y, por otro, los limites conferidos por la ley y el orden público en un marco de actuación transfronterizo[410].

---

407. En opinión de RODRÍGUEZ DÍAZ, al amparo de la autonomía de la voluntad, la muerte o la incapacidad de un socio como causa legal de disolución de la sociedad familiar no debe traducirse en la imposibilidad de que las partes pueden establecer en los estatutos de la compañía la disolución automática de la misma en caso de muerte o incapacidad de un determinado socio, o del propio fundador: *vid.* RODRÍGUEZ DÍAZ, I., *La empresa familiar en el ámbito del Derecho Mercantil*, Edersa, Madrid, 2000, p. 174.

408. La empresa puede tener carácter plenamente privativo; formar parte del haber ganancial o participar conjuntamente de la naturaleza privativa y ganancial. Así queda indicado por REYES LÓPEZ, Mª.J., «Relaciones familiares y su reflejo sobre la propiedad y administración de la empresa familiar. En particular, sobre el régimen económico matrimonial», en CAMISÓN ZORNOZA, C. y VICIANO PASTOR, J. (Dirs.), *Dirección, organización del gobierno y propiedad de la empresa familiar. Un análisis comparado desde la economía y el derecho*, Tirant lo Blanch, Valencia, 2015, p. 196.

409. GARCÍA CANTERO, G., «Transmisión *mortis* causa de la empresa familiar», en GARRIDO DE PALMA, V.M. (Dir.), *La empresa familiar ante el derecho. El empresario individual y la sociedad de carácter familiar. Seminario organizado por el Consejo General del Notariado en la UIMP*, Editorial Civitas, Madrid, 1995, p. 101.

410. Acertadamente CARRASCOSA considera que, el orden público internacional debe ser interpretado, en el contexto del Reglamento sucesorio europeo, como una garantía del respeto, en todo caso, de los derechos fundamentales de todo ser humano. El orden público

1.2. CONTEXTUALIZACIÓN EN LA *FAMILY BUSINESS*

La apertura de la sucesión en la empresa familiar desemboca en el delicado proceso del relevo generacional[411]. Resulta ser una fase sinuosa en la compañía en tanto que conlleva valorar, de un lado, el control de la empresa en el núcleo familiar y, de otro, la elección del sucesor o sucesores. Con todo, existe la tendencia general de salvaguardar la continuidad de la empresa y, además, el propio interés del testador en el traspaso de la organización al o a los herederos que entiende más preparados para la gestión. Con independencia de que el testador haya organizado o no la transmisión de la empresa, el fallecimiento va a determinar, siempre y necesariamente, la apertura de la sucesión lo que implica que las relaciones jurídicas transmisibles de las que era titular el fallecido, naturalmente el activo y el pasivo del patrimonio, se conviertan en herencia[412].

De esta manera, será neurálgico la designación de la fórmula sucesoria más apropiada para lograr los objetivos del grupo familiar al frente de la compañía[413]. A este fenómeno se le suele otorgar la calificación de *planificación sucesoria y patrimonial* consistente en un diseño de estrategias con el objeto de proyectar el negocio familiar, teniendo en cuenta la disposición patrimonial para su mejor aprovechamiento y la protección del *heredante* y de quienes dependen de él[414].

---

internacional queda confinado a la importante misión de proteger a los particulares frente a discriminaciones legales que pudiera establecer la ley de la sucesión, frente a rupturas de la igualdad de todas las personas ante la ley, frente a agresiones a la dignidad de la persona: *cfr*. CARRASCOSA GONZÁLEZ, J., «Orden público internacional y Reglamento sucesorio europeo», *Revista Crítica de Derecho Inmobiliario*, Año nº 95, núm. 772, 2019, p. 673.

411. La sucesión es uno de los problemas más relevantes y, a la vez, más críticos que debe emprender una empresa familiar para garantizar su continuidad, ocasionando en una mayor parte inestabilidad a nivel familiar y empresarial, tal y como lo deja latente ARAYA LEANDRO, A., «El proceso de sucesión en la empresa familiar y su impacto en la organización», *Tec Empresarial*, Vol. 6, núm. 2, 2012, p. 37. El sistema español se configura como el reparto de bienes en distribución forzosa, por un lado, y de distribución libre, de otro, conllevando ello evidentes problemas prácticos, tal y como apunta LLOPIS GINER, J.M., «La libertad del testador, su facultad de partir, comentario al nuevo artículo 1056.2 del Código Civil», en REYES LÓPEZ, M.J. (Dir.), *La Empresa Familiar: Encrucijada de Intereses Personales y Empresariales*, Aranzadi, Navarra, 2004, p. 52.

412. En el fenómeno sucesorio se van a producir distintas fases y aunque la empresa continúe en funcionamiento la sucesión se va a regir por el Derecho de sucesiones, tal y como apunta CAÑIZARES LASO, A., *Comunidad hereditaria y sucesión de la empresa*, Tirant lo Blanch, Valencia, 2019, p. 26.

413. ÁLVAREZ LATA establece diversos modelos sucesorios que pueden llegar a ser los más adecuados para la continuidad de la empresa familiar; a saber, los pactos sucesorios, la sucesión testada, formulas forales, etc. *Vid*. ÁLVAREZ LATA, N., *Aspectos civiles de la empresa familiar: economía familia y sucesión hereditaria*, Netbiblio y Universidade da Coruña, A Coruña, 2011, pp. 38-40.

414. Término al que hace referencia de aquel que, sabiendo que alguna vez será heredado obra teniendo en cuenta sus intereses y necesidades de su entorno afectivo arbitrando medios que le permitan proyectar su futuro en beneficio de sus seres queridos y de quienes depen-

En este contexto tal y como se ha manifestado en líneas precedentes, el Protocolo Familiar es la herramienta idónea en el que se debe establecer las previsiones sucesorias de una manera ordenada con el fin de lograr una transmisión de la propiedad de manera pacífica y evitar sendos problemas[415]. A este respecto, dicho sea de paso, la sucesión abintestato no sería la más conveniente para dotar de continuidad a la empresa[416]. Si bien, en el caso del Derecho patrio común de sucesiones, una de las grandes dificultades es la rigidez del sistema de legítimas en tanto que, dificultan una trasmisión unitaria del ente mercantil familiar con la salvedad prevista por el legislador español en el ya reseñado artículo 1056.2 Código Civil[417].

den de él. Consideración efectuada por CASALONGE, M., «Planificación patrimonial, empresarial y sucesoria. Proteger con equidad desde la prevención», en Carregal, m. (Dir.), *Planificación patrimonial y sucesoria*, Heliasta, Buenos Aires, 2012, p. 8.; CARREGAL, M.A., «La problemática de la planificación patrimonial y posibles alternativas que brinda el fideicomiso» en CARREGAL, M.A. (Dir.), *Planificación patrimonial y sucesoria*, Heliasta, Buenos Aires, 2012, p. 15 y BELAUSTEGUIGOITIA RIUS, I., *Empresas familiares: dinámica, equilibrio y consolidación*, 4ª ed., McGRAW-HILL, México, 2017, pp. 253-277.

415. El proceso de sucesión está muy ligado al adecuado funcionamiento de tres ámbitos: la familia, la propiedad y la empresa, incluyendo el negocio y la gestión del mismo. Cualquier desajuste entre alguno de estos tres ámbitos repercute en la sucesión de la compañía. Así lo concibe AMAT SALAS, J.M., «Sucesión en la Empresa Familiar», en *Claves para la continuidad de la Empresa Familiar*, Federación asturiana de empresarios, Universidad de Oviedo, 2006, pp. 74-75. No obstante, el legislador patrio con la inclusión del párrafo 2º, del artículo 1.056 del Código Civil flexibiliza la posibilidad de mantener indivisa la propiedad de la empresa familiar para así facilitar su futura gestión. De este modo, si el testador quiere mantener indivisa la empresa podrá adjudicarla solo a alguno o algunos de sus herederos, aunque esa adjudicación vulnere en cierta medida el sistema de legítima, pero pudiendo ser compensada por vía dineraria con ciertas limitaciones. Interesante reflexión de SÁNCHEZ-CRESPO CASANOVA, A.J., *El Protocolo Familiar. Una aproximación práctica a su preparación y ejecución*, Sánchez-Crespo Abogados y Consultores, Madrid, 2009, p. 123. En la misma línea de pensamiento, *vid.* GONZÁLEZ HERNÁNDEZ, R., «La continuidad de la empresa familiar», *Anuario Jurídico y Económico Escurialense*, núm. XLIII, 2010, p. 407. En verdad, se ha de establecer la correlación o coordinación entre el contenido típico de los Protocolos Familiares y las posibilidades que el Derecho sucesorio ofrece. De nada sirve que los miembros de la empresa familiar conciten sus voluntades en el seguimiento de una estrategia de ordenación familiar y sucesoria si después, unilateralmente, sus decisiones sobre su sucesión o familia se apartan de esa línea concertada en el protocolo. Útil reflexión de ÁLVAREZ LATA, N., *Aspectos civiles de la empresa familiar: economía familiar y sucesión hereditaria*, Netbiblio y Universidade da Coruña, A Coruña, 2011, p. 79.

416. FERNÁNDEZ GIMENO, J.P., *Problemas de la transmisión de la empresa familiar*, Tirant lo Blanch, Valencia, 1999, p. 277. En nuestros días la muerte intestada de una persona no es ninguna deshonra, pero, si el causante es titular de una empresa familiar, sí podemos considerarla una desgracia, por lo que supone de falta de previsión y de planificación y por los riesgos a los que, en su caso, quedará sometida la empresa. Afirmación de GALLEGO DOMÍNGUEZ, I., «Relevo generacional y transmisión "mortis causa" de la empresa familiar en el Derecho español», *Revista electrónica de Direito*, núm. 2, Vol. 22, 2020, p. 40.

417. La legitima de los descendientes es constituida por dos terceras partes del haber hereditario, una de las cuales es susceptible de ser atribuida en concepto de mejora a favor de alguno o algunos de los hijos o descendientes. Hay que tener en cuenta que, el derecho de

2. DIFICULTADES PRÁCTICAS

2.1. DESVENTAJAS OBJETO DE CONSIDERACIÓN

Nótese que, los pactos sucesorios —más adelante analizados— no tienen cabida en el Derecho material común —español-[418] ya que las únicas formas de delación hereditaria son el testamento o la ley[419], a pesar de que todas las comunidades autónomas con legislación civil propia han desarrollado con mayor o menor intensidad los pactos sucesorios al reconocerlos como título sucesorio en un ámbito destacado de la libertad civil y la planificación sucesoria[420].

En el contexto de la empresa familiar, una idea que debe ser destacada es la necesidad de que las situaciones sucesorias que afecten a la mercantil deben ser resueltas de la forma y manera más rápida posible[421]; de ahí, a que a través del

los legitimarios se hace efectivo sobre los propios bienes, pues se trata de un derecho que recae sobre el haber hereditario y no sobre una cuota de valor. Así queda definido en el estudio de HUERTA TRÓLEZ, A., «La empresa familiar ante el fenómeno sucesorio», *Revista Jurídica del Notariado*, núm. 50, 2004, pp. 95-96. También, se puede afirmar que, este precepto supone un avance en su libertad sucesoria, concediéndole la facultad de adjudicar la empresa familiar a uno sólo de los legitimarios, siempre que el resto no se considere perjudicado, garantizándole que en plazo de cinco años tendrán cubierto su haber hereditario. Aclaración de BARRÓN LÓPEZ, C., *Arbitraje y Mediación en la empresa familiar*, Tirant lo Blanch, Valencia, 2021, p. 166.

418. Tal y como resulta del artículo 1271.2 Código Civil. Según el parecer de MARTÍN ROMERO, la prohibición carece desde siempre de fundamento y hoy no cubre ningún interés que sea digno de protección legal, más bien imposibilita el tratamiento racional de las sucesiones. Así deja constancia en MARTÍN ROMERO, J.C., «La transmisión de la empresa familiar», en SÁNCHEZ RUIZ, M., GONZÁLEZ FERNÁNDEZ, M.B., y COHEN BENCHETRIT, A. (Dirs.), OLMEDO PERALTA, E. y GALACHO ABOLAFIO, A.F. (Coords.), *Derecho de sociedades: revisando el Derecho de Sociedades de Capital*, Tirant lo Blanch, Valencia, 2018, p. 661.

419. En cambio, el legislador europeo sí contempla esta institución que será desarrollada en el epígrafe 5.*4. Los acuerdos sucesorios y su incidencia en la transmisión de la empresa familiar*.

420. En los parámetros de esas nuevas regulaciones civiles territoriales está claro su deseo de superar los estrechos márgenes de la configuración tradicional de los pactos sucesorios y abrirlos a un modo de delación sucesoria adaptado a las exigencias de la sociedad actual, que permita una adecuada transmisión del patrimonio familiar, entendido no como un elemento de subsistencia únicamente, sino como un entorno construido en base al trabajo y al esfuerzo, que permite una continuidad y una protección de los miembros más desfavorecidos de la misma. Sugestiva reflexión de URRUTIA BADIOLA, A.M, «Pactos sucesorios al alza», *Academia Matritense del Notariado*, Tomo LXII, Curso 2022-2023, versión online: https://www.elnotario.es/index.php/academia-matritense-del-notariado/12111-pactos-sucesorios-al-alza

421. La herencia yacente se ve agravada cuando en el caudal hereditario existe un ente empresarial que tiene unas necesidades de gestión y ejercicio que no pueden ser interrumpidas. La idea del patrimonio sin titularidad hay que concebirlo en tanto en cuanto este se conserva, se mantiene unido como si tuviera titularidad actual pues hay seguridad en que lo tendrá, ya sea en virtud de llamamiento testamentario o llamamiento legal. Argumento de FUENTES MARTÍNEZ, J.J., «La conservación y la continuidad de la empresa ante el fenómeno sucesorio (especialmente ante las situaciones de yacencia hereditaria y de pluralidad de

Protocolo se puedan fijar todos los criterios hacia los firmantes con el propósito de hacer viable la continuidad del negocio familiar[422].

Ciertamente, uno de los inconvenientes que se detecta son las posibles confrontaciones entre las directrices establecidas en el Protocolo Familiar con las disposiciones testamentarias en cuestión, dado que por su naturaleza debe respetarse la sagrada libertad del testador a la hora de determinar el futuro de sus bienes. En todo caso, la piedra angular sobre la que debe apoyarse la sucesión de la empresa es la vía testamentaria, al ser el negocio jurídico por excelencia que regula el destino de los bienes del otorgante tras su muerte[423]. Por ende, resulta primordial que, tanto el empresario como su cónyuge ordenen la trasmisión de la empresa en sus testamentos[424].

2.2. LA TRAZABILIDAD TESTAMENTARIA

A este respecto, se ha de tener en suma consideración las circunstancias familiares concretas por cuanto están llenas de matices y variantes[425]. El diseño

---

herederos). La empresa y la responsabilidad hereditaria ultra vires. Algunas propuestas de reforma», en GARRIDO MELERO, M. y FUGARDO ESTIVILL, J.M., (Coords.), *El patrimonio familiar, profesional y empresarial. Sus protocolos*, J.M. Bosch Editor, Barcelona, 2005, pp. 468-469. En el mismo sentido, *vid*. GARCÍA ALEMANY, E., «La sucesión "mortis causa" en la empresa familiar», *Cuadernos de Derecho y Comercio,* núm. extra 1, 2017, pp. 646.

422. La doctrina mercantilista entiende que, la inclusión de medidas de perfeccionamiento en la regulación de las relaciones entre los socios, constituyen verdaderos mecanismos que aseguran la continuidad de la empresa familiar. En concreto, cláusulas tales como restricciones a la libre transmisibilidad, la de adquisición preferente, la de ponderación del poder político o de gestión, y en su caso la determinación previa del valor razonable de las participaciones sociales, etc.; *cfr*. VICENT CHULIÁ, F., «Protocolo Familiar, organización jurídica y relevo generacional de la empresa familiar», en SERRANO DE NICOLÁS, A. (Coord.), *La Empresa Familiar y su relevo generacional*, Colegio Notarial de Cataluña, Marcial Pons, Madrid, 2011, pp. 133-135.

423. Como sostiene muy acertadamente SERRANO, el testamento es el último acto de imperio del futuro causante sobre su patrimonio, pero advierte de las limitaciones si ese patrimonio es familiar o troncal, *cfr*. SERRANO DE NICOLAS, Á., «Planificación sucesoria: el testamento en la sucesión anómala y las transmisiones "parasucesorias"», en GARRIDO MELERO, M. y FUGARDO ESTIVILL, J.M. (Coords.), *Conflictos en torno a los patrimonios personales y empresariales*, Bosch, Barcelona, 2010, p. 45.

424. La consecuencia más importante del carácter unilateral y personalísimo del testamento es la tradicional proscripción de la herencia contractual o pactos sobre herencia futura. De igual manera, el carácter revocable del testamento choca con la sucesión contractual que se concibe como un negocio jurídico *mortis causa* en principio irrevocable. Interesante apunte realizado por VALMAÑA CABANES, A., *El régimen jurídico del protocolo familiar*, Comares, Granada, 2014, pp. 121-122.

425. Aspectos como legitimas, hijos, problemas familiares, discapacidades físicas o psíquicas, el aseguramiento de las necesidades a quien más les conviene debe preverse antes del fallecimiento del fundador o fundadores de la firma empresarial familiar. Audaz planteamiento de GARRIDO DE PALMA, V.M., «Fiducias, sustitución fideicomisaria y empresa familiar. El caleidoscopio legal», en NASARRE AZNAR, S. y GARRIDO MELERO, M. (Coords.), *Los patrimonios fiduciarios y el trust*, Marcial Pons, Madrid, 2006, p. 397.

sucesorio habrá de adaptarse a la composición del patrimonio teniendo en cuenta la existencia y valor de otros bienes ajenos a la empresa.

Respecto a la forma del mismo, qué duda cabe que la opción más adecuada es el testamento abierto para evitar la nulidad o ineficacia de las disposiciones contenidas en él, y máxime tratándose de la sucesión en la empresa familiar en la que el notario se convertirá en una pieza clave en el asesoramiento[426], el cual ha de estar ajustado a la legalidad vigente dando a conocer instituciones que pueden favorecer la trasmisibilidad del ente mercantil[427].

3. LA SUCESIÓN POR CAUSA DE MUERTE CON PRESENCIA INTERNACIONAL: EL REGLAMENTO (UE) 650/2012

3.1. ACLARACIONES INICIALES

Con la multiplicación de los intercambios internacionales y la facilidad creciente para desplazarse, las sucesiones transfronterizas, evidentemente, han aumentado significativamente. La progresiva movilidad de las personas en un espacio sin fronteras interiores, por motivos tanto profesionales como personales, con el consiguiente incremento de las uniones matrimoniales —o análogas— entre nacionales de Estados miembro diferentes, acompañadas a menudo de la adquisición de bienes situados en territorios de varios países de la Unión, han conllevado a ordenar la sucesión *mortis causa* que pudiera producirse en tales circunstancias[428]. Asimismo, la primera consecuencia jurídica que provoca el fallecimiento de uno de los cónyuges es la disolución del vínculo matrimonial,

426. En el ámbito del Derecho comparado, concretamente en el orden alemán, la figura del notario está asentada en la averiguación de las voluntades y la indagación de los hechos, pues aquél debe favorecer de forma activa el acuerdo de las partes plasmado en una compensación de intereses voluntaria sobre la base de las circunstancias materiales averiguadas. En caso de que no se produzca este acuerdo, la actividad del notario finaliza. Esto es, los notarios asesoran e instruyen a las partes sobre el contenido y se aseguran de que no se produzca menoscabo alguno de los intereses de los jurídicamente inexpertos. Explicación de BAUMANN, W., «El notario alemán», *El notario del siglo XXI*, núm. 15, 2007, versión online.

427. Como es la designación de albacea y contador-partidor —pudiendo concurrir ambos en la misma persona, la inclusión del usufructo universal a favor del otro cónyuge, la fiducia sucesoria, el legado de cosa específica y determinada o el pago metálico de legitimas. Planteamientos de HUERTA TROLEZ, A., «La Empresa Familiar ante el fenómeno sucesorio», *Boletín del Ilustre Colegio de Abogados de Madrid*, núm. 27, 2003, pp. 58-84 y HUALDE MANSO, T., «Patrimonio fiduciario y secesión en la empresa familiar», en NASARRE AZNAR, S. y GARRIDO MELERO, M. (Coords.), *Los patrimonios fiduciarios y el trust*, Marcial Pons, Madrid, 2006, pp. 632-637.

428. HIJAS CID, E., «Los regímenes matrimoniales extranjeros y el Registro de la Propiedad», *El Notario del siglo XXI: Revista del Colegio Notarial de Madrid*, núm. 111, 2023, pp. 142-145.

lo que a su vez repercute en el ámbito patrimonial, así como en la definición de los derechos hereditarios del conjunto de herederos[429].

El *Reglamento (UE) 650/2012 del Parlamento Europeo y del Consejo, de 4 de julio de 2012 relativo a la competencia, la ley aplicable, el reconocimiento y la ejecución de las resoluciones, a la aceptación y la ejecución de los documentos públicos en materia de sucesiones mortis causa y a la creación de un certificado sucesorio europeo*[430] será la norma capital sobre la que debe sustentarse los asuntos litigiosos que se derivan de situaciones de sucesión *mortis causa* con repercusión transfronteriza[431]. Realmente, en el espacio europeo de justicia es imperativo que los ciudadanos puedan organizar su sucesión y, por ende, se considera preciso garantizar de manera eficaz los derechos de los herederos y legatarios y de las personas próximas al causante, así como de los acreedores de la herencia[432]. Las diferentes reglamentaciones que se consagran en los países de la Unión Europea en materia de sucesión por causa de muerte acreditan la existencia de un panorama de pluralidad y diversidad de soluciones —tanto en el plano del Derecho interno como en el del Derecho internacional privado. Todo ello se manifiesta en cuestiones como el fraccionamiento de una misma sucesión si resultaran competentes más de una autoridad para conocer de la misma; la posibilidad de aplicar dispares ordenamientos estatales a una misma sucesión en función de cuál sea la autoridad nacional competente para conocer de la misma; la admisibilidad (más o menos limitada) o no de la libertad de designación del ordenamiento aplicable por el testador; las vicisitudes del reconocimiento y ejecución en un país de las decisiones adoptadas y/o de los documentos emitidos

429. Apunte realizado por MORENO CORDERO, G., «La Ley aplicable a los derechos sucesorios del cónyuge viudo en el derecho internacional privado español», en LARA AGUADO, M.A. (Dir), *Sucesión mortis causa de extranjeros y españoles tras el reglamento (UE) 650/2012. Problemas procesales, notariales, registrales y fiscales*, Tirant lo Blanch, Valencia, 2020, p. 258.

430. DOUE núm. 201, de 27 de julio de 2012.

431. Para calificar si una sucesión presenta repercusión transfronteriza se debe tener en consideración dos aspectos. i. El Estado miembro de la residencia habitual del causante en el momento del fallecimiento y, ii. Si esa residencia puede fijarse en otro Estado miembro por virtud de la ubicación de otro elemento de la sucesión en un Estado miembro distinto del de la residencia habitual del causante. Planteamiento del TJUE en su Sentencia de 16 de julio de 2020, asunto C-80/19, *E.E.*: EU:C:2020:569. A mayor abundamiento *vid.* el comentario de MARIÑO PARDO, F.M., «De nuevo sobre la actuación notarial en el marco del Reglamento europeo de sucesiones. Sentencia del Tribunal de Justicia, de 16 de julio del 2020, C-80/19: E E. () y loi applicable aux successions», *La Ley Unión Europea*, núm. 85, 2020, versión online.

432. Ello es fruto de la política de la UE en sede de Cooperación Judicial en materia civil permitiendo así sucesiones internacionales comprehensivas. Con gran criterio es razonado por PALAO MORENO, G., «El Reglamento europeo de sucesiones: primeros pasos de su interpretación por el TJUE y de su aplicación práctica en España», en ÁLVAREZ GONZÁLEZ, S., ARENAS GARCÍA, R., DE MIGUEL ASENSIO, P.A., SÁNCHEZ LORENZO, S., y STAMPA CASAS, G. (Eds.), *Relaciones transfronterizas, globalización y derecho: Homenaje al prof. Dr. José Carlos Fernández Rozas*, Thomson Reuters Aranzadi, Navarra, 2020, pp. 436-437.

por las autoridades de otro y, la posibilidad de reconocer cierto *status* transfronterizo al heredero o al administrador/ejecutor de una herencia; etc.[433].

El andamiaje del Reglamento (UE) 650/2012 está conformado de ochenta y cuatro artículos, precedidos de ochenta y tres considerandos y organizados en torno a siete capítulos: (I) ámbito de aplicación y definiciones; (II) competencia; (III) ley aplicable; (IV) reconocimiento, fuerza ejecutiva y ejecución de resoluciones; (V) documentos públicos y transacciones judiciales; (VI) certificado sucesorio europeo; y (VII) disposiciones generales y finales.

3.2. CARACTERES ESENCIALES

A. Uniformidad

Así las cosas, el legislador ha optado por un sistema unitario[434] con el fin de evitar los inconvenientes de los sistemas escisionistas[435]. El basamento sobre el que reposa el Reglamento (UE) 650/2012 no es construir una armonización material del Derecho de sucesiones, sino que su objetivo es la unificación y

433. Excelso razonamiento de RODRÍGUEZ BENOT, A., «Los Reglamentos de la Unión Europea en materia de sucesión por causa de muerte y de régimen económico matrimonial: justificación y caracteres comunes», en VÁZQUEZ GÓMEZ, E.M., ADAM MUÑOZ, M.D. y CORNAGO PRIETO, N. (Coords.), *El arreglo pacífico de las controversias internacionales. XXIV Jornadas de la Asociación Española de Profesores de Derecho internacional y Relaciones internacionales (AEPDIRI), Córdoba, 20-22 de octubre*, Tirant lo Blanch, Valencia, 2013, pp. 586-587.

434. La unidad judicial de la sucesión responde a la idea de que sea un único tribunal el que conozca de toda la sucesión internacional del causante, con independencia del lugar de situación de los bienes y de su naturaleza. Sabia percepción de CASTELLANOS RUÍZ, E., «Sucesión hereditaria. El Reglamento sucesorio europeo», en CALVO CARAVACA, A.L. y CARRASCOSA GONZÁLEZ, J., *Tratado de Derecho Internacional Privado*, 2ª ed., Tomo II, Valencia, Tirant lo Blanch, 2022, p. 2366. Sea como fuere, por motivos de seguridad jurídica y así evitar la fragmentación de la sucesión, una única ley debe regir la totalidad de la sucesión, es decir, todos los bienes y derechos que formen parte de la herencia, con independencia de su naturaleza y ubicación en otro Estado miembro o en un tercer Estado, esa ley será la imperante: *vid.* STJUE de 12 de octubre de 2017, asunto C-218/16, *Kubicka:* EU:C:2017:755. Si bien, recientemente el Alto Tribunal Europeo en su célebre pronunciamiento de 12 de octubre de 2023, asunto C-21/22, *OP*: EU:C:2023:766, admite que, «el principio de la unidad de la sucesión no es un principio absoluto», reconociendo que «el legislador de la UE pretendió expresamente respetar, en ciertos casos particulares, el modelo de escisión de la sucesión que puede aplicarse en determinadas relaciones jurídicas».

435. YBARRA nos muestra el criterio escisionista del Derecho inglés por cuanto lo trascendente en la sucesión son los bienes dejados por el causante (*assets/estate*) y no tanto su persona, primando el aspecto patrimonial sobre el personal, y dando lugar para determinar la ley aplicable a la sucesión a la utilización de un criterio de origen germánico, criterio que se encuentra directamente vinculado a la concreta situación de los bienes. Así, la sucesión de los bienes inmuebles (*inmovable property*) se regulará por la ley de situación (*lex rei sitae*) mientras que la sucesión de los bienes muebles (*movable property*) lo hará por la ley del último domicile del causante (*lex domicilii*): *vid.* YBARRA BORES, A., *La sucesión mortis causa de ciudadanos británicos en España*, Tirant lo Blanch, Valencia, 2021, p. 26.

clarificación de las normas de Derecho internacional privado de sucesiones en su triple vertiente[436] —competencia judicial internacional, ley aplicable y reconocimiento y ejecución de decisiones judiciales[437]— para así evitar, en la medida de lo posible, resultados contradictorios[438]. Aunque ciertamente, en base al efecto indirecto del Reglamento continente de normas de Derecho internacional privado, se inspira en valores materiales, como puede ser la libertad de testar o la autonomía de la voluntad por cuanto estos han de admitirse en los asuntos de tráfico jurídico externo en virtud del Reglamento, se pueden ver reforzados y ejercer cierta presión sobre la regulación interna, máxime en una época en la que los asuntos internacionales ya no son marginales y resulta difícil justificar las discriminaciones inversas[439].

Sea como fuere, el Reglamento tiene una vocación de generalidad en la regulación del fenómeno sucesorio, esto es, en la disciplina de la globalidad de aspectos de una institución cuyo *iter* comienza con el óbito del causante y concluye cuando los herederos o legatarios adquieren la propiedad de los bienes hereditarios (incluyendo la adjudicación, la administración y la liquidación de la herencia). Y para evitar que las dispares concepciones nacionales del fenó-

436. No sin olvidar la aceptación y la ejecución de los documentos públicos en materia de sucesiones *mortis causa* y a la creación de un certificado sucesorio europeo.

437. Nos recuerda YBARRA que también contiene regulación acerca de la aceptación, fuerza ejecutiva y ejecución de resoluciones, documentos públicos, transacciones judiciales y la creación de un certificado europeo, bajo un sistema autónomo, dotado de sus propias definiciones y su propio funcionamiento, siendo obligatorio en todos sus elementos y directamente aplicable por las autoridades de los Estados miembro, *vid.* YBARRA BORES, A., «El Tribunal de Justicia de la Unión Europea y el Reglamento sucesorio europeo», en CALVO CARAVACA, A.L. y CARRASCOSA GONZÁLEZ, J., *El Tribunal de Justicia de la Unión Europea y el Derecho Internacional Privado*, Thomson Reuters Aranzadi, Navarra, 2021, pp. 397-398.

438. No obstante, en lo que concierne a la adquisición de los bienes de la herencia, las diferencias entre las soluciones ofrecidas por los sistemas jurídicos de los países de la Unión Europea son notables: así, hay Estados en que los herederos han de aceptar la herencia para adquirir tales bienes como es el caso de España, Italia o Austria (donde, además, los herederos han de ser autorizados a poseer el patrimonio sucesorio mediante una resolución judicial); en otros casos, los herederos gozan *ab initio* del beneficio de la saisine, que les confiere el plena facultad para tomar posesión de los bienes hereditarios así como la cualidad para ejercer los derechos y acciones que correspondieran al difunto (Alemania, Bélgica, Francia, Grecia, Luxemburgo y Países Bajos); por fin, hay supuestos en los que la sucesión es administrada por un tercero que, tras aprehender el activo y liquidar el pasivo, la entrega a los herederos (Dinamarca, Finlandia, Irlanda, Reino Unido y Suecia). Con gran nitidez jurídica queda constatado por RODRÍGUEZ BENOT, A., «El ordenamiento aplicable a la sucesión *mortis causa* en el sistema español de derecho internacional privado», *Academia Sevillana del Notariado*, Tomo 27, 2016, pp. 75-96.

439. En este sentido corresponde a los legisladores nacionales eliminar dichas discriminaciones y adoptar su Derecho material a los principios inspiradores del Reglamento (UE) 650/2012. Visión de GONZÁLEZ BEILFUSS, C., «El ámbito de aplicación del reglamento de sucesiones», en GINEBRA MOLINS, M.E. y TARABAL BOSCH, J. (Dirs.), *El Reglamento (UE) 650/2012: su impacto en las sucesiones transfronterizas*, Colegio Notarial de Cataluña y Marcial Pons, Madrid, 2016, pp. 62-63.

meno sucesorio arruinen su éxito, esta idea amplia de sucesión exige asimismo una exégesis autónoma de la misma, esto es, propia o específica del plano europeo (y, por tanto, eventualmente diferente a las citadas concepciones nacionales)[440].

B. Espectro geográfico

Respecto de la territorialidad en su aplicación conviene poner de manifiesto que surte efectos a todos los Estados miembros a excepción de Dinamarca, Reino Unido e Irlanda. Sin embargo, en sede de ley aplicable puede suceder que entre en juego el ordenamiento jurídico de un tercer país el cual será el que la autoridad judicial sucesoria tenga en consideración para dictar sentencia en un Estado miembro. Esto nos lleva a poder afirmar que los efectos *erga omnes* del Reglamento solo despliegan virtualidad en la aplicación de las normas de conflicto debido a que las normas de competencia judicial y de reconocimiento y ejecución presentan implementación *ad intra* de los veinticinco Estados de la Unión que lo conforman.

C. Conceptualización de «sucesión por causa de muerte»

En virtud del apartado primero, del artículo 3 Reglamento (UE) 650/2012[441], el legislador entiende que, la sucesión por causa de muerte abarca cualquier forma de transmisión *mortis causa* de bienes, derechos y obligaciones, ya derive de un acto voluntario en virtud de una disposición *mortis causa*, ya de una sucesión abintestato. En todo caso, la doctrina más autorizada sostiene que, la concepción empleada por el Reglamento es de carácter europeo, esto es, solo válido a los efectos de la norma y no tiene por qué coincidir con el concepto interno de sucesión de cada Estado miembro[442].

---

440. Con suma brillantez queda apuntado por RODRÍGUEZ BENOT, A., «El ordenamiento aplicable a la sucesión *mortis causa* en el sistema español de derecho internacional privado», *Academia Sevillana del Notariado*, Tomo 27, 2016, pp. 75-96.

441. A consideración de PALAO y ALONSO, se trata de una delimitación conceptual amplia, *vid*. PALAO MORENO, G. y ALONSO LANDETA, G., «Artículo 3. Definiciones», en IGLESIAS BUHIGUES, J.L. y PALAO MORENO, G., *Sucesiones internacionales. Comentarios al Reglamento (UE) 650/2012*, Tirant lo Blanch, Valencia, 2015, p. 36.

442. CARRASCOSA matiza que, el Reglamento solo regula cuestiones jurídicas intrínsicamente sucesorias, y no cuestiones jurídicas vinculadas con la sucesión pero que no presentan carácter propiamente sucesorio, esto es, régimen económico matrimonial, declaración de fallecimiento, trust, etc.: *cfr*. CARRASCOSA GONZÁLEZ, J., *El Reglamento sucesorio europeo: análisis crítico*, 2ª ed., Rapid Centro Color, Murcia, 2019, pp. 57-58.

3.3. EXCLUSIÓN MATERIAL: FUERA DE JUEGO DEL DERECHO SOCIETARIO

A. Aclaraciones legales en atención al orden jurídico español en sede de Derecho de sociedades

Como fundamento inicial se debe focalizar la atención en la letra h), del párrafo segundo, del artículo 1 Reglamento (UE) 650/2012 en donde se pone de manifiesto que, está excluido por razón de la materia *las cuestiones que se rijan por la normativa aplicable a las sociedades, asociaciones y otras personas jurídicas, como las cláusulas contenidas en las escrituras fundacionales y en los estatutos de sociedades, asociaciones y otras personas jurídicas, que especifican la suerte de las participaciones sociales a la muerte de sus miembros.*

De tal afirmación se deduce que, será la *lex societatis* la imperante en la regulación del cambio de la condición de socio vía *mortis causa.* De este modo, a través de la Ley de Sociedades de capital, específicamente en su artículo 110 queda meridianamente claro que la determinación del régimen de la transmisión *mortis causa* radica en el planteamiento basado en que la adquisición de alguna participación social por sucesión hereditaria confiere al heredero o legatario la condición de socio[443]. A mayor abundamiento, los estatutos podrán establecer a favor de los socios sobrevivientes y, en su defecto, a favor de la sociedad, un derecho de adquisición de las participaciones del socio fallecido, apreciadas en el valor razonable que tuvieren el día del fallecimiento del socio, cuyo precio se pagará al contado. Esta previsión debe ponerse en conexión directa con el artículo 124 de la norma societaria española en tanto que las restricciones estatutarias a la transmisibilidad de las acciones sólo serán aplicables a las adquisiciones por causa de muerte cuando así lo establezcan expresamente los propios estatutos[444].

---

443. Parece que la norma parte de una «presunción de inocuidad» pues presupone que la entrada en la sociedad de los herederos o legatarios del socio fallecido no va a perjudicar a la sociedad ni a los demás socios porque el causahabiente comparte, en lo sustancial, las cualidades del causante. En todo caso, si no existe una previsión estatutaria, el heredero o legatario del socio fallecido adquiere sus participaciones sociales, adquiere la condición de socio (o incrementa su cuota social) y tiene derecho a mantener su titularidad sobre las mismas. Solo si existe una previsión estatutaria, los consocios del socio fallecido o la propia sociedad podrán ejercitar un derecho de adquisición preferente respecto de las participaciones transmitidas *mortis causa.* Interesante reflexión de SARAZÁ JIMENA, R., «Artículo 110. Régimen de la transmisión *mortis causa*», en GARCÍA-CRUCES, J.A., y SANCHO GARGALLO, I., (Dirs.), *Comentario de la Ley de Sociedades de Capital*, Tomo II, Tirant lo Blanch, Valencia, 2021, pp. 1541-1542.

444. Este precepto armoniza el carácter *ex lege* de la transmisión *mortis causa* del patrimonio del socio fallecido con el interés de una sociedad anónima en restringir la entrada de terceros, aunque estos sean los sucesores *mortis causa* del socio. Este equilibrio se consigue en el régimen legal de las restricciones a la transmisión *mortis causa* mediante la autorización de dicha transmisión desde el socio a su heredero o legatario y la posibilidad. Opinión vertida

Por todo ello, se puede aseverar que es factible estatutariamente establecer el fallecimiento como causa de disolución basada en la defunción de un determinado socio.

B. Encaje de los negocios familiares en el Código civil español y su implementación en el Reglamento (UE) 650/2012

a. Particularidades en la partición de la empresa familiar en el orden común español

En el ya consabido artículo 1056.2 Código Civil se contempla un supuesto especial de sucesión pues, en términos generales, el difunto goza de una posición predominante[445] con la limitación sustentada en conservar la empresa en interés de su familia[446]. Sobre este particular, no se trata de mantener indiviso algo que por su naturaleza está dividido —en acciones, o en participaciones sociales— sino de mantener unida la empresa, o explotación económica, para lo que no es preciso mantener en las mismas manos el 100% del capital sino un porcentaje que, en la práctica, de lugar a que sus titulares consigan que la empresa no sea objeto de división o liquidación[447].

por SARAZÁ JIMENA, R., «Artículo 110. Régimen de la transmisión *mortis causa*», en GARCÍA-CRUCES, J.A., y SANCHO GARGALLO, I., (Dirs.), *Comentario de la Ley de Sociedades de Capital*, Tomo II, Tirant lo Blanch, Valencia, 2021, p. 1750.

445. El precepto regula la posibilidad de que el testador realice directamente la partición de la herencia, evitando el nacimiento de la comunidad hereditaria en el momento de la apertura de la sucesión. Prevé además que se pueda adjudicar una explotación económica a uno de los legitimarios con la obligación de éste de pagar en dinero extrahereditario las legítimas de los demás. Así queda concebido por DOMÍNGUEZ LUELMO, A., «Artículo 1056», en CAÑIZARES LASO, A. (Dir.), *Comentarios al Código Civil. Tomo III (Arts. 744 a 1155)*, Tirant lo Blanch, Valencia, 2023, p. 4858.

446. El Código Civil no indica nada de lo que debe entenderse por interés de la familia, ni por la conservación de la empresa; así las cosas, se torna necesario observar la doctrina. En líneas generales entienden por «interés de la familia», todo aquello que puede evitar la perturbación de la paz familiar, por ejemplo, adjudicación a un hijo que sería incompatible con otro, o exclusión de uno de ellos en el negocio por su carácter difícil con los demás, o sencillamente por ser arriesgado en sus concepciones del negocio o influenciable por su cónyuge, en definitiva, circunstancias apreciables por el testador y como tales subjetivas. En cuanto a la «conservación de la empresa» por tal debe entenderse, todo aquello que garantice, en términos económicos, el correcto funcionamiento de la explotación económica o de la sociedad de capital. *Vid.* en este sentido, BERROCAL LANZAROT, A.I., «La transmisión de la empresa familiar. Su problemática jurídica», *La Ley Derecho de Familia: Revista jurídica sobre familia y menores*, núm. 6, 2015, versión online y bibliografía allí citada.

447. Es evidente que no hay división más cómoda que distribuir los títulos representativos del capital, pero el fundamento del artículo 1056.2 Código Civil es definitivamente el mantenimiento de la empresa, sin necesidad de consideración alguna al desmerecimiento, pérdida de valor o incomodidad de la división de su titularidad. Posición de BATALLA DE ANTONIO, A., «La empresa familiar y el análisis del Art. 1056.2 del Cc», en LLEDÓ YAGÜE, F., PILAR FERRER VANRELL, M.P. y TORRES LANA, J.A. (Dirs.), MONJE BALMASEDA, O. (Coord.), *El patrimonio sucesorio. Reflexiones para un debate reformista*, Dykinson, Madrid, 2014, p. 143.

Ahora bien, si al momento del fallecimiento la sociedad no se disuelve, se puede llegar a producir una alteración de los bienes, sustituyéndose la parte social que el socio poseía por su valor real. Esto conllevaría a que si el patrimonio del causante estuviere compuesto principalmente por participaciones relictas se haría efectivo el pago en metálico de la legítima.

En este sentido, se puede plantear la posible inserción de un pacto ¿sucesorio? al acordar en la escritura social que determinadas personas sean las sucesoras de las participaciones, concurran en ellas la condición de legitimarios o no del finado. *A fortiori*, si se admite la inclusión no se ha establecido pacto sobre la herencia futura del causante, sino la atribución *inter vivos* de un derecho de adquisición preferente que tendrá eficacia al momento del fallecimiento del socio[448]. En otras palabras, la partición entre vivos hecha por el causante al albor del artículo 1056.2 Código Civil debe ser descartada como pacto sucesorio por cuanto no es irrevocable incluso aunque se haya realizado con el consentimiento de todos los herederos. Y si no es irrevocable no cabe hablar de contrato[449].

En definitiva, la incorporación de este tipo de cláusula restrictiva no opera como disposición *mortis causa* a favor de otro socio o un tercero, es decir, la adquisición de las participaciones por el rescate operará siempre *inter vivos*. Lo que sin duda ocurre es que a la apertura de la sucesión se activa una modificación en la composición cualitativa del caudal relicto. El pacto es una modificación cualitativa del patrimonio relicto que quedará integrado por el valor de la parte social cuya vía de acción más adecuada será a través del testamento[450].

A decir verdad, el itinerario testamentario representa la opción fundamental con el propósito de salvaguardar el patrimonio empresarial familiar[451]. No es

448. La partición «inter vivos», incluso la realizada con la participación de los propios interesados, no es un contrato sucesorio, sino un simple acto particional que se sustenta en un acuerdo de voluntades que no puede alterar la naturaleza revocable del testamento, anterior, simultáneo o posterior, al cual necesariamente debe estar vinculado. Para un mayor abundamiento, *vid.* EGEA FERNÁNDEZ, J., «Protocolo familiar y pactos sucesorios», *Indret: Revista para el Análisis del Derecho*, núm. 3, 2007, pp. 15-20.

449. Como alude MARTÍENZ-GIL, se mantienen intactas las facultades del testador para ir contra sus propios actos.[105] La partición por el testador es siempre unilateral y revocable. *Cfr.* MARTÍENZ-GIL VICH, I., «La importancia del título sucesorio para la continuidad de la empresa familiar», *Cuadernos de Derecho y Comercio*, núm. extra 1, 2017, p. 616.

450. Aclaratorio e interesante apunte realizado por FERNÁNDEZ-TRESGUERRES GARCÍA, A., *Las sucesiones mortis causa en Europa: aplicación del Reglamento (UE) Nº 650/2012*, Thomson Reuters Aranzadi, Navarra, 2016, p. 168.

451. Son características del testamento las siguientes: la unilateralidad, por cuanto su otorgamiento depende de la voluntad de una sola persona; la exclusividad, puesto que se trata de un acto personalísimo y la decisión y el contenido no puede encargarse a un mandatario o representante; la irreceptibilidad, ya que no se precisa para su otorgamiento que sea conocido por terceras personas; la solemnidad, porque para su validez se requiere el cumplimiento de ciertas formalidades legales que, si no se cumplen, hace que el testamento sea nulo; y la revocabilidad, en el sentido de que puede ser cambiado por el testador cuantas

conveniente pasar por alto la máxima cuyo fundamento está sustentado en que el derecho de testar es una manifestación de la libertad civil individual básica del sistema jurídico español no pudiéndose admitir más restricciones a la libertad de disposición por causa de muerte que aquellas establecidas específicamente por la ley y que, todo testamento es esencialmente revocable y tal característica esencial no puede limitarse ni por el propio testador ni, por supuesto, por un tercero. Sobre este particular, al albor de la mala y fraudulenta *praxis* por parte del finado con la inclusión de pactos sucesorios[452] encubiertos en el Protocolo Familiar ha conllevado importantes problemas de validez en los territorios de derecho común[453].

Un sólido sector doctrinal apunta que, será de gran relevancia la opción que tome el testador en relación con la posición futura que habrá de tener el cónyuge supérstite, quien puede quedar enormemente reforzado o verse limitado a la legítima que sea aplicable en virtud de la *professio iuris* efectuada[454].

b. Regla especial de Derecho aplicable: situación de los bienes inmuebles

En este complejo escenario, será clave el artículo 30 Reglamento (UE) 650/2012[455] habida cuenta contempla la aplicación de la ley del Estado donde se

veces lo desee. Así, mediante el testamento se puede transmitir una empresa familiar a través de diversos mecanismos. Análisis de MIGUÉLEZ DEL RÍO, C., «La empresa familiar y la sociedad legal de gananciales y su sucesión», *Pecunia: revista de la Facultad de Ciencias Económicas y Empresariales*, núm. 12, 2011, pp. 81-82.

452. A juicio de la sólida doctrina civilista española, la prohibición de los pactos sucesorios suponen un verdadero obstáculo para conseguir eficazmente la transmisión de la empresa familiar, pero el legislador ha intentado lograr su continuidad con la promulgación de normas que adaptaran las ya existentes, pero cabe preguntarse si, de la realidad social actual, no hubiera sido necesaria una reforma integral del sistema sucesorio para permitir una mayor libertad de disposición del causante. *Cfr.* GUILLÉN CATALÁN, R., «La empresa familiar: su planificación testamentaria como instrumento de conservación», en ALVENTOSA DEL RÍO, J. y COBAS COBIELLA, M.E. (Dir.), *Derecho de sucesiones*, Tirant lo Blanch, Valencia, 2017, p. 872.

453. Este mal recurso surge de la clara insuficiencia del testamento para regular la sucesión de la empresa ya que, dado su carácter esencialmente revocable, no otorga ninguna clase de seguridad a los herederos. Así lo hace constar FERNÁNDEZ-SANCHO TAHOCES, A.S., «La sucesión en la empresa familiar: el protocolo familiar y su publicidad registral», *Revista Aranzadi de derecho patrimonial*, núm. 23, 2009, versión online.

454. Esto es, el usufructo de un tercio en el caso español. Argumento sostenido por CHECA MARTÍNEZ, M., «Instituciones jurídicas de Estate Planning internacional: La protección transfronteriza del patrimonio familiar», en CAMPUZANO DÍAZ, B., DIAGO DIAGO, Mª.P., RODRÍGUEZ VÁZQUEZ, Mª.A. (Dirs.), *De los retos a las oportunidades en el Derecho de familia y sucesiones internacional*, Tirant lo Blanch, Valencia, 2023, p. 168.

455. Es una norma de conflicto especializada con un supuesto de hecho indefinido pues se refiere a bienes que se encuentra en el foro como a bienes situados en otro Estado miembro o en un tercer Estado. Tesis de ÁLVAREZ GONZÁLEZ, S., «El Reglamento 650/2012: disposiciones referentes a la sucesión de determinados bienes, reenvío y orden público», en

encuentren situados determinados bienes, como pudiera llegar a ser la empresa familiar[456]. El poder del legislador europeo justifica este cambio de rumbo, rompiendo el principio de unidad de la sucesión, por razones de índole económica, familiar o social[457], con la condición de que el Derecho material —y no las normas de conflicto— del Estado donde se halle la mercantil imponga restricciones a la sucesión de la misma, como es el caso del orden civil español[458]. De esta manera, será aplicable dicha ley con independencia de la que rija la sucesión. Ciertamente, esta disposición tiene como sustrato lógico que, en la medida de lo posible se evite la partición del ente empresarial[459] y su, obviamente, desarticulación y, para ello se ha adoptado este régimen de carácter especial[460].

GINEBRA MOLINS, M.E. y TARABAL BOSCH, J. (Dirs.), El *Reglamento (UE) 650/2012: su impacto en las sucesiones transfronterizas*, Colegio Notarial de Cataluña y Marcial Pons, Madrid, 2016, p. 142.

456. La transmisión de la empresa familiar como sucesión especial es un campo claro de regulación internacional, siempre que pueda llegar a ser configurado por la *lex fori* como unidad económica, familiar y social. Reflexión de FERNÁNDEZ-TRESGUERRES GARCÍA, A., *Las sucesiones mortis causa en Europa: aplicación del Reglamento (UE) Nº 650/2012*, Thomson Reuters Aranzadi, Navarra, 2016, p. 256.

457. Se infiere sumamente importante la aclaración vertida en el considerando núm. 54 del Reglamento (UE) 650/2012 pues aboga por una interpretación en sentido estricto en tanto que, ni las normas de conflictos de leyes que somete a muebles e inmuebles a leyes diferentes ni las disposiciones que prevén una legítima superior a la establecida en la ley aplicable a la sucesión en virtud del presente Reglamento pueden considerarse normas especiales que imponen restricciones sobre la sucesión respecto de esos bienes o que afectan a la misma.

458. El postulado del artículo 30 es una manifestación de la soberanía del Estado sobre su territorio. Su conexión con el interés público es clara, pues el Estado asegura con su regulación jurídica sobre la empresa familiar situada en sus fronteras que se aplicará a los supuestos internos e internacionales que se puedan llegar a suscitar con independencia de la ley que rige a la sucesión *mortis casusa*. Sentir de CARRASCOSA GONZÁLEZ, J., *El Reglamento sucesorio europeo: análisis crítico*, 2ª ed., Rapid Centro Color, Murcia, 2019, p. 426-427.

459. El legislador de la UE ha sido consciente de la función económica que representa este precepto y por ello admite la asignación exclusiva de la empresa con el propósito de que esta esté preservada en quien, bajo la libre voluntad de testar, entienda el causante. Valoración de CONTALDI, G., «Article 30. Special rules imposing restrictions concerning or affecting the succession in respect of certain assets», en CALVO CARAVACA, A.L., DAVÌ, A., y MANSEL, H.P. (Eds.), *The EU succession regulation. A commentary*, Cambridge University Press, United Kingdom, 2016, p. 438.

460. Ya desde antiguo, la Comisión de las Comunidades Europeas apreciaron que la sociedad —mercantil— de personas queda disuelta al fallecer uno de sus socios, salvo que el contrato disponga otra cosa. Además, los actos unilaterales de un socio pueden estar en desacuerdo con el contrato de la sociedad y que las legislaciones no indican qué disposición prevalece; tal discordancia puede crear, al fallecer un socio que esté en esa situación, un conflicto que ponga en peligro la continuidad de la sociedad e incluso provocar su liquidación. Así las cosas, el fallecimiento de uno de los socios de una sociedad o el empresario individual, en la mayoría de los Estados miembros, los coherederos están obligados a decidir por unanimidad sobre el futuro de la empresa, y qué duda cabe que, por consiguiente, la vida de la

En cualquier caso, a la luz del espíritu del legislador europeo, la ley sucesoria cederá el paso a la *lex rei sitae*, lógicamente para las reglas particulares amparadas en el precepto reseñado. En consecuencia, resulta ser una disposición que se dirige tanto a los tribunales y autoridades del Estado cuyas disposiciones son pertinentes, como a la de los demás Estados miembros por cuanto todos ellos están obligados a aplicar esta regla particular[461].

4. RÉGIMEN JURÍDICO DE LAS NORMAS DE COMPETENCIA JUDICIAL INTERNACIONAL A LA LUZ DEL REGLAMENTO (UE) 650/2012

4.1. IDEA PRELIMINAR: CALIFICACIÓN JURÍDICA DE «TRIBUNAL»

La categorización otorgada por el Reglamento de «tribunal», con apoyo en su artículo 3.2[462], se sostiene sobre el planteamiento de que, todo órgano judicial y el resto de las autoridades y profesionales del Derecho con competencias en materia de sucesiones[463] que ejerzan funciones jurisdiccionales o que actúen por delegación de poderes de un órgano judicial, o incluso ejerzan como tal bajo su control, siempre que tales autoridades y profesionales del Derecho ofrezcan garantías en lo que respecta a su imparcialidad y al derecho de las partes a ser oídas, y que sus resoluciones dictadas con arreglo al Derecho del Estado miembro en el que actúan o bien, puedan ser objeto de recurso o revisión ante un

---

empresa puede correr peligro por la simple voluntad de bloqueo de uno de los herederos. Así queda manifestada la preocupación en la *Recomendación de la Comisión, de 7 de diciembre de 1994, sobre la transmisión de las pequeñas y medianas empresas*, DOCE núm. 385, de 31 de diciembre de 1994.

461. A mayor abundamiento, el artículo 30 tampoco se limita a las disposiciones de los Estados miembros, sino que puede referirse igualmente a disposiciones de terceros Estados. Permite, por tanto, la aplicación de disposiciones imperativas de países no miembros. Ahora bien, todo ello tras verificar según la *lex situs* que la regla en cuestión tiene vocación de aplicarse al caso concreto. Afirmación de la mano de WAUTELET, P., «Artículo 30. Disposiciones especiales que imponen restricciones relativas o aplicables a la sucesión de determinados bienes», en ÁLVAREZ GONZÁLEZ, S. (Ed.), *El Derecho europeo de sucesiones. Comentario al Reglamento (UE) Nº 650/2012, de 4 de julio de 2012*, Thomson Reuters Aranzadi, Navarra, 2015, libro electrónico.

462. Conviene poner en conexión el contenido del apartado 2, del articulo 32 Reglamento 650/2012 con lo expuesto en su considerando 20, en tanto que aboga por dotar de un sentido amplio, de modo que abarque los órganos judiciales en sentido propio, que ejercen funciones jurisdiccionales y, también otros sujetos que ejerzan las funciones jurisdiccionales en algunos asuntos. Mayor abundamiento, *vid.* FITCHEN, J., *The Private International Law of Authentic Instrument*, Hart Publishing, 2020, Oxford, pp. 403-407.

463. De este modo, el Reglamento reconoce la variada gama de operadores jurídicos que intervienen en materia sucesoria, al margen del tipo de delación de la herencia. Aclaración de MORÁN GARCÍA, M., «Una revisión del Derecho internacional privado para la sociedad del siglo XXI», en ORTEGA GIMÉNEZ, A. (Dir.), HEREDIA SÁNCHEZ, L.S. (Coord.), *Estrategia Europea 2030 y sus retos sociales. Una lectura desde el Derecho internacional privado*, Tirant lo Blanch, Valencia, 2023, p. 155.

órgano judicial, o bien, tengan fuerza y efectos análogos a los de la resolución de un órgano judicial sobre la misma materia, serán consideradas tribunal[464].

Así las cosas, el peso otorgado por el Tribunal luxemburgués hace que se deba entender que el órgano que formalmente integra la estructura de la jurisdicción de un determinado Estado miembro, pero que no ejerce funciones jurisdiccionales en el marco de un procedimiento no es en realidad un «tribunal» en el sentido de lo dispuesto por el Reglamento (UE) 650/2012, habida cuenta de que la disposición señalada no dilucida si el concepto «tribunal» abarca «todo órgano judicial». De este modo, considera que la interpretación literal del concepto de «tribunal» del artículo 3, apartado 1, letra g), del Reglamento no puede determinar que su artículo 4 atribuya la competencia exclusivamente respecto de los procedimientos en los que el órgano judicial ejerce funciones jurisdiccionales[465]. *A fortiori*, los actos de aceptación o repudiación de la herencia realizados ante una autoridad no suponen el ejercicio de ninguna función jurisdiccional, sino la recepción de una declaración de voluntad. Así, las autoridades intervienen como meras receptoras de esa voluntad de los intervinientes[466]. Sin embargo, el notario sí sería considerado en este caso tribunal a los efectos de aplicar el criterio de competencia judicial internacional del artículo 13 Reglamento (UE) 650/2012[467].

464. Se puede afirmar que, los notarios en el ámbito del Derecho español ejercen tales funciones. Ello conlleva a que, la vinculación de los notarios de un Estado miembro a las normas de competencia judicial internacional enmarcadas en el Reglamento (UE) 650/2012 depende de si están incluidos en la propia definición de tribunal. Es decir, cuando los fedatarios públicos no ejercen funciones jurisdiccionales no estarán vinculados por tales normas de competencia judicial. De esta manera es razonado por FERNÁNDEZ-TRESGUERRES GARCÍA, A., *Las sucesiones mortis causa en Europa: aplicación del Reglamento (UE) Nº 650/2012*, Thomson Reuters Aranzadi, Navarra, 2016, pp. 389-390.

465. Lo deja meridianamente claro en la STJUE de 21 de junio de 2018, asunto C-20/17, *Oberle*: EU:C:2018:89. Al respecto de la misma, *vid*. CALVO VIDAL, I.A. «La competencia internacional en el Reglamento sobre Sucesiones: Sentencia del Tribunal de Justicia de la Unión Europea de 21 junio 2018 en el asunto C-20/17 (Oberle)», *La Ley Unión Europea*, núm. 65, 2018.

466. La atribución de competencia internacional a autoridades no judiciales puede genera ciertas dificultades de encaje además de suponer una limitación a la uniformización en el plano europeo del término tribunal. Sentir de ÁLVAREZ TORNÉ, M., *La autoridad competente en materia de sucesiones internacionales: el nuevo Reglamento de la UE*, Marcial Pons, Madrid, 2013, p. 195.

467. Como afirma JIMÉNEZ BLANCO, nos encontramos ante una clara excepción a la aplicación de las normas de competencia judicial internacional a los notarios solo cuando ejerzan funciones jurisdiccionales: *cfr*. JIMÉNEZ BLANCO, P., «El concepto de "órgano jurisdiccional" en los Reglamentos europeos de derecho internacional privado», *Anuario Español de Derecho Internacional Privado*, núm. 19-20, 2019, p. 150. O, en el supuesto de discrepancia de las partes sobre la residencia del de *cuius* en el momento del fallecimiento con la entrega de pruebas al fedatario público y este proceda a tomar una decisión sobre la ubicación de la residencia habitual del fallecido, supone el ejercicio de funciones jurisdiccionales, lo que implica que el notario en la expedición del acta notarial ha de ser considerado tribunal.

Sea como fuere, esta dualidad, jurisdiccional o no jurisdiccional, en el ámbito específico del sistema sucesorio español, además del juez de primera instancia, por sí directamente y a veces con el auxilio de un contador partidor dativo, es claramente el notario la autoridad que tiene una participación más significativa en el proceso sucesorio[468].

4.2. ARBITRIO DE LOS FOROS

A. Orden de aplicación a tenor del espíritu del legislador

El elenco de foros dispuestos por el legislador posee un curioso «orden» de prelación de difícil comprensión. A saber, en primer lugar, se sitúa el foro de la nacionalidad del causante —artículo 7—, seguidamente el foro de la residencia habitual del causante —artículo 4—, en tercer término, el foro del lugar de la situación de los bienes que componen la herencia —artículo 10— y en último lugar, el foro de necesidad —artículo 11—.

B. Foro de competencia en caso de elección de la ley

El artículo 7 supedita su puesta en marcha en el proceso civil transfronterizo a la conexión conflictual establecida por el artículo 22 en sede del *Capítulo III. Ley aplicable*[469].

Apreciación de MELGAREJO CORDÓN, P., «Sobre la competencia del notario francés en la expedición del acte de notoriété en las sucesiones transfronterizas de la UE», en CAMPUZANO DÍAZ, B., DIAGO DIAGO, Mª.P., y RODRÍGUEZ VÁZQUEZ, Mª.A. (Dirs.), *De los retos a las oportunidades en el derecho de familia y sucesiones internacional*, Tirant lo Blanch, Valencia, 2023, p. 212.

468. El operador práctico español, acertadamente especifica que, el Reglamento define un concepto autónomo de tribunal mediante la consignación de las condiciones que ha de reunir la intervención del profesional o autoridad para ser considerada como Tribunal; tal cuestión no es tan sencilla en todos los Estados miembro y, por ello, dadas las importantes consecuencias que de esta circunstancia derivan, hubiera sido más apropiado hacer un esfuerzo por designar los específicos casos que pretendieran cubrirse con la norma, tal como se hizo en el artículo 3 Reglamento (UE) 1215/12 en lugar de utilizar una formulación de carácter general. Sensata apreciación de ALONSO LANDETA, G., «Artículo 3. Definiciones», en IGLESIAS BUHIGUES, J.L. y PALAO MORENO, G., *Sucesiones internacionales. Comentarios al Reglamento (UE) 650/2012*, Tirant lo Blanch, Valencia, 2015, p. 43.

469. La interpretación del alcance del artículo 7 no es nada fácil pues parece complementarse con los artículos 5 y 6 en cuanto que, si el artículo 5 prevé la posibilidad de elección de foro y sus condiciones formales, por su parte el artículo 7 le añade las condiciones necesarias —las del artículo 6— para la competencia del tribunal designado. Así, según la consideración de un sector doctrinal desbordaría a este último, puesto que contemplaría otros supuestos distintos en los que, en virtud del acuerdo atributivo de jurisdicción o de la expresa aceptación de las partes, resultaría competente el tribunal del Estado miembro nacional del causante cuya ley fue elegida por éste para regir la sucesión. *Cfr*. IGLESIAS BUHIGUES, J.L. y GARÍN ALEMANY, F., «Artículo 7. Competencia en caso de elección de ley» en IGLESIAS BUHIGUES, J.L. y PALAO MORENO, G., *Sucesiones internacionales. Comentarios al Reglamento (UE) 650/2012*, Tirant lo Blanch, Valencia, 2015, p. 65.

El cimiento sobre el que se sostiene descansa en que los tribunales del Estado miembro cuya ley haya sido elegida por el causante[470], en virtud del artículo 22, tendrán competencia para resolver el litigio abierto de la sucesión transfronteriza[471]. Al vincular la elección del tribunal por las partes a la ley aplicable elegida, se preserva la idea clave del Reglamento de Sucesiones: el tribunal competente y la ley aplicable se alinean incluso cuando las partes han ejercido su autonomía. Esta elección de la *lex patriae* da lugar a la prórroga del *forum patriae*[472].

El único ítem que sustancia en la *praxis* la declaración de competencia está basado en la ley del Estado cuya nacionalidad posea el futuro finado en el momento de realizar la elección, ajustándose en todo caso a los requisitos establecidos en las letras, a), b) y c) del artículo 7 Reglamento (UE) 650/2012[473].

El criterio de la nacionalidad va a estar sujeto a la exigencia de que la ley elegida siempre ha de ser la de un Estado miembro en tanto que autoridades de un tercer país no están habilitadas procesalmente para impartir justicia en un supuesto internacional de Derecho sucesorio tomando como base el Reglamento (UE) 650/2012[474]. No obstante, si la ley elegida es la ley de un país *extra* muros de la Unión Europea dicha ley puede ser válida al albor de los requisitos de fondo y forma del artículo 22, pero solamente tendrá virtualidad práctica como norma de conflicto, esto es, como norma de Derecho aplicable[475]. En todo caso, las solemnidades

470. La elección del tribunal competente resulta asimétrica respecto de las disposiciones reglamentarias sobre la ley aplicable, dado que la extensión de competencia, prevista para las partes interpuestas en el proceso sucesorio, no contempla la posibilidad de una elección unilateral de tribunal en favor del testador, creándose así una discrepancia injustificada entre la elección de ley que ofrece el artículo 22 y la determinación del juez competente. Sabia apreciación de FERACI. O., «La nuova disciplina europea della competenza giurisdizionale in materia di successioni *mortis causa*», *Cuadernos de Derecho Transnacional,* Vol. 5, núm. 2, 2013, p. 313.

471. Este foro prevalece, pero en cierta medida tiene que convivir con el de la residencia habitual y el de la situación de los bienes. Apreciación de DELGADO TRUYOLS, Á., *Herencias internacionales*, Aferre, Barcelona, 2023, p. 120.

472. KUNDA, I., WINKLER, S. y PERTOT, T., «Competencia y derecho aplicable en materia de sucesión», en CAZORLA GONZÁLEZ, M.J., GIOBBI, M., KRAMBERGER ŠKERL, J., RUGGERI, L. y WINKLER, S., (Eds.), *Las relaciones de propiedad de las parejas transfronterizas en la Unión Europea*, Edizioni Scientifiche Italiane, Nápoles, 2020, p. 112.

473. a) si el tribunal al que se haya sometido previamente el asunto se hubiese inhibido en virtud del artículo 6; b) si las partes del procedimiento acuerdan, de conformidad con el artículo 5, atribuir la competencia a un tribunal o a los tribunales de dicho Estado miembro, o c) si las partes del procedimiento admiten expresamente la competencia del tribunal al que se ha sometido el asunto.

474. Con la salvedad de la Competencia judicial subsidiaria desarrollada en el apartado «D» del presente epígrafe.

475. Cabe la posibilidad de elegir en testamento como ley sucesoria la ley de un tercer Estado ajeno a la UE si el ciudadano residente en la UE es nacional de ese Estado. Afirmación a cargo de DELGADO TRUYOLS, Á., «La validez y utilidad del testamento "sólo para bienes en España" tras el Reglamento Europeo de Sucesiones», *El Notario del siglo XXI: Revista del Colegio Notarial de Madrid*, núm. 112, 2023, pp. 54-59.

materiales y formales de la ley elegida deben cumplirse, pues no serán competentes los tribunales si no se ha elegido la ley de manera eficaz[476].

Hay que tener en consideración que, en un supuesto de sucesión intestada, pueda acabar fundando su competencia internacional para tramitar una declaración de herederos abintestato en el foro al que se refiere el artículo 7 Reglamento (UE) 650/2012, esto es, la aceptación expresa por las partes interesadas de la competencia de las autoridades españolas correspondientes al país de la nacionalidad del causante, ya que la efectividad de tal aceptación expresa como criterio atributivo de competencia, y de competencia además exclusiva, tiene igualmente como presupuesto la elección por el causante español de su ley nacional para regir la sucesión, y dicha elección, como se ha apuntado, resulta inviable en los supuestos de sucesión intestada[477].

C. Foro de carácter general

En virtud del artículo 4 Reglamento (UE) 650/2012 el arraigo de competencia judicial viene determinado por el criterio de localización de la residencia habitual del causante cuya operatividad ha lugar en defecto del foro del artículo 7, la *professio iuris*, es decir, cuando el causante ha escogido, en vida, para su sucesión, la ley de su propia nacionalidad[478]. De este modo, solo podrá considerarse subsidiario en los casos en los que el difunto hubiese hecho una elección

476. El objetivo de esta regla es propiciar la coincidencia de *forum/ius*, pero pueden subyacer los conflictos positivos o negativos de competencia respecto a supuestos que impliquen la intervención de autoridades de Estados terceros. Además, la regla de litispendencia de su artículo 17 se refiere únicamente a las situaciones que se presenten entre tribunales de Estados miembro. Juicio de ÁLVAREZ TORNÉ, M., «El sistema de determinación de la competencia introducido por el reglamento de la UE en materia sucesoria y dificultades para su aplicación», en GINEBRA MOLINS, M.E. y TARABAL BOSCH, J. (Dirs.), *El Reglamento (UE) 650/2012: su impacto en las sucesiones transfronterizas*, Colegio Notarial de Cataluña y Marcial Pons, Madrid, 2016, pp. 84-85.

477. RUEDA VALDIVIA, R., «Competencia internacional del notario español para la tramitación de expedientes sucesorios nacionales en sucesiones de dimensión transfronteriza. Un análisis a la luz de la jurisprudencia del TJUE», en LARA AGUADO, M.A. (Dir.), *Sucesión mortis causa de extranjeros y españoles tras el reglamento (UE) 650/2012. Problemas procesales, notariales, registrales y fiscales*, Tirant lo Blanch, Valencia, 2020, pp. 121-122.

478. Por todos es sabido que, cuando la nacionalidad del causante corresponda a la de un Estado miembro, independientemente de que esa ley sea la de su última residencia habitual, las partes interesadas podrán acordar que los tribunales del Estado miembro tengan la competencia exclusiva para poder sustanciar cualquier causa en materia de sucesiones. Argumento aclaratorio de ALARCÓN PALACIO, Y.E., «El Reglamento (UE) 650 de 2012 de sucesiones internacionales y el paradigma forum/ius. Una mirada a su proceso de creación y su desarrollo jurisprudencial», *ACDI-Anuario Colombiano de Derecho Internacional*, Vol. 15, 2022, p. 167.

de ley. Sea como fuere, más que subsidiario un sólido sector doctrinal aboga por aboga por calificarlo como derogable[479].

A este respecto conviene tener presente que, ninguna disposición del Reglamento conceptualiza «residencia habitual del causante en el momento del fallecimiento»[480]. Si bien, pueden resultar de gran utilidad sus considerandos 23 y 24[481] en tanto que informan meridianamente claro que, la autoridad que sustancie debe tener en cuenta tanto el hecho de que el nexo general viene constituido por la residencia habitual del causante en el momento del fallecimiento, como el conjunto de las circunstancias de la vida del causante durante los años precedentes al fallecimiento, en particular la duración y la regularidad de la presencia del causante en el Estado de que se trate, así como las condiciones y los motivos de dicha presencia[482]. De este modo, la determinación de la residencia habitual debería revelar un vínculo estrecho y estable entre la sucesión y el Estado en cuestión. En cualquier caso, la residencia habitual del causante debe fijarse mediante la evaluación del conjunto de las circunstancias del caso obteniendo como resultado un solo Estado miembro conocedor del litigio sucesorio[483].

479. La derogabilidad de la competencia judicial internacional es una regla de todos los ordenamientos jurídicos. Además, no debe obviarse que es un foro determinado en el tiempo por cuanto solo se debe tener en consideración la residencia habitual en el momento del fallecimiento a pesar de ser una circunstancia mutable. En este sentido queda fundamentado por CALVO CARAVACA, A.L., «El foro de la última residencia habitual del causante en el Reglamento europeo de sucesiones», en EGUSQUIZA BALMASEDA, M.A. y PÉREZ DE ONTIVEROS BAQUERO, M.C. (Dirs.), *Tratado de las Liberalidades. Homenaje al Profesor Enrique Rubio Torrano*, Arazandi Thomson Reuters, Navarra, 2017, pp. 1827-1828.

480. El juez en cuestión deberá aplicar su propio derecho interno sin poner en duda la verificación de la última residencia habitual; de hecho, si probara, sobre la base de las conclusiones surgidas durante el proceso, que el *de cuius* residía habitualmente en un país diferente, evidentemente se resolvería conforme al artículo 15 declarándose automáticamente incompetente o proceder a la verificación de su competencia sobre la base de los criterios subsidiarios a los que se refieren los artículos 10 y 11, si es un tercer estado. Fundamentación de DAVÌ, A. y ZANOBETTI, A., «Il nuovo diritto internazionale privato delle successioni nell'unione Europea», *Cuadernos de derecho transnacional*, Vol. 5, núm. 2, 2013, p. 115.

481. Resulta ser una innovación orientativa de residencia habitual contenida en el Reglamento (UE) 650/2012, pero ello puede ocasionar ciertas lagunas legales en lo que a su valoración se refiere. *Vid.* en este sentido, BUMBACA, V.J., *Habitual Residence in International Family Law. Theory, Practice and Reform*, Schulthess Editions, Zurich, 2022, p. 57.

482. La residencia habitual debe revelar un vínculo estrecho y estable con el Estado miembro que ejerce la competencia. En el Reglamento de Sucesiones, el legislador de la UE adopta la residencia habitual como norma general y concepto conector y global tanto para la jurisdicción como para los conflictos de leyes. Planteamiento expuesto por HESS, B., «Towards a Uniform Concept of Habitual. Residence in European Procedural and Private International Law?», *Polski Proces Cywilny*, núm. 4, 2021, pp. 527-528.

483. El Alto tribunal de la Unión entiende que, la residencia habitual del causante en el momento del fallecimiento puede fijarse en varios Estados, pero ello puede entrañar la fragmentación de la sucesión, habida cuenta de que dicha residencia constituye el criterio para la aplicación de las reglas generales recogidas en los artículos 4 y 21

Así las cosas, la decantación por el criterio de la residencia habitual frente al de la nacionalidad[484] muestra la asunción de que aquél es el lugar donde, previsiblemente, el causante tendrá su centro de relaciones personales y económicas y, por tanto, se encontrará la mayoría de los bienes hereditarios, así como de los posibles acreedores[485].

D. Competencia judicial subsidiaria y su interrelación con los negocios familiares

La nota descriptiva del foro del artículo 10 Reglamento (UE) 650/2012 es la subsidiariedad en tanto en cuanto no debe existir ningún tribunal en virtud del foro de la nacionalidad además del elegido por las partes y por supuesto, que el causante no posea su residencia habitual en un Estado miembro —premisa inicial del precepto—[486].

---

de dicho Reglamento, según los cuales tanto la competencia de los tribunales para resolver sobre la totalidad de la sucesión como la ley aplicable a la totalidad de la sucesión se determinan en función de esta residencia. Así queda manifestado en la STJUE de 16 de julio de 2020, asunto C-80/19, E.E.: EU:C:2020:569. Existen autores que consideran que, el Tribunal de Justicia se maneja llevado por el casuismo y la inmediatez, sin tratar de establecer pautas interpretativas de alcance general que, en aspectos como la concreción de la residencia habitual o la averiguación de la voluntad tácita del de cuius, se echan en falta, *cfr.* FONTANELLAS MORELL, J.M., «Las principales conexiones del Reglamento 650/2012 por vez primera ante el Tribunal de Justicia de la Unión Europea», *Revista electrónica de estudios internacionales (REEI),* núm. 42, 2021; MAGALLÓN ELÓSEGUI, N., «Hacia un derecho internacional privado europeo de sucesiones: la unificación de las normas de competencia», *Cuadernos europeos de Deusto*, núm. 49, 2013, pp. 144-145.

484. El criterio de la residencia habitual es mucho más sencillo que el de la nacionalidad pues se construye sobre elementos fácticos que en principio no requieren de la aplicación de norma jurídica alguna y de fácil verificación. En cambio, la nacionalidad exige la acreditación de ciertos hechos y la aplicación de un conjunto normativo. Así queda razonado por CALVO CARAVACA, A.L., «El foro de la última residencia habitual del causante en el Reglamento europeo de sucesiones», en EGUSQUIZA BALMASEDA, M.A. y PÉREZ DE ONTIVEROS BAQUERO, M.C. (Dirs.), *Tratado de las Liberalidades. Homenaje al Profesor Enrique Rubio Torrano*, Aranzadi Thomson Reuters, Navarra, 2017, p. 1831.

485. A juicio de SÁNCHEZ ARISTI, este foro puede presentar problemas de determinación en situaciones complejas, al tiempo que resulta ser más inestable y susceptible de cambio que la nacionalidad, *cfr.* SÁNCHEZ ARISTI, R., «El Reglamento (UE) nº 650/2012, del Parlamento Europeo y del Consejo, de 4 de julio de 2012, relativo a la competencia, la ley aplicable, el reconocimiento y la ejecución de las resoluciones, a la aceptación y la ejecución de los documentos públicos en materia de sucesiones *mortis causa* y a la creación de un certificado sucesorio europeo», *Actualidad jurídica Uría Menéndez*, núm. 42, 2016, pp. 95-103.

486. El sistema de referencia «subsidiario» no sea quizás el más sencillo y conveniente en el seno de la Unión Europea, pues no permite siempre prever fácilmente el derecho aplicable a la sucesión cuando resulta de aplicación la ley de un Estado plurilegislativo como es España. En contraposición, el empleo de un mecanismo de referencia «mixto», que funciona como uno «directo» para las conexiones de base territorial y como uno «indirecto» para las de base personal, habría permitido encontrar un mejor equilibrio de los intereses en juego. Tesis sustentada por QUINZÁ REDONDO, P. y CHRISTANDL, G., «Ordenamientos plurilegislativos en el Reglamento (UE) de Sucesiones con especial referencia al ordenamiento jurídico español», *Indret: Revista para el Análisis del Derecho*, núm. 3, 2013, pp. 22-23.

El sustento del foro se nutre de los tribunales del Estado miembro en el que se encuentren los activos de la herencia[487]. En este contexto, la determinación de los «bienes de la herencia» resulta ser una cuestión compleja pues hay que valorar el estado civil del causante en el momento de su fallecimiento[488]. En efecto, en los casos en los que dicho estado civil fuere el de casado será necesario determinar y liquidar el régimen económico matrimonial con el fin de delimitar los «bienes de la herencia». Ante esta situación, el Reglamento (UE) 2016/1003[489], en su artículo 4, atribuye la competencia al órgano jurisdiccional del Estado miembro que conozca de la sucesión[490]. Debe concebirse esta acumulación muy positiva pues sin duda evita duplicidades y limita situaciones de litispendencia[491] e igualmente simplificar el marco jurídico existente, facilitando la libre circulación de sentencias y su reconocimiento con relación a los derechos

487. En el caso de que algún bien de la herencia esté situado en un tercer Estado, el órgano jurisdiccional que esté conociendo de la sucesión podrá no pronunciarse sobre dicho bien o bienes con el fin de evitar una ausencia de reconocimiento y posterior ejecución. En este sentido *vid.*, MARONGIU BUONAIUTI, F., «Article 10. Subsidiary jurisdiction», en CALVO CARAVACA, A.L., DAVÌ, A., y MANSEL, H.P. (Eds.), *The EU succession regulation. A commentary*, Cambridge University Press, United Kingdom, 2016, pp. 186-198.

488. El foro del artículo 10.1 Reglamento (UE) 650/2012 opera aunque los bienes de la herencia no se hallen en un solo Estado miembro de forma que en el hipotético caso del causante con bienes en España, con nacionalidad española y residencia habitual en Venezuela al tiempo de su fallecimiento, tuviese además bienes en Francia sería la autoridad española (con, en su caso, la competencia de la autoridad del tercer Estado) competente para conocer el conjunto de la sucesión incluidos los bienes ubicados en Francia y el párrafo segundo del citado artículo 10 no se activaría por lo que las autoridades francesas no serían competentes para conocer de los bienes ubicados en Francia, pues este párrafo segundo solamente opera en caso de no ser posible la aplicación del nº 1. Observación efectuada por ESPIÑEIRA SOTO, I., «Interpretación que debe darse a la calificación de "subsidiaria" de la competencia del art. 10 del Reglamento (UE) nº 650/2012. Auto del Tribunal de Justicia 10ª de 17 de julio de 2023, asunto C-55/23: Jurtukala», *La Ley Unión Europea*, núm. 119, 2023, versión online.

489. Fruto de la interconexión marcada por el legislador de la Unión en materia de Derecho de Familia, se pueden alcanzar soluciones justas y cohonestadas en el campo transnacional. Sobre este eje, *vid.* VIARENGO, I., «Coordination among the objective connecting factors in proceedings on divorce, maintenance, property regimes and succession», VIARENGO, I. y VILLATA, F.C. (Eds.), *Planning the future of cross border families. A path through coordination*, Hart Publishing, Londres, 2020, pp. 233-235.

490. La determinación de la competencia objetiva, funcional y territorial corresponde a la ley interna de dicho Estado miembro, lo que podrá conllevar que sea la misma autoridad la que concentre la competencia en ambas cuestiones o que el conocimiento de una y otra corresponda, dentro del mismo Estado miembro, a autoridades territorialmente distintas. Apreciación de IGLESIAS BUIGUES, J.L., «Artículo 4. Competencia en caso de fallecimiento de uno de los cónyuges/miembros de una unión registrada», en IGLESIAS BUIGUES, J.L., PALAO MORENO, G., (Dirs.), QUINZÁ REDONDO, P. (Secret.), *Régimen económico matrimonial y efectos patrimoniales de las uniones registradas en la Unión Europea. Comentarios a los Reglamentos (UE) nº 2016/1103 y 2016/1104*, Tirant lo Blanch, Valencia, 2019, p. 73. Para un mayor análisis, *vid.* capítulo IV, epígrafe 3.

491. FERNÁNDEZ-TRESGUERRES GARCÍA, A., *Los Reglamentos (UE) 2016/1103 y 2016/1104 sobre el patrimonio de las parejas internacionales y su aplicación en España*, Valencia, Tirant lo Blanch, 2023, p. 37.

adquiridos en la Unión y sus posibles consecuencias patrimoniales del matrimonio[492].

Así las cosas, debe entenderse por bien no solo aquel que sea físico o corporal, mueble o inmueble, sino todo tipo de bien que sea susceptible de ser situado en un determinado Estado. A raíz de este postulado, la doctrina extranjera[493] comprende que, los bienes muebles que hayan sido objeto de inscripción registral se deben considerar ubicados en el Estado donde estén registrados. No obstante, respecto de los bienes intangibles, como los derechos de propiedad intelectual, los jueces del Estado donde se haya procedido a su inscripción o registro podrán declararse competentes[494] por cuanto este foro permite centralizar en un único Estado todas las decisiones que afecten a la publicidad registral, algo de especial importancia en la medida en que las inscripciones registrales suelen desplegar eficacia *erga omnes*[495]; si bien, de aquellos que no se ha efectuado ningún tipo de publicidad registral, podrán llegar a ser competentes los órganos jurisdiccionales del Estado para el cual se reclama su protección[496].

En el marco empresarial, qué duda cabe que los activos intangibles suponen un capital de gran trascendencia para el negocio familiar a la par que incide en su competitividad en el mercado internacional[497]. Resulta trascendental que dichos

---

492. De este modo, se permitirá que cuestiones conexas sean decididas por los tribunales del mismo Estado, bajo los principios de eficiencia, rapidez y economía procesal. Reflexión de SOUSA GONÇALVES, A.S., «The material limits of the European Succession Regulation», *JusGov*, Paper núm. 10, 2023, versión online.

493. Sabia apreciación de MARONGIU BUONAIUTI, F., «Article 10. Subsidiary Jurisdiction», en CALVO CARAVACA, A.L., DAVÌ, A., y MANSEL, H.P. (Eds.), *The EU succession regulation. A commentary*, Cambridge University Press, United Kingdom, 2016, pp. 189-190.

494. El nacimiento de un derecho de esa naturaleza depende de un acto jurídico público, que es la inscripción o registro, y que tiene eficacia en el territorio de un Estado en el que se concede. Por consiguiente, en aplicación del «principio de proximidad» lo idóneo es que sean los tribunales del mismo Estado quienes decidan sobre la validez del derecho o de su inscripción, por ser los conocedores de las especiales procedimentales o sustantivas del lugar en el que se ha realizado dicha inscripción. Así queda dispuesto por DE ROMÁN PÉREZ, S.: «Comentario al artículo 24.4», BLANCO-MORALES LIMONES, P., GARAU SOBRINO, F.F., LORENZO GUILLÉN, M.L. y MONTERO MURIEL, F.J., (Coords.), *Comentario al Reglamento (UE) nº 1215/2012 relativo a la competencia judicial, el reconocimiento y la ejecución de resoluciones judiciales en materia civil y mercantil. Reglamento Bruselas I refundido*, Thomson Reuters Aranzadi, Navarra, 2016, p. 529.

495. Obviamente, centraliza en un único Estado este tipo de decisiones, aunque sea de forma mediata a terceros: *cfr*. VIRGÓS SORIANO, M. y GARCIMARTÍN ALFÉREZ, F.J.: *Derecho procesal civil internacional*, 2ª ed., Thomson Civitas, Navarra, p. 268.

496. En el contexto internacional, el punto de partida es que cada Estado sólo otorga o reconoce para su territorio el derecho de autor, es decir, es derecho de base territorial. Sabia precisión de la mano de GARCIMARTÍN ALFÉREZ, F.J.: *Derecho Internacional Privado*, 7ª ed., Civitas Thomson Reuters, 2023.

497. La apertura de los mercados proporcionada por los movimientos contemporáneos de integración económica, así como el advenimiento de las redes electrónicas mundiales, han facilitado y aumentado enormemente la utilización de bienes intelectuales a través de las fronteras.

bienes inmateriales sean no solo identificados y documentados, sino que también registrados, para así alcanzar el carácter de propiedad industrial y obtener un derecho exclusivo de explotación, lo que generará crecimiento y ventaja competitiva, ambos ítems de consecuente valor[498]. De este modo, para la empresa familiar, el primer paso en la defensa de la propiedad industrial es el registro, pues ello proporciona al titular de los derechos una prueba legal de su propiedad y el derecho exclusivo de usar, fabricar, vender o importar la invención o diseño. En un marco jurídico de alcance global imperante como es el actual, la protección internacional de la propiedad industrial es un pilar esencial del sistema legal y económico en tanto que garantiza que las compañías familiares y eventuales inversores puedan beneficiarse de sus creaciones e invenciones, fomentando así la deseada innovación y su consecuente crecimiento económico[499].

E. El foro de necesidad

A consideración del legislador, en el artículo 11 Reglamento (UE) 650/2012 ha lugar el *forum necessitatis*[500] cuya virtualidad práctica radica en activar la competencia judicial a favor del tribunal de un Estado miembro en casos excep-

---

Además, la aparición de la tecnología digital ha despertado sendas apreciaciones en la configuración de las relaciones contractuales relacionadas con la explotación de obras, como pueden ser, e-books, bases de datos electrónicas, boletines electrónicos, obras multimedia, etc., incidiendo de manera importante en los derechos patrimoniales del autor y en las formas de comercialización tradicional de las creaciones intelectuales en el mercado. *Vid.* al respecto, FERNÁNDEZ MASIÁ, E.: «Protección internacional de la propiedad industrial e intelectual», ESPLUGUES MOTA, C. (Dir.), *Derecho del Comercio Internacional*, 10ª ed., Tirant lo Blanch, Valencia, 2022, p. 119.; MOURA VICENTE, D.: «Principios sobre conflictos de leyes en materia de Propiedad Intelectual», *Cuadernos de derecho transnacional*, Vol. 3, núm. 1, 2011, p. 5.

498. No olvidemos que un elevado nivel de protección para los derechos de propiedad intelectual e industrial son la base de la competitividad mundial. Apunte de CARRIZO AGUADO, D. y ALONSO GARCÍA, M.N., «El impacto de internet en las publicaciones fotográficas protegidas por derechos de autor: visión constitucional e internacional-privatista en la era del "boom digital"», *Revista Aranzadi de Derecho Patrimonial*, núm. 47, 2018.

499. La evolución de los medios de comercialización de los productos y servicios y la globalización de la actividad empresarial van unidas a un especial interés de los titulares para asegurar la tutela de la propiedad intelectual en múltiples países o incluso a escala global tal y como plantea DE MIGUEL ASENSIO, P.A.: «Bienes inmateriales, Derecho de la competencia y responsabilidad extracontractual», FERNÁNDEZ ROZAS, J.C., ARENAS GARCÍA, R. y DE MIGUEL ASENSIO, P.A., *Derecho de los negocios internacionales*, 6ª ed., Iustel, Madrid, 2020, p. 137.

500. El foro de necesidad, también conocido como jurisdicción de «necesidad» y «emergencia», gira en torno a la idea de que un tribunal puede ser llamado a resolver un caso, aunque carezca de jurisdicción bajo las reglas que normalmente le permitiría hacerlo, basándose en que el demandante no tiene otra alternativa. Se dice que cumple una función complementaria o incluso correctiva. Así pues, el foro de la necesidad está sujeto a dos condiciones que deben cumplirse acumulativamente: i. la imposibilidad para el demandante de llevar el caso a un foro alternativo; ii. la existencia de una suficiente conexión entre los hechos del caso y el Estado del foro requerido. Criterios aclaratorios de la mano de SZPUNAR, M., y PACUŁA, K., «Forum of necessity in family law matters within the framework of EU and international law», *Polski Proces Cywilny*, núm. 4, 2021, 563-592.

cionales[501], concretamente ante el supuesto de que resultase imposible o no pudiese razonablemente iniciarse en base a los foros ya descritos[502]. Si bien, es imperante el requisito de vinculación suficiente con el Estado miembro del tribunal que vaya a conocer del asunto objeto de la controversia judicial[503]. O, dicho de otro modo, la operación procesal del *forum necessitatis* debe ser evaluada por el juez de manera estricta, residual por cuanto no puede encargarse otra jurisdicción al respecto y siempre bajo condiciones abstractas y rígidamente predeterminadas[504].

El fundamento del mismo estriba en evitar la denegación de justicia en aquellos pleitos en lo que resultara imposible acudir a tribunales de terceros Estados, o bien porque se carece de foro de competencia en materia sucesoria, o porque dicho país está en guerra o situación de emergencia sanitaria o humanitaria, o bien en supuestos en los que exista una carga procesal desproporcionada para las partes o incluso ante tribunales donde no exista reconocimiento y ejecución de un pronunciamiento judicial, vulnerando claramente la tutela judicial efectiva[505]. Sin embargo, admitir en tales casos la posibilidad de plantear el litigio ante otro juez a través del *forum necessitatis* socavaría concretamente el principio de confianza mutua entre jueces de la UE y la circulación de las decisiones sin posibilidad alguna de comprobar el fondo y el derecho aplicado es su razón de ser[506].

501. A juicio de BIAGIONI, debe observarse que el juez que conoce de un litigio sobre la base del *forum necessitatis* conserva una particular discrecionalidad para comprobar la existencia de la denegación de justicia de la que se deriva un importante grado de flexibilidad bajo una evaluación concreta de la situación existente en el tercer país y llevada a juicio por el demandante, *vid.* BIAGIONI, G., «Alcuni caratteri generali del forum necessitatis nello spazio giudiziario europeo», *Cuadernos de Derecho Transnacional*, Vol. 4, núm. 1, 2012, p. 36.

502. Se ha de presuponer una flexibilidad de los criterios de jurisdicción de carácter excepcional cuando sea imposible identificar un juez competente cuya razón de ser es la tutela de los intereses jurisdiccionales de las personas. Caracter apuntado por MARULLO, Mª.C., «La lucha contra la impunidad: el Foro Necessitatis», *Indret: Revista para el Análisis del Derecho*, núm. 3, 2015.

503. Existe un consenso en admitir que la condición de proximidad se produce cuando al menos el demandante esté domiciliado o tenga la residencia habitual en el foro del Estado, o incluso cuando sea ciudadano de tal Estado. Ello no excluye la posibilidad de que opere si existe otro contacto con el foro que pueda ser considerado relevante dependiendo de las circunstancias: *cfr.* FERNÁNDEZ ROZAS, J.C., «Rigidez versus flexibilidad en la ordenación de la competencia judicial internacional: el forum necessitatis», en ROJAS AMANDI, V.M. (Coord.), *Desarrollos modernos del Derecho internacional privado: libro homenaje al Dr. Leonel Pereznieto Castro*, Tirant lo Blanch México, 2017, p. 277.

504. Condiciones apuntadas por FRANZINA, P., «Forum necessitatis», en VIARENGO, I. y VILLATA, F.C. (Eds.), *Planning the future of cross border families. A path through coordination*, Hart Publishing, Londres, 2020, p. 326.

505. Ejemplificación de CARRASCOSA GONZÁLEZ, J., *El Reglamento sucesorio europeo: análisis crítico*, 2ª ed., Rapid Centro Color, Murcia, 2019, pp. 224-225.

506. Parecer de ROSSOLILLO, G., «Forum necessitatis e flessibilità dei criteri di giurisdizione nel Dritto internazionale privato nazionale e dell'Unione Europea», *Cuadernos de Derecho Transnacional*, Vol. 2, núm. 1, 2010, p. 417.

5. RÉGIMEN JURÍDICO DE LAS NORMAS DE LEY APLICABLE A LA LUZ DEL REGLAMENTO (UE) 650/2012

5.1. APLICABILIDAD UNIVERSAL

El legislador, como parámetro inicial, consagra en su artículo 20 el principio de universalidad de la sucesión, implicando tal cuestión que no solo serán aplicables los ordenamientos de los Estados miembro, sino que también cobran eficacia los de aquellos que no estén vinculados de manera directa con el Reglamento (UE) 650/2012.

Esta eficacia *erga omnes* significa, por una parte, que las disposiciones del Reglamento dejan inaplicables y sustituyen a las correspondientes de los Estados miembros por él vinculados relativas a las sucesiones con elemento extranjero[507], esto es, en efecto, que las normas de conflicto de leyes que resultan únicamente aplicables son las establecidas por el Reglamento en las materias incluidas en su campo de aplicación[508] y, por otra, que, en principio, cualquiera que sea el órgano jurisdiccional que resulte competente, la ley material aplicable será la misma[509].

5.2. PRIMACÍA DE LA AUTONOMÍA DE LA VOLUNTAD CONFLICTUAL: EL RESURGIMIENTO DE LA CONEXIÓN «NACIONALIDAD»

A. Parámetros de aplicación

De acuerdo con el artículo 22, apartado 1, Reglamento (UE) 650/2012, cualquier persona puede optar por la ley del Estado de su nacionalidad como ley de

507. **La norma omite, intencionadamente, precisar cuando la sucesión tiene carácter internacional. Ha de considerarse que el carácter transfronterizo viene, en principio, determinado por la existencia de bienes en distintos Estados miembros o terceros países, pero no se excluyen otros supuestos o reglas especiales. Puntualización de FERNÁNDEZ-TRESGUERRES GARCÍA, A., «Práctica notarial y Regl. (UE) nº 650/2012, sobre sucesiones internacionales»,** *El Notario del siglo XXI: Revista del Colegio Notarial de Madrid*, núm. 61, 2015, pp. 20-23.

508. Sus normas están destinadas a garantizar, entre otros aspectos, tanto la compatibilidad de las normas aplicables en los Estados miembros en materia de conflictos de leyes y de jurisdicción, como el reconocimiento mutuo y la aceptación de las resoluciones judiciales y los documentos públicos, así como su ejecución. Sabia percepción de CALVO VIDAL, I.A., «Sucesiones internacionales vs. sucesiones nacionales», *El Notario del siglo XXI: Revista del Colegio Notarial de Madrid*, núm. 61, 2015, pp. 16-19.

509. Apunte aclaratorio de IGLESIAS BUHIGUES, J.L, «Artículo 20. Aplicación universal», en IGLESIAS BUHIGUES, J.L. y PALAO MORENO, G., *Sucesiones internacionales. Comentarios al Reglamento (UE) 650/2012*, Tirant lo Blanch, Valencia, 2015, p. 119.

su sucesión[510], ya sea la que posea en el momento de realizar la elección, ya sea la que pueda poseer en el momento de su fallecimiento[511], sin obviar la limitación impuesta por su artículo 34.2 Reglamento (UE) 650/2012[512] al excluir la posibilidad del reenvío cuando el causante haya ordenado que la ley aplicable a su sucesión sea la de su nacionalidad[513]. Según el parecer de un sector doctrinal, si las partes hacen uso de la *professio iuris* conforme al artículo 22 no se puede hablar de reenvío porque existe un principio general en virtud del cual donde se permite la autonomía de la voluntad conflictual no cabe la figura del reenvío. Ello supondría violentar la autonomía de las partes[514].

510. La maleabilidad y mutabilidad en el tiempo de los criterios de conexión hace que tenga plena virtualidad el conflicto móvil ya que el sistema conflictual lo único que puede hacer es salvar la validez de lo ya hecho, que es precisamente lo que disponen los artículos 24 y 25 remitiéndose a la ley sucesoria hipotética. El problema es que en los casos en que la ley rectora de la sucesión sea distinta de aquella a cuyo amparo fueron otorgadas las disposiciones testamentarias y prevea la existencia de reservas obligatorias en favor de cualesquiera beneficiarios y se impone la prevalencia de la *lex successionis*, con el consiguiente menoscabo en la integridad de las previsiones del causante. Así pues, la única forma de inmunizar esas previsiones es «congelando» la ley, eligiendo como aplicable a la entera sucesión la de la nacionalidad del causante en el momento de su otorgamiento. Apreciación de CARRILLO POZO, L.F., «El Reglamento europeo 650/2012 ante el cambio de paradigma del derecho de sucesiones», *Boletín Mexicano de Derecho Comparado*, Vol. 51, núm. 151, 2018, pp. 72-73.

511. Este último supuesto está pensando en aquellos casos en los que el causante opta por una nacionalidad diferente a la que tiene en el momento efectuar la elección porque está tramitando o tiene expectativas de adquirir una nueva nacionalidad que, en condiciones normales, será la que posea en el momento futuro de su fallecimiento. Justificación de LAFUENTE SÁNCHEZ, R., «Hacia un sistema unitario europeo en materia de ley aplicable a las sucesiones internacionales», *Cuadernos de Derecho Transnacional*, Vol. 5, núm. 2, 2013, p. 359.

512. Hay que tomar en consideración que, la regla del artículo 34 prevé el reenvío únicamente a condición de que la ley que se determine como aplicable en virtud del Reglamento sea la ley de un tercer Estado. En tal caso, la referencia a esa ley significa la referencia a las normas jurídicas vigentes en ese Estado, incluidas sus normas de derecho internacional privado, en la medida en que esas normas hagan un reenvío: a) a la ley de un Estado miembro o b) a la ley de otro tercer Estado que aplicaría su propia ley. Así queda puntualizado por KUNDA, I., WINKLER, S. y PERTOT, T., «Competencia y derecho aplicable en materia de sucesión», en CAZORLA GONZÁLEZ, M.J., GIOBBI, M., KRAMBERGER ŠKERL, J., RUGGERI, L. y WINKLER, S., (Eds.), *Las relaciones de propiedad de las parejas transfronterizas en la Unión Europea*, Edizioni Scientifiche Italiane, Nápoles, 2020, p. 124.

513. No debe caer en baldío que, la aplicación en bloque de la ley sucesoria material de un Estado sea o no Estado miembro, a la herencia de los bienes situados en un Estado puede producir una multitud de problemas prácticos en la medida en que el sistema sucesorio del Estado donde se hallen los bienes sea manifiestamente diferente del ordenamiento jurídico del Estado cuya ley ha designado el causante como aplicable a su sucesión. Idea apreciada por JIMÉNEZ CLAR, A., «Consideraciones sobre el Reglamento Sucesorio Europeo y sus efectos en la Sucesión Mortis Causa», *Bitácora Millennium DIPr: Derecho Internacional Privado*, núm. 1, 2015.

514. Principio que ha sido recogido expresamente en el propio Reglamento (UE) 650/2012 bajo los auspicios de artículo 34.2. No cabe, por tanto, el reenvío si el causante ha hecho elección de ley a favor de la ley de un tercer Estado, como señala el Considerando 57 in fine: *cfr.* CASTELLANOS RUÍZ, E., «Reenvío y sucesiones "mortis causa" con carácter internacional: pasado, presente y futuro en la jurisprudencia del Tribunal Supremo», *Revista jurídica de la Comunidad Valenciana*, núm. 73, 2020, p. 84.

La institución de la *professio iuris* anticipada[515] en relación con la sucesión *mortis causa* es algo relativamente reciente; en su virtud el causante ordena la regulación de su sucesión por la ley que elija de entre las que se encuentren conectadas con el supuesto[516] y teniendo en consideración que, la ley elegida recae sobre el Derecho material sustantivo y no sobre las garras de las normas de conflicto de la legislación elegida[517].

Si bien, la posibilidad de elegir una ley distinta está circunscrita en cuanto a su objeto[518], pues solo cabe optar por la ley de la nacionalidad del causante y, además, esta regla queda supeditada a los requisitos formales propios de una disposición *mortis causa*[519].

Como aspecto positivo, la conexión «nacionalidad» es inmune a los problemas que presenta la «residencia habitual» en tanto que la nota de «actualidad» es dispensada por el Reglamento (UE) 650/2012 al referirse al alternativamente a la nacionalidad poseída «en el momento de realizar la elección o en el momento del fallecimiento». De esta manera, la nota de concreción queda asegurada normalmente por el hecho de la elección respecto de una nacionalidad que normalmente será fácil de probar documentalmente[520]. Con todo, esa posibilidad de elegir la ley nacional actual o la del momento del fallecimiento no contribuye a

515. La introducción de la ley sucesoria anticipada apuesta por la seguridad jurídica y la previsibilidad en la sucesión pues se dirige a garantizar la validez del testamento aun cuando sea una ley distinta a la que se ocupa de regular la sucesión. Apunte aclaratorio de MAGALLÓN ELÓSEGUI, N., «La ley aplicable a las disposiciones testamentarias en el Reglamento europeo de sucesiones: un "dépéçage" susceptible de dificultades», *Anuario Español de Derecho Internacional Privado*, núm. 19-20, 2019, p. 385.

516. YBARRA BORES, A., «Reglamento sucesorio europeo y *professio iuris* "anticipada". La doctrina de la dirección general de los registros y del notariado», en LARA AGUADO, M.A. (Dir.), *Sucesión mortis causa de extranjeros y españoles tras el reglamento (UE) 650/2012: Problemas procesales, notariales, registrales y fiscales*, Tirant lo Blanch, Valencia, 2020, pp. 234-235.

517. ALVENTOSA DEL RÍO, J., *Derechos sucesorios del cónyuge y Reglamento sucesorio de la Unión Europea*, Tirant lo Blanch, Valencia, 2021, p. 194.

518. Se puede afirmar que el Reglamento ha optado por una posibilidad limitada. Así lo deja latente RODRÍGUEZ-URÍA SUÁREZ, I., *La ley aplicable a los pactos sucesorios*, Universidade de Santiago de Compostela, 2014, pp. 218-219 y GARAU JUANEDA, L., «Los conflictos de leyes en materia sucesoria», en LLEDÓ YAGÜE, F., PILAR FERRER VANRELL, M.P. y TORRES LANA, J.A. (Dirs.), MONJE BALMASEDA, O. (Coord.), *El patrimonio sucesorio. Reflexiones para un debate reformista*, Dykinson, Madrid, 2014, p. 91.

519. En estas condiciones, el juez de Luxemburgo opina abiertamente que, la autonomía de la voluntad no posee la categoría de principio informador del Reglamento (UE) 650/2012; así queda dispuesto en su Sentencia de 12 de diciembre de 2023, asunto C-21/22, *OP*: EU:C: 2023:247. En el plano doctrinal esta discusión acerca de si la *professio iuris* es un principio informador o no del Reglamento carece en sí misma de interés y, sobre todo, de utilidad: *cfr.* RODRÍGUEZ-URÍA SUÁREZ, I., «*Professio iuris* y relación de fuentes en el Reglamento (UE) 650/2012. Sentencia del Tribunal de Justicia TJUE 12 de octubre de 2023, Asunto C-21/22», *La Ley Unión Europea*, núm. 120, 2023, versión online.

520. Los defectos de la nacionalidad como conexión principal y objetiva, derivados de su carácter ideal, intemporal y abstracto desaparecen si solo juega cuando la activa el causante. Así, el

fomentar la seguridad jurídica, ni a respetar la voluntad del causante; es un supuesto de *professio iuris* ficticia[521].

B. Problemática de la nacionalidad múltiple

En este claroscuro, el párrafo segundo del ya reseñado artículo 22, aclara que, si una persona posea varias nacionalidades[522] podrá elegir la ley de cualquiera de los Estados cuya nacionalidad posee en el momento de realizar la elección o en el momento del fallecimiento[523]. Sobre este particular, el causante solo puede elegir una ley estatal vigente a pesar de ostentar varias nacionalidades[524] e igualmente la elección se entiende realizada en favor de la ley material o sustantiva de su nacionalidad[525].

---

finado puede tener en cuenta los elementos factuales y concretos que le conducen a ejercer o, por el contrario, abstenerse de ejercer, la opción por la ley nacional. Consideración de FORNER DELAYGUA, JJ., «Ley aplicable al fondo de la sucesión por causa de muerte en el reglamento 650/2012», en GINEBRA MOLINS, M.E. y TARABAL BOSCH, J. (Dirs.), *El Reglamento (UE) 650/2012: su impacto en las sucesiones transfronterizas*, Colegio Notarial de Cataluña y Marcial Pons, Madrid, 2016, p. 125.

521. A juicio de LARA, esta doble posibilidad de elegir resulta sorprendente, porque, salvo que el causante esté incurso en un proceso de adquisición de otra nacionalidad, no es previsible que sepa de antemano cuál va a tener en el momento del fallecimiento, si es distinta de la que tiene en el momento de testar: *cfr.* LARA AGUADO, M.A., «*Professio Iuris* de las personas plurinacionales en materia sucesoria», en MOYA ESCUDERO, M. (Dir.), *Plurinacionalidad y Derecho Internacional Privado de la familia y sucesiones*, Tirant lo Blanch, Valencia, 2021, pp. 631-632.

522. Será sumamente complejo si se detecta una situación de apatridia en tanto que puede llegar a representar una escasa vinculación del causante con el estado donde pudiera estar situado. Por ello puede llegar a ser considerado como un conflicto negativo pues dificulta la determinación de la ley aplicable. *Vid.* en este sentido, AZCÁRRAGA MONZONÍS, C., *Sucesiones internacionales. Determinación de la norma aplicable*, Tirant lo Blanch, Valencia, 2008, p. 372.

523. Como bien aclara el TJUE, la única restricción que se impone a la libertad de elección de tal persona consiste en que solamente puede elegir la ley de un Estado cuya nacionalidad posea, con independencia de si tiene o no la condición de Estado miembro de la Unión, *vid.* STJUE de 12 de octubre de 2023, asunto C-21/22, *OP*: EU:C:2023:766.

524. Respecto de las situaciones de plurinacionalidad en las relaciones jurídico-privadas, el legislador español admite y regula ciertos supuestos de plurinacionalidad. No la invisibiliza, ni la ignora, ni la prohíbe. No obstante, solo en el supuesto de falta de elección se podría utilizar la normativa interna para establecer cuál es la nacionalidad prevalente. De esta manera, la utilización del art. 9.9 Código Civil queda muy reducida, a saber, los supuestos de dobles nacionales de terceros Estados o doble nacionalidad mixta, y solo cuando no hagan uso de la autonomía de la voluntad. Brillante razonamiento de SOTO MOYA, M., «Plurinacionalidad y suficiencia de las soluciones previstas por el legislador en el artículo 9.9 CC», en MOYA ESCUDERO, M. (Dir.), *Plurinacionalidad y Derecho Internacional Privado de la familia y sucesiones*, Tirant lo Blanch, Valencia, 2021, pp. 273-274.

525. CARRASCOSA nos ofrece un ejemplo que da luz al respecto: Finado inglés que indica que desea que su sucesión se regule por el Derecho inglés incluidas sus normas de conflicto. Esta *professio iuris* será válida en favor del Derecho sustantivo inglés y la referencia a las normas de Derecho aplicable se ha de considerar como no puesta, *cfr.* CARRASCOSA GONZÁLEZ, J., *El Reglamento sucesorio europeo: análisis crítico*, 2ª ed., Rapid Centro Color, Murcia, 2019, p. 283.

Ciertamente, no supone un obstáculo a tal *professio iuris* el hecho de que el testador sea ciudadano no europeo, o bien nacional de Irlanda o Dinamarca —Estados opt out o no vinculados por el Reglamento (UE) 650/2012—, ya que podrá igualmente realizar la elección de ley aplicable al ser de aplicación universal[526].

En todo caso, resulta llamativo que el testador no pueda elegir la ley de su residencia habitual[527], aunque el fin último deriva en el afán del legislador de garantizar las legítimas, pero se le ha olvidado que no es operativa en tanto que la nacionalidad de origen ha podido derivar en otra adquirida por opción y con ello conducir a una ley alejada del objetivo del Reglamento, que es la previsibilidad y la obtención del mayor grado de seguridad jurídica[528]. Además, se debe contemplar que, si ulteriormente el declarante cambia de nacionalidad y no revoca expresamente tal declaración, la ley que sigue siendo aplicable es la elegida y no la de residencia habitual, aunque esta sea, por ejemplo, la de la nacionalidad adquirida ulteriormente[529]. En otros términos, sería válida la elección de una ley con la que el causante ya no tiene ningún vínculo en el momento de su muerte[530].

526. En la práctica, la elección de ley aplicable se limita a la inserción en el testamento de una cláusula de este tipo: «*Professio Iuris*: conforme a lo dispuesto en el Reglamento (UE) número 650/2012 del Parlamento Europeo y del Consejo, de 4 de julio de 2012, el testador elige la ley de su actual nacionalidad para que sea ésta la que rija su propia sucesión». Nota aclaratoria de DÍAZ CADÓRNIGA, J., «Una visión práctica del Reglamento sucesorio europeo», en LARA AGUADO, MA. (Dir)., *Sucesión mortis causa de extranjeros y españoles tras el reglamento (UE) 650/2012: Problemas procesales, notariales, registrales y fiscales*, Tirant lo Blanch, Valencia, 2020, p. 324.

527. El diseño de la norma de conflicto es limitado pues solo cabe una posibilidad de conexión a diferencia del Reglamento (UE) 2016/1003 tal y como queda apuntado por CORDERO MORENO, G., «La descoordinación conflictual y la autonomía de la voluntad como catalizadores de situaciones de inadaptación en el régimen sucesorio del cónyuge supérstite», *Anuario Español de Derecho Internacional Privado*, núm. 21, 2020, p. 244 y p. 247. FONTANELLAS recurre a la alternatividad de los dos puntos de conexión —nacionalidad y residencia habitual— pero otorga prevalencia a la nacionalidad o por él reseñada como *lex patriae* en tanto que las variaciones de nacionalidad no son tan frecuentes ni sencillas como las de residencia habitual. *Vid. per omnia*, FONTANELLAS MORELL, J.M., *La professio iuris sucesoria*, Marcial Pons, Madrid, 2010, p. 304.

528. Sabia postura definida por FERNÁNDEZ-TRESGUERRES GARCÍA, A., *Las sucesiones mortis causa en Europa: aplicación del Reglamento (UE) Nº 650/2012*, Thomson Reuters Aranzadi, Navarra, 2016, p. 213.

529. Si no se hubiera dado el peso que confiere la autonomía de la voluntad al criterio de la nacionalidad como punto de conexión y se hubiera contemplado la entrada o sustitución por la residencia habitual, se tendría por consecuencia la valoración de la vecindad civil en supuestos interregionales puesto que está necesitada de una puesta al día habida cuenta de la diversidad de interpretaciones con la consiguiente inseguridad jurídica. Con gran acierto queda manifestado por VÁZQUEZ MORAL, P., «Extranjeros y Derecho interregional», *El Notario del siglo XXI: Revista del Colegio Notarial de Madrid*, núm. 112, 2023, pp. 48-53.

530. El establecimiento por el legislador de la ley nacional debe ceder ante la residencia habitual o los vínculos más estrechos del causante; si bien, al propio causante no se le permite anteponer tales criterios al tradicional de su nacionalidad, o todavía en otros términos, se trata de averiguar mediante indicios o presunciones más o menos firmes o concluyentes,

Así las cosas, el causahabiente será quien elija el contexto normativo en que se desarrollará su sucesión en la media en que éste cubra sus intereses y expectativas[531], no sin olvidar que esa elección lleva implícita la posibilidad de activarse la competencia judicial internacional a favor de los tribunales de la ley elegida[532]. Igualmente, se admite como supuesto de *professio iuris* que el causante haga referencia a alguna disposición específica del Derecho de su nacionalidad, porque la elección de ley no tiene que ser expresa, sino que cabe una *professio iuris* implícita[533].

C. Condiciones de idoneidad

En cuanto a la validez material queda supeditada a ley elegida y, además, cualquier modificación o revocación de la elección de la ley deberá cumplir los requisitos formales aplicables a la modificación o la revocación de las disposiciones *mortis causa*[534]. Respecto de la forma, para averiguar si existe realmente una voluntad del causante favorable a la *professio iuris*, por más que el artículo 22, apartado 2, Reglamento (UE) 650/2012 se refiera a los términos de la estipulación *mortis causa*, podrá también acudirse, con la finalidad de averiguar esa

---

con qué legislación tiene tales vínculos cuando el de cuius no ha manifestado nada en vida, pero si realiza tal manifestación, no se tiene ésta en consideración si no lo vincula a una ley que corresponda a su nacionalidad. Evaluación a cargo de HIDALGO GARCÍA, S., «Las llamadas sucesiones vacantes en el Reglamento (UE) 650/2012 del Parlamento europeo y del Consejo de 4 de julio de 2012», *Revista de Derecho Civil*, Vol. 1, núm. 2, 2014, p. 59.

531. Nos recuerda ÁLVAREZ GONZÁLEZ que, la *professio iuris* como modo de determinar la ley aplicable a las sucesiones internacionales es un instrumento cuya utilidad depende de su concreta configuración. Matiza que una real alternativa entre leyes potencialmente vinculadas ofrece al testador mayores posibilidades de organizar su sucesión que la de una sola ley objetivamente aplicable: *cfr*. ÁLVAREZ GONZÁLEZ, S. «*Professio iuris* y sucesión mortis causa», en ÁLVAREZ GONZÁLEZ, S. y RODRÍGUEZ-URÍA SUÁREZ, I., *Estudio sobre ley aplicable a la sucesión mortis causa*, Universidade de Santiago de Compostela, 2013, p. 57.

532. Esta manifestación de la autonomía de la voluntad propicia una suerte de competencia entre los sistemas nacionales pues los jueces pierden el vínculo de la territorialidad ya que su participación no se deriva de la existencia de un elemento fáctico, sino que queda la merced de ser elegido si a sus intereses. Este planteamiento del ordenamiento jurídico europeo no resulta operativo por la aplicación de una norma de conflicto construida sobre el principio de soberanía sino por el de la autonomía de la voluntad. Así queda definido por VELASCO RETAMOSA, J.M, *El Reglamento (UE) 650/2012 de sucesiones: algunas cuestiones escogidas*, Citas Thomson Reuters, Navarra, 2019, p. 86.

533. *Cfr*. LARA AGUADO, M.A., «*Professio Iuris* de las personas plurinacionales en materia sucesoria», en MOYA ESCUDERO, M. (Dir.), *Plurinacionalidad y Derecho Internacional Privado de la familia y sucesiones*, Tirant lo Blanch, Valencia, 2021, p. 630.

534. De esto se deduce que, la *professio iuris* puede realizarse en cualquier momento y asimismo ser revocada o modificada, con los mismos requisitos formales. Así queda dispuesto por SÁNCHEZ ARISTI, R., «El Reglamento (UE) n.º 650/2012, del Parlamento Europeo y del Consejo, de 4 de julio de 2012, relativo a la competencia, la ley aplicable, el reconocimiento y la ejecución de las resoluciones, a la aceptación y la ejecución de los documentos públicos en materia de sucesiones *mortis causa* y a la creación de un certificado sucesorio europeo», *Actualidad jurídica Uría Menéndez*, núm. 42, 2016, pp. 99-100.

voluntad, al conjunto de la disposición por causa de muerte, empleando unitariamente las normas de la hermenéutica, e incluso haciendo uso de los llamados medios extrínsecos o circunstancias exteriores a tal disposición[535]. Por consiguiente, la *professio iuris* es la única forma de planificar la sucesión de modo estable porque recoge en la ley elegida no sólo la cuestión de la ley que rige la sucesión, sino también la admisibilidad y validez sustancial de las disposiciones *mortis causa* y pactos sucesorios[536].

5.3. CONEXIÓN SUPLETORIA: LA RESIDENCIA HABITUAL DEL CAUSANTE

A. Articulación normativa

El artículo 21 Reglamento (UE) 650/2012 contiene la regla general de la determinación de la ley aplicable a la sucesión. Este precepto cuenta con una solución de partida de corte personal —la aplicación de la ley de residencia habitual del *de cuius*— que se encuentra localizada temporalmente —en el momento de su fallecimiento— así como con una novedosa cláusula de escape —basada en el «principio de proximidad»— que tendrá por objeto evitar el juego estricto de la anterior conexión en determinadas situaciones —aunque su aplicación siempre va a contar con un carácter excepcional-[537].

El fundamento de esta opción es su consideración como el lugar que es el centro de interés del causante y donde suele encontrarse la mayoría de sus bienes, al tiempo que también favorece la integración en el Estado miembro de residencia habitual y evita cualquier discriminación contra aquellas personas que tienen su residencia en un Estado del que no son nacionales. La residencia habitual se caracteriza por una mayor flexibilidad, lo que al mismo tiempo se traduce en la posibilidad de una mayor incertidumbre en su determinación[538].

---

535. *Cfr.* CALVO VIDAL, I.A, *Ley aplicable a los efectos patrimoniales de matrimonios y uniones registradas y a las sucesiones en la UE*, Boch, Barcelona, 2023, libro electrónico.
536. CHECA MARTÍNEZ, M., «Instituciones jurídicas de Estate Planning internacional: La protección transfronteriza del patrimonio familiar», en CAMPUZANO DÍAZ, B., DIAGO DIAGO, Mª.P., RODRÍGUEZ VÁZQUEZ, Mª.A. (Dirs.), *De los retos a las oportunidades en el Derecho de familia y sucesiones internacional*, Tirant lo Blanch, Valencia, 2023, p. 166.
537. Este precepto constituya una clara apuesta por la unidad del estatuto sucesorio y que, desde la perspectiva del sistema de Derecho internacional privado español, le permitirá al operador jurídico español una más fácil familiarización con la operativa del Reglamento. Atinada tesis de PALAO MORENO, G., «Artículo 21. Regla general», en IGLESIAS BUHIGUES, J.L. y PALAO MORENO, G., *Sucesiones internacionales. Comentarios al Reglamento (UE) 650/2012*, Tirant lo Blanch, Valencia, 2015, pp. 121-123.
538. SILLERO CROVETTO, B., «Las sucesiones de extranjeros fallecidos en España a partir del Reglamento (UE) 650/2012», *Revista Aranzadi de Derecho Patrimonial*, núm. 36, 2015, p. 362.

A mayor abundamiento, la conexión general a la ley de la residencia habitual cede frente al principio de la vinculación más estrecha[539] que se recoge en el artículo 21.2 por el que excepcionalmente si resultase claramente de todas las circunstancias del caso que, en el momento del fallecimiento, el causante mantenía un vínculo manifiestamente más estrecho con un Estado distinto al de su residencia habitual, la ley aplicable a la sucesión será la de ese otro Estado[540]. O, dicho de otro modo, el criterio de la residencia habitual representa, en la inmensa mayoría de los casos, una vinculación auténtica y sustancial del causante y de sus intereses con un concreto país[541]. Es, por ello, una solución de competencia judicial y una solución de ley aplicable que muestra una alta calidad jurídica[542].

Así las cosas, la elección de este factor de conexión no solo abarca la elección entre los sistemas de unidad y universalidad de la sucesión y de pluralidad y territorialidad, sino que representa una especie de *tertium genus*. De este modo, se confirma el ascenso inexorable de la noción de residencia habitual ya adoptada en otros textos legales europeos[543].

---

539. El criterio de vinculación más estrecha puede resolver casos extraordinarios. ALBIEZ DOHRMANN, afirma que, puede jugar un papel de conexión especialmente en aquellos casos en los que el causante tiene vinculaciones con más de una unidad territorial con un Derecho sucesorio propio. No obstante, propone que tal criterio debe ser interpretado y aplicado restrictivamente: *cfr*. ALBIEZ DOHRMANN, K.J., «Derecho sucesorio transfronterizo: Alemania y España, casos concretos», en LARA AGUADO, M.A. (Dir.), *Sucesión mortis causa de extranjeros y españoles tras el reglamento (UE) 650/2012. Problemas procesales, notariales, registrales y fiscales*, Tirant lo Blanch, Valencia, 2020, p. 471.
540. En opinión de BLANCO-MORALES el principio de mayor proximidad o de la vinculación más estrecha de textura abierta que, en situaciones litigiosas nos situará ante un escenario de *onus* y medios de prueba; mientras que, en situaciones no contenciosas, será dilucidable por la autoridad que intervenga en la sucesión, *cfr*. BLANCO-MORALES LIMONES, P., «Las sucesiones internacionales y su régimen jurídico», *Revista de derecho de la Unión Europea*, núm. 22, 2012, p. 82. La doctrina extranjera entiende que, el vínculo más estrecho del difunto en el momento de su muerte será considerado como una regla de desempate, que apoya el paralelismo entre foro / ius en situaciones que impliquen ausencia de residencia habitual: *cfr*. BUMBACA, V.J., *Habitual Residence in International Family Law. Theory, Practice and Reform*, Schulthess Editions, Zurich, 2022, p. 401.
541. Parámetros como el tiempo, el animus, el objeto de la localización de la residencia, los lazos personales y los intereses patrimoniales son valorables para establecer la residencia habitual de una persona. Así queda puntualizado por PÉREZ MARTÍN, L.A., «Efectos del Reglamento europeo de sucesiones en las sucesiones intestadas en situaciones de residencia temporal alternativa en diferentes países», en MOTA, H. y GUIMARÃES, M.R. (Coords.), *Autonomia e heteronomia no Direito da Família e no Direito das Sucessões*, Almedina, Coimbra, 2016, pp. 500-555.
542. Reflexión de CARRASCOSA GONZÁLEZ, J., «El concepto de "residencia habitual del causante en el momento de su fallecimiento" en el Reglamento sucesorio europeo», en LARA AGUADO, M.A., (Dir), *Sucesión mortis causa de extranjeros y españoles tras el reglamento (UE) 650/2012. Problemas procesales, notariales, registrales y fiscales*, Tirant lo Blanch, Valencia, 2020, p. 228.
543. Como proclama CALVO a través de este punto de conexión es se evita el conflicto móvil. Además, ha de tenerse en cuenta que la residencia habitual no es la mera estancia en el territorio de un Estado, sino que se requiere para su determinación una evaluación general

B. Case to case

Al respecto, la determinación de la residencia habitual no resulta evidente[544], sino que, depende de una evaluación general de las circunstancias de la vida del causante durante los años precedentes a su fallecimiento y en el momento mismo[545]. De hecho, a raíz del asunto ya citado *E.E.*, de 16 de julio de 2020, se extrae de manera clarividente que, la delimitación de la residencia habitual recae sobre los órganos jurisdiccionales internos del Estado miembro donde se sustancie la sucesión.

En tales circunstancias, es importante reconocer que con la utilización de este punto de conexión se tiende a favorecer la coincidencia entre la ley aplicable y la competencia de las autoridades que han de intervenir en los asuntos relacionados con la sucesión, y con ello a facilitar una mayor aplicación de los distintos Derechos nacionales de los Estados miembros[546].

5.4. LOS PACTOS SUCESORIOS Y SU INCIDENCIA EN LA TRANSMISIÓN VÍA *MORTIS CAUSA* DE LA EMPRESA FAMILIAR

A. Delimitación conceptual

El Reglamento (UE) 650/2012 sí ofrece la definición de esta institución en el apartado 1, letra b), del artículo 3 entendiendo por esta, todo acuerdo, incluido el resultante de testamentos recíprocos, por el que se confieran, modifiquen o revoquen, con o sin contraprestación, derechos relativos a la sucesión o las sucesiones futuras de una o más personas que sean partes en dicho acuerdo[547].

---

de las circunstancias específicas, a saber, la regularidad y la duración hasta el momento de la muerte del causante. *Vid.* en profundidad CALVO CARAVACA, A.L., «Article 21. General rule», en CALVO CARAVACA, A.L., DAVÌ, A., y MANSEL, H.P. (Eds.), *The EU succession regulation. A commentary*, Cambridge University Press, United Kingdom, 2016, pp. 299-302.

544. Apunta LAFUENTE que, especialmente, en aquellos supuestos cada vez más frecuentes en los que el causante hubiese trasladado su domicilio a otro país por motivos laborales, pero hubiese seguido manteniendo una vinculación estrecha con su país de origen —al que se desplaza con asiduidad y en el que sigue manteniendo su casa, su familia y su vida social, a fin de cuentas, su centro de intereses. Además, se unen dos cuestiones, pues tampoco existe una noción uniforme de residencia habitual en derecho comparado y el silencio de conceptualización en el Reglamento: LAFUENTE SÁNCHEZ, R., «Hacia un sistema unitario europeo en materia de ley aplicable a las sucesiones internacionales», *Cuadernos de Derecho Transnacional*, Vol. 5, núm. 2, 2013, Pp. 356-357.

545. ALVENTOSA DEL RÍO, J., *Derechos sucesorios del cónyuge y Reglamento sucesorio de la Unión Europea*, Tirant lo Blanch, Valencia, 2021, p. 210.

546. Interesante apreciación de CALVO VIDAL, I.A., «El régimen de la Ley aplicable en el Reglamento (UE) 650/2012, sobre sucesiones», en LARA AGUADO, M.A. (Dir.), *Sucesión mortis causa de extranjeros y españoles tras el reglamento (UE) 650/2012. Problemas procesales, notariales, registrales y fiscales*, Tirant lo Blanch, Valencia, 2020, p. 197.

547. El Alto Tribunal Europeo ha matizado esta idea al comprender como pactos sucesorios aquellos los contratos de donación *inter vivos* en virtud de los cuales la transmisión, en favor del donatario, de la propiedad sobre uno o varios bienes integrados, aunque solo parcialmente, en la

Se trata de una forma de ordenación del patrimonio *mortis causa*[548] con carácter voluntario, en el que el *animus* del causante queda vinculado a través de un pacto sucesorio a la voluntad de otras personas, de forma que el causante no puede revocar[549], en principio, de manera unilateral las disposiciones realizadas a través del susodicho pacto[550].

B. Naturaleza jurídica

Conviene partir de la base que nos hallamos ante un supuesto en el que el ejercicio de la *professio iuris* se ha materializado con anterioridad al otorgamiento del pacto sucesorio. Así las cosas, según el artículo 25, apartado 1, la ley rectora será la ley que, en virtud del Reglamento, habría sido aplicable a la sucesión si el fallecimiento del disponente hubiera ocurrido en la fecha de conclusión del pacto[551]. Sea como fuere, las partes, de nuevo, podrán elegir, en las

masa hereditaria del donante no se producirá hasta el fallecimiento de este: vid. STJUE de 9 de septiembre de 2021, asunto C-277/20, UM: EU:C:2021:531. RODRÍGUEZ-URÍA considera que la necesidad de una aplicación uniforme del Derecho de la Unión Europa y, en concreto, del Reglamento, implica que el concepto de pacto sucesorio recogido en el ya reseñado artículo 3.1º.b) sea objeto de una interpretación autónoma. Tratándose de pactos sucesorios esta calificación autónoma podría considerarse aún más relevante, desde el momento en que una de las características más notables de los mismos es su gran heterogeneidad en el Derecho material o sustantivo comparado. La gran diversidad de figuras que se califican como pactos sucesorios implica que su descripción conceptual sea realmente muy genérica; así queda dispuesto en RODRÍGUEZ-URÍA SUÁREZ, I., «Un par de cuestiones sobre el Reglamento (UE) 650/2012: ámbito de aplicación material y régimen transitorio de la elección de ley aplicable (Sentencia del Tribunal de Justicia de 9 de septiembre de 2021, Asunto C-277/20: UM)», La *Ley Unión Europea*, núm. 98, 2021, versión online.

548. Es importante destacar su calificación sucesoria, pues, de no merecer tal calificación, el pacto vendría sometido a la ley contractual derivada, por ejemplo, del *Reglamento (CE) 593/2008 (Roma I), sobre ley aplicable a las obligaciones contractuales* pero que expresamente excluye de su ámbito material los pactos en materia sucesoria. Advertencia de RODRÍGUEZ MATEOS, P., «La sucesión por causa de muerte en el derecho de la Unión Europea», *Revista electrónica de estudios internacionales (REEI)*, núm. 27, 2014, p. 31.

549. La irrevocabilidad del pacto sucesorio no siempre genera beneficios pues si «desde el protocolo familiar se aconseja la estrategia de la planificación actualizada de la sucesión de la empresa, de la modificación y renovación de los protocolos para hacer frente a las nuevas situaciones familiares y empresariales, el carácter tendencialmente inmutable del pacto sucesorio suscrito entre el fundador y la primera generación impide la reformulación de aquella planificación». Afirmación de PÉREZ GALLARDO, L.B., «Relaciones de pareja y pactos sucesorios», en BLANCO RODRÍGUEZ, J. y TENA PIAZUELO, I., E*studios de Derecho privado. Homenaje al profesor Gabriel García Cantero*, Tirant lo Blanch, Valencia, 2021, p. 448 y bibliografía allí citada.

550. Estos forman un tercer modo de vocación en la herencia, junto al testamento y la ley, con una naturaleza mixta por cuanto, por un lado, se trata de actos inter vivos generalmente irrevocables y por otro, el objeto del pacto sucesorio es la ordenación de la sucesión del fututo causante, es decir, se ordena por anticipado la sucesión no abierta de uno o más de los otorgantes. Exquisita aproximación de RODRÍGUEZ-URÍA SUÁREZ, I., *La ley aplicable a los pactos sucesorios*, Universidade de Santiago de Compostela, 2014, pp. 25-27.

551. El Reglamento fomenta el juego de la autonomía de la voluntad en la ordenación sucesoria, y garantiza la previsión llevada a cabo por el finado. Reflexión de CREMADES GARCÍA, P.,

condiciones del artículo 22, que la ley rectora del pacto, por lo que respecta a su admisibilidad, validez material y efectos vinculantes entre las partes, incluidas las condiciones para su resolución, sea la ley de la nacionalidad de una de las personas de cuya sucesión se trate[552].

Nótese que, la diferencia respecto a los contratos de una sola persona radicaría en que, para ser admitido el pacto sucesorio relativo a la sucesión de varias personas debe permitirse por las leyes hipotéticas o anticipadas de todas las personas contratantes. Puede ocurrir que las sucesiones de los implicados se rijan por leyes distintas, al residir en países distintos o presentar vínculos más estrechos con diferentes estados, y que no en todos ellos se acepten por los respectivos Derechos sustantivos. Si es así, el Reglamento no permite su adopción; por el contrario, exige que estos pactos se permitan en todas esas legislaciones de forma acumulativa para que sean admitidos[553].

C. Repercusión en la family company

La introducción de esta figura en el Reglamento (UE) 650/2012 tiende a ser lógica habida cuenta de su aceptación en el Derecho de algunos de los Estados miembro[554], pero también debe estar presente que la propia Comisión Europea había considerado este mecanismo jurídico como el más idóneo en la transmisión intergeneracional de la empresa familiar[555].

Sucesión mortis causa de la empresa familiar: la alternativa de los pactos sucesorios, Dykinson, Madrid, 2014, p. 168.

552. En opinión fundada del operador práctico notarial, la regulación de los artículos 24 y 25 Reglamento (UE) 650/2012, sobre la admisibilidad y la validez material de las disposiciones *mortis causa* y, además, en relación con los pactos sucesorios, sobre los efectos vinculantes entre las partes, incluidas las condiciones para su resolución, hace posible que en una misma sucesión pudieren llegar a concurrir, de manera natural, en el marco que el Reglamento dispone y por la propia dinámica de los negocios jurídicos por causa de muerte, ordenamientos jurídicos diversos: las leyes sucesorias «anticipadas» y la ley de la sucesión en sí misma considerada: *cfr.* CALVO VIDAL, I.A, *Ley aplicable a los efectos patrimoniales de matrimonios y uniones registradas y a las sucesiones en la UE*, Boch, Barcelona, 2023, libro electrónico.

553. Visión de AZCÁRRAGA MONZONÍS, C., «Artículo 25. Pactos sucesorios», en IGLESIAS BUHIGUES, J.L. y PALAO MORENO, G., *Sucesiones internacionales. Comentarios al Reglamento (UE) 650/2012*, Tirant lo Blanch, Valencia, 2015, p. 168.

554. FONT I SEGURA indica que hay un argumento normativo irrefutable, esto es, la regulación de las sucesiones internacionales no puede ignorar la existencia de este instrumento si resulta que en algunos Estados miembros se contempla tal posibilidad: *cfr.* FONT I SEGURA, A., «Los pactos sucesorios en el Reglamento europeo sucesorio europeo: dos cuestiones relevantes», en GINEBRA MOLINS, M.E. y TARABAL BOSCH, J. (Dirs.), *El Reglamento (UE) 650/2012: su impacto en las sucesiones transfronterizas*, Colegio Notarial de Cataluña y Marcial Pons, Madrid, 2016, pp. 162-163.

555. En su *Recomendación de la Comisión, de 7 de diciembre de 1994, sobre la transmisión de las pequeñas y medianas empresas* (DOCE núm. 385, de 31 de diciembre de 1994), concretamente en el *artículo 5. Continuidad de las sociedades de personas y las empresas individuales* se establece que, es conveniente garantizar la continuidad de las sociedades de personas y

Su rigurosa prohibición supone un importante inconveniente a la hora de planificar la sucesión hereditaria, ya que impide establecer una vinculación jurídicamente eficaz entre el causante y aquellos parientes que podrían estar interesados en asumir responsabilidades en el negocio familiar, a cambio de que se les garantizase irrevocablemente su derecho a participar en la herencia[556].

A mayor abundamiento, no cabe duda de que, el contrato sucesorio representa una alternativa de gran eficacia jurídica que se erige en instrumento negocial idóneo para asegurar su conservación y continuidad intergeneracional, siendo prueba inequívoca de ello su admisión y regulación generalizada en las legislaciones forales[557]; ahora bien, es cada vez más necesario y apremiante un conocimiento preciso y exacto de la normativa de Derecho internacional privado y/o de Derecho interregional reguladora de estas situaciones, ante los posibles conflictos de leyes que pueden presentarse, siendo los notarios, preferente-

de las empresas individuales en caso de fallecimiento de uno de los socios o del empresario. Con este fin, se invita a los Estados miembros a: c) velar por que, en caso de fallecimiento de uno de los socios de una sociedad de personas o de un empresario individual, el Derecho de familia, el Derecho de sucesiones y, en particular, el principio de unanimidad para las decisiones que se tomen en el marco de la indivisión no pongan en peligro la continuidad de la empresa.

556. La vigencia de dicha prohibición pone en cuestión la posibilidad de reconocer una eficacia jurídicamente vinculante a aquellas estipulaciones, eventualmente incluidas en el Protocolo Familiar, en virtud de las cuales los firmantes del mismo asuman el compromiso de otorgar testamento en un determinado sentido, *cfr.* DÍEZ SOTO, C.M., «La sucesión en la empresa familiar», en MONREAL MARTÍNEZ, J., SÁNCHEZ MARÍN, G., MEROÑO CERDÁN, A.L., y SABATER SÁNCHEZ, R. (Dirs.), *La gestión de las empresas familiares. Un análisis integral*, Thomson Reuters, Navarra, 2009, p. 303.

557. El resurgimiento de los pactos sucesorios y su replanteamiento obedece en general a las importantes transformaciones sociales y familiares acaecidas en nuestra sociedad en los últimos tiempos y, en particular, a la necesidad de facilitar la transmisión de la empresa familiar y de garantizar su continuidad y supervivencia en caso de fallecimiento del empresario. Da cuenta de ello, AÑOVEROS TERRADAS, B., «Los pactos sucesorios vinculados a la transmisión de la empresa familiar desde la perspectiva del Derecho interregional», en *El nou dret successori del codi civil de Catalunya: materials de les Quinzenes Jornades de Dret Català a Tossa, Tossa de Mar, 25 i 26 de setembre de 2008*, Documenta Universitaria, 2009, pp. 403-420; JORDÀ CAPITÁN, E.R., «Sobre el instrumento de los pactos sucesorios en la sucesión de la empresa familiar», *La Ley Mercantil*, núm. 46, 2018, versión online; FERRERVANRELL ,Mª.P., «La problemática de los protocolos familiares en el ámbito sucesorio. La sucesión contractual como elemento de firmeza», en LLEDÓ YAGÜE, F., PILAR FERRER VANRELL, M.P. y TORRES LANA, J.A. (Dirs.), MONJE BALMASEDA, O. (Coord.), *El patrimonio sucesorio: reflexiones para un debate reformista*, Vol. II, Dykinson, Madrid, 2014, pp. 1483-1512; MONJE BALMASEDA, O., «Los pactos sucesorios como instrumento de transmisión y protección del patrimonio familiar y personal», en ABEL LLUCH, X. (Coord.), *Las medidas preventivas de conflictos jurídicos en contextos económicos inestables*, J.M. Bosch Editor, Barcelona, 2014, p. 372; ORTIZ FERNÁNDEZ, M., «El régimen económico matrimonial en España: una perspectiva comparada entre el derecho común y los derechos forales», *Revista jurídica valenciana*, núm. 41, 2023, pp. 65-88 y GONZÁLEZ BOU, E., «Los contratos sucesorios como forma de ordenación de la sucesión de la empresa por causa de muerte», en GARRIDO MELERO, M. y FUGARDO ESTIVILL, J.M. (Coords.), *Conflictos en torno a los patrimonios personales y empresariales*, Bosch, Barcelona, 2010, pp. 515-569, esp. pp. 565-569.

mente, los operadores prácticos del Derecho quienes pueden proporcionar en esta materia un útil y excelente servicio a la sociedad[558].

Se ha de poner de manifiesto que, el ya consabido artículo 25 hace referencia a la admisibilidad y a la validez material del pacto sucesorio, pero no articula regulación específica en torno a las disposiciones de última voluntad que están incluidas en el mismo[559]. Por tanto, una interpretación literal de esta disposición conduce a descartar su aplicación cuando se trata de determinar la validez material de las disposiciones por causa de muerte, ex. gr., institución de heredero, legados, cargas, sustituciones ordinarias, fideicomisarias, etc. Pese a todo, la admisibilidad del pacto es particularmente importante en lo que se refiere a los pactos sucesorios, teniendo en cuenta las profundas divergencias que existen en este sentido entre los Derechos nacionales[560]. La ley designada por el artículo 25[561] determina si el pacto sucesorio y el testamento recíproco son admisibles en tanto que los derechos nacionales pueden establecer restricciones respecto de ciertas partes o incluso a los bienes [562] que son objeto del acuerdo.

558. Desde el sector práctico se aboga por una senda propuesta de *lege ferenda* hacia el legislador civil común en atención a incluir su admisibilidad. Entienden que, los pactos sucesorios deberán formalizarse, en todo caso, en escritura pública otorgada ante notario al constituir y representar una indudable garantía sobre su legalidad y conformidad a Derecho: *cfr.* OLMEDO CASTAÑEDA, F.J., «Prohibición de los pactos sucesorios en el Derecho común. Cuestionamiento de su "ratio Legis": propuesta para su admisibilidad», *Anuario de Derecho Civil*, Vol. 72, núm. 2, 2019, pp. 480-481.

559. Dada su naturaleza negocial incluye las condiciones para su resolución. Apunte aclaratorio de CALVO VIDAL, I.A., «Las sucesiones internacionales y los derechos civiles forales españoles, según la reciente (y cambiante) doctrina de la DGRN», en FUENTESECA DEGENEFFE, M. y NORIEGA RODRÍGUEZ, L. (Coords.), *Derecho de sucesiones. Antiguas y nuevas controversias*, Bosch Editor, Barcelona, 2020, p. 143.

560. Como afirma ÁLVAREZ GONZÁLEZ, el caso español como Estado plurilegislativo, con la enorme variedad de reglamentaciones sucesorias en general y sobre pactos sucesorios en particular, hace del orden público una excepción apenas operativa, que sólo estará llamado a corregir a la ley extranjera cuando atente contra principios y valores constitucionales: la prohibición de los pactos sucesorios de la ley extranjera no vulnera nuestro orden público, como tampoco lo hace una generosa regulación de los mismos. Nuestra *lex fori* es plural y ciertamente diversa en este punto: *cfr.* ÁLVAREZ GONZÁLEZ, S., «La determinación de la ley aplicable a los pactos sucesorios: ¿hasta dónde el "favor validitatis"?», *Dereito: Revista xuridica da Universidade de Santiago de* Compostela, núm. extra 1, 2013, p. 47.

561. Los extranjeros residentes en España pueden otorgar pactos sucesorios conforme a la ley civil española foral o especial correspondiente a su residencia habitual. De hecho, el operador notarial admite la validez de un pacto sucesorio de definición otorgado por un extranjero residente en Mallorca, precisamente por ser la ley mallorquina la que se aplicaría a su sucesión si falleciera al otorgar el pacto, aunque en el futuro, por un cambio de residencia, la ley aplicable a la sucesión fuera otra. Parte de la premisa consistente en que estos contratos sucesorios con transmisión de presente entran dentro del ámbito de aplicación del Reglamento, *vid.* VÁZQUEZ MORAL, P., «Extranjeros y Derecho interregional», *El Notario del siglo XXI: Revista del Colegio Notarial de Madrid*, núm. 112, 2023, pp. 48-53.

562. En nuestro Derecho Interregional sucede con la troncalidad en el Derecho Civil Vasco, constituyendo esta una concepción diferente de la propiedad que cumple una función social al representar un bien común, familiar y solidario; se imponen límites a sus propietarios en

Por consiguiente, la ley sucesoria hipotética aplicable al pacto será: i. la ley del Estado en el que el *de cuius* tenía su residencia habitual en la fecha de la conclusión del pacto —Artículo 21: Regla general—; ii. la ley del Estado con el que el causante tenía los vínculos más estrechos — Artículo 21.2: Regla general —; iii. la ley del Estado de la nacionalidad del causante en virtud de una *professio juris* —Elección de Ley aplicable: Artículo 22-[563].

En cualquier caso, el planteamiento esencial resulta ser que, en la sucesión por causa de muerte siempre hay una ley sucesoria que viene determinada por su propia norma de conflicto[564].

Realmente, el beneficio de esta institución vetada por el Derecho común puede provocar que las sociedades familiares residentes en comunidades autónomas sin Derecho civil propio trasladen su sede social a otras, donde sí pueden suscribir notarialmente este tipo de pactos a los que el legislador de la Unión apoya y ampara, tal y como se ha desarrollado hasta el momento. Así, con la implementación del pacto sucesorio en el tráfico jurídico internacional se podría sortear la vulnerabilidad —debida a su fácil fragmentación— a la que está sometida la compañía familiar en el mercado transfronterizo debido a que se reforzaría la confianza, la transparencia y el consenso proporcionado por el pacto ante la plena visibilidad de la voluntad del causante frente a los miembros de la familia que integran la *family firm*.

---

lo que respecta a la disposición y enajenación. En cualquier caso, la troncalidad es una ligadura que se establece entre la propiedad raíz y la familia que la posee para que nunca salga de ella. Respecto de esta curiosa figura *vid*., GOROSTIZA VICENTE, J.M., *Troncalidad y patrimonio familiar*, Ilustre Colegio Notarial del País Vasco, Academia Vasca de Derecho y Dykinson, Madrid, 2023, p. 17 y p. 23.

563. Mientras que para los testamentos la conexión a la ley sucesoria hipotética presenta ventajas e inconvenientes más o menos equivalentes, la conexión que pudiera activarse en el pacto es, por el contrario, particularmente bienvenida. En efecto, en los casos internacionales la pervivencia de un pacto sucesorio está fuertemente amenazada debido a la variabilidad de los Derechos nacionales. Así, en ausencia de la regla especial del artículo 25, el traslado de la residencia habitual a un Estado que no admitiera los pactos sucesorios, o la elección por el *de cuius* de la ley de su nacionalidad, privaría de efectos al pacto anteriormente concluido. Esta delicada situación está menos presente en las otras disposiciones por causa de muerte, especialmente en los testamentos, cuyas condiciones de admisibilidad y validez material son en gran medida comparables en la mayor parte de los ordenamientos jurídicos. Interesante reflexión de BONOMI, A., «Artículo 25. Pactos sucesorios», en ÁLVAREZ GONZÁLEZ, S. (Ed.), *El Derecho europeo de sucesiones. Comentario al Reglamento (UE) Nº 650/2012, de 4 de julio de 2012*, Thomson Reuters Aranzadi, Navarra, 2015, libro electrónico.

564. La realidad muestra que los otorgantes de un pacto sucesorio someten tanto la posibilidad de realizarlo, cuanto su concreta tipicidad y el alcance de su libertad de disposición a la ley rectora de dicho pacto; a la ley que conocen, a la única a la que en términos de ser pueden ajustarse, por ser presente. Sin embargo, el alcance de esa libertad de disposición lo fiscalizará otra ley: la sucesoria. Excepcionalmente razonado por ÁLVAREZ GONZÁLEZ, S., «La determinación de la ley aplicable a los pactos sucesorios: ¿hasta dónde el "favor validitatis"?», *Dereito: Revista xuridica da Universidade de Santiago de* Compostela, núm. extra 1, 2013, p. 48.

6. CONSIDERACIONES FINALES

Históricamente, uno de los principales problemas de la empresa familiar era y sigue siendo sobrevivir al proceso sucesorio como consecuencia del fallecimiento de al menos uno de los fundadores, al constituir un momento crítico y arduo en el *iter* del negocio. Ciertamente, la apertura de la sucesión es más compleja en los negocios familiares a diferencia de otros modelos de empresa, por cuanto la carga familiar y el impacto en el propio núcleo de la familia va a acarrear la dificultad de mantener el equilibrio y cohesión de la actividad mercantil a la par de la preservación armónica entre los diversos familiares. Por consiguiente, la ordenación de la sucesión sobre una base sólida, lógicamente en los términos jurídicamente previstos por el legislador interno y europeo, incrementará la probabilidad de que la transmisión de la empresa sea satisfactoria y exitosa, no solo desde el punto de vista económico y social, sino legalmente, pues lo recomendable sería, en la medida de lo posible, evitar acudir a sede judicial para dirimir los eventuales conflictos que pudieran surgir en torno al traspaso de la titularidad del ente mercantil.

Así las cosas, será pieza fundamental el Protocolo Familiar en tanto que se constituye como el instrumento idóneo en el que se debe prever las variadas situaciones junto con sus efectos jurídicos que pudieran devenir en las relaciones acaecidas en el seno de la familia empresaria y, obviamente, la muerte es una de ellas. Sin embargo, deviene necesario su desarrollo y, en este sentido, la figura del testamento es clave al considerarse como el negocio jurídico solemne, en principio unilateral y esencialmente revocable, otorgado por persona capaz con la intención seriamente declarada de producir, después de la muerte de su otorgante, consecuencias eficaces en Derecho, con mandatos inequívocos en lo que a su sucesión se refiere teniendo como muro de carga los límites marcados por el Código Civil y, en su caso por el Derecho interregional, en función del lugar de su otorgamiento.

En el plano del Derecho común español, la previsión conferida por el artículo 1056.2 Código Civil ha facilitado enormemente el pago de las cuestionadas legítimas, admitiendo que se adjudique la empresa a uno o varios de los herederos con el objeto de eliminar las eventuales disputas sobre la distribución de la herencia y la formación de lotes. Contempla, en aras de la continuidad y buen funcionamiento del negocio familiar, el aplazamiento del pago de las legítimas hasta cinco años. De esa forma, la propia empresa familiar, con los rendimientos que genere en ese plazo podrá así satisfacer las legítimas al resto de herederos, esencialmente los forzosos, ante la posibilidad de la inexistencia de bienes suficientes en el momento en el que se produce la partición y el consecuente perjuicio generado al resto de beneficiarios. En este sentido, no debe caer en el olvido que, el espíritu de la ley recae en la máxima de que, la compañía sea transmitida en bloque a uno o varios miembros de la familia para así evitar su fragmentación y paralización en el tráfico jurídico. Indudablemente, esta fórmula resulta muy beneficiosa para las entidades mercantiles familiares debido a que se abre una vía para solucionar uno de los principales obstáculos en su transmisión vía *mortis causa*.

En este convulso entorno, el elemento transfronterizo resulta cada vez más frecuente debido a que, los procesos sucesorios despliegan su virtualidad en un país distinto del de origen del finado. En esta línea, la Comisión Europea se ha hecho eco de la creciente internacionalización de las relaciones personales y económicas y, además de los desplazamientos frecuentes a Estados que no son el de la nacionalidad por lo que, en aras del principio de libre circulación de personas y capitales, la norma de referencia capital es el Reglamento (UE) 650/2012, cuyo parámetro principal se asienta en dotar de seguridad jurídica a los ciudadanos que mantienen relaciones personales y económicas en otros Estados miembro.

El propósito del Reglamento descansa en garantizar que una sucesión transfronteriza sea tratada de manera coherente, con arreglo a una ley única y por una sola autoridad. Respecto de la autoridad judicial competente, como criterio general bajo los auspicios de su artículo 4, los tribunales del Estado miembro donde el *de cuius* tuviere su última residencia habitual serán competentes para conocer de la sucesión. No obstante, el causante titular de la empresa familiar puede optar por activar la *electio fori* en base al criterio de su nacionalidad en los términos contemplados por el artículo 5, cuyo análisis debe efectuarse con conexión directa a la *electio legis* prevista por el legislador en su artículo 22. El fin que desea alcanzar la norma europea es evitar procedimientos paralelos con resoluciones judiciales posiblemente contradictorias, además de garantizar, igualmente, que las decisiones dictadas en un Estado miembro sean reconocidas en toda la Unión sin necesidad de un procedimiento especial.

Conviene tener presente que, el criterio de la «nacionalidad» tanto en sede de competencia judicial, así como de ley aplicable, con basamento en la autonomía de la voluntad del causante, ha conllevado el desplazamiento de la «residencia habitual» en ambas direcciones. En la *praxis*, la variable de «nacionalidad» puede conllevar a que exista una clara disfunción entre aquella que formalmente ostenta el causante y la que culturalmente conserva, entrañando ello problemas de prueba del Derecho extranjero y la activación del correctivo de orden público. Además, un asunto de calado en lo que respecta a su utilización es la posesión y/o implementación de dos o más nacionalidades, aunque ciertamente el legislador se ha percatado al tener en cuenta que, regirá la nacionalidad que posea en el momento de realizar la elección o en el momento del fallecimiento, esto es, la nacionalidad efectiva. En efecto, en sede del Derecho de sucesiones, la ley personal es la más conocida por el causante y, verdaderamente permite al causante ser consciente de cómo se regula el reparto de bienes en el país de su procedencia, pero en un Estado receptor de inmigración como es el Reino de

España, el criterio de la nacionalidad complica el proceso de identificación y selección del Derecho aplicable.

Desde la óptica del finado con intereses económicos, como es el empresario titular de la compañía familiar, la demarcación del lugar donde tiene su centro nuclear de vida y desarrollo personal y/o laboral, esto es, la residencia habitual, tendrá por consecuencia que, el juez y derecho de ese Estado será el mejor posicionado para conocer y aplicar la ley al eventual pleito testamentario. Ello nos permite legitimar al *forum et ius* de la «residencia habitual» como el mejor emplazado al objeto de solventar justamente la *litis* abierta en torno al conflicto sucesorio de la empresa familiar. Pese a todo, sí parece razonable dejar abierta la posibilidad de aplicar la variable «nacionalidad» como componente cultural del finado, pero no como única posibilidad de elección en materia de competencia judicial internacional y de ley aplicable, tal y como se recoge en el Reglamento (UE) 650/2012 en los términos expuestos.

Sea como fuere, tener conocimiento de antemano del Derecho aplicable y de la autoridad judicial o notarial —nótese respecto de esta última cuestión la calificación de tribunal dispuesta por el Reglamento en el artículo 3.2— ofrecerá las armas necesarias para controlar los efectos de una eventual sucesión cuyo sustento está radicado en la protección del patrimonio de naturaleza empresarial familiar que, inherentemente como se ha puesto de manifiesto, corre el riesgo de fragmentación y de ausencia de control por parte del núcleo familiar.

En este escenario, hay que reflexionar en torno a la figura de la sucesión paccionada, en tanto en cuanto en el Derecho interregional español y en el Derecho comparado tiene una presencia latente, pero, sin embargo, en el Derecho común desaparece al no tener cabida en el Código Civil patrio, a pesar de que viene siendo habitual el acuerdo entre herederos y testador en el reparto de la herencia cuando en el caudal relicto está presente la empresa familiar.

En todo caso, el tribunal de la nacionalidad y la ley personal quedan relegados a un segundo plano si, ni el foro ni la norma de conflicto han sido elegidos en los términos estipulados por el legislador. De igual manera, si no hay sucesión testada, la «nacionalidad» no entra en juego. Es aquí donde la «residencia habitual del causante» despliega su funcionamiento en la transmisión, dotando al proceso de la ansiada seguridad jurídica en la medida que su prueba y concreción es mucho más sencilla que el criterio de la «nacionalidad».

Por ende, la autonomía de la voluntad articulada por el Reglamento (UE) 650/2012 conlleva la necesidad de determinados ajustes, comenzando por la aplicación universal solo imperante en sede de ley aplicable, pudiendo ser adoptadas leyes de terceros estados que, como es obvio no puede desencadenar en declarar competentes a jueces o autoridades de estados no miembros del territorio de la Unión. Además, la «nacionalidad» conllevará a las autoridades judiciales a valorar el correctivo de orden público que, deberá ser analizado *case to case* con el objeto de buscar su posible encaje legal en el orden europeo.

En este sentido, la institución adalid en la transmisión *mortis causa* de la empresa familiar será el testamento, junto con las previsiones establecidas en el Protocolo Familiar. El fedatario público se convertirá en la piedra angular, pues deberá asesorar al causante teniendo presente la máxima de que entre ambas instituciones no haya discordancia. De este modo, la planificación es altamente recomendable por cuanto se han valorado todos los escenarios posibles junto con las herramientas legales existentes al objeto de evitar situaciones poco deseables o potencialmente conflictivas y, en el supuesto de que desembocara en un litigio tener presente la articulación procesal y conflictual habilitada por el Reglamento (UE) 650/2012.

Sobre este particular, la norma europea, a pesar de su expreso silencio y la eliminación material del Derecho de sociedades en su esfera de aplicación, ha sabido detectar que, en su hipocampo de recuerdos y siguiendo la estela de la vetusta *Recomendación de la Comisión, de 7 de diciembre de 1994, sobre la transmisión de las pequeñas y medianas empresas*, deviene necesario activar una regla especial ante la posibilidad de que la empresa familiar sea un bien integrante del caudal relicto del causante, estableciendo así la bisagra jurídica que salvaguarda los intereses familiares y empresariales del negocio en un entorno transnacional. La disposición especial enclavada en su artículo 30, dicho sea de paso de intrincada lectura, admite aplicar a determinados bienes, bajo la *conditio sine qua non* de que en el Derecho interno de la ley que ordena la sucesión se contengan normas particulares por razón del tipo de bien (a saber, el artículo 1056.2 del Código Civil patrio)— su mandato *ad hoc*, en vista de que sea respetado con independencia del Derecho aplicable a la sucesión *mortis causa*. A resultas de su examen, se deduce claramente que, la *voluntatem legislatoris Europaeae* esta constreñida a impedir la partición del negocio familiar y su consecuente desarticulación como consecuencia de un proceso sucesorio con elemento internacional, previsión que, el legislador español en su Derecho común contempla con una propicia previsión referida en el artículo 1056.2 Código Civil, tal y como ha quedado apuntado a lo largo de este Capítulo VI.

Bibliografía

AA.VV., «Contratos de prestación de servicios y realización de obras», en BERCOVITZ RODRÍGUEZ-CANO, R. (Dir.), MORALEJO IMBERNÓN, N. y QUICIOS MOLINA, S. (Coords.), *Tratado de Contratos*, 3ª ed., Tomo III, Tirant lo Blanch, Valencia, 2020.

AA.VV., «Significación del contrato en las distintas ramas del ordenamiento», en BERCOVITZ RODRÍGUEZ-CANO, R. (Dir.), MORALEJO IMBERNÓN, N. y QUICIOS MOLINA, S. (Coords.), *Tratado de Contratos*, 3ª ed., Tomo I, Tirant lo Blanch, Valencia, 2020.

ACOSTA PRADO, J.C., RAMÍREZ OSPINA, D.E., y SANABRIA LANDAZÁBAL, N.J., «Los valores y el control de problemas de agencia en empresas de familia», *Revista Lasallista de investigación*, Vol. 16, núm. 2, 2019, pp. 106-121.

AGUILAR GRIEDER, H., «Alcance de los controvertidos Artículos 3 y 4 del Reglamento (CE) núm. 593/2008: perspectiva de lege lata y propuestas *de lege ferenda*», *Cuadernos de Derecho Transnacional*, Vol. 6, núm. 1, 2014, pp. 45-67.

ALAMANNI, A., «The modification of matrimonial agreements and property agreements between partners and cohabitants», en LANDINI, S. (Ed.), *EU Regulations 650/2012, 1103 and 1104/2016: cross-border families, international successions, mediation issues and new financial assets. Goineu plus project final volume*, Edizioni Scientifiche Italiane, Nápoles, 2020, pp. 297-348.

ALARCÓN PALACIO, Y.E., «El Reglamento (UE) 650 de 2012 de sucesiones internacionales y el paradigma forum/ius. Una mirada a su proceso de creación y su desarrollo jurisprudencial», *ACDI-Anuario Colombiano de Derecho Internacional*, Vol. 15, 2022, pp. 137-190.

ALBIEZ DOHRMANN, K.J., «Derecho sucesorio transfronterizo: Alemania y España, casos concretos», en LARA AGUADO, M.A. (Dir.), *Sucesión mortis causa de extranjeros y españoles tras el reglamento (UE) 650/2012. Problemas procesales, notariales, registrales y fiscales*, Tirant lo Blanch, Valencia, 2020, pp. 463-514.

ALFARO ÁGUILA-REAL, J., «La affectio societatis», 8 de noviembre de 2018, https://almacendederecho.org/la-affectio-societatis.

ALINA OPREA, E., «Party autonomy and the law applicable to the matrimonial property regimes in Europe», *Cuadernos de Derecho Transnacional*, Vol. 10, núm. 2, 2018, pp. 579-596.

ALONSO ESPINOSA, F.J., «La empresa familiar como problema», *Revista de Derecho Mercantil,* núm. 283, 2012, versión on line.

— «El pacto parasocial omnilateral como pacto social», *La Ley Mercantil*, núm. 102, 2023, versión online.

ALONSO-MUÑUMER, M.ª. E., «El protocolo familiar», en ORTEGA BURGOS, E. (Dir.), ALONSO ENCISO-MUÑUMER, M.ª., ECHEVARRÍA DE RADA, M.ª.T., CHARRO BAENA, M.ª.P., y RABADÁN VILLANUEVA, J.P. (Coords.), *Tratado jurídico y fiscal de la Empresa Familiar*, Valencia, Tirant lo Blanch, 2021, pp. 127-158.

ÁLVAREZ DE LINERA GRANDA, P., «Familia empresaria y empresa familiar», *Actualidad Civil*, núm. 7-8, 2018, versión online.

ÁLVAREZ GONZÁLEZ, S., «*Professio iuris* y sucesión *mortis causa*», en ÁLVAREZ GONZÁLEZ, S. y RODRÍGUEZ-URÍA SUÁREZ, I., *Estudio sobre ley aplicable a la sucesión mortis causa*, Universidade de Santiago de Compostela, 2013, pp. 19-60.

— «La determinación de la ley aplicable a los pactos sucesorios: ¿hasta dónde el "favor validitatis"?», *Dereito: Revista xuridica da Universidade de Santiago de* Compostela, núm. *extra* 1, 2013, pp. 41-60.

— «El Reglamento 650/2012: disposiciones referentes a la sucesión de determinados bienes, reenvío y orden público», en GINEBRA MOLINS, M.E. y TARABAL BOSCH, J. (Dirs.), El *Reglamento (UE) 650/2012: su impacto en las sucesiones transfronterizas*, Colegio Notarial de Cataluña y Marcial Pons, Madrid, 2016, pp. 135-159.

— «Artículo 9.2» en CAÑIZARES LASO, A. (Dir.), *Comentarios al Código Civil. TOMO I (Arts. 1 a 267)*, Tirant lo Blanch, Valencia, 2023, pp. 446-451.

— «Artículo 10.5», en CAÑIZARES LASO, A. (Dir.), *Comentarios al Código Civil. Tomo I (Arts. 1 a 267)*, Tirant lo Blanch, Valencia, 2023, pp. 510-514.

ÁLVAREZ LATA, N., *Aspectos civiles de la empresa familiar: economía familia y sucesión hereditaria*, Netbiblio y Universidade da Coruña, A Coruña, 2011.

ÁLVAREZ ROYO-VILLANOVA, S., «Modificaciones necesarias para la trasposición de la Directiva 2019/2021 de movilidad de sociedades», *Diario La Ley*, núm. 10077, Sección Tribuna, 26 de mayo de 2022, versión online.

ÁLVAREZ RUBIO, J.J., «Derecho Interregional español: una urgente y necesaria reforma», en ÁLVAREZ GONZÁLEZ, S., ARENAS GARCÍA, R., DE MIGUEL ASENSIO, P.A., SÁNCHEZ LORENZO, S., y STAMPA CASAS, G. (Eds.), *Relaciones transfronterizas, globalización y derecho: Homenaje al prof. Dr. José Carlos Fernández Rozas*, Thomson Reuters Aranzadi, Navarra, 2020, pp. 111-128.

ÁLVAREZ TORNÉ, M., *La autoridad competente en materia de sucesiones internacionales: el nuevo Reglamento de la UE*, Marcial Pons, Madrid, 2013.

— «El sistema de determinación de la competencia introducido por el reglamento de la UE en materia sucesoria y dificultades para su aplicación», en GINEBRA MOLINS, M.E. y TARABAL BOSCH, J. (Dirs.), *El Reglamento (UE) 650/2012: su impacto en las sucesiones transfronterizas*, Colegio Notarial de Cataluña y Marcial Pons, Madrid, 2016, pp. 79-92

ALVENTOSA DEL RÍO, J., *Derechos sucesorios del cónyuge y Reglamento sucesorio de la Unión Europea*, Tirant lo Blanch, Valencia, 2021.

AMAT SALAS, J.M., «Sucesión en la Empresa Familiar», en *Claves para la continuidad de la Empresa Familiar*, Federación asturiana de empresarios, Universidad de Oviedo, 2006, pp. 69-86.

ANDREEVA ANDREEVA, V., «*Lex* societatis and the evolution of the principle of freedom of establishment in the European Unión: the long way from centros to the conversions Directive», *Revista General de Derecho Europeo*, núm. 57, 2022.

ANTÓN JUÁREZ, I., «La oposición del régimen económico matrimonial y la protección del tercero en Derecho Internacional Privado», *Cuadernos de Derecho Transnacional*, Vol. 9, núm. 2, 2017, pp. 59-75.

— *Los acuerdos prematrimoniales internacionales*, Tirant lo Blanch, Valencia, 2019.

AÑOVEROS TERRADAS, B., «Los pactos sucesorios vinculados a la transmisión de la empresa familiar desde la perspectiva del Derecho interregional», en *El nou dret successori del codi civil de Catalunya: materials de les Quinzenes Jornades de Dret Català a Tossa, Tossa de Mar, 25 i 26 de setembre de 2008*, Documenta Universitaria, 2009, pp. 403-420.

— «Los pactos prematrimoniales en previsión de ruptura en el Derecho Internacional Privado», *Anuario Español de Derecho Internacional Privado*, núm. 10, 2010, pp. 441-469.

— «Autonomía de la voluntad conflictual y sus límites en los nuevos Reglamentos comunitarios en materia de regímenes económicos matrimoniales y efectos patrimoniales de las uniones registradas», en GUZMÁN ZAPATER, M. y ESPLUGUES MOTA, C. (Dirs.), HERRANZ BALLESTEROS, M. y VARGAS GÓMEZ-URRUTIA, M. (Coords.), *Persona y familia en el nuevo modelo español de derecho internacional privado*, Tirant lo Blanch, Valencia, 2017, pp. 241-272.

ARAYA LEANDRO, A., «El proceso de sucesión en la empresa familiar y su impacto en la organización», *Tec Empresarial*, Vol. 6, núm. 2, 2012, pp. 29-39.

ARENAS GARCÍA, R., «*Lex* societatis y derecho de establecimiento», en ARENAS GARCÍA, R., GÓRRIZ LÓPEZ, C. y RODRÍGUEZ, J.M. (Coords.), *Autonomía de la voluntad y exigencias imperativas en el derecho internacional de sociedades y otras personas jurídicas*, Atelier, Barcelona, 2014, pp. 127-169.

— «El legislador europeo y el DIPr de sociedades en la UE», *Revista española de derecho internacional*, Vol. 69, núm. 1, 2017, pp. 49-73.

— «Libertad de establecimiento de personas físicas y jurídicas en la UE: Razones para una diferencia», en GÓRRIZ LÓPEZ, C. y ARENAS GARCÍA, R. (Coords.), *Libertad de establecimiento y derecho europeo de sociedades: cuestiones fiscales, mercantiles e internacionales*, Atelier, Barcelona, 2017, pp. 15-44.

— «Principios inspiradores del sistema actual de competencia judicial internacional en materia de persona y familia», en GUZMÁN ZAPATER, M. y ESPLUGUES MOTA, C. (Dirs.), HERRANZ BALLESTEROS, M. y VARGAS GÓMEZ-URRUTIA, M. (Coords.), *Persona y familia en el nuevo modelo español de derecho internacional privado*, Tirant lo Blanch, Valencia, 2017, pp. 21-50.

— «Sociedades» en FERNÁNDEZ ROZAS, J.C., ARENAS GARCÍA, R. y DE MIGUEL ASENSIO, P.A., *Derecho de los negocios internacionales*, 6ª ed., Iustel, Madrid, 2020, pp. 201-282

— «Artículo 9.11», en CAÑIZARES LASO, A. (Dir.), *Comentarios al Código Civil. Tomo I (Arts. 1 a 267)*, Tirant lo Blanch, Valencia, 2023, pp. 492-497.

ARIAS VARONA, F.J., «Abide or Leave. Withdrawal Right for Retention of Profits, Close Family Companies and Rule of Law», en FLEISCHER, H.,

RECALDE, A., y SPINDLER, G. (Eds.), *Family Firms and Closed Companies in Germany and Spain*, Mohr Siebeck, Tubinga, 2021, pp. 65-108.

AZCÁRRAGA MONZONÍS, C., *Sucesiones internacionales. Determinación de la norma aplicable*, Tirant lo Blanch, Valencia, 2008.

— «Artículo 25. Pactos sucesorios», en IGLESIAS BUHIGUES, J.L. y PALAO MORENO, G., *Sucesiones internacionales. Comentarios al Reglamento (UE) 650/2012*, Tirant lo Blanch, Valencia, 2015, pp. 164-172.

BALLESTEROS BARROS, A.M., *La responsabilidad de la sociedad dominante en los grupos internacionales de sociedades*, Civitas Thomson Reuters, Navarra, 2018.

— «Reflexiones sobre la (no) modernización del derecho europeo de sociedades: fórum societatis y "*lex* societatis"», *Anuario Español de Derecho Internacional Privado*, núm. 18, 2018, pp. 291-322.

BAÑEGIL PALACIOS, T.L., HERNÁNDEZ LINARES, R. y BARRIUSO IGLESIAS, C., «El protocolo familiar y sus instrumentos de desarrollo en las empresas familiares de Extremadura», Tourism & Management Studies, núm. 8, 2012, pp. 139-150.

BARBA, V., «Pactos en previsión de ruptura familiar. Una comparación entre la jurisprudencia italiana y la española, en la esperanza de que la primera aprenda de la segunda», *Cuadernos de Derecho Privado*, núm. 3, 2022, pp. 45-84.

BAREA MARTÍNEZ, M.ª.T., «El protocolo familiar», *Cuadernos de derecho y comercio*, núm. *extra* 1, 2017, pp. 297-344.

BARRÓN LÓPEZ, C., «Reflexiones sobre el protocolo familiar jurídico», *Revista Boliviana de Derecho*, núm. 30, 2020, pp. 622-639.

—*Arbitraje y Mediación en la empresa familiar*, Tirant lo Blanch, Valencia, 2021.

BASTOS OSORIO, L.M., VÁSQUEZ BARAJAS, E.F. y LÓPEZ CÁCERES, Y.O., «Factores que determinan la dinámica de las empresas familiares y su reto con la internacionalización», *Lebret*, núm. 8, 2016, pp. 59-74.

BATALLA DE ANTONIO, A., «La empresa familiar y el análisis del Art. 1056.2 del Cc», en LLEDÓ YAGÜE, F., PILAR FERRER VANRELL, M.P. y TORRES LANA, J.A. (Dirs.), MONJE BALMASEDA, O. (Coord.), *El patrimonio sucesorio. Reflexiones para un debate reformista*, Dykinson, Madrid, 2014, pp. 133-152.

BAUMANN, W., «El notario alemán», *El notario del siglo XXI*, núm. 15, 2007, versión online.

BAZZO, E., «Article 22. Choice of the applicable law», en RUGGERI, L. y GARETTO, R. (Eds.), *European Family Property Relations Article-by-Article Commentary on EU Regulations 1103 and 1104/2016*, Edizioni Scientifiche Italiane, Nápoles, 2021, pp. 195-211.

BEIRED, E., «La empresa familiar no está suficientemente preparada para la sucesión», https://www.tendencias.kpmg.es/2020/01/empresa--familiar-sucesion-preparacion/**, 7 de enero de 2021.**

BELAUSTEGUIGOITIA RIUS, I., *Empresas familiares: dinámica, equilibrio y consolidación*, McGraw-Hill, México, 2017.

BELINTXON MARTÍN, U., *La transmisión de la empresa familiar. Cuestiones de Derecho Europeo e Internacional*, Thomson Reuters Aranzadi, Navarra, 2022.

BELÍO PASCUAL, A.C., «Claves del futuro Reglamento europeo sobre Regímenes Económicos Matrimoniales: entrada en vigor y ámbitos de aplicación», *Diario La Ley*, núm. 9305, 2018, versión online.

BERAZA GARMENDIA, A., «El protocolo como instrumento de garantía de la continuidad de la empresa familiar», *Revista de dirección y administración de empresas = Enpresen zuzendaritza eta administraziorako aldizkaria*, núm. 8, 2000, pp. 17-28.

BERCOVITZ RODRÍGUEZ-CANO, R., «Artículo 1255», en BERCOVITZ RODRÍGUEZ-CANO, R. (Dir.), *Comentarios al Código Civil*, 4ª ed., Thomson Reuters Aranzadi, Navarra, 2013, libro electrónico.

BERROCAL LANZAROT, A.I., «La transmisión de la empresa familiar. Su problemática jurídica», *La Ley Derecho de Familia: Revista jurídica sobre familia y menores*, núm. 6, 2015, versión online.

— «La organización de la empresa familiar: comunidad de bienes, sociedad civil y cuentas en participación», *Cuadernos de derecho y comercio*, núm. *extra* 1, 2017, pp. 53-188.

BIAGIONI, G., «Alcuni caratteri generali del forum necessitatis nello spazio giudiziario europeo», *Cuadernos de Derecho Transnacional*, Vol. 4, núm. 1, 2012, pp. 20-36.

BINZ ASTRACHAN, C., ASTRACHAN, J.H., KOTLAR, J. y MICHIELS, A., «Addressing the theory-practice divide in family business research: The case of shareholder agreements», *Journal of Family Business Strategy*, Vol. 12, núm. 1, 2021, 11 pp.

BLANCO-MORALES LIMONES, P., «Las sucesiones internacionales y su régimen jurídico», *Revista de derecho de la Unión Europea*, núm. 22, 2012, pp. 67-98.

— «La autonomía de la voluntad en las relaciones plurilocalizadas. Autonomía de la voluntad. Elección de ley aplicable: consentimiento y forma de los actos», en PRATS ALBENTOSA, L. (Coord.) *Autonomía de la voluntad en el derecho privado: Estudios en conmemoración del 150 aniversario de la Ley del Notariado*, Wolters Kluwer, Madrid, 2012, pp. 1-166.

— «Acciones declarativas negativas y forum delicti comisii. ¿Galgos o Podencos? La Litispendencia. Comentario a la sentencia del Tribunal de Justicia (Sala Primera) de 25 de octubre de 2012. Folien Fischer AG y Fofitec AG Contra Ritrama SPA», *Cuadernos de Derecho Transnacional*, Vol. 5, núm. 1, 2013, pp. 240-253.

BONOMI, A., — «Artículo 25. Pactos sucesorios», en ÁLVAREZ GONZÁLEZ, S. (Ed.), *El Derecho europeo de sucesiones. Comentario al Reglamento (UE) N.º 650/2012, de 4 de julio de 2012*, Thomson Reuters Aranzadi, Navarra, 2015, libro electrónico.

— «Article 4», en BONOMI, A. and WAUTELET, P., *Le droit européen des relations patrimoniales de couple. Commentaire des Règlements (UE) 2016/1103 et 2016/1104*, Bruylant, Bruselas, 2021, pp. 353-378.

— «Article 5», en BONOMI, A. and WAUTELET, P., *Le droit européen des relations patrimoniales de couple. Commentaire des Règlements (UE) 2016/1103 et 2016/1104*, Bruylant, Bruselas, 2021, pp. 379-409.

— «Article 26», en BONOMI, A. and WAUTELET, P., *Le droit européen des relations patrimoniales de couple. Commentaire des Règlements (UE) 2016/1103 et 2016/1104*, Bruylant, Bruselas, 2021, pp. 767-844.

BONOMI, A. y WAUTELET, P., «Introduction», en BONOMI, A. and WAUTELET, P., *Le droit européen des relations patrimoniales de couple. Commentaire des Règlements (UE) 2016/1103 et 2016/1104*, Bruylant, Bruselas, 2021.

BOQUERA MATARREDONA, J., «La reciente jurisprudencia del tribunal supremo sobre los conflictos societarios en las sociedades familiares», en CAMISÓN ZORNOZA, C. y VICIANO PASTOR, J. (Dirs.), *Dirección, organización del gobierno y propiedad de la empresa familiar. Un análisis comparado desde la economía y el derecho*, Tirant lo Blanch, Valencia, 2015, pp. 95-118.

BORREL GARCÍA, J., «Capitulaciones matrimoniales y empresa familiar», en REYES LÓPEZ, M.ª J., *La Empresa Familiar: Encrucijada de Intereses Personales y Empresariales*, Thomson Aranzadi, Navarra, 2004, pp. 21-32.

BOUZA I VIDAL, N., «La elección conflictual de una normativa no estatal sobre contratos internacionales desde una perspectiva europea», en AA.VV., *Pacis Artes. Obra homenaje al profesor Julio D. González Campos*, Vol. II, Edifer, Madrid, 2005, pp. 1309-1334.

BROUSSE, I.B., «Le patrimoine des couples internationaux dans l'espace judiciaire européen. - Les règlements européens du 24 juin 2016 relatifs aux régimes matrimoniaux et aux effets patrimoniaux des partenariats enregistrés», *Journal du droit international «Clunet»*, núm. 2, 2017, pp. 485-514.

BUENO BIOT, Á., «El traslado transfronterizo y la determinación de la ley aplicable (*lex societatis*) en la jurisprudencia del Tribunal de Justicia de la Unión Europea», *Actualidad jurídica iberoamericana*, núm. 14, 2021, pp. 1040-1057.

BUMBACA, V.J., *Habitual Residence in International Family Law. Theory, Practice and Reform*, Schulthess Editions, Zurich, 2022.

CABAÑETE POZO, R., «La publicidad de los protocolos familiares», en HERRERA CAMPOS, R. y BARRIENTOS RUÍZ, M.A. (Eds.), *Derecho y familia en el siglo XXI*, Universidad de Almería, Almería, 2011, pp. 533-546.

CABEZUELO ADAME, I., «La eficacia de los pactos parasociales en la prevención de conflictos societarios», en ABEL LLUCH, X. (Coord.), *Las medidas preventivas de conflictos jurídicos en contextos económicos inestables*, J.M. Bosch Editor, Barcelona, 2014, pp. 317-330.

CALVO BABÍO, F., *Regímenes económico-matrimoniales: derecho internacional privado y compendio de sistemas comparados*, Tirant lo Blanch, Valencia, 2021.

CALVO CARAVACA, A.L., «La norma de conflicto en el siglo XXI», en AA.VV., *Pacis Artes. Obra homenaje al profesor Julio D. González Campos*, Vol. II, Edifer, Madrid, 2005, pp. 1335-1374.

— «La autonomía de la voluntad como principio informador del derecho internacional privado en la sociedad global», en PRATS ALBENTOSA, L. (Coord.) *Autonomía de la voluntad en el derecho privado: Estudios en conmemoración del 150 aniversario de la Ley del Notariado*, Wolters Kluwer, Madrid, 2012, pp. 167-301.

— «Article 21. General rule», en CALVO CARAVACA, A.L., DAVÌ, A., y MANSEL, H.P. (Eds.), *The EU succession regulation. A commentary*, Cambridge University Press, United Kingdom, 2016, pp. 298-322.

— «El foro de la última residencia habitual del causante en el Reglamento europeo de sucesiones», en EGUSQUIZA BALMASEDA, M.A. y PÉREZ DE ONTIVEROS BAQUERO, M.C. (Dirs.), *Tratado de las Liberalidades. Homenaje al Profesor Enrique Rubio Torrano*, Arazandi Thomson Reuters, Navarra, 2017, pp. 1819-1862.

— «Fundamentos teóricos de la autonomía de la voluntad en los contratos internacionales», *Revista Jurídica del Notariado*, núm. 111, 2020, pp. 163-180.

CALVO CARAVACA, A-L. y CARRASCOSA GONZÁLEZ, J., «La sumisión tácita como foro de competencia judicial internacional y el artículo 24 del Reglamento 44/2001 de 22 de diciembre 2000», *International Law: Revista Colombiana de derecho Internacional*, núm. 4, 2004, pp. 49-72.

— *Litigación internacional en la Unión Europea I. Competencia judicial y validez de resoluciones en materia civil y mercantil en la Unión Europea. Comentario al Reglamento Bruselas I Bis*, Thomson Reuters Aranzadi, Navarra, 2017.

— *Litigación internacional en la Unión Europea II. La ley aplicable a los contratos internacionales. Comentario al Reglamento Roma I*, Thomson Reuters Aranzadi, Navarra, 2017.

— *Derecho Internacional Privado*, 18ª ed., Vol. II, Comares, Granada, 2018.

— «Los artículos 9.2 y 9.3 del Código Civil y el régimen económico matrimonial en Derecho internacional privado español. Valores, métodos y técnicas», *Cuadernos de Derecho Transnacional*, Vol. 12, núm. 2, 2020, pp. 186-225.

— «Ilícitos a distancia y daños patrimoniales directos: Del caso Minas de Potasa de Alsacia (1976) al caso Volkswagen (2020)», en ATAZ LÓPEZ, J. y COBACHO GÓMEZ, J.A. (Coords.), *Cuestiones clásicas y actuales del Derecho de daños. Estudios en homenaje al profesor Dr. Roca Guillamón*, Aranzadi Thomson Reuters, Navarra, 2021, pp. 987-1022.

— «La jurisprudencia normativa del Tribunal de Justicia de la Unión Europea y el Reglamento de Bruselas I-bis», en CALVO CARAVACA, A.L., y CARRASCOSA GONZÁLEZ, J. (Coords.), *El Tribunal de Justicia de la Unión Europea y el Derecho Internacional Privado*, Thomson Reuters Aranzadi, Navarra, 2021, pp. 31-58.

— «Sociedades de capital y otras personas jurídicas», en CALVO CARAVACA, A.L. y CARRASCOSA GONZÁLEZ, J. (Dirs.), *Tratado de Derecho Internacional Privado*, Tomo II, 2° ed., 2022, pp. 2761-2867.

— «Contratos Internacionales I», en CALVO CARAVACA, A.L. y CARRASCOSA GONZÁLEZ, J. (Dirs.), *Tratado de Derecho Internacional Privado*, 2ª ed., Tomo II, Valencia, Tirant lo Blanch, 2022, pp. 2869-3176.

— «Ley aplicable a los regímenes económicos matrimoniales y Reglamento 2016/1103 de 24 junio 2016. Estudio técnico y valorativo de los puntos de conexión», *Cuadernos de Derecho Transnacional*, Vol. 15, núm. 2, 2023, pp. 10-109.

CALVO CARAVACA, A.L., CARRASCOSA GONZÁLEZ, J., y ALMUÍ CID, J.M., «Contratos internacionales: competencia y ley aplicable», en YZQUIERDO TOLSADA, M. (Dir.), CALVO CARAVACA, A.L. (Coord.), *Los contratos internacionales (I), Tomo XVI*, Thomson Reuters Aranzadi, Navarra, 2014, pp. 31-380.

CALVO VIDAL, I.A., «Sucesiones internacionales vs. sucesiones nacionales», *El Notario del siglo XXI: Revista del Colegio Notarial de Madrid*, núm. 61, 2015, pp. 16-19.

— «La competencia internacional en el Reglamento sobre Sucesiones: Sentencia del Tribunal de Justicia de la Unión Europea de 21 junio 2018 en el asunto C-20/17 (Oberle)», *La Ley Unión Europea*, núm. 65, 2018.

— «Las sucesiones internacionales y los derechos civiles forales españoles, según la reciente (y cambiante) doctrina de la DGRN», en FUENTESECA DEGENEFFE, M. y NORIEGA RODRÍGUEZ, L. (Coords.), *Derecho de sucesiones. Antiguas y nuevas controversias*, Bosch Editor, Barcelona, 2020, pp. 125-162.

— «El régimen de la Ley aplicable en el Reglamento (UE) 650/2012, sobre sucesiones», en LARA AGUADO, M.A. (Dir.), *Sucesión mortis causa de extranjeros y españoles tras el reglamento (UE) 650/2012. Problemas procesales, notariales, registrales y fiscales*, Tirant lo Blanch, Valencia, 2020, pp. 191-206.

— *Ley aplicable a los efectos patrimoniales de matrimonios y uniones registradas y a las sucesiones en la UE*, Boch, Barcelona, 2023, libro electrónico.

CAMISÓN ZORNOZA, C. y RÍOS NAVARRO, A., «El protocolo familiar como instrumento de alineamiento de los intereses económicos y jurídicos en la dirección de la empresa familiar», en CAMISÓN ZORNOZA, C. y VICIANO PASTOR, J. (Dirs.), *Dirección, organización del gobierno y propiedad de la empresa familiar. Un análisis comparado desde la economía y el derecho,*

Cátedra de Empresa Familiar de la Universitat de València y Tirant lo Blanch, Valencia, 2015, pp. 119-165.

— *El Protocolo Familiar: metodologías y recomendaciones para su desarrollo e implantación*, Tirant lo Blanch, Valencia, 2016.

CAMPO CANDELAS, J., «La denuncia "ad nutum" del protocolo familiar», *Revista Aranzadi Doctrinal*, núm. 9, 2021, versión online.

CAMPUZANO, A.B., «Las sociedades familiares», en ORTEGA BURGOS, E. (Dir.), ALONSO ENCISO-MUÑUMER, M.ª., ECHEVARRÍA DE RADA, M.ª.T., CHARRO BAENA, M.ª.P., y RABADÁN VILLANUEVA, J.P. (Coords.), *Tratado jurídico y fiscal de la Empresa Familiar*, Valencia, Tirant lo Blanch, 2021, p. 15-91.

CAÑIZARES LASO, A., *Comunidad hereditaria y sucesión de la empresa*, Tirant lo Blanch, Valencia, 2019.

CARRASCO PERERA, Á., «¿Puede un prelegado testamentario constituir un pacto parasocial?», *Gómez-Acebo & Pombo*, 21 de noviembre de 2023, https://www.ga-p.com/publicaciones/puede-un-prelegado-testamentario-constituir-un-pacto-parasocial/.

CARRASCO PERERA, Á., «Una propuesta para los casos de contravención de cláusulas estatutarias restrictivas de la transmisión de acciones y participaciones», *Gómez-Acebo & Pombo*, 9 de febrero de 2024: https://www.ga-p.com/publicaciones/una-propuesta-para-los-casos-de-contravencion-de-clausulas-estatutarias-restrictivas-de-la-transmision-de-acciones-y-participaciones/

CARRASCOSA GONZÁLEZ, J., «La autonomía de la voluntad conflictual y la mano invisible en la contratación internacional», *Diario La Ley*, núm. 7847, 2012, versión on line.

— *El Notariado y los Reglamentos europeos de Derecho internacional privado: hacia un espacio notarial europeo*, Anales de la Academia Matritense del Notariado, Tomo LVII, 2017.

— *El Reglamento sucesorio europeo: análisis crítico*, 2ª ed., Rapid Centro Color, Murcia, 2019.

— «Foro del domicilio del demandado y Reglamento Bruselas "I-bis 1215/2012". Análisis crítico de la regla actor sequitur forum rei», *Cuadernos de Derecho Transnacional*, Vol. 11, núm. 1, 2019, pp. 112-138.

— «Orden público internacional y Reglamento sucesorio europeo», *Revista Crítica de Derecho Inmobiliario*, Año n.º 95, núm. 772, 2019, pp. 627-687.

— «Ley aplicable al régimen económico matrimonial. Algunas cuestiones de Derecho transitorio», *Cuadernos de Derecho Transnacional*, Vol. 12, núm. 1, 2020, pp. 456-472.

— «El concepto de "residencia habitual del causante en el momento de su fallecimiento" en el Reglamento sucesorio europeo», en LARA AGUADO, M.A. (Dir), *Sucesión mortis causa de extranjeros y españoles tras el reglamento (UE) 650/2012. Problemas procesales, notariales, registrales y fiscales*, Tirant lo Blanch, Valencia, 2020, pp. 207-229.

— *Derecho internacional privado y dogmática jurídica*, Comares, Granada, 2021.

CARREGAL, M.A., «La problemática de la planificación patrimonial y posibles alternativas que brinda el fideicomiso» en CARREGAL, M.A. (Dir.), *Planificación patrimonial y sucesoria*, Heliasta, Buenos Aires, 2012, pp. 15-33.

CARRILLO POZO, L.F., «El Reglamento europeo 650/2012 ante el cambio de paradigma del derecho de sucesiones», *Boletín Mexicano de Derecho Comparado*, Vol. 51, núm. 151, 2018, pp. 51-83.

— «El TJUE y el Reglamento Roma I: ley aplicable a los contratos internacionales», en CALVO CARAVACA, A.L., y CARRASCOSA GONZÁLEZ, J. (Coords.), *El Tribunal de Justicia de la Unión Europea y el Derecho Internacional Privado*, Thomson Reuters Aranzadi, Navarra, 2021, pp. 265-297

— «The Application of Regulation 2016/1103 in Spain», en CAZORLA GONZÁLEZ, M.ª J. y RUGGERI, L. (Eds.), *Cross-border couples property regimes in action before courts Understanding the EU regulations 1103/2016 and 1104/2016 in practice*, Dykinson, Madrid, 2022, pp. 255-268.

CARRIÓN GARCÍA DE PARADA, P., «Nuevos reglamentos europeos sobre regímenes matrimoniales y sobre efectos patrimoniales de las uniones registradas», *El Notario del Siglo XXI: revista del Colegio Notarial de Madrid*, núm. 78, 2018, versión online.

CARRIZO AGUADO, D., «"Trampantojo" de foros ante los profusos incumplimientos llevados a cabo por la compañía Ryanair en vuelos internacionales», *Cuadernos de Derecho Transnacional*, Vol. 11, núm. 2, 2019, pp. 490-507.

— «Nuevas coordenadas en las transacciones financieras internacionales: la teoría "Petruchová"» *Revista de Derecho del Sistema Financiero: mercados, operadores y contratos*, núm. 0, 2020, pp. 325-344.

CARRIZO AGUADO, D. y ALONSO GARCÍA, M.N., «El impacto de internet en las publicaciones fotográficas protegidas por derechos de autor: visión constitucional e internacional-privatista en la era del "boom digital"», *Revista Aranzadi de Derecho Patrimonial*, núm. 47, 2018.

CASALONGE, M., «Planificación patrimonial, empresarial y sucesoria. Proteger con equidad desde la prevención», en Carregal, m. (Dir.), *Planificación patrimonial y sucesoria*, Heliasta, Buenos Aires, 2012, pp. 7-14.

CASILLAS BUENO, J.C., «La estrategia de internacionalización de la empresa familiar», en AA.VV., *Transformarse o desaparecer. Estrategias de la empresa familiar para competir en el siglo XXI*, Ediciones Deusto, 2008, pp. 83-103.

CASILLAS, J.C., ACEDO, J.F. y MORENO, A.M.ª., «La empresa familiar ante la globalización de los mercados», en CASILLAS BUENO, J.C. (Coord.), *La internacionalización de la empresa familiar*, Cátedra de Empresa Familiar Universidad de Sevilla, Sevilla, 2008.

CASILLAS, J.C., DÍAZ, C., RUS, S. y VÁZQUEZ, A., *La gestión de la empresa familiar. Concepto, casos y soluciones*, 2ª ed., Ediciones Paraninfo, Madrid, 2014.

CASTELLANOS RUÍZ, E., «Reenvío y sucesiones "*mortis causa*" con carácter internacional: pasado, presente y futuro en la jurisprudencia del Tribunal Supremo», *Revista jurídica de la Comunidad Valenciana*, núm. 73, 2020, pp. 489-527.

— «Sucesión hereditaria. El Reglamento sucesorio europeo», en CALVO CARAVACA, A.L. y CARRASCOSA GONZÁLEZ, J., *Tratado de Derecho Internacional Privado*, 2ª ed., Tomo II, Valencia, Tirant lo Blanch, 2022, pp. 2353-2521.

CAZORLA GONZÁLEZ, M.J. y SOTO MOYA, M., «Principales conceptos y ámbito de aplicación de los reglamentos gemelos», *Revista Internacional de Doctrina y Jurisprudencia*, núm. 25, 2021, pp. 32-62.

CAZORLA GOZÁLEZ-SERRANO, L. y NEIRA FERNÁNDEZ, P., «Pactos parasociales: una aproximación a su naturaleza y contenido básico», en CAZORLA GONZÁLEZ-SERRANO, L. (Dir.), *Acuerdos y Pactos Parasociales: una visión práctica desde su contenido*, Thomson Reuters Aranzadi, Navarra, 2018, pp. 23-73.

CEBRIÁN SALVAT, M.A., «Estrategia procesal y litigación internacional en la Unión Europea: distinción entre materia contractual y extracontractual», *Cuadernos de Derecho Transnacional*, Vol. 6, núm. 2, 2014, pp. 315-329.

CELI MERO, L., «Negocios familiares: el paternalismo, camino directo al fracaso», *Retos: Revista de Ciencias de la Administración y Economía*, Vol. 3, núm. 5, 2013, pp. 56-70.

CERDÁ GIMENO, J., «En torno a la estructura "no societaria" de la empresa familiar», en AA.VV., *Estudios jurídicos en homenaje a Vicente L. Montés Penadés*, Tirant lo Blanch, Valencia, 2011, pp. 541-571.

ČERNÁ, S., «Relationship of Shareholders Agreements to the Management of a Company», en MOCK, S., CSACH, K., y HAVEL, B. (Eds.), *International Handbook on Shareholders´ Agreements*, De Gruyter Handbook, Berlín, 2018, pp. 47-60.

CERVILLA GARZÓN, M.ª.D., «Reflexiones en torno a los acuerdos prematrimoniales con previsiones de ruptura en nuestro derecho actual. A propósito de la Sentencia del TS de 24 de junio 2015», en LASARTE ÁLVAREZ, C. y CERVILLA GARZÓN, M.ª.D. (Dirs.), *Ordenación económica del matrimonio y de la crisis de pareja*, Tirant lo Blanch, Valencia, 2018, pp. 329-346.

CHECA MARTÍNEZ, M., «Instituciones jurídicas de Estate Planning internacional: La protección transfronteriza del patrimonio familiar», en CAMPUZANO DÍAZ, B., DIAGO DIAGO, M.ª.P., RODRÍGUEZ VÁZQUEZ, M.ª.A. (Dirs.), *De los retos a las oportunidades en el Derecho de familia y sucesiones internacional*, Tirant lo Blanch, Valencia, 2023, pp. 139-169.

COBAS COBIELLA, M.ª.E., «La empresa familiar en España y el trabajador por cuenta propia en Cuba. Aproximación a su estudio», en PLAZA PENADÉS, J. (Dir.), GUILLÉN CATALÁN, R. y VEGA CARDONA, R.J. (Coords.), *Cuestiones Jurídicas de la Empresa Familiar en España y en Cuba*, 1ª ed., Thomson Reuters Aranzadi, Navarra, 2016, versión on line.

CONTALDI, G., «Article 30. Special rules imposing restrictions concerning or affecting the succession in respect of certain assets», en CALVO CARAVACA, A.L., DAVÌ, A., y MANSEL, H.P. (Eds.), *The EU succession regulation. A commentary*, Cambridge University Press, United Kingdom, 2016, pp. 430-441.

CORAPI, D., «Evolution of private law in the global market of the 21st century», *Rivista del diritto commerciale e del diritto generale delle obbligazioni*, núm. 3, 2022, pp. 339-366.

CORDERO MORENO, G., «La descoordinación conflictual y la autonomía de la voluntad como catalizadores de situaciones de inadaptación en el régimen sucesorio del cónyuge supérstite», *Anuario Español de Derecho Internacional Privado*, núm. 21, 2020, pp. 237-268.

CORONA RAMÓN, J., «Introducción al análisis de la empresa familiar», en GARRIDO MELERO, M. y FUGARDO ESTIVILL, J.M. (Coords.), *El patrimonio familiar, profesional y empresarial. Sus protocolos*, Tomo VI, Bosch, Barcelona, 2005, pp. 23-46.

— «Reconocimiento jurídico del protocolo familiar», *Escritura pública*, núm. 45, 2007, pp. 48-49.

COSCARELLI, S., «Article 26. Applicable law in the absence of choice by the parties», en RUGGERI, L. y GARETTO, R. (Ed.), *European Family Property Relations. Article-by-Article Commentary on EU Regulations 1103 and 1104/2016*, Edizioni Scientifiche Italiane, Nápoles, 2021, pp. 227-246.

CREMADES GARCÍA, P., *Sucesión mortis causa de la empresa familiar: la alternativa de los pactos sucesorios*, Dykinson, Madrid, 2014.

CSACH. K., «Cross-border Shareholders Agreements and Private International Law», en MOCK, S., CSACH, K., y HAVEL, B. (Eds.), *International Handbook on Shareholders´ Agreements*, De Gruyter Handbook, Berlín, 2018, pp. 83-98.

CUCURULL POBLET, T., *El protocolo familiar «mortis causa»*, Dykinson, Madrid, 2015.

— «La eficacia del protocolo familiar frente a los estatutos sociales», *RDUNED. Revista de derecho UNED*, núm. 16, 2015, pp. 893-902.

DAVÌ, A. y ZANOBETTI, A., «Il nuovo diritto internazionale privato delle successioni nell'unione Europea», *Cuadernos de derecho transnacional*, Vol. 5, núm. 2, 2013, pp. 5-139.

DE BORJA IRIARTE, Á., «Aplicación del Reglamento 2016/1103 y conflictos de leyes internacionales e internos en materia de régimen económico matrimonial», *Actualidad Civil*, núm. 6, 2019, versión on line.

DE LA FUENTE, J., «Pactos parasociales. El Tribunal Supremo confirma su doctrina y aclara algunas cuestiones procesales», *Diario La Ley*, núm. 10072, 2022, versión online.

— «Pactos parasociales: estado de la cuestión», *Diario La Ley*, núm. 10300, 2023, versión online.

DE LA OLIVA SANTOS, A., *Derecho procesal civil europeo*, Vol. I, Aranzadi, Navarra, 2011.

DE LA TORRE GARCÍA, A. y JUANES LUIS, R., «El proceso de sucesión en la empresa familiar revisión, análisis y propuesta de intervención», en GARRIDO MELERO, M. y FUGARDO ESTIVILL, J.M. (Coords.), *El patrimonio familiar, profesional y empresarial. Sus protocolos*, Tomo VI, Bosch, Barcelona, 2005, pp. 109-122.

DE LA TORRE GARCÍA, A.E., CONDE VIÉITEZ, J.A. y SÁNCHEZ-ANGUITA MUÑOZ, A., «Sucesión e internacionalización de la empresa familiar. Situación actual», en VELARDE ARAMAYO, M.S. (Coord.), *Derecho económico e internacionalización empresarial*, *Ratio legis*, Salamanca, 2006, pp. 375-389.

DE LIMA PINHERIO, L., «A interpretação no direito internacional privado», *Cuadernos de Derecho Transnacional*, Vol. 12, núm. 2, 2020, pp. 496-509.

— «Exclusive jurisdiction», in MAGNUS, U. and MANKOWSKI, P. (Dirs.), *Brussels Ibis Regulation*, 2ª ed., Sellier European Law *Pub*, München, 2023, pp. 557-579.

— «A responsabilidade civil contratual e o Regulamento Roma I», en AA.VV., *Estudos em Homenagem à Professora Doutora Maria da Glória F. P. D. Garcia — Volume II*, UCP Editora, Lisboa, 2023, *en prensa*.

DE MIGUEL ASENSIO, P.A., «Cláusulas de elección del derecho aplicable», en SÁNCHEZ LORENZO, S. (Coord.), *Cláusulas en los contratos internacionales: redacción y análisis*, Atelier, Barcelona, 2012, pp. 243-269.

— «Contratación comercial internacional», en FERNÁNDEZ ROZAS, J.C. ARENAS GARCÍA, R. y DE MIGUEL ASENSIO, P.A., *Derecho de los Negocios Internacionales*, 6ª ed., Iustel, Madrid, 2020, pp. 283-394.

— «Bienes inmateriales, Derecho de la competencia y responsabilidad extracontractual», FERNÁNDEZ ROZAS, J.C., ARENAS GARCÍA, R. y DE MIGUEL ASENSIO, P.A., *Derecho de los negocios internacionales*, 6ª ed., Iustel, Madrid, 2020.

DE PAULA PUIG BLANES, F., «Derecho interregional y Derecho de la Unión Europea» •, *Actualidad Civil*, núm. 2, 2023, versión on line.

DE ROMÁN PÉREZ, S.: «Comentario al artículo 24.4», BLANCO-MORALES LIMONES, P., GARAU SOBRINO, F.F., LORENZO GUILLÉN, M.L. y MONTERO MURIEL, F.J. (Coords.), *Comentario al Reglamento (UE) n.º 1215/2012 relativo a la competencia judicial, el reconocimiento y la ejecución de resoluciones judiciales en materia civil y mercantil. Reglamento Bruselas I refundido*, Thomson Reuters Aranzadi, Navarra, 2016, pp. 525-535.

DE SOUSA GONÇALVES, A.S., «O princípio da autonomia da vontade no Regulamento Europeu sobre Regimes Matrimoniais», *Revista Electrónica de Direito. RED*, Vol. 22, núm. 2, 2020, pp. 76-93.

DEHESA PÉREZ, M.J., «Los conflictos en la empresa familiar», en ORTEGA BURGOS, E. (Dir.), *Tratado de conflictos societarios*, Tirant lo Blanch, Valencia, 2019, pp. 767-801.

DEL VAL TALENS, P. y GIMENO RIBES, M., «Setting the Scene. Family Firms and Closed Companies in Spain», en FLEISCHER, H., RECALDE, A., y SPINDLER, G. (Eds.), *Family Firms and Closed Companies in Germany and Spain*, Mohr Siebeck, Tubinga, 2021, pp. 23-63.

DELGADO TRUYOLS, Á., *Herencias internacionales*, Aferre, Barcelona, 2023.

— «La validez y utilidad del testamento "sólo para bienes en España" tras el Reglamento Europeo de Sucesiones», *El Notario del siglo XXI: Revista del Colegio Notarial de Madrid*, núm. 112, 2023, pp. 54-59.

DELUCCHI, A., «Empresas Familiares —Conflictos—: El Protocolo Familiar», *XI Congreso Argentino de Derecho Societario*, 2010, pp. 34-35.

DELUCCHI, A. y FOLLE, C., «Gobierno y sucesión en la empresa familiar latinoamericana», *IEEM Revista de Negocios*, año 15, núm. 4, 2012, pp. 68-78.

DIAGO DIAGO, M.ª.P., «El matrimonio y su crisis ante los nuevos retos de la autonomía de la voluntad conflictual», *Revista española de derecho internacional*, Vol. 66, núm. 2, 2014, pp. 49-79.

— «Artículo 22. Elección de la ley aplicable», en IGLESIAS BUHIGUES, J.L., y PALAO MORENO, G. (Dirs.), QUINZÁ REDONDO, P. (Secret.), *Régimen económico matrimonial y efectos patrimoniales de las uniones registradas en la Unión Europea. Comentarios a los Reglamentos (UE) n.º 2016/1103 y 2016/1104*, Valencia, Tirant lo Blanch, 2019, pp. 209-218.

— «Artículo 26. Ley aplicable en defecto de elección por las partes», en IGLESIAS BUIGUES, J.L., PALAO MORENO, G. (Dirs.), QUINZÁ REDONDO, P. (Secret.), *Régimen económico matrimonial y efectos patrimoniales de las uniones registradas en la Unión Europea. Comentarios a los Reglamentos (UE) n.º 2016/1103 y 2016/1104*, Tirant lo Blanch, Valencia, 2019, pp. 247-259.

— «Ciberactivismo, "*Lex*" informática, "blockchain" y oráculos: desafíos en la era digital», en CASTELLO PASTOR, J.J. (Dir.), D*esafíos jurídicos ante la integración digital: aspectos europeos e internacionales*, Thomson Reuters Aranzadi, Navarra, 2021, pp. 443-467.

DÍAZ CADÓRNIGA, J., «Una visión práctica del Reglamento sucesorio europeo», en LARA AGUADO, MA. (Dir)., *Sucesión mortis causa de extranjeros y españoles tras el reglamento (UE) 650/2012: Problemas procesales, notariales, registrales y fiscales*, Tirant lo Blanch, Valencia, 2020, pp. 319-338

DÍAZ GÓMEZ, M.ª.A. y DÍAZ GÓMEZ, E., «La empresa familiar y su organización en forma de sociedad mercantil, con especial referencia a la sociedad de responsabilidad limitada», *Pecunia: revista de la Facultad de Ciencias Económicas y Empresariales*, núm. 12, 2011, pp. 91-118.

DÍEZ SOTO, C.M., «El protocolo familiar», en MONREAL MARTÍNEZ, J., SÁNCHEZ MARÍN, G., MEROÑO CERDÁN, A.L. Y SABATER SÁNCHEZ, R. (Coords.), *La gestión de las empresas familiares. Un análisis integral*, Thomson Reuters, Navarra, 2009, pp. 315-338.

— «La sucesión en la empresa familiar», en MONREAL MARTÍNEZ, J., SÁNCHEZ MARÍN, G., MEROÑO CERDÁN, A.L., y SABATER SÁNCHEZ, R. (Dirs.), *La gestión de las empresas familiares. Un análisis integral*, Thomson Reuters, Navarra, 2009, pp. 291-314.

— «El Protocolo Familiar; naturaleza y eficacia jurídica», en SÁNCHEZ RUÍZ, M. (Coord.), *Régimen jurídico de la Empresa Familiar*, Civitas Thomson Reuters, Navarra, 2010, pp. 167-202.

DOMÍNGUEZ LUELMO, A., «Artículo 1056», en CAÑIZARES LASO, A. (Dir.), *Comentarios al Código Civil. Tomo III (Arts. 744 a 1155)*, Tirant lo Blanch, Valencia, 2023, pp. 4858-4865.

DURÁN RIVACOBA, R., y MENÉNDEZ MATO, J.C., «La elección expresa del régimen económico matrimonial», *Revista de Derecho Civil*, Vol. X, núm. 4, 2023, pp. 1-28.

ECHAIZ MORENO, D., «El protocolo familiar. La contractualización en las familias empresarias para la gestión de las empresas familiares», *Boletín Mexicano de Derecho Comparado*, núm. 127, 2010, pp. 101-130.

EGEA FERNÁNDEZ, J., «Protocolo familiar y pactos sucesorios», *Indret: Revista para el Análisis del Derecho*, núm. 3, 2007, 36 pp.

ELAUSTEGUIGOITIA RIUS, I., *Empresas familiares: dinámica, equilibrio y consolidación*, 4ª ed., McGRAW-HILL, México, 2017.

EMBID IRUJO, J.M., «La organización jurídica de la empresa familiar: de la sociedad aislada al grupo de empresas familiar», *Cuadernos de derecho y comercio*, núm. 77, 2022, pp. 17-62.

ESPINAR VICENTE, J.M y PAREDES PÉREZ, J.I., *Tráfico externo y litigación civil internacional*, Dykinson, Madrid, 2018.

ESPINIELLA MENÉNDEZ, A., «Competencia judicial internacional para acciones de responsabilidad por deudas sociales (comentario a la STJUE de 18 de julio de 2013, AS. C-147/12, ÖFAB)», *Anuario de Derecho Concursal*, núm. 31, 2014, pp. 453-476.

ESPIÑEIRA SOTO, I., «Tercer taller práctico sobre el Reglamento (UE) de regímenes económicos matrimoniales. Elección de ley y capitulaciones matrimoniales. Un supuesto práctico y un boceto», 21 de enero 2021, https://www.notariosyregistradores.com/web/secciones/oficina-notarial/modelos/modelo-escritura-eleccion-de-ley-y-capitulaciones-matrimoniales-y-taller-practico-regimenes-matrimoniales-europeos/

— «Interpretación que debe darse a la calificación de "subsidiaria" de la competencia del art. 10 del Reglamento (UE) nª 650/2012. Auto del Tribunal de Justicia 10ª de 17 de julio de 2023, asunto C-55/23: Jurtukala», *La Ley Unión Europea*, núm. 119, 2023, versión online.

— «Regímenes económicos matrimoniales y efectos patrimoniales de las uniones registradas con repercusiones transfronterizas», *El Notario del siglo XXI*, núm. 111, septiembre-octubre 2023, versión online.

ESTEBAN DE LA ROSA, G., «Autonomía y carácter funcional del Derecho Internacional Privado Europeo: una aproximación», *Revista General de Derecho Europeo*, núm. 61, 2023, 63 pp.

FAURA, M.A., «La sucesión en la empresa familiar: un paso decisivo», https://www.tendencias.kpmg.es/2020/12/la-sucesion-en-la-empresa-familiar-un-paso-decisivo/, diciembre 2020.

— «La empresa familiar ante su mayor prueba de resiliencia», https://www.tendencias.kpmg.es/2021/03/la-empresa-familiar-ante-su-mayor-prueba-de-resiliencia/, febrero 2021.

FERACI, O., «La nuova disciplina europea della competenza giurisdizionale in materia di successioni *mortis causa*», *Cuadernos de Derecho Transnacional*, Vol. 5, núm. 2, 2013, pp. 291-314.

FERNÁNDEZ DE CÓRDOVA CLAROS, I., «La publicidad registral del protocolo familiar», *Academia Sevillana del Notariado*, Tomo 18, 2009, pp. 79-120.

FERNÁNDEZ DEL POZO, L., «El "enforcement" societario y registral de los pactos parasociales. La oponibilidad de lo pactado en protocolo familiar publicado», *Revista de Derecho de Sociedades*, núm., 2007, versión on line.

— *El protocolo familiar. Empresa familiar y publicidad registral*, Thomson Civitas, Navarra, 2008.

— «Artículo 8. Nacionalidad», en GARCÍA-CRUCES GONZÁLEZ, J.A., y SANCHO GARGALLO, I. (Dirs.), *Comentario de la Ley de Sociedades de Capital: Tomo I: Disposiciones Generales. La constitución de las Sociedades de capital. Las aportaciones sociales*, Tirant lo Blanch, Valencia, 2021, p. 291-326.

— «Artículo 9. Domicilio», en GARCÍA-CRUCES GONZÁLEZ, J.A., y SANCHO GARGALLO, I. (Dirs.), *Comentario de la Ley de Sociedades de Capital: Tomo I: Disposiciones Generales. La constitución de las Sociedades de capital. Las aportaciones sociales*, Tirant lo Blanch, Valencia, 2021, pp. 327-356.

FERNÁNDEZ GIMENO, J.P., *Problemas de la transmisión de la empresa familiar*, Tirant lo Blanch, Valencia, 1999.

FERNÁNDEZ MASIÁ, E., «El TJUE y las sociedades de capital: ley aplicable y traslado de sede social», en CALVO CARAVACA, A.L., y CARRASCOSA GONZÁLEZ, J. (Coords.), *El Tribunal de Justicia de la Unión Europea y el Derecho Internacional Privado*, Thomson Reuters Aranzadi, Navarra, 2021, pp. 545-567.

—: «Protección internacional de la propiedad industrial e intelectual», ESPLUGUES MOTA, C. (Dir.), *Derecho del Comercio Internacional*, 10ª ed., Tirant lo Blanch, Valencia, 2022, pp. 115-137.

FERNÁNDEZ RODRÍGUEZ, M.Z. y NIETO SÁNCHEZ, M.J., «La estrategia de internacionalización de la pequeña empresa familiar», *Cuadernos de economía y dirección de la empresa*, núm. 22, 2005, pp. 107-125.

FERNÁNDEZ ROZAS, J.C., *Sistema de Derecho Económico Internacional*, Civitas Thomson Reuters, Navarra, 2010.

— «Un hito más en la comunitarización del Derecho internacional privado: regímenes económicos matrimoniales y efectos patrimoniales de las uniones registradas», *La Ley Unión Europea*, núm. 40, 2016, versión online.

— «Rigidez versus flexibilidad en la ordenación de la competencia judicial internacional: el forum necessitatis», en ROJAS AMANDI, V.M. (Coord.), *Desarrollos modernos del Derecho internacional privado: libro homenaje al Dr. Leonel Pereznieto Castro*, Tirant lo Blanch México, 2017, pp. 229-286

FERNÁNDEZ ROZAS, J.C. y SÁNCHEZ LORENZO, S., *Derecho Internacional Privado*, 12ª ed., Thomson Reuters, Navarra, 2022.

FERNÁNDEZ, P.M., «La publicidad de los protocolos familiares», *Escritura pública*, núm. 45, 2007, pp. 46-48.

FERNÁNDEZ, Z. y NIETO, M.ª J., «La estrategia de internacionalización de la empresa familiar», en CASILLAS BUENO, J.C. (Coord.), *La internacionalización de la empresa familiar*, Cátedra de Empresa Familiar Universidad de Sevilla, Sevilla, 2008.

FERNÁNDEZ-SANCHO TAHOCES, A.S., «La sucesión en la empresa familiar: el protocolo familiar y su publicidad registral», *Revista Aranzadi de derecho patrimonial*, núm. 23, 2009, versión online.

—, «La nueva publicidad del protocolo familiar» en HERRERA CAMPOS, R. y BARRIENTOS RUÍZ, M.A. (Eds.), *Derecho y familia en el siglo XXI*, Universidad de Almería, Almería, 2011, pp. 593-610.

FERNÁNDEZ-TRESGUERRES GARCÍA, A., «La Ley 7/2003, de 1 de abril, de la Sociedad Limitada Nueva Empresa, por la que se modifica la Ley 2/1995, de 23 de marzo, de Sociedades de Responsabilidad Limitada (II)». La Sociedad Familiar, *Diario La Ley*, núm. 5939, 2004, versión on line.

«La digitalización y actualización del Derecho de Sociedades Europeo», en GONZÁLEZ CASTILLA, F. y NIETO CAROL, U. (Dirs.), MARTÍ MIRAVALLS, J. (Coord.), *Retos de la contratación mercantil moderna*, Tirant lo Blanch, Valencia, 2022, pp. 111-136.

— «**Práctica notarial y Regl. (UE) n.º 650/2012, sobre sucesiones internacionales**», *El Notario del siglo XXI: Revista del Colegio Notarial de Madrid*, núm. 61, 2015, pp. 20-23.

— *Las sucesiones mortis causa en Europa: aplicación del Reglamento (UE) N.º 650/2012*, Thomson Reuters Aranzadi, Navarra, 2016.

— *Los Reglamentos (UE) 2016/1103 y 2016/1104 sobre el patrimonio de las parejas internacionales y su aplicación en España*, Valencia, Tirant lo Blanch, 2023.

FERRANTE, A., «Breves apuntes sobre la empresa familiar española delante del espejo jurídico italiano», *Actualidad Jurídica Aranzadi*, núm. 652, 2005, versión on line.

FERRER VANRELL, M.ª.P., «La problemática de los protocolos familiares en el ámbito sucesorio. La sucesión contractual como elemento de firmeza», en LLEDÓ YAGÜE, F., PILAR FERRER VANRELL, M.P. y TORRES LANA, J.A. (Dirs.), MONJE BALMASEDA, O. (Coord.), *El patrimonio sucesorio: reflexiones para un debate reformista*, Vol. II, Dykinson, Madrid, 2014, pp. 1483-1512.

FITCHEN, J., *The Private International Law of Authentic Instrument*, Hart Publishing, Orford, 2020.

FLEISCHER, H., «An Introduction to Law and Management of Family Firms» en FLEISCHER, H., RECALDE, A., y SPINDLER, G. (Eds.), *Family Firms and Closed Companies in Germany and Spain*, Mohr Siebeck, Tubinga, 2021, pp. 1-22.

FONT I SEGURA, A., «Los pactos sucesorios en el Reglamento europeo sucesorio europeo: dos cuestiones relevantes», en GINEBRA MOLINS, M.E. y TARABAL BOSCH, J. (Dirs.), *El Reglamento (UE) 650/2012: su impacto en las sucesiones transfronterizas*, Colegio Notarial de Cataluña y Marcial Pons, Madrid, 2016, pp. 161-192.

FONTAINE, M., y DE LY, F., *La redacción de contratos internacionales. Análisis de causas*, Thomson Reuters, Navarra, 2013.

FONTANELLAS MORELL, J.M., *La professio iuris sucesoria*, Marcial Pons, Madrid, 2010.

— «Coherence between European Instruments of Private International Law on Matters Concerning Succession and Matrimonial Property Regimes», in FORNER I DELAYGUA, J.J. and SANTOS, A. (Eds.) *Coherence of scope of application: EU private international legal instruments*, Schulthess Éditions Romandes, 2020, pp. 121-156.

— «Las principales conexiones del Reglamento 650/2012 por vez primera ante el Tribunal de Justicia de la Unión Europea», *Revista electrónica de estudios internacionales (REEI),* núm. 42, 2021.

FORNER DELAYGUA, JJ., «Ley aplicable al fondo de la sucesión por causa de muerte en el reglamento 650/2012», en GINEBRA MOLINS, M.E. y TARABAL BOSCH, J. (Dirs.), *El Reglamento (UE) 650/2012: su impacto en las sucesiones transfronterizas*, Colegio Notarial de Cataluña y Marcial Pons, Madrid, 2016, pp. 93-133.

FRANZINA, P., «Forum necessitatis», en VIARENGO, I. y VILLATA, F.C. (Eds.), *Planning the future of cross border families. A path through coordination*, Hart Publishing, Londres, 2020, pp. 325-330.

FUENTES LOMBARDO, G., VALLEJO MARTOS, M.C. y FERNÁNDEZ ORTIZ, R. «Aspectos determinantes en la internacionalización de la empresa familiar», *Revista de Estudios Empresariales. Segunda época*, núm. 1, 2007, pp. 38-54.

FUENTES MARTÍNEZ, J.J., «La conservación y la continuidad de la empresa ante el fenómeno sucesorio (especialmente ante las situaciones de yacencia hereditaria y de pluralidad de herederos). La empresa y la responsabilidad hereditaria *ultra vires*. Algunas propuestas de reforma», en GARRIDO MELERO, M. y FUGARDO ESTIVILL, J.M. (Coords.), *El patrimonio familiar, profesional y empresarial. Sus protocolos*, J.M. Bosch Editor, Barcelona, 2005, pp. 457-500.

— «Una visión notarial de los reglamentos UE 2016/1103 y 1104», en SERRANO DE NICOLÁS, A. (Coord.), *Los Reglamentos UE 2016/1103 y*

2016/1104 de regímenes económicos matrimoniales y efectos patrimoniales de las uniones registrada, Colegio Notarial de Cataluña y Marcial Pons, Madrid, 2020, pp. 249-276.

GALLEGO DOMÍNGUEZ, I., «El protocolo familiar. Un instrumento para la vida y el relevo generacional en la empresa familiar», en JIMÉNEZ LIÉBANA, D. (Coord.), *Estudios de derecho civil en homenaje al profesor José González García*, Thomson Reuters Aranzadi y Universidad de Jaén, Navarra, 2012, pp. 395-418.

— «Relevo generacional y transmisión "*mortis causa*" de la empresa familiar en el Derecho español», *Revista electrónica de Direito*, núm. 2, Vol. 22, 2020, pp. 33-75.

GALLO LAGUNA DE RINS, M.A., *La sucesión en la empresa familiar*, La Caixa, Barcelona, 1998.

— «Tipologías de las empresas familiares», *Revista empresa y humanismo*, Vol. 7, núm. 2, 2004, pp. 241-258

— «Arquitectura motivacional para hacer una empresa familiar multigeneracional», *Tribuna plural: la revista científica*, núm. 9, 2016, pp. 299-317.

— «Empresa familiar: incrementar su supervivencia», *Tribuna plural: la revista científica*, núm. 15, 2017, pp. 121-150.

GALVE GÓRRIZ, C., «Propiedad y gobierno: la empresa familiar», *Ekonomiaz: Revista vasca de economía*, núm. 50, 2002, pp. 158-181.

GARAU JUANEDA, L., «Los conflictos de leyes en materia sucesoria», en LLEDÓ YAGÜE, F., PILAR FERRER VANRELL, M.P. y TORRES LANA, J.A. (Dirs.), MONJE BALMASEDA, O. (Coord.), *El patrimonio sucesorio. Reflexiones para un debate reformista*, Dykinson, Madrid, 2014, pp. 81-102.

GARCÍA ALEMANY, E., «La sucesión "*mortis causa*" en la empresa familiar», *Cuadernos de Derecho y Comercio,* núm. *extra* 1, 2017, 631-731.

GARCÍA ÁLVAREZ, L., *Competencia judicial internacional, daños ambientales y grupos transnacionales de sociedades*, Comares, Granada, 2016.

— «Práctica jurisprudencial y determinación de la *lex* societatis de las sociedades de capital. Una perspectiva desde el derecho internacional privado español», *Revista Chilena de Derecho Privado*, núm. 36, 2021, pp. 189-226.

GARCÍA CANTERO, G., «Empresa familiar y sociedad de gananciales», en GARRIDO DE PALMA, V.M. (Dir.), *La empresa familiar ante el Derecho. El empresario individual y la sociedad de carácter familiar*, Civitas, Madrid, 1995, pp. 83-96.

— «Transmisión *mortis causa* de la empresa familiar», en GARRIDO DE PALMA, V.M. (Dir.), *La empresa familiar ante el derecho. El empresario individual y la sociedad de carácter familiar. Seminario organizado por el Consejo General del Notariado en la UIMP*, Editorial Civitas, Madrid, 1995, pp. 115-174.

GARCÍA COMPANYS, A., «El Protocolo Familiar: La solución jurídica para la empresa familiar», *Cuadernos Prácticos de Empresa Familiar*, Vol. 5, núm. 1, 2017, pp. 5-28.

GARCÍA LUPIOLA, A., «La empresa familiar ante el proceso de internacionalización: retos, oportunidades y estrategias», *Actas del 12.º Congreso de Economía de Castilla y León*, Junta de Castilla y León, Consejería de Economía y Hacienda, 2011, p. 208.

GARCIA MAYO, M., «Los pactos en previsión de una ruptura familiar», en DE VERDA Y BEAMONTE, J.R. (Dir.), CHAPARRO MATAMOROS, P. y GONZALO MÚÑOZ, R. (Coords.), *Las crisis familiares. Tratado práctico interdisciplinar*, 2ª ed., Tirant lo Blanch, Valencia, 2022, pp. 355-386.

— «El notariado y los pactos prematrimoniales: un matrimonio indisoluble», *Revista Jurídica del Notariado*, núm. 116, 2023, pp. 59-115.

GARCÍA RUBIO, M.ª.P., «Los pactos prematrimoniales de renuncia a la pensión compensatoria en el Código Civil», *Anuario de Derecho civil*, núm. 4, 2003, pp. 1653-1674.

GARCIMARTÍN ALFÉREZ, F.J., «Artículo 9.2», en BERCOVITZ RODRÍGUEZ-CANO, R. (Dir.), *Comentarios al Código Civil. Tomo I (Arts. 1 a 151)*, Tirant lo Blanch, Valencia, 2013, pp. 187-192.

— «Artículo 10.5», en BERCOVITZ RODRÍGUEZ-CANO, R. (Dir.), *Comentarios al Código Civil. Tomo I*, Tirant lo Blanch, Valencia, 2013, pp. 304-305.

— *Derecho Internacional Privado*, 6ª ed., Civitas Thomson Reuters, Navarra, 2021.

— GARCIMARTÍN ALFÉREZ, F.J., *Derecho Internacional Privado*, 7ª ed., Civitas Thomson Reuters, Navarra, 2023.

GARDEÑES SANTIAGO, M., «Observaciones acerca del establecimiento transfronterizo de sociedades en la Unión Europea», en GÓRRIZ LÓPEZ, C. y ARENAS GARCÍA, R. (Coords.), *Libertad de establecimiento y derecho europeo de sociedades: cuestiones fiscales, mercantiles e internacionales*, Atelier, Barcelona, 2017, pp. 45-72.

GARRIDO DE PALMA, V.M., «La familia empresaria ante el Derecho», en GARRIDO MELERO, M. y FUGARDO ESTIVILL, J.M. (Coords.), *El patrimonio familiar, profesional y empresarial. Sus protocolos*, Tomo IV, Bosch, Barcelona, 2005, pp. 63-94.

— «Fiducias, sustitución fideicomisaria y empresa familiar. El caleidoscopio legal», en NASARRE AZNAR, S. y GARRIDO MELERO, M. (Coords.), *Los patrimonios fiduciarios y el trust*, Marcial Pons, Madrid, 2006, pp. 367-398.

GASPAR LERA, S., «Eficacia del pacto prematrimonial de renuncia a la pensión por desequilibrio económico y a la compensación por el trabajo dedicado a la casa. Comentario a la STS, Sala de lo Civil, de 13 de marzo de 2023 (JUR 2023, 125132)», *Revista de Derecho Patrimonial*, núm. 62, 2023, versión online.

GÓMEZ VALENZUELA, E., «Normas imperativas y deberes de información en la contratación electrónica», *Revista Aranzadi de derecho y nuevas tecnologías*, núm. 49, 2019, versión *on line*.

GONZÁLEZ BEILFUSS, C., «El ámbito de aplicación del reglamento de sucesiones», en GINEBRA MOLINS, M.E. y TARABAL BOSCH, J. (Dirs.), *El Reglamento (UE) 650/2012: su impacto en las sucesiones transfronterizas*, Colegio Notarial de Cataluña y Marcial Pons, Madrid, 2016, pp. 55-77.

— «Reflexiones en torno a la función de la autonomía de la voluntad conflictual en el Derecho internacional privado de familia», *Revista española de derecho internacional*, Vol. 72, núm. 1, 2020, pp. 101-115.

— «La autonomía de la voluntad en los reglamentos europeos sobre régimen económico matrimonial y efectos patrimoniales de las parejas registradas», en SERRANO DE NICOLÁS, A. (Coord.), *Los Reglamentos UE 2016/1103 y 2016/1104 de regímenes económicos matrimoniales y efectos patrimoniales de las uniones registrada*, Colegio Notarial de Cataluña y Marcial Pons, Madrid, 2020, pp. 103-124.

GONZÁLEZ BOU, E., «Los contratos sucesorios como forma de ordenación de la sucesión de la empresa por causa de muerte», en GARRIDO MELERO, M. y FUGARDO ESTIVILL, J.M. (Coords.), *Conflictos en torno a los patrimonios personales y empresariales*, Bosch, Barcelona, 2010, pp. 515-569.

GONZÁLEZ HERNÁNDEZ, R., «La continuidad de la empresa familiar», *Anuario Jurídico y Económico Escurialense*, núm. XLIII, 2010, pp. 401-410.

— «Los acuerdos prematrimoniales como instrumento regulador del matrimonio», en GARCÍA RUBIO, M.ª.P. y OTERO CRESPO, M. (Dirs.), *Debates en torno a la contractualización del derecho de familia y la persona*, Colex, Madrid, 2023, pp. 281-296.

GONZÁLEZ-CRUZ, T. y CRUZ-ROS, S., «El impacto de la implicación familiar sobre el valor de los recursos de los directivos. Un estudio sobre pymes familiares españolas», en CAMISÓN ZORNOZA, C. y VICIANO PASTOR, J. (Dirs.), *Dirección, organización del gobierno y propiedad de la empresa familiar. Un análisis comparado desde la economía y el derecho*, Tirant lo Blanch, Valencia, 2015, libro electrónico.

GOÑI URRIZA, N., «La concreción del lugar donde se ha producido el hecho dañoso en el Art. 5.3 del Reglamento 44/2001: Nota a la STJCE de 16 de julio de 2009», *Cuadernos de Derecho Transnacional*, Vol. 3, núm. 1, 2011, pp. 290-295.

GOROSTIZA VICENTE, J.M., *Troncalidad y patrimonio familiar*, Ilustre Colegio Notarial del País Vasco, Academia Vasca de Derecho y Dykinson, Madrid, 2023.

GOYZUETA RIVERA, S.I., «Modelo de gestión para las empresas familiares con perspectivas de crecimiento y sostenibilidad», *Perspectivas*, año 16, núm. 31, 2013, pp. 87-132.

GRANADOS DE ASENSIO, D.M.ª., *Notariado, seguridad jurídica y sociedad*, Academia Vasca de Derecho, Dykinson, Madrid y Bilbao, 2022.

GRANJO ORTIZ, A., «La virtualidad jurídica del protocolo de la empresa familiar. Pactos para la contratación laboral de familiares y externos», en PLAZA PENADÉS, J. (Dir.), GUILLÉN CATALÁN, R. y VEGA CARDONA, R.J. (Coords.), *Cuestiones Jurídicas de la Empresa Familiar en España y en Cuba*, 1ª ed., Thomson Reuters Aranzadi, Navarra, 2016, versión on line.

GRIECO, C., «The role of party autonomy under the regulations on matrimonial property regimes and property consequences of registered partnerships. Some remarks on the coordination between the legal regime established by the new regulations and other relevant instruments of European Private International Law», *Cuadernos de Derecho Transnacional*, Vol. 10, núm. 2, 2018, pp. 457-476.

GRUPPUSO, M.ª.C., «Private International Succession Law Case Study. Agreements as to Succession, Public Policy and Protection of Forced Heirs under EU Regulation Nº 650/2012», en CAZORLA GONZÁLEZ, M.ª.J. y RUGGERI, L. (Dirs.), *Cross-border couples property regimes in action before courts: Understanding the EU regulations 1103/2016 and 1104/2016 in practice*, Dykinson, 2022, pp. 199-208.

GUILLÉN CATALÁN, R., «La empresa familiar: su planificación testamentaria como instrumento de conservación», en ALVENTOSA DEL RÍO, J. y COBAS COBIELLA, M.E. (Dir.), *Derecho de sucesiones*, Tirant lo Blanch, Valencia, 2017, pp. 823-882.

GUISADO TATO, M., *Internacionalización de la empresa familiar. Estrategias de entrada en los mercados extranjeros*, Pirámide, Madrid, 2002.

GUTIÉRREZ GIL SANZ, J., «Comentario al artículo 7.5» en BLANCO-MORALES LIMONES, P., GARAU SOBRINO, F.F., LORENZO GUILLÉN, M.L., y MONTERO MURIEL, F.J. (Coords.), *Comentario al Reglamento (UE) n.º 1215/2012 relativo a la competencia judicial, el reconocimiento y la ejecución de resoluciones judiciales en materia civil y mercantil. Reglamento Bruselas I refundido*, Thomson Reuters Aranzadi, Navarra, 2016, pp. 234-249.

GUZMÁN ZAPATER, M., «La ley nacional e intervención notarial en sucesiones», en PRATS ALBENTOSA, L. (Coord.) *Autonomía de la voluntad en el derecho privado: Estudios en conmemoración del 150 aniversario de la Ley del Notariado*, Wolters Kluwer, Madrid, 2012, pp. 303-357.

HEIDERHOFF, B., «Die EU-Güterrechtsverordnungen», *IPRax: Praxis des Internationalen Privat-und Verfahrensrechts*, Vol. 38, núm. 1, 2018, pp. 1-11.

HERNÁNDEZ RODRÍGUEZ, A., «El derecho aplicable al contrato en ausencia de elección por las partes: el asunto Intercontainer Interfrigo y su repercusión en el Reglamento Roma I», *Cuadernos de Derecho Transnacional*, Vol. 3, núm. 1, 2011, pp. 302-315.

HERRANZ BALLESTEROS, M., «El TJUE y el Reglamento Bruselas I-bis: los foros exclusivos», en CALVO CARAVACA, A.L. y CARRASCOSA GONZÁLEZ, J., *El Tribunal de Justicia de la Unión Europea y el Derecho Internacional Privado*, Thomson Reuters Aranzadi, Navarra, 2021, pp. 141-158.

HESS, B., «Towards a Uniform Concept of Habitual. Residence in European Procedural and Private International Law?», *Polski Proces Cywilny*, núm. 4, 2021, pp. 523-542.

HIDALGO GARCÍA, S., «Las llamadas sucesiones vacantes en el Reglamento (UE) 650/2012 del Parlamento europeo y del Consejo de 4 de julio de 2012», *Revista de Derecho Civil*, Vol. 1, núm. 2, 2014, pp. 41-72.

HIJAS CID, E., «La professio iuris en las sucesiones y matrimonios con elementos transfronterizos», *El Notario del siglo XXI*, núm. 69, 2016, versión online.

— «Los regímenes matrimoniales extranjeros y el Registro de la Propiedad», *El Notario del siglo XXI: Revista del Colegio Notarial de Madrid*, núm. 111, 2023, pp. 142-145.

HORRACH ARMO, J.G., *Jurisdicción y ley aplicable en materia de competencia desleal en el marco de la economía de las plataformas digitales*, Marcial Pons, Madrid, 2022.

HUALDE MANSO, T., «Patrimonio fiduciario y secesión en la empresa familiar», en NASARRE AZNAR, S. y GARRIDO MELERO, M. (Coords.), *Los patrimonios fiduciarios y el trust*, Marcial Pons, Madrid, 2006, pp. 625-638.

HUERTA TROLEZ, A., «La Empresa Familiar ante el fenómeno sucesorio», *Boletín del Ilustre Colegio de Abogados de Madrid*, núm. 27, 2003, pp. 58-84.

— «La empresa familiar ante el fenómeno sucesorio», *Revista Jurídica del Notariado*, núm. 50, 2004, pp. 93-138.

IGLESIAS BUHIGUES, J.L, «Artículo 20. Aplicación universal», en IGLESIAS BUHIGUES, J.L. y PALAO MORENO, G., *Sucesiones internacionales. Comentarios al Reglamento (UE) 650/2012*, Tirant lo Blanch, Valencia, 2015, pp. 117-120.

— «Artículo 4. Competencia en caso de fallecimiento de uno de los cónyuges/miembros de una unión registrada», en IGLESIAS BUIGUES, J.L., PALAO MORENO, G. (Dirs.), QUINZÁ REDONDO, P. (Secret.), *Régimen económico matrimonial y efectos patrimoniales de las uniones registradas en la Unión Europea. Comentarios a los Reglamentos (UE) n.º 2016/1103 y 2016/1104*, Tirant lo Blanch, Valencia, 2019, pp. 67-75.

IGLESIAS BUHIGUES, J.L. y GARÍN ALEMANY, F., «Artículo 7. Competencia en caso de elección de ley» en IGLESIAS BUHIGUES, J.L. y PALAO MORENO, G., *Sucesiones internacionales. Comentarios al Reglamento (UE) 650/2012*, Tirant lo Blanch, Valencia, 2015, pp. 65-67.

IRIARTE ÁNGEL, F., *La necesaria actualización del sistema de resolución de los conflictos internos de leyes*, Academia Vasca de Derecho, Dykinson, Madrid.

IRIBARREN BLANCO, M., «Pactos parasociales para toda la vida (de la sociedad) y denuncia ad nutum», *Almacén de Derecho*, 2 de febrero de 2023, https://almacendederecho.org/pactos-parasociales-para-toda-la-vida-de-la--sociedad-y-denuncia-ad-nutum

IRIBARREN BLANCO, M., «Pactos parasociales y cambios de socios. (Una visión dinámica de los pactos parasociales)», *Revista de Derecho de Sociedades*, núm. 53, 2018, versión online.

JIMÉNEZ BLANCO, P., «Ley aplicable a los regímenes económicos matrimoniales en el Reglamento (UE) 2016/1103», en ÁLVAREZ RUBIO, J.J, DE CASTRO RUANO, J.L, y SOROETA LICERAS, J. (Dirs.), *Cursos de derecho internacional y relaciones internacionales de Vitoria-Gasteiz = Vitoria-Gasteizko nazioarteko zuzenbide eta nazioarteko herremanen ikastaroak*, núm. 1, 2018, pp. 103-188.

— «El concepto de "órgano jurisdiccional" en los Reglamentos europeos de derecho internacional privado», *Anuario Español de Derecho Internacional Privado*, núm. 19-20, 2019, pp. 121-162.

— «Acuerdos en previsión de ruptura en el Reglamento (UE) 2016/1103 sobre regímenes económicos matrimoniales», La *Ley Derecho de Familia*, núm. 26, 2020, versión online.

— *Regímenes económicos matrimoniales transfronterizos. Un estudio del Reglamento (UE) n.º 2016/1103*, Tirant lo Blanch, Valencia, 2021.

— «Igualdad entre cónyuges y regímenes económicos matrimoniales transfronterizos», en CAMPUZANO DÍAZ, B., DIAGO DIAGO, M.ª.P., RODRÍGUEZ VÁZQUEZ, M.ª.A. (Dirs.), *De los retos a las oportunidades en el Derecho de familia y sucesiones internacional*, Tirant lo Blanch, Valencia, 2023, pp. 111-138.

JIMÉNEZ CLAR, A., «Consideraciones sobre el Reglamento Sucesorio Europeo y sus efectos en la Sucesión *Mortis causa*», *Bitácora Millennium DIPr: Derecho Internacional Privado*, núm. 1, 2015.

JORDÀ CAPITÁN, E.R., «Sobre el instrumento de los pactos sucesorios en la sucesión de la empresa familiar», *La Ley Mercantil*, núm. 46, 2018, versión online.

KPMG International Private Enterprise, *Un paso por delante en el camino de la sostenibilidad. Cómo las empresas familiares pueden liderar la transformación sostenible*, mayo 2023, 59 pp.

KUNDA, I. y LIMANTE, A., «Disposiciones jurisdiccionales en los reglamentos gemelos», *Revista Internacional de Doctrina y Jurisprudencia*, núm. 25, 2021, pp. 63-88.

KUNDA, I., WINKLER, S. y PERTOT, T., «Competencia y derecho aplicable en materia de sucesión», en CAZORLA GONZÁLEZ, M.J., GIOBBI, M., KRAMBERGER ŠKERL, J., RUGGERI, L. y WINKLER, S. (Eds.), *Las relaciones de propiedad de las parejas transfronterizas en la Unión Europea*, Edizioni Scientifiche Italiane, Nápoles, 2020, pp. 101-135.

LAFUENTE SÁNCHEZ, R., «Hacia un sistema unitario europeo en materia de ley aplicable a las sucesiones internacionales», *Cuadernos de Derecho Transnacional*, Vol. 5, núm. 2, 2013, pp. 350-370.

LAGARDE, P., «Reglements 2016/1103 et 1104 du 24 juin 2016 sur les regimes matrimoniaux et sur le regime patrimonial des partenariats enregistre», *Rivista di diritto internazionale privato e processuale*, Vol. 52, núm. 3, 2016, pp. 676-686.

LARA AGUADO, M.A., «*Professio Iuris* de las personas plurinacionales en materia sucesoria», en MOYA ESCUDERO, M. (Dir.), *Plurinacionalidad y Derecho Internacional Privado de la familia y sucesiones*, Tirant lo Blanch, Valencia, 2021, pp. 572-657.

LEÓN SANZ, F.J., «Comentario al artículo 24.2», en BLANCO-MORALES LIMONES, P., GARAU SOBRINO, F.F., LORENZO GUILLÉN, M.ª.L., y MONTEIRO MURIEL, F.J. (Coords.), *Comentario al Reglamento (UE) n.º 1215/2012 relativo a la competencia judicial, el reconocimiento y la ejecución de resoluciones judiciales en materia civil y mercantil. Reglamento Bruselas I refundido*, Aranzadi Thomson Reuters, Navarra, 2016, pp. 513-522.

LEVINA, D., «Jurisdiction at the place of performance of a contract revisited: a case for the theory of characteristic performance in EU civil procedure», *Journal of Private International Law*, Vol. 18, issue 2, 2022, version on line.

LLOPIS GINER, J.M., «La libertad del testador, su facultad de partir, comentario al nuevo artículo 1056.2 del Código Civil», en REYES LÓPEZ, M.J. (Dir.), *La Empresa Familiar: Encrucijada de Intereses Personales y Empresariales*, Aranzadi, Navarra, 2004, pp. 51-72.

LÓPEZ AZCONA, A., «La europeización del Derecho Civil: crónica de un proyecto inconcluso», *Actualidad Jurídica Iberoamericana*, núm. 8, 2018, p. 529. pp. 475-542.

LÓPEZ-TARRUELLA MARTÍNEZ, A., *Manual de Derecho Internacional Privado*, 3ª ed., Editorial Club Universitario, Alicante, 2018.

LOZANO POSSO, M., «El protocolo en las empresas de propiedad familiar», *Estudios Gerenciales*, Vol. 16, núm. 74, 2000, pp. 49-67.

LUQUIN BERGARECHE, R., «Actualidad de la empresa familiar: protocolos, planificación estratégica y cláusulas ADR como instrumentos jurídicos de continuidad y empowerment», *Aranzadi civil-mercantil. Revista doctrinal*, núm. 11, 2017, versión on line.

MAGALLÓN ELÓSEGUI, N., «Hacia un derecho internacional privado europeo de sucesiones: la unificación de las normas de competencia», *Cuadernos europeos de Deusto*, núm. 49, 2013, pp. 133-158.

— «La ley aplicable a las disposiciones testamentarias en el Reglamento europeo de sucesiones: un "dépeçage" susceptible de dificultades», *Anuario Español de Derecho Internacional Privado*, núm. 19-20, 2019, pp. 363-389.

MALDONADO ORTEGA, P.J., «Pactos parasociales: naturaleza y eficacia jurídica», *Cuadernos de Derecho y Comercio*, núm. *extra* 1, 2017 pp. 257-296.

MARCHAL ESCALONA, N., «Sobre la sumisión tácita en el Reglamento de Bruselas I bis», *Anuario Español de Derecho Internacional Privado*, núm. 13, 2013, pp. 147-170.

MARINO, S., «Strengthening the European Civil Judicial Cooperation: the patrimonial effects of family relationships», *Cuadernos de Derecho Transnacional*, Vol. 9, núm. 1, 2017, pp. 265-284.

MARIÑO PARDO, F.M., «De nuevo sobre la actuación notarial en el marco del Reglamento europeo de sucesiones. Sentencia del Tribunal de Justicia, de 16 de julio del 2020, C-80/19: E E. () y loi applicable aux successions», *La Ley Unión Europea*, núm. 85, 2020, versión online.

MARONGIU BUONAIUTI, F., «Article 10. Subsidiary jurisdiction», en CALVO CARAVACA, A.L., DAVÌ, A., y MANSEL, H.P. (Eds.), *The EU succession regulation. A commentary*, Cambridge University Press, United Kingdom, 2016, pp. 186-198.

MARTÍENZ-GIL VICH, I., «La importancia del título sucesorio para la continuidad de la empresa familiar», *Cuadernos de Derecho y Comercio*, núm. *extra* 1, 2017, pp. 581-630.

MARTÍN ROMERO, J.C., «La transmisión de la empresa familiar», en SÁNCHEZ RUIZ, M., GONZÁLEZ FERNÁNDEZ, M.B., y COHEN BENCHETRIT, A. (Dirs.), OLMEDO PERALTA, E. y GALACHO ABOLAFIO, A.F. (Coords.), *Derecho de sociedades: revisando el Derecho de Sociedades de Capital*, Tirant lo Blanch, Valencia, 2018, pp. 655-679.

— «Los órganos atípicos en las sociedades familiares», en GONZÁLEZ FERNÁNDEZ, M.ª.B. y COHEN BENCHETRIT, A. (Dirs.), OLMEDO PERALTA, E. y GALACHO ABOLAFIO, A.F. (Coords.), *Derecho de sociedades: cuestiones sobre órganos sociales*, Tirant lo Blanch, Valencia, 2019, pp. 513-556.

MARTÍNEZ CARRASCOSA, J., «Retos del notariado europeo ante la digitalización», *Escritura Pública*, núm. 130, junio-agosto 2021, pp. 6-13.

MARTÍNEZ DÍE, R., «Capítulo VIII. Pactos parasociales sujetos a publicidad: (Art. 530-535)», en PRENDES CARRIL, P. y MARTÍNEZ-ECHEVARRÍA, GARCÍA DE DUEÑAS, A. y CABANAS TREJO, R. (Dirs.). BALLESTER AZPITARTE, L. (Coord.), *Tratado de sociedades de capital: comentario judicial, notarial, registral y doctrinal de la Ley de sociedades de capital*, Vol. 2, Aranzadi Thomson Reuters, Navarra, 2017, pp. 1211-1227.

MARTÍNEZ ECHEVARRÍA OZÁMIZ, P., «Los pactos parasociales en el Derecho español», *Revista general de legislación y jurisprudencia*, núm. 3, 2020, pp. 413-468.

MARTÍNEZ ROSADO, J.: *Los pactos parasociales*, Marcial Pons, Madrid, 2017.

MARTINY, D., «Article 26. Applicable law in the absence of choise by the parties», en VIARENGO, I. y FRANZINA, P. (Eds.), *The UE regulations on the property regimes of international couples. A commentary*, Edward Elgar, Reino Unido, 2020, pp. 241-259.

MARTORELL GARCÍA, V., «Normas de conflicto matrimoniales: del art. 9.2 del Código Civil al Reglamento Europeo 2016/1103», https://www.notariosyregistradores.com/web/secciones/oficina-notarial/modelos/normas-de-conflicto-matrimoniales/, 5 de marzo de 2019.

MARTORELL ZULUETA, P., «Empresa familiar y regímenes comunitarios», en REYES LÓPEZ, M.ª J. (Coord.), *La Empresa Familiar: Encrucijada de Intereses Personales y Empresariales*, Thomson Aranzadi, Navarra, 2004, pp. 73-96.

MARULLO, M.ª C., «La lucha contra la impunidad: el Foro Necessitatis», *Indret: Revista para el Análisis del Derecho*, núm. 3, 2015.

MARZAL, T., «The territorial reach of European Union law: a Private International Law enquiry into the European Union's spatial identity», *International and Comparative Law Quarterly*, Vol. 73, 2024, pp. 29-63.

MELGAREJO CORDÓN, P., «Sobre la competencia del notario francés en la expedición del acte de notoriété en las sucesiones transfronterizas de la UE», en CAMPUZANO DÍAZ, B., DIAGO DIAGO, M.ª P., y RODRÍGUEZ VÁZQUEZ, M.ª A. (Dirs.), *De los retos a las oportunidades en el derecho de familia y sucesiones internacional*, Tirant lo Blanch, Valencia, 2023, pp. 203-213.

MIGUÉLEZ DEL RÍO, C., «La empresa familiar y la sociedad legal de gananciales y su sucesión», *Pecunia: revista de la Facultad de Ciencias Económicas y Empresariales*, núm. 12, 2011, pp. 71-89.

MIQUEL GONZÁLEZ DE AUDICANA, J.M., *La duración de los pactos parasociales*, Tirant lo Blanch, Valencia, 2022.

MIQUEL RODRÍGUEZ, J., «La autonomía de la voluntad en las sociedades de capital: ejemplo de la reciente jurisprudencia del TS y la Doctrina de la RDGRN», en ARENAS GARCÍA, R., GÓRRIZ LÓPEZ, C. y MIQUEL RODRÍGUEZ, J. (Coords.), *Autonomía de la voluntad y exigencias imperativas en el derecho internacional de sociedades y otras personas jurídicas*, Atelier, Barcelona, 2014, pp. 171-189.

MOCK, S., «Shareholders agreements in family firms and closed corporations», en FLEISCHER, H., RECALDE, A., y SPINDLER, G. (Eds.), *Family Firms and Closed Companies in Germany and Spain*, Mohr Siebeck, Tubinga, 2021, pp. 205-224.

MONJE BALMASEDA, O., «Los pactos sucesorios como instrumento de transmisión y protección del patrimonio familiar y personal», en ABEL LLUCH, X. (Coord.), *Las medidas preventivas de conflictos jurídicos en contextos económicos inestables*, J.M. Bosch Editor, Barcelona, 2014, pp. 359-372.

MORALES BARCELÓ, J., «Pactos parasociales "vs" Estatutos sociales Eficacia jurídica e impugnación de acuerdos sociales por su infracción», *Revista de Derecho de Sociedades*, núm. 42, 2014, versión online.

MORALES SABALETE, M., «Protocolos familiares y pactos parasociales: el riesgo de contradicción con los estatutos sociales», *Economist & Jurist*, 7 de diciembre de 2020: https://www.economistjurist.es/articulos-juridicos-destacados/protocolos-familiares-y-pactos-parasociales-el-riesgo-de-contradiccion-con-los-estatutos-sociales/

MORÁN GARCÍA, M., «Una revisión del Derecho internacional privado para la sociedad del siglo XXI», en ORTEGA GIMÉNEZ, A. (Dir.), HEREDIA SÁNCHEZ, L.S. (Coord.), *Estrategia Europea 2030 y sus retos sociales. Una lectura desde el Derecho internacional privado*, Tirant lo Blanch, Valencia, 2023, pp. 147-172.

MORENO CORDERO, G., «La Ley aplicable a los derechos sucesorios del cónyuge viudo en el derecho internacional privado español», en LARA AGUADO, M.A. (Dir), *Sucesión mortis causa de extranjeros y españoles tras el reglamento (UE) 650/2012. Problemas procesales, notariales, registrales y fiscales*, Tirant lo Blanch, Valencia, 2020, pp. 258-296.

MORENO SÁNCHEZ-MORALEDA, A., «Las normas de conflicto del Reglamento de la Unión Europea 2016/1103 sobre regímenes económicos matrimoniales: normas materialmente orientadas», *Revista Electrónica de Direito. RED*, Vol. 18, núm. 1, 2019, 38 pp.

MORENO VÁZQUEZ, P., *Los pactos parasociales*, Aranzadi Thomson Reuters, Navarra, 2018.

MOTA, H., «La protección de terceros en el Reglamento (UE) 2016/1103», *Anuario Español de Derecho Internacional Privado*, núm. 18, 2018, pp. 61-92.

— «A lei aplicável aos efeitos patrimoniais do casamento nas relações internacionais: Análise das soluções previstas no. Regulamento (UE) 2016/1103 do Conselho de 24 de junho de 2016», en LASARTE ÁLVAREZ, C. y CERVILLA GARZÓN. M.D. (Dirs.), *Ordenación económica del matrimonio y de la crisis de pareja*, Tirant lo Blanch, Valencia, 2018, pp. 269-286.

MOURA VICENTE, D.: «Principios sobre conflictos de leyes en materia de Propiedad Intelectual», *Cuadernos de derecho transnacional*, Vol. 3, núm. 1, 2011, pp. 5-23.

MÚÑOZ FERNÁNDEZ, A., «Nuevas perspectivas en la calificación como contractual o extracontractual de las acciones de responsabilidad en los Reglamentos europeos de Derecho internacional privado», *Anuario de derecho civil*, Vol. 69, núm. 2, 2016, pp. 437-475.

MUÑOZ NAVARRO, A.J., «Los pactos prematrimoniales o en previsión de ruptura matrimonial», *La Ley Derecho de Famili*a, núm. 25, 2020, versión online.

MURGUÍA GUTIÉRREZ, M.ª.I., «Protocolo de familia: las empresas familiares», *Hospitalidad-ESDAI*, núm. 29, 2016, pp. 53-68.

NIETO ALONSO, A., «Autonomía de la voluntad en las relaciones jurídicas horizontales de derecho de familia», en GARCÍA RUBIO, M.ª.P. y OTERO CRESPO, M. (Dirs.), *Debates en torno a la contractualización del derecho de familia y la persona*, Colex, Madrid, 2023, pp. 133-161.

NOGALES LOZANO, F., «La educación de la empresarialidad en las familias empresarias», *Procesos de mercado: revista europea de economía política*, Vol. 15, núm. 2, 2018, pp. 229-284.

NOVAL PATO, J., *Los pactos omnilaterales: su oponibilidad a la sociedad: diferencias y similitudes con los estatutos y los pactos parasociales*, Civitas, Madrid, 2012.

— «Los pactos parasociales», en EMBID IRUJO, J.M. y NIETO CAROL, U. (Dirs.), *Estudios de derecho de sociedades. Colegio Notarial de Valencia*, Tirant lo Blanch, Valencia, 2019, pp. 93-124.

OGLIASTRI, E., «¿Empresa familiar emprendedora?», *Debates IESA*, Vol. 18, núm. 1, 2013, pp. 11-15.

OKOLI, C.S.A. y YEKINI, A., «Implied jurisdiction agreements in international commercial contracts: a global comparative perspective», *Journal of Private International Law*, Vol. 19, núm. 3, 2023, pp. 321-361.

OLMEDO CASTAÑEDA, F.J., *La transmisión de la empresa familiar: claves jurídicas para su éxito. Propuestas de reforma legislativa*, Tirant lo Blanch, Valencia, 2019

— «La empresa familiar en el Derecho español: necesidad de una regulación jurídica», *Anales de la Academia Matritense del Notariado*, Tomo 59, 2019, pp. 149-193.

— «Prohibición de los pactos sucesorios en el Derecho común. Cuestionamiento de su "*ratio legis*": propuesta para su admisibilidad», *Anuario de Derecho Civil*, Vol. 72, núm. 2, 2019, pp. 447-483.

OMAÑA GUERRERO, L.M. y BRICEÑO BARRIOS, M.ª. A., «Gerencia de las empresas familiares y no familiares: análisis comparativo», *Estudios Gerenciales: Journal of Management and Economics for Iberoamerica*, Vol. 29, núm. 126, 2013, pp. 293-302.

ORTEGA GIMÉNEZ, A., «Los contratos internacionales y la autonomía de la voluntad conflictual ante el Tribunal Supremo», en CALVO CARAVACA, A.L. y CARRASCOSA GONZÁLEZ, J. (Dirs.), *El Tribunal Supremo y el derecho internacional privado*, Vol. 1, Rapid Centro Color, Murcia, 2019, pp. 261-281.

ORTIZ FERNÁNDEZ, M., «El régimen económico matrimonial en España: una perspectiva comparada entre el derecho común y los derechos forales», *Revista jurídica valenciana*, núm. 41, 2023, pp. 65-88.

ORTIZ VIDAL, M.D., *Ley aplicable a los contratos internacionales y eficiencia conflictual*, Comares, Granada, 2014.

— «Los acuerdos prematrimoniales en previsión de ruptura en Derecho internacional privado», *Revista jurídica de la Región de Murcia*, núm. 52, 2018, pp. 46-74.

OTERO COBOS, M.ª.T., «El consejo de familia como administrador de hecho», *Revista de Derecho de Sociedades*, núm. 61, 2021, versión on line.

PALAO MORENO, G., «La autonomía de la voluntad y la resolución de las controversias privadas internacionales», en PRATS ALBENTOSA, L. (Coord.), *Autonomía de la voluntad en el derecho privado. Estudios en conmemoración del 150 aniversario de la Ley del Notariado*, Vol. 5, Wolters Kluwer, Madrid, 2012, pp. 817-956, esp. pp. 817-956.

— «Artículo 21. Regla general», en IGLESIAS BUHIGUES, J.L. y PALAO MORENO, G., *Sucesiones internacionales. Comentarios al Reglamento (UE) 650/2012*, Tirant lo Blanch, Valencia, 2015, pp. 121-131.

— «La determinación de la ley aplicable en los reglamentos en materia de régimen económico matrimonial y efectos patrimoniales de las uniones registradas 2016/1103 y 2016/1104», *Revista española de derecho internacional*, Vol. 71, núm. 2019, pp. 89-117.

— «Artículo 8. Competencia basada en la comparecencia del demandado», en IGLESIAS BUIGUES, J.L., PALAO MORENO, G. (Dirs.), QUINZÁ REDONDO, P. (Secret.), *Régimen económico matrimonial y efectos patrimoniales de las uniones registradas en la Unión Europea. Comentarios a los Reglamentos (UE) n.º 2016/1103 y 2016/1104*, Tirant lo Blanch, Valencia, 2019, pp. 115-118.

— «Artículo 10. Competencia subsidiaria», en IGLESIAS BUIGUES, J.L., PALAO MORENO, G. (Dirs.), QUINZÁ REDONDO, P. (Secret.), *Régimen económico matrimonial y efectos patrimoniales de las uniones registradas en la Unión Europea. Comentarios a los Reglamentos (UE) n.º 2016/1103 y 2016/1104*, Tirant lo Blanch, Valencia, 2019, pp. 127-130.

— «El Reglamento europeo de sucesiones: primeros pasos de su interpretación por el TJUE y de su aplicación práctica en España», en ÁLVAREZ GONZÁLEZ, S., ARENAS GARCÍA, R., DE MIGUEL ASENSIO, P.A., SÁNCHEZ LORENZO, S., y STAMPA CASAS, G. (Eds.), *Relaciones transfronterizas, globalización y derecho: Homenaje al prof. Dr. José Carlos Fernández Rozas*, Thomson Reuters Aranzadi, Navarra, 2020, pp. 435-450.

— «Dimensión internacional de las sociedades» en ESPLUGUES MOTA, C. (Dir.), *Derecho del Comercio Internacional*, 10ª ed., Tirant lo Blanch, Valencia, 2022, pp. 159-179.

PALAO MORENO, G. y ALONSO LANDETA, G., «Artículo 3. Definiciones», en IGLESIAS BUHIGUES, J.L. y PALAO MORENO, G., *Sucesiones internacionales. Comentarios al Reglamento (UE) 650/2012*, Tirant lo Blanch, Valencia, 2015, pp. 35-43.

PALAO MORENO, G., AZCÁRRAGA MONZONÍS, C., y QUINZÁ REDONDO P., «Los Reglamentos Europeos aplicables a las crisis familiares», en DE VERDA Y BEAMONTE, J.R. (Dir.), CHAPARRO MATAMOROS, P. y MUÑOZ RODRIGO, G. (Coords.), *Las crisis familiares. Tratado práctico interdisciplinar*, 2ª ed., Valencia, Tirant lo Blanch, 2022, pp. 960-1016.

PAÑOS PÉREZ, A., «Hacia una mayor autonomía privada en capitulaciones matrimoniales con marco transfronterizo», *Cuadernos de Derecho Transnacional*, Vol. 13, núm. 2, 2021, 440-471.

PAÑOS PÉREZ, A., y CAZORLA GONZÁLEZ, M.ª J., «Regímenes económicos matrimoniales a falta de elección de los cónyuges en virtud del Reglamento (UE) 2016/1103», en CAZORLA GONZÁLEZ, M.J., GIOBBI, M., KRAMBERGER ŠKERL, J., RUGGERI, L., y WINKLER, S. (Coords.), *Las relaciones de propiedad de las parejas transfronterizas en la Unión Europea*, Edizioni Scientifiche Italiane, Nápoles, 2020, pp. 29-42.

PAZ-ARES RODRÍGUEZ, C., «Los pactos parasociales. Su eficacia», en GARRIDO MELERO, M. y FUGARDO ESTIVILL, J.M. (Coords.), *El patrimonio familiar, profesional y empresarial. Sus protocolos*, Tomo IV, Bosch, Barcelona, 2005, pp. 709-752.

— «La autonomía privada y la organización patrimonial de los matrimonios transfronterizos», *Revista de Derecho Civil*, Vol. X, núm. 4, 2023, pp. 261-436.

PEARI, S. and TEO, M., «Justifying concurrent claims in private international law», *Cambridge Law Journal*, 2023, 33 pp.

PECOURT GOZÁLBEZ, E., «Aspectos civiles del Protocolo Familiar», en AA.VV., *Claves para la continuidad de la Empresa Familiar. Comunicación, aspectos económicos y jurídicos*, 1ª ed., Federación Asturiana de Empresarios y Septem Ediciones, Oviedo, 2006, pp. 192-193.

PEITEADO MARISCAL, P., «Competencia internacional por conexión en materia de régimen económico matrimonial y de efectos patrimoniales de uniones registradas. Relación entre los Reglamentos UE 2201/2003, 650/2012, 1103/2016 y 1104/2016», *Cuadernos de Derecho Transnacional*, Vol. 9, núm. 1, 2017, pp. 300-326.

PEREA ORTEGA, R., «El protocolo como instrumento de buen gobierno en la empresa familiar», *eXtoikos*, núm. 21, 2018 pp. 17-21.

PÉREZ GALLARDO, L.B., «Relaciones de pareja y pactos sucesorios», en BLANCO RODRÍGUEZ, J. y TENA PIAZUELO, I., E*studios de Derecho privado. Homenaje al profesor Gabriel García Cantero*, Tirant lo Blanch, Valencia, 2021, pp. 435-467.

PÉREZ HEREZA, J., *La función notarial en la contratación inmobiliaria de extranjeros*, Tirant lo Blanch, Valencia, 2023.

PÉREZ MARTÍN, L.A., «Efectos del Reglamento europeo de sucesiones en las sucesiones intestadas en situaciones de residencia temporal alternativa en diferentes países», en MOTA, H. y GUIMARÃES, M.R. (Coords.), *Autono-*

mia e heteronomia no Direito da Família e no Direito das Sucessões, Almedina, Coimbra, 2016, pp. 537-556.

— «Trascendencia de la residencia habitual en los reglamentos europeos sobre régimen económico matrimonial y efectos patrimoniales de las uniones registradas», en LASARTE ÁLVAREZ, C. y CERVILLA GARZÓN, M.D. (Dirs.), *Ordenación económica del matrimonio y de la crisis de pareja*, Tirant lo Blanch, 2018, pp. 839-860.

PÉREZ MILLÁN, D., «La inscripción de la prestación accesoria de cumplimiento de un protocolo familiar: Comentario de la Resolución de la Dirección General de los Registros y del Notariado de 26 de junio de 2018 (RJ 2018, 3648)», *Revista de derecho mercantil*, núm. 311, 2019, versión online.

— «The duty to honor a shareholders agreement as an ancillary obligation in the articles of the company», en FLEISCHER, H., RECALDE, A., y SPINDLER, G. (Eds.), *Family Firms and Closed Companies in Germany and Spain*, Mohr Siebeck, Tubinga, 2021, pp. 187-204.

PÉREZ MORIONES, A., «La necesaria revisión de la eficacia de los pactos parasociales omnilaterales o de todos los socios», *Estudios de Deusto: revista de Derecho Público*, Vol. 61, núm. 2, 2013, pp. 261-296.

PÉREZ VALLEJO, A.M.ª, «Notas sobre la aplicación del Reglamento (UE) 2016/1103 a los pactos prematrimoniales en previsión de la ruptura matrimonial», *Revista Internacional de Doctrina y Jurisprudencia*, núm. 21, 2019, pp. 105-121.

— «Regímenes económicos matrimoniales con repercusiones transfronterizas: Reglamento (UE) 2016/1103», en CAZORLA GONZÁLEZ, M.J., GIOBBI, M., KRAMBERGER ŠKERL, J., RUGGERI, L., y WINKLER, S. (Coords.), *Las relaciones de propiedad de las parejas transfronterizas en la Unión Europea*, Edizioni Scientifiche Italiane, Nápoles, 2020, pp. 16-28.

PÉREZ-FADÓN MARTÍNEZ, J.J., *La empresa familiar. Fiscalidad, organización y protocolo familiar*, CISS, Bilbao, 2005.

PÉROZ, H., «Les lois applicables au régime primaire: Incidences du Règlement (UE) 2016/1103 sur le droit applicable au régime primaire en droit international privé français», *Journal du droit international*, núm. 3, 2017, pp. 813-829.

PINTO RODRÍGUEZ, L.C., «El conflicto societario en las sociedades de familia. Un matrimonio entre el derecho de la empresa y el derecho de familia», *Revista e-mercatoria*, Vol. 12, núm. 2, 2013, pp. 172-195.

POON, A., «Determining the place of performance under article 7(1) of the Brussels I recast», *International & Comparative Law Quarterly*, Vol. 70, issue 3, 2021, version on line.

PRATS JANÉ, S., *Obstáculos jurídicos a la internacionalización y movilidad transnacional de empresas en la Unión Europea. Análisis desde la perspectiva del Derecho de la Unión Europea y del Derecho Internacional Privado*, Bosch Editor, Barcelona, 2015.

PUIG RAPOSO, N. y FERNÁNDEZ PÉREZ, P., «La internacionalización de la gran empresa familiar española. Una perspectiva histórica», *ICE: Revista de economía*, núm. 849, 2009, pp. 27-38.

QUINTANA NAVÍO, J., «La internacionalización de la empresa familiar española», *ICE: Revista De Economía*, núm. 839, 2007, pp. 113-120.

QUINZÁ REDONDO, P. y CHRISTANDL, G., «Ordenamientos plurilegislativos en el Reglamento (UE) de Sucesiones con especial referencia al ordenamiento jurídico español», *Indret: Revista para el Análisis del Derecho*, núm. 3, 2013, 27 pp.

QUINZÁ REDONDO, P., *Régimen Económico Matrimonial Aspectos Sustantivos y Conflictuales*, Tirant lo Blanch, Valencia, 2015.

— «La "cláusula de excepción" del art. 26.3 del Reglamento 2016/1103 sobre régimen económico matrimonial», en GUZMÁN ZAPATER, M. y ESPLUGUES MOTA, C. (Dirs.), HERRANZ BALLESTEROS, M. y VARGAS GÓMEZ-URRUTIA, M. (Coords.), *Persona y familia en el nuevo modelo español de derecho internacional privado*, Tirant lo Blanch, Valencia, 2017, pp. 301-312.

— «La unificación —fragmentada— del Derecho internacional privado de la Unión Europea en materia de régimen económico matrimonial. El Reglamento 2016/1103», *Revista General de Derecho Europeo*, núm. 41, 2017, pp. 180-222.

QUIÑONES ESCÁMEZ, A., «Ley aplicable a los contratos internacionales en la Propuesta de Reglamento "Roma I" de 15.12.2005», *Indret: Revista para el Análisis del Derecho*, núm. 3, 2006, 22 pp.

— «La protección de los terceros en los nuevos reglamentos (UE) de DIPr., sobre el régimen de bienes del matrimonio y de la unión registrada», en SERRANO DE NICOLÁS, A. (Coord.), *Los Reglamentos UE 2016/1103 y 2016/1104 de regímenes económicos matrimoniales y efectos patrimoniales de las uniones registrada*, Colegio Notarial de Cataluña y Marcial Pons, Madrid, 2020, pp. 159-190.

RAMÓN MELÉNDEZ, J., «Cuestiones prácticas sobre la inscribibilidad de prestaciones accesorias consistentes en la suscripción y cumplimiento de pactos parasociales o protocolos familiares (Comentario a la RDGRN núm. 9615/2018 de 26 de junio de 2018)», en ORTEGA BURGOS, E. y ALONSO-MUÑUMER, M.E. (Dir.), *Actualidad Mercantil 2021*, Tirant lo Blanch, Valencia, 2021, pp. 543-561

REYES LÓPEZ, M.ª J., «Economía del matrimonio y empresa familiar», en REYES LÓPEZ, M.ª J., *La Empresa Familiar: Encrucijada de Intereses Personales y Empresariales*, Thomson Aranzadi, Navarra, 2004, pp. 110-112.

— «El patrimonio del empresario familiar individual», en GARRIDO MELERO, M. y FUGARDO ESTIVILL, J.M. (Coords.), *El patrimonio familiar, profesional y empresarial. Sus protocolos*, Tomo IV, Bosch, Barcelona, 2005, pp. 97-190.

— «Relaciones familiares y su reflejo sobre la propiedad y administración de la empresa familiar. En particular, sobre el régimen económico matrimonial», en CAMISÓN ZORNOZA, C. y VICIANO PASTOR, J. (Dirs.), *Dirección, organización del gobierno y propiedad de la empresa familiar. Un análisis comparado desde la economía y el derecho*, Tirant lo Blanch, Valencia, 2015, pp. 184-217.

— «La influencia del régimen económico del matrimonio en la empresa familiar», en PLAZA PENADÉS, J., GUILLÉN CATALÁN, R., JOSÉ VEGA CARDONA, R., y ACEA VALDÉS, Y. (Dirs.), *Cuestiones jurídicas de la empresa familiar en España y en Cuba*, Aranzadi Thomson Reuters, Navarra, 2016, versión online.

RIBÓ LÓPEZ, A., «Comentario al artículo 7.1», en BLANCO-MORALES LIMONES, P., GARAU SOBRINO, F.F., LORENZO GUILLÉN, M.L., y MONTERO MURIEL, F.J. (Coords.), *Comentario al Reglamento (UE) n.º 1215/2012 relativo a la competencia judicial, el reconocimiento y la ejecución de resoluciones judiciales en materia civil y mercantil. Reglamento Bruselas I refundido*, Thomson Reuters Aranzadi, Navarra, 2016, pp. 157-187.

RIPOLL SOLER, A., «Artículo 25. Validez formal de las capitulaciones matrimoniales/ de la unión registrada», en IGLESIAS BUHIGUES, J.L., y PALAO MORENO, G. (Dirs.), QUINZÁ REDONDO, P. (Secret.), *Régimen económico matrimonial y efectos patrimoniales de las uniones registradas en la Unión Europea. Comentarios a los Reglamentos (UE) n.º 2016/1103 y 2016/1104*, Valencia, Tirant lo Blanch, 2019, pp. 241-246.

ROCA JUNYENT, M., «La empresa familiar en el ordenamiento jurídico interno y comunitario» en GARRIDO MELERO, M. y FUGARDO ESTIVILL, J.M.

(Coords.), *El patrimonio familiar, profesional y empresarial. Sus protocolos*, Tomo IV, Bosch, Barcelona, 2005, pp. 23-62.

RODRÍGUEZ APARICIO, J.A., «El Protocolo Familiar», en AA.VV., *El Buen Gobierno de las Empresas Familiares*, Cuatrecasas y Thomson Aranzadi, 2004, pp. 287-311.

RODRÍGUEZ BENOT, A., *Los acuerdos atributivos de competencia judicial internacional en Derecho comunitario europeo*, Eurolex, Madrid, 1994.

— «El criterio de conexión para determinar la ley personal: un renovado debate en Derecho Internacional Privado», *Cuadernos de Derecho Transnacional*, Vol. 2, núm. 1, 2010, pp. 186-202.

— «El ordenamiento aplicable a la sucesión *mortis causa* en el sistema español de derecho internacional privado», *Academia Sevillana del Notariado*, Tomo 27, 2016, pp. 75-96.

— «Los Reglamentos de la Unión Europea en materia de sucesión por causa de muerte y de régimen económico matrimonial: justificación y caracteres comunes», en VÁZQUEZ GÓMEZ, E.M., ADAM MÚÑOZ, M.D. y CORNAGO PRIETO, N. (Coords.), *El arreglo pacífico de las controversias internacionales. XXIV Jornadas de la Asociación Española de Profesores de Derecho internacional y Relaciones internacionales (AEPDIRI), Córdoba, 20-22 de octubre*, Tirant lo Blanch, Valencia, 2013, pp. 583-594.

— «Comentario al artículo 25», en BLANCO-MORALES LIMONES, P., GARAU SOBRINO, F.F., LORENZO GUILLÉN, M.ª.L., y MONTEIRO MURIEL, F.J. (Coords.), *Comentario al Reglamento (UE) n.º 1215/2012 relativo a la competencia judicial, el reconocimiento y la ejecución de resoluciones judiciales en materia civil y mercantil. Reglamento Bruselas I refundido*, Aranzadi Thomson Reuters, Navarra, 2016, pp. 545-578.

— «Los efectos patrimoniales de los matrimonios y de las uniones registradas en la Unión Europea», *Cuadernos de Derecho Transnacional*, Vol. 11, núm. 1, 2019, pp. 8-50.

— «Artículo 1. Ámbito de aplicación», en IGLESIAS BUIGUES, J.L., PALAO MORENO, G. (Dirs.), QUINZÁ REDONDO, P. (Secret.), *Régimen económico matrimonial y efectos patrimoniales de las uniones registradas en la Unión Europea. Comentarios a los Reglamentos (UE) n.º 2016/1103 y 2016/1104*, Tirant lo Blanch, Valencia, 2019, pp. 21-39.

— «Cuestionario práctico sobre los Reglamentos de la UE 2016/1103 (matrimonios) y 2016/1104 (uniones registradas)», *La Notaria*, núm. 1, 2019, pp. 81-89.

— «El proceso de elaboración normativa en la Unión Europea: A propósito de los reglamentos sobre régimen económico matrimonial y de las uniones registradas», en CUARTERO RUBIO, M.ª.V. y VELASCO RETAMOSA, J.M. (Dirs.), *La vida familiar internacional en una Europa compleja. Cuestiones abiertas y problemas de la práctica*, Valencia, Tirant lo Blanch, 2021, pp. 147-176.

RODRÍGUEZ BENOT, A. y CARRIZO AGUADO, D., «El control de las garantías procesales de las partes en sede de reconocimiento y ejecución de decisiones extranjeras», *Anales de la Real Academia Sevillana de Legislación y Jurisprudencia*, núm. 11, 2019-2020, pp. 61-104.

RODRÍGUEZ DÍAZ, I., *La empresa familiar en el ámbito del Derecho Mercantil*, Edersa, Madrid, 2000.

— «El protocolo familiar y su publicidad: de las iniciativas comunitaria y española al Real Decreto 171/2007, de 9 de febrero, por el que se regula la publicidad de los protocolos familiares», *Revista de Derecho Mercantil*, núm. 266, 2007, versión on line.

RODRÍGUEZ GUITIÁN, A.M., «Los pactos pre-ruptura conyugal: el difícil equilibrio entre la autonomía privada de los cónyuges y la solidaridad», *Revista jurídica Universidad Autónoma de Madrid*, núm. 38, 2018, pp. 99-132.

RODRÍGUEZ MATEOS, P., «La sucesión por causa de muerte en el derecho de la Unión Europea», *Revista electrónica de estudios internacionales (REEI)*, núm. 27, 2014.

RODRÍGUEZ PARDO, A. y MARTÍNEZ FELCE, L., «Las múltiples caras de las empresas familiares», *Debates IESA*, Vol. 11, núm. 2, 2006, pp. 35-37.

RODRÍGUEZ RESTREPO, V.J. y DÍAZ VARGAS, E., «Las relaciones de poder de los fundadores de una empresa familiar en el ámbito de la economía global», *Gestión y Sociedad*, Vol. 7, núm. 2, 2014, pp. 81-97.

RODRÍGUEZ RODRIGO, J., *Relaciones económicas de los matrimonios y las uniones registradas en España, antes y después de los reglamentos (UE) 2016/1103 y 2016/1104*, Valencia, Tirant lo Blanch, 2019.

— «Ley aplicable al régimen económico matrimonial, a propósito del comentario de la sentencia de la Audiencia Provincial de Madrid, de 30 septiembre 2019», *Cuadernos de Derecho Transnacional*, Vol. 12, núm. 2, 2020, pp. 1137-1145.

RODRÍGUEZ-URÍA SUÁREZ, I., *La ley aplicable a los pactos sucesorios*, Universidade de Santiago de Compostela, 2014.

— «Un par de cuestiones sobre el Reglamento (UE) 650/2012: ámbito de aplicación material y régimen transitorio de la elección de ley aplicable (Sentencia del Tribunal de Justicia de 9 de septiembre de 2021, Asunto C-277/20: UM)», La *Ley Unión Europea*, núm. 98, 2021, versión online.

— «*Professio iuris* y relación de fuentes en el Reglamento (UE) 650/2012. Sentencia del Tribunal de Justicia TJUE 12 de octubre de 2023, Asunto C-21/22», *La Ley Unión Europea*, núm. 120, 2023, versión online.

ROMERO PRADAS, M.I., «Hacia un Derecho procesal civil de la Unión Europea. Consideraciones sobre el intento de elaboración de un proceso civil europeo común», en ROMERO PRADAS, M.I. (Dir.), *Últimos avances en el camino hacia un Derecho procesal civil de la Unión Europea*, Tirant lo Blanch, Valencia, 2024, 17-76.

ROSSI, M.G., «Article 25. Formal validity of a matrimonial property agreement/ partnership property agreement», en RUGGERI, L. and GARETTO, R. (Eds.), *European Family Property Relations Article-by-Article Commentary on EU Regulations 1103 and 1104/2016*, Edizioni Scientifiche Italiane, Nápoles, 2021, pp. 218-226.

ROSSOLILLO, G., «Forum necessitatis e flessibilità dei criteri di giurisdizione nel Dritto internazionale privato nazionale e dell'Unione Europea», *Cuadernos de Derecho Transnacional*, Vol. 2, núm. 1, 2010, pp. 403-418.

RUEDA ESTEBAN, L., «La modificación del párrafo segundo del artículo 1056 del Código Civil», en GARRIDO MELERO, M. y FUGARDO ESTIVILL, J.M. (Coords.), *El patrimonio familiar, profesional y empresarial. Sus protocolos*, Tomo IV, Bosch, Barcelona, 2005, pp. 205-238.

RUEDA VALDIVIA, R., «Competencia internacional del notario español para la tramitación de expedientes sucesorios nacionales en sucesiones de dimensión transfronteriza. Un análisis a la luz de la jurisprudencia del TJUE», en LARA AGUADO, M.A. (Dir.), *Sucesión mortis causa de extranjeros y españoles tras el reglamento (UE) 650/2012. Problemas procesales, notariales, registrales y fiscales*, Tirant lo Blanch, Valencia, 2020, pp. 89-152.

— «Plurinacionalidad y régimen económico matrimonial en Derecho Internacional Privado español», en MOYA ESCUDERO, M. (Dir.), *Plurinacionalidad y Derecho Internacional Privado de la familia y sucesiones*, Tirant lo Blanch, Valencia, 2021, pp. 334-402.

— «El Reglamento (UE) 2016/1103 y su impacto en la regulación de los regímenes económicos matrimoniales en DIPr. español: especial referencia a su repercusión en competencia internacional y ley aplicable», *en prensa*.

RUGGERI, L., «I Regolamenti Europei sui regimi patrimoniali e il loro impatto sui profili personali e patrimoniali delle coppie cross-border», en LANDINI, S. (Ed.), *EU Regulations 650/2012, 1103 and 1104/2016: cross-border families, international successions, mediation issues and new financial assets. Goineu plus project final volumen*, Edizioni Scientifiche Italiane, Nápoles, 2020, pp. 117-136.

SABATER SÁNCHEZ, R. y JIMÉNEZ JIMÉNEZ, D., «Concepto, dimensiones y modelos de empresa familiar», en MONREAL MARTÍNEZ, J., SÁNCHEZ MARÍN, G., MEROÑO CERDÁN, A.L. y SABATER SÁNCHEZ, R. (Coords.), *La gestión de las empresas familiares: un análisis integral*, Thomson Reuters, Navarra, 2009, pp. 99-124.

SABIDO RODRÍGUEZ, M., «Comentario al artículo 7.2», en BLANCO-MORALES LIMONES, P., GARAU SOBRINO, F.F., LORENZO GUILLÉN, M.L., y MONTERO MURIEL, F.J. (Coords.), *Comentario al Reglamento (UE) n.º 1215/2012 relativo a la competencia judicial, el reconocimiento y la ejecución de resoluciones judiciales en materia civil y mercantil. Reglamento Bruselas I refundido*, Thomson Reuters Aranzadi, Navarra, 2016, pp. 188-215.

SÁEZ LACAVE, M.I., «Los pactos parasociales de todos los socios en Derecho español. Una materia en manos de los jueces», *Indret: Revista para el Análisis del Derecho*, núm. 3, 2009, 31 pp.

SÁIZ ÁLVAREZ, J.M., «Factores clave de éxito en la internacionalización de la empresa familiar. Una aplicación a la PYME», *Economía industrial*, núm. 380, 2011, pp. 57-62.

SALAS GÓMEZ, L., «Los pactos contenidos en protocolos familiares no pueden obligar a perpetuidad», *Uría Menéndez*, pp. 11-13.

SÁNCHEZ ARISTI, R., «El Reglamento (UE) n.º 650/2012, del Parlamento Europeo y del Consejo, de 4 de julio de 2012, relativo a la competencia, la ley aplicable, el reconocimiento y la ejecución de las resoluciones, a la aceptación y la ejecución de los documentos públicos en materia de sucesiones *mortis causa* y a la creación de un certificado sucesorio europeo», *Actualidad jurídica Uría Menéndez*, núm. 42, 2016, pp. 95-103.

SÁNCHEZ CRESPO CASANOVA, A.J., «El Protocolo Familiar como instrumento para gestionar el cambio generacional», *Boletín del Ilustre Colegio de Abogados de Madrid*, núm. 27, 2003, pp. 87-134.

— *El Protocolo Familiar. Una aproximación práctica a su preparación y ejecución*, Gofer, Madrid, 2009.

SÁNCHEZ CRESPO CASANOVA, A.J. y CALERO ARTERO, J.F., *La empresa familiar. Guía práctica de organización y funcionamiento. Desde el punto de vista familiar, civil —matrimonial y sucesorio—, societario y fiscal*, Comares, Granada, 2000.

SÁNCHEZ LORENZO, S., *Abogacía internacional Volumen III: Contratos*, Rasche, Madrid, 2014.

— «Contrato interno e internacional: claves de la diferencia», en HORNERO MÉNDEZ, C., ESPEJO LERDO DE TEJADA, M. y OLIVA BLÁZQUEZ, F. (Dirs.), *Derecho de contratos: nuevos escenarios y nuevas propuestas*, Thomson Reuters Aranzadi, Navarra, 2016, libro electrónico.

SÁNCHEZ MARÍN, G. y MONREAL PÉREZ, J., «La internacionalización de la empresa familiar», en MONREAL MARTÍNEZ, J., SÁNCHEZ MARÍN, G., MEROÑO CERDÁN, A.L. y SABATER SÁNCHEZ, R. (Coords.), *La gestión de las empresas familiares: un análisis integral*, Thomson Reuters, Navarra, 2009, pp. 193-214.

SÁNCHEZ RUÍZ, C.M., «Introducción. Una aproximación jurídica a las empresas y las sociedades familiares», en SÁNCHEZ RUÍZ, M. (Coord.), *Régimen jurídico de la Empresa Familiar*, Civitas Thomson Reuters, Navarra, 2010, pp. 15-26.

— «Estatutos sociales y pactos parasociales en sociedades familiares», en SÁNCHEZ RUIZ, M. (Coord.), *Régimen jurídico de la empresa familiar*, Thomson Reuters-Civitas, Navarra, 2010, pp. 43-74.

SARAZÁ JIMENA, R., «Artículo 110. Régimen de la transmisión *mortis causa*», en GARCÍA-CRUCES, J.A., y SANCHO GARGALLO, I. (Dirs.), *Comentario de la Ley de Sociedades de Capital*, Tomo II, Tirant lo Blanch, Valencia, 2021, pp. 1541-1552.

SEQUEIRA, B., «Practical Implications of Council Regulation (EU) Nº 2016/1103 on Matrimonial Property Regimes and Council Regulation (EU) Nº 2016/1104 on the Property Consequences of Registered Partnerships», en CAZORLA GONZÁLEZ, M.ª J. y RUGGERI, L. (Eds.), *Cross-border couples property regimes in action before courts Understanding the EU regulations 1103/2016 and 1104/2016 in practice*, Dykinson, Madrid, 2022, pp. 233-242.

SERRA CALLEJO, J., «Validez y eficacia de los pactos parasociales: un enfoque sistemático», *CEFLegal: Revista práctica de derecho. Comentarios y casos prácticos*, núm. 249, 2021, versión online.

SERRANO ACITORES, A., «Los pactos parasociales en la empresa familiar: el protocolo familiar», en CAZORLA GONZÁLEZ-SERRANO, L. (Dir.), *Acuerdos y Pactos Parasociales: una visión práctica desde su contenido*, Thomson Reuters Aranzadi, Navarra, 2018, pp. 169-209.

SERRANO DE NICOLAS, Á., «Planificación sucesoria: el testamento en la sucesión anómala y las transmisiones "parasucesorias"», en GARRIDO MELERO, M. y FUGARDO ESTIVILL, J.M. (Coords.), *Conflictos en torno a los patrimonios personales y empresariales*, Bosch, Barcelona, 2010, pp. 3-54.

— «Nuevos posibles cauces para la transmisión de la empresa familiar en el Derecho sucesorio catalán», en SERRANO DE NICOLÁS, A. (Coord.), *La Empresa Familiar y su relevo generacional*, Colegio Notarial de Cataluña, Marcial Pons, Madrid, 2011, 116 pp.

— «Los Reglamentos 2016/1103 y 2016/1104: materias excluidas y adaptación de los derechos reales», en SERRANO DE NICOLÁS, A. (Coord.), *Los Reglamentos UE 2016/1103 y 2016/1104 de regímenes económicos matrimoniales y efectos patrimoniales de las uniones registrada*, Colegio Notarial de Cataluña y Marcial Pons, Madrid, 2020, pp. 73-102.

SILLERO CROVETTO, B., «Las sucesiones de extranjeros fallecidos en España a partir del Reglamento (UE) 650/2012», *Revista Aranzadi de Derecho Patrimonial*, núm. 36, 2015, pp. 351-374

— «Acuerdos prematrimoniales. Legalidad y contenido», en LASARTE ÁLVAREZ, C. y CERVILLA GARZÓN, M.ª.D. (Dirs.), *Ordenación económica del matrimonio y de la crisis de pareja*, Tirant lo Blanch, Valencia, 2018, pp. 385-412.

SORIANO CORBALÁN, A., «El marco adaptativo de las sociedades cerradas en la armonización comunitaria: la societas unius personae», *Diario La Ley*, núm. 10091, 16 de junio de 2022, versión online.

SOTO MOYA, M., «Plurinacionalidad y suficiencia de las soluciones previstas por el legislador en el artículo 9.9 CC», en MOYA ESCUDERO, M. (Dir.), *Plurinacionalidad y Derecho Internacional Privado de la familia y sucesiones*, Tirant lo Blanch, Valencia, 2021, pp. 229-277.

SOUSA GONÇALVES, A.S., «The material limits of the European Succession Regulation», *JusGov*, Paper núm. 10, 2023, versión online.

SZPUNAR, M., y PACUŁA, K., «Forum of necessity in family law matters within the framework of EU and international law», *Polski Proces Cywilny*, núm. 4, 2021, 563-592.

TÀPIES, J. y CEJA, L., *Los protocolos familiares en países de habla hispana: cómo son y para que se utilizan*, IESE Business School y Cátedra de Empresa Familiar, Navarra, 2011.

TORRALBA MENDIOLA, E.C., «Aspectos internacionales de las operaciones societarias», en ÁLVAREZ ARJONA, J.M., y CARRASCO PERERA, A. (Coords.), *Adquisiciones de empresas*, Thomson Reuters Aranzadi, Navarra, 2019, pp. 228-249.

TRINKS, J., «Excessive retention of profits and minority protection», en FLEISCHER, H., RECALDE, A., y SPINDLER, G. (Eds.), *Family Firms and Closed Companies in Germany and Spain*, Mohr Siebeck, Tubinga, 2021, pp. 109-138.

URREA SALAZAR, M.J., «Las crisis familiares en el sistema español de Derecho Internacional Privado: ¿coherencia o barroquismo?», *Actualidad civil*, núm. 2, 2020, versión online.

URRUTIA BADIOLA, A.M, «Pactos sucesorios al alza», *Academia Matritense del Notariado*, Tomo LXII, Curso 2022-2023, versión online: https://www.elnotario.es/index.php/academia-matritense-del-notariado/12111--pactos-sucesorios-al-alza

VALERO, M.A., «El Protocolo de una empresa familiar debe armonizar todos los intereses», *Técnica contable y financiera*, núm. 1, 2017, pp. 138-147.

VALLEJO MARTOS, M.C., «Cuando definir es una necesidad. Una propuesta integradora y operativa del concepto de empresa familiar», *Investigaciones europeas de dirección y economía de la empresa*, Vol. 11, núm. 3, 2005, pp. 151-171.

VALMAÑA CABANES, A., *El régimen jurídico del protocolo familiar*, Comares, Granada, 2014.

VANONI MARTÍNEZ, G. y JOSÉ PÉREZ, M.ª J., «Protocolo: un instrumento para mediar conflictos en empresas familiares», *Revista de la Facultad de Ciencias Económicas, Administrativas y Contables de la Universidad Simón Bolívar-Barranquilla-Colombia*, Vol. 7, núm. 2, 2015, pp. 81-99.

VAQUERO LÓPEZ, MªC., «Autonomía de la voluntad y normas imperativas», en SÁNCHEZ LORENZO, S. (ed.), *Derecho contractual comparado. Una perspectiva europea y transnacional*, 2ª ed., Civitas Thomson Reuters, Navarra, 2016, pp. 893-934.

— «Mujer, matrimonio y maternidad: cuestiones de Derecho internacional privado desde una perspectiva de género», *Cuadernos de Derecho Transnacional*, Vol. 10, núm. 1, 2018, pp. 439-465.

VÁZQUEZ LÉPINETTE, T., *Estrategia jurídica en los conflictos societarios*, Tirant lo Blanch, Valencia, 2017.

VÁZQUEZ MORAL, P., «Extranjeros y Derecho interregional», *El Notario del siglo XXI: Revista del Colegio Notarial de Madrid*, núm. 112, 2023, pp. 48-53.

VELASCO RETAMOSA, J.M, *El Reglamento (UE) 650/2012 de sucesiones: algunas cuestiones escogidas*, Citas Thomson Reuters, Navarra, 2019.

VÉLAZ NEGUERUELA, J.L., «Especial problemática de la empresa familiar», *Actualidad jurídica Aranzadi*, núm. 678, 2005, pp. 9-11.

VELÁZQUEZ GARCÍA, M.ª.C., ALBERTO PAZ GÓMEZ, C. y AGUILAR MORALES, N., «La sucesión en una empresa familiar de autotransporte», *Hitos de Ciencias económico administrativas*, año 17, núm. 48, 2011, pp. 65-74.

VERDERA SERVER, R., «Art. 1091», en BERCOVITZ RODRÍGUEZ-CANO, R. (Dir.), *Comentarios al Código Civil. Tomo VI*, Tirant lo Blanch, Valencia, 2013, pp. 7988-7999.

VIARENGO, I., «Coordination among the objective connecting factors in proceedings on divorce, maintenance, property regimes and succession», VIARENGO, I. y VILLATA, F.C. (Eds.), *Planning the future of cross border families. A path through coordination*, Hart Publishing, Londres, 2020, pp. 233-242.

— «The Coordination of Jurisdiction and Applicable Law in Proceedings Related to Economic Aspects of Family Law», *Rivista di diritto internazionale privato e processuale*, núm. 2, 2022, pp. 257-282.

VICENT CHULIÁ, F., «Organización jurídica de la sociedad familiar», en NAVARRO SALINAS, A. (Ed.), *Derecho de sociedades: libro homenaje al profesor Fernando Sánchez Calero*, McGraw-Hill Interamericana de España, 2002, pp. 4529-4752

— «Protocolo familiar, organización jurídica y relevo generacional de la empresa familiar», en AA.VV., *La empresa familiar y su relevo generacional*, Marcial Pons, Madrid, 2011, 144 pp.

VIERA GONZÁLEZ, A.J., «Algunas reflexiones sobre el "Proyecto de Real Decreto regulador de la publicidad de los protocolos familiares" y la empresa familiar», *Revista de Derecho de Sociedades*, núm. 26, 2006, versión on line.

VILALTA NICUESA, A.E., «Pactos parasociales y protocolo familiar», 3 de marzo de 2020, https://derechocivil478832840.wordpress.com/2020/03/03/pactos-parasociales-y-protocolo-familiar-para-estimar-la-impugnacion-se-requiere-que-la-infraccion-del-pacto-vaya-acompanada-de-una-vulneracion-de-la-ley-o-de-los-estatutos-o-bien-de-una-lesion-en/.

VINAIXA MIQUEL, M., «La autonomía de la voluntad en los recientes reglamentos UE en materia de regímenes económicos matrimoniales (2016/1103) y efectos patrimoniales de las uniones registradas (2016/1104)», *El orden público interno, europeo e internacional civil. Acto en homenaje a la Dra. Núria Bouza Vidal, catedràtica de Derecho internacional privado, Indret*, núm. 2, 2017, pp. 274-313.

VIRGOS SORIANO, M. y GARCIMARTÍN ALFÉREZ, F.J., *Derecho Procesal Civil Internacional. Litigación Internacional*, 2ª ed., Thomson Civitas, Navarra, 2007.

VIRUEL LEÓN, M.I., «Los Estatutos en la sociedad familiar: límites a la autonomía de la voluntad», *Cuadernos de derecho y comercio*, núm. *extra* 1, 2017, pp. 235-255.

VISMARA, F., «Legge applicabile in mancanza di scelta e clausula di eccezione nel Regolamento (UE) n. 2016/1103 in materia di regimi patrimoniali tra i coniugi», *Rivista di diritto internazionale privato e processuale*, Vol. 53, núm. 2, 2017, pp. 355-371.

WAUTELET, P., «Article 22», en BONOMI, A. and WAUTELET, P., *Le droit européen des relations patrimoniales de couple. Commentaire des Règlements (UE) 2016/1103 et 2016/1104*, Bruylant, Bruselas, 2021, pp. 577-676.

— «Article 23», BONOMI, A. and WAUTELET, P., *Le droit européen des relations patrimoniales de couple. Commentaire des Règlements (UE) 2016/1103 et 2016/1104*, Bruylant, Bruselas, 2021, pp. 677-701.

— «Article 25», en BONOMI, A. and WAUTELET, P., *Le droit européen des relations patrimoniales de couple. Commentaire des Règlements (UE) 2016/1103 et 2016/1104*, Bruylant, Bruselas, 2021, pp. 731-765.

— «Artículo 30. Disposiciones especiales que imponen restricciones relativas o aplicables a la sucesión de determinados bienes», en ÁLVAREZ GONZÁLEZ, S. (Ed.), *El Derecho europeo de sucesiones. Comentario al Reglamento (UE) N.º 650/2012, de 4 de julio de 2012*, Thomson Reuters Aranzadi, Navarra, 2015, libro electrónico.

YBARRA BORES, A., *La sucesión mortis causa de ciudadanos británicos en España*, Tirant lo Blanch, Valencia, 2021.

— «Reglamento sucesorio europeo y *professio iuris* "anticipada". La doctrina de la dirección general de los registros y del notariado», en LARA AGUADO, M.A. (Dir.), *Sucesión mortis causa de extranjeros y españoles tras el reglamento (UE) 650/2012: Problemas procesales, notariales, registrales y fiscales*, Tirant lo Blanch, Valencia, 2020, pp. 231-255.

— «El Tribunal de Justicia de la Unión Europea y el Reglamento sucesorio europeo», en CALVO CARAVACA, A.L. y CARRASCOSA GONZÁLEZ, J., *El Tribunal de Justicia de la Unión Europea y el Derecho Internacional Privado*, Thomson Reuters Aranzadi, Navarra, 2021, pp. 393-418.

ZABALGO, P., «Regímenes económicos matrimoniales en el Derecho Internacional», en ORTEGA BURGOS, E., y ECHEVARRÍA DE RADA, M.ª.T. (Coords.), *Derecho de Familia 2021*, Tirant lo Blanch, Valencia, 2021, Pp. 615-628.

ZABALO ESCUDERO, M.ª.E., «Conflictos de leyes internos e internacionales: conexiones y divergencias», *Bitácora Millennium DIPr: Derecho Internacional Privado*, núm. 3, 2016.

— «Sobre la aplicación de oficio de la norma de conflicto: comentario a la SAP de Madrid de 30 de septiembre de 2021», *Diario La Ley*, núm. 9995, 2022, versión online.

ZILLER, J., *La liberté d'entreprise, une perspective de droit comparé*, Service de recherche du Parlement européen, Janvier 2024.